互联网
供应链金融

宋华◎著

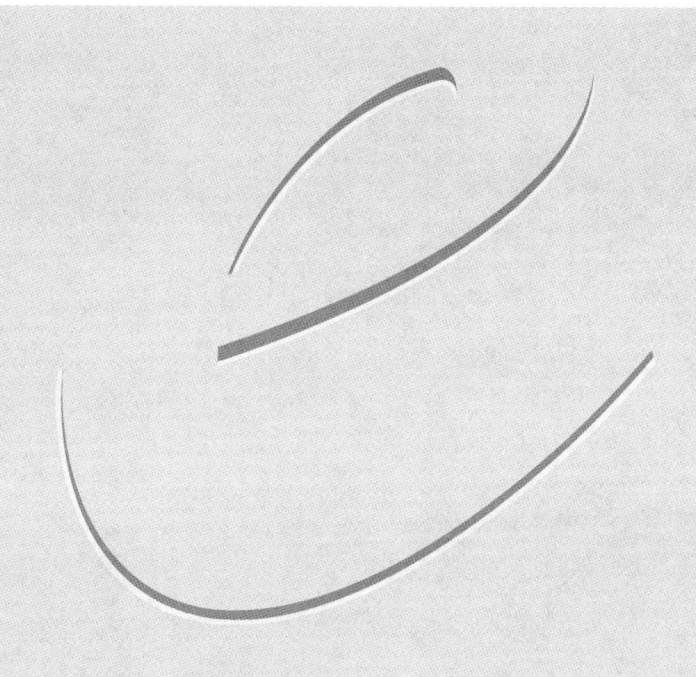

中国人民大学出版社
·北京·

前　言

　　坐在电脑旁，感觉到整个思绪和气息已经悄然地平静了下来。眺望着楼前闪烁的灯光，听着窗外小区花园里儿童的嬉戏声，感受着夜晚瑟瑟的秋风，又到了北京的金秋时节，记得老舍先生曾说过："秋天一定要住在北平，北平的秋天没有一样不令你满意的。"然而对我而言，在这个季节里，则是心力交瘁中夹杂着一丝欣慰和一份焦灼。欣慰来自对自己的一份交代，自去年完成《供应链金融》一书后，总觉得有很多不尽之处，加之中国伟大的实践又出现了许多新的创新和发展，感到作为一名致力于研究中国现实的学者有责任和义务尽快地加以研究和反映。特别是上一本书出版后，得到很多朋友和读者的鼓励和厚爱，一直催促能否尽快完成本书，因此，春节除夕的夜晚，当爆竹声一浪接着一浪呼啸而至，绚丽的烟花划过窗前时，我则艰难地在电脑旁踌躇了一个多小时才写下了第一句话："供应链金融是坚实地立足于实体经济中的产业而诞生出来的金融活动，是供应链与金融两个领域交叉产生的创新。"此后，一种兴奋和痛苦交织的情绪一直伴随左右，兴奋来自理论研究和实践探索的愉悦，而痛苦则来自连续半年的失眠与行眠立盹；而今，书稿终于完成，我也从这种混杂着兴奋与痛苦的状态中解脱了出来。然而，随着写作和研究的深入，一份焦灼感又油然而生。这一年多随着"让金融回归实体经济"的意识逐渐增强，供应链金融从原来不为人关注到一跃成为经济的热点，以至于最近几乎各行各业、各个企业都在宣称要从事供应链金融创新。这不由得让我想起了狄更斯在《双城记》中的第一段经典文字："这是最好的时代，这是最坏的时代；这是智慧的时代，这是愚蠢的时代；这是信仰的时期，这是怀疑的时期；这是光明的季节，这是黑暗的季节；这是希望之春，这是失望之冬；人们面前有着各样事物，人们面前一无所有；人们正在直登天堂，人们正在直下地狱。"供应链金融本是通过产业供应链推动金融创新，同时又借助于金融活动优化供应链产业的循环过程。而今随着热浪来袭，一些变味甚至走样的"供应链金融"开始在产业实践活动中蔓延。在最近的一篇微信文章中，我提到如今出现了一种趁火打劫式的"供应链金融"，个别大企业利用自身的垄断或优势地位，一方面占压供应商或者其他参与者的资金，另一方面凭借从银行获得的低利率资金，反过来以"供应链金融"的名义融资给被占压资金的中小企业，这是一种彻头彻尾的流氓行径，是建立在损害整体供应链环境上的行为，违背了供应链金融的本来含义。更有甚者，在产业金融活动中假借供应链金融的名义从事着行骗欺诈的勾当，主要表现为四种典型的行为，即套利、套汇和套税（三套行为），重复仓单虚假仓单融资，自保自融，以及"一女多嫁"等，这些无疑都对供应链金融的健康有序发展构成了极大威胁和挑战。因此，在推进和发展供应链金融创新时，有必要重新认识供应链金融发展的前提和条件。

供应链金融的创新和发展必须具备两个最基本的要素：一是供应链金融的基础是产业供应链，没有产业供应链的合理、有效支撑，金融活动就成了无源之水、无本之木。所以，要真正从事和推进供应链金融就需要重构产业供应链。事实上，目前大多数分散、低端、低效的产业无法为产融结合奠定坚实的基础，要真正立足于产业发展供应链金融，就需要实现产业转型，充分运用互联网、物联网、云计算等新兴技术手段重构产业，将中小企业有机地融入产业网络体系中，形成能够共赢和共同发展的产业生态，确立起有效的产业规则和信用，金融才有发展的空间。否则在产业秩序和产业竞争力尚未形成的状况下，空谈供应链金融，只会走样变形。二是金融要回归理性思维，放弃短期获取暴利和巨大回报的冲动，真正服务于产业活动，用金融推动产业发展，实现金融和产业的双向循环和进步，而不是把产业看作杀鸡取卵的鸡，把资金作为引诱鸡进笼子的诱饵。目前有一种现象，有些金融机构认为只要有资金，建一个电子商务平台，就能将产业组织，特别是中小企业圈养进来，开展借贷，然后利用平台从事资本运作，以求一本万利，这是一种典型的投机思维，由于缺乏真正产业服务的理念，终究会产生新的金融危机和灾难。

因此，供应链金融在中国能够真正有效、有序的发展，就需要各就其位、各取其利、各得其所。各就其位指的是产业和金融功能清晰、定位明确，而不是相互混淆、互相倾轧。产业和金融是供应链金融的两翼，各自成为对方依托的基础，需要良好的产业和金融秩序做保障；相反，如果相互之间功能模糊，产业企业金融异化（即产业企业不踏踏实实从事产业创新和运营，而是幻想从金融活动中谋求暴利）、金融机构产业异化（即金融机构利用虚构产业话题，博取资本利益），供应链金融就成了南柯一梦的游戏。各取其利是指各自获得正常的利益，让中小企业通过供应链金融降低整个供应链运营中的交易成本，加速现金流，而不是利用企业的资金困难，假借供应链金融盘剥中小企业。各得其所是指产业和金融有效融合，促进产业实现竞争力提升、结构转型，而金融又能有坚实的资产和信用依托，防范系统性金融风险。

以上正是本书试图实现的目标。作为国家自然科学基金"产业供应链服务化条件下的服务外包决策与风险管理"（71272155）以及国家自然科学基金重点项目群"中国转型经济背景下企业创业机会与资源开发行为研究"（71232011）的研究成果，本书的完成，要感谢国家自然科学基金委员会，香港冯氏集团的张家敏先生、林至颖先生以及卢慧玲女士，创捷供应链的文建君先生、万联网的蔡宇江先生、华润河南医药的袁现明先生、海尔供应链金融的杨红星先生、怡亚通的邱普女士和陈伟民先生、平安银行的梁超杰先生、鲜易供应链的朱献福先生等众多企业家朋友，他们为本书的写作提供了极为丰富的实践智慧，激发了我思维的火花。我的博士生卢强、杨璇、陈思杰也为本书的写作提供了大量帮助。此外，我的家人长期以来给予了我极大的支持和帮助，使我能完全从繁重的家务劳动中解脱出来，几乎所有的时间包括周末和假期都投入到了工作或本书的写作中，可以说，没有他们始终如一的支持，就不可能有今天的成果。中国人民大学出版社的曹沁颖女士为本书的出版做了大量辛勤的工作。在此一并向他们表示由衷的感谢。

互联网供应链金融是一个方兴未艾又具挑战的研究课题和领域，因作者能力的局限，特别是该领域的迅猛发展，书中难免有错误和不足之处，欢迎广大读者批评指正。

目 录

第 1 章 供应链金融创新的实质与发展 ········· 1

    互联网金融与供应链金融辨析 ········· 2

    供应链金融的生态体系与创新案例 ········· 9

    供应链金融中的创新要素 ········· 26

    本书的结构与内容安排 ········· 29

第 2 章 智慧供应链：互联网供应链金融的基础 ········· 32

    新型要素对供应链变革的影响 ········· 32

    智慧供应链的网络结构 ········· 36

    智慧供应链的流程 ········· 42

    智慧供应链管理能力 ········· 49

第 3 章 供应链金融演进与互联网供应链金融 ········· 53

    供应链金融的演进 ········· 54

互联网供应链金融的实质 ·· 59
　　互联网供应链金融实现的整体框架 ······································ 64

第4章　基于丰富融合性服务的互联网供应链金融 ·················· 67
　　供应链多样性融合服务与互联网供应链金融 ······················· 67
　　线下活动线上融合：香港利丰的互联网供应链金融 ············· 76
　　线上交易线下融通：东煤交易的互联网供应链金融服务 ······ 88

第5章　基于客户归属的互联网供应链金融 ··························· 96
　　客户归属与供应链服务底层化 ··· 96
　　通过生产服务底层化实践互联网供应链金融：海尔集团 ······ 107
　　通过交易服务底层化实践互联网供应链金融：阿里巴巴—达通 ··· 120
　　通过物流服务底层化实践互联网供应链金融：顺丰 ············· 127

第6章　基于价值回路的互联网供应链金融 ························· 135
　　现金流量周期——价值回路的绩效表现 ······························· 136
　　实现拓展的现金流量周期：筷来财 ······································ 145
　　走向创造现金流量周期：鲜易供应链 ··································· 150
　　实现创造现金流量周期：怡亚通 ·· 158

第7章　基于大数据分析的互联网供应链金融 ······················ 169
　　供应链运营管理中的大数据 ··· 170
　　大数据在互联网供应链金融中的应用 ···································· 178
　　运用物联网支撑互联网供应链金融——感知科技 ················· 191

第8章　基于产业价值生态的互联网供应链金融 ··················· 202
　　共同进化的价值生态网 ··· 203
　　互联网供应链金融实现的价值生态网络 ································ 208

解构"1"的价值：医药流通中的互联网供应链金融 …………… 217
　　聚合成虚拟"1"：创捷供应链的互联网供应链金融 …………… 222
　　整合到"1"个生态：阿里巴巴农村淘宝与蚂蚁金服 …………… 228

第9章 基于产金融合迭代的互联网供应链金融 …………… 238

　　供应链产业生态、创客生态与金融生态 …………………………… 238
　　创客和产业生态迭代下的互联网供应链金融 ……………………… 246
　　产业生态迭代下的互联网供应链金融——蚂蚁金服 …………… 252
　　产业生态迭代下的互联网供应链金融——京东金融 …………… 266

第10章 互联网供应链金融风险管理与展望 …………… 274

　　供应链与供应链金融风险 ……………………………………………… 275
　　互联网供应链金融风险管理原则和评估 …………………………… 284
　　互联网供应链金融风险管理趋势 …………………………………… 297

参考文献 …………………………………………………………………… 306

第1章
供应链金融创新的实质与发展

供应链金融是坚实地立足于实体经济中的产业而诞生出来的金融活动，是供应链与金融两个领域交叉产生的创新。长期以来，供应链一直被认为是运营管理的主要内容之一，因为供应链本身非常强调通过生产、流通企业之间的相互有效衔接以降低供应链中的总成本。而且这种协同不仅是企业层面的合作，更是生产流程、物流流程、销售流程和信息流程之间的全面打通。从这个意义上来说，供应链加强了企业之间一体化程度，从原有点对点对接，转变为全面的职能和流程对接。然而，当供应链中的物流与信息流整合已经被许多学者探讨并在实践中得到广泛应用之时，供应链中的资金要素却长期被人们所忽视。

供应链的整体运作模式隐含着对金融的高度需求，这是因为供应链模式有可能在以下两个方面大大提高了整个生产过程的财务成本：（1）由于更多的生产工序通过市场来协调，因而贸易总量和交易频率都有所提高；（2）已经成为供应链主要模式的赊销方式虽然表面上降低了核心大企业的财务成本，但却将资金需求压力推给了中小企业。原本被认为是辅助流程的资金流动问题，逐渐出现在资金相对短缺的中小企业身上，成为制约整个供应链发展的瓶颈。在整合供应链中的物流和信息流时，资金流也开始被越来越多地关注（Pfohl & Gomm, 2009; Hofmann, 2005; Hofmann & Kotzab,

2010)。人们逐渐考虑是否有可能将供应链中的物流、信息流和资金流协同起来，优化供应链内部的资金配置，从而为供应链整体创造更大的价值。

正是在这一背景下，近年来以供应链真实贸易或物流为基础产生的供应链金融得到了迅猛发展。据国外研究机构 Demica 的统计显示（2014），从 2011 年到 2013 年，国际银行的供应链金融业务的年增长率为 30%～40%；在 2020 年之前，供应链金融业务的年增长速度将不会低于 10%。在我国，供应链金融的发展也非常迅速。据前瞻产业研究院供应链金融行业报告数据显示（2015），到 2020 年，我国供应链金融的市场规模可达 14.98 万亿元左右。由此可见，供应链金融业已成为目前企业变革发展的又一重要趋势。然而，如何深入理解供应链金融的实质？它与最近几年兴起的互联网金融是什么关系？对供应链金融的认识经历了哪些变化？下一步发展的趋势是什么？这些都是今天需要加以关注的重要问题。

互联网金融与供应链金融辨析

供应链金融是一种特定的微观金融范畴，它既不同于传统的银行借贷，也有别于风险投资等其他形态的金融活动，而是一种立足于产业供应链，根据供应链运营中的商流、物流和信息流，针对供应链参与者而展开的综合性金融活动。其目的是利用金融优化和夯实产业供应链，同时又依托产业供应链运营，产生金融的增值，从而促进产业供应链和各参与主体良性互动、持续健康发展。

值得一提的是，近年来，在微观金融创新中，有些人将供应链金融与2013 年中国出现的互联网金融混淆起来，甚至认为供应链金融是互联网金融的一部分，是互联网金融的一种表现形态，这是一种完全错误的观点。这是因为，对于任何微观企业金融而言，无论什么样的金融创新，其核心都不过是一座"天平"（见图 1—1）。天平的基座是风险控制。金融风险是金融市场参与者在金融活动中对未来结果不确定性的展现，这种不确定有可能来源于市场风险、信用风险、流动性风险和操作风险（吴晓雄，

2009),一旦金融活动脱离了对这些风险的识别、监控和管理,金融活动就会崩溃。天平的梁是信息。金融活动要能真正防范风险,其中的一个关键是信息,因为信息的不对称和不及时,就有可能产生机会主义和道德风险,从而产生较高的社会交易成本。因此,要想解决这个问题,就要做到信息的及时、透明和对称,否则整个金融活动就会产生巨大的危机。这也正是巴塞尔新资本协议中提出的市场约束机制的核心,亦即要求金融机构提供及时、可靠、全面、准确的信息,以便市场参与者据此做出判断。根据巴塞尔新资本协议,金融机构应及时公开披露包括资本结构、风险敞口、资本充足比率、对资本的内部评价机制以及风险管理战略等在内的信息(巴曙松,2003)。天平的柱是信用。"信用"是一个纯经济学概念。它表示价值交换之后产生的活动,主要体现为商业领域、金融领域和流通领域赊销、信贷等交易行为。简而言之,即是对借的偿还。金融业由于其特殊的性质,从产生伊始就和信用相伴相生,一旦这种信誉和能力丧失,金融活动就无法开展。在微观金融的"天平"中,其两端的砝码一边是"资金",另一边是"资产",只有这两端能很好地结合和平衡,微观金融的活力和效率才能得到体现,并且也能够真正促进经济活动的持续发展。

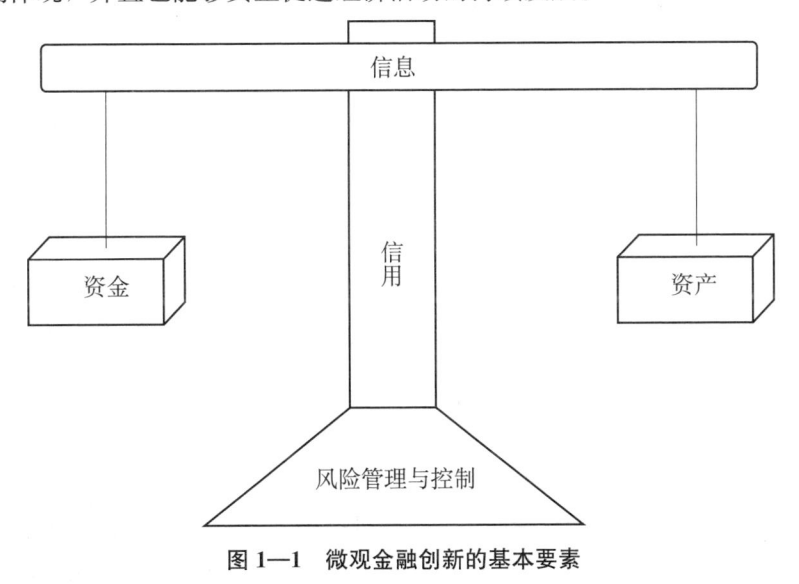

图1—1 微观金融创新的基本要素

互联网金融的特质与现状

互联网金融这一概念是由谢平等人（2014）提出的，他们认为"互联网金融是一个谱系概念，因为互联网技术和互联网精神的影响，从传统银行、证券、保险、交易所等金融中介和市场，到瓦尔拉斯一般均衡对应的无金融中介或市场情形之间的所有金融交易和组织形式"。此后，中国人民银行等部门（2015）将互联网金融界定为传统金融机构与互联网企业利用互联网技术和信息通信技术实现资金融通、支付、投资和信息中介服务的新型金融业务模式。自这一形态的金融形态出现后，在中国全国范围内形成了互联网金融的浪潮，并被认为是一种新型的微观金融创新，因为它改变了资金的来源，使得资金供求双方可以通过网络平台自行完成信息甄别、匹配、定价和交易，无传统中介、无交易成本。这种认识本身是无可厚非的，因为金融的本质在于资金融通，广义上说，跟货币发行、保管、兑换、结算相关的都是金融，但是狭义的金融，一般仅指货币的融通。所谓货币融通，就是资金在各个市场主体之间融通转移的过程。这个转移的过程，一般主要表现为直接融资和间接融资两种方式。直接融资就是没有金融中介机构介入的资金融通方式，而间接融资则是指拥有暂时闲置货币资金的单位通过存款的形式，或者购买银行、信托、保险等金融机构发行的有价证券，将其暂时闲置的资金先行提供给这些金融中介机构，然后再由这些金融机构以贷款、贴现等形式，或通过购买需要资金的单位发行的有价证券，把资金提供给这些单位使用，从而实现资金融通的过程。在信息完备、对称或者信用健全的状况下，直接融资使得资金供求双方联系紧密，有利于资金快速合理配置和使用效益的提高，同时筹资的成本较低而投资收益较大。在现实的经营活动中，信息的不完备是一种常态，加之企业需要资金提供的灵活性、安全性和规模性，直接融资很难真正成为重要的资金融通方式，相反间接融资则通过中介的保证和媒介作用，实现了资金融通的便捷、安全和规模性。但是传统的金融中介不仅割裂了资金供求双方，而且凭借其主导和优势地位，加大了资金供给的成本。这一点在中国表现得更为明显，诸如传统的商业银行凭借其独特的地位而获得了高额的资金借贷收益。根据中国服务业 500 强的报告，在中国服务业 500 强企业中，银行业利润的占比从 2010 年的 54% 跃升到了 2015 年的 67% 左右（见表 1—1）。互联网技术的出现，改变着社会的各种经济活动，也日益改变着金融中介机构在资金融通中的主导性地位，互联网不仅让信息不断透明化，使中介失去依靠信息不对称所掌握的信息优势，而且让社会的各种参与主体更加扁平化，一定程度上压缩了由于专业化分工所带来的金融中介机构的专业化优势。所以，从这个意义上讲，互联网金融是一种微观金融的创新。

表 1—1　　　　银行业利润占中国服务业 500 强利润比重（%）

年份	非银行业利润比重	银行业利润比重
2010	45.88	54.12
2011	45.60	54.40
2012	36.03	63.97
2013	32.50	67.50
2014	29.05	70.95
2015	32.38	67.62

资料来源：根据 2010—2015 年中国企业联合会和中国企业家协会《中国 500 强企业发展报告》整理。

遗憾的是，在前几年互联网金融野蛮发展的过程中，上述互联网金融的优势并没有真正得以实现，反而带来了很多新的风险控制和信息不对称问题，这主要是因为当时大多数的企业主要开展的是 P2P（Peer to Peer），即个人与个人间的小额借贷交易。但正是这种 P2P 产生了很多新的问题。当平台从众多的投资者那里筹集了资金之后，究竟将资金用在了什么地方，这对于大多数人来讲是不透明的，甚至某些 P2P 为了追逐高额回报，反而充当了掠夺实体经济的野蛮人，做起高利贷生意，或者将资金投入股市或其他投机业务。即便是有些平台声称投入了实体产业，在没有真正意义上的商务智能和大数据支撑的条件下，这些不过是招摇过市的幌子而已。除此之外，除了极少数规范的互联网金融平台，大多数 P2P 平台很少有备付金，或去做资金托管，而是干脆直接做资金池，其所谓的创新不过是"非法集资互联网化"而已。正是这样一种状况，才导致了大量的 P2P 出现了跑路现象，从而在中国出现了"没有跑得最快，只有跑得更快"现象。

2014年倒闭和跑路的平台有338家，2015年跃升到了800多家（见图1—2）。其中寿命最短的为半天，最长的也不过2个多月。台州的恒金贷，注册资金5 000万元，上午上线，下午就跑路；深圳的元一创投，上线运营仅1天，平台老板就携投资人的钱款潜逃；紧跟其后的是上线两天就跑路的银银贷、龙华贷与上线3天就跑路的福翔创投。产生这种现象的原因，一方面是由于监管不到位，互联网金融平台鱼龙混杂所致；另一方面也是因为中国的特殊情况造就，即由于互联网金融发展初期的无序状态，造成了如今的获客成本急剧上升，行业平均直接的获客成本已从2014年末的800～1 000元上升至1 500元以上，如果算上品牌建设摊销、客户留存，综合获客成本已达到3 000元，个别平台甚至高达5 000元。此外，从2014年11月到2015年8月，央行连续5次下调存贷款基准利率，各类利率都呈现逐步下降趋势，而对于网贷行业的综合收益率而言，下降速度明显加快，已从2014年11月的16.3%下降至2015年9月的12.63%。如果从P2P收益率最高的2013年7月（26.35%）算起，整个网贷行业的综合收益率在26个月里下跌了超过50%。因此，如果没有好的资产项目，就必然会产生倒闭或跑路现象。大多数中国的中小企业由于处于发展的初期，管理财务不规范导致信用不足，再加上多数产业低端化、产能过剩，使得优秀或良好资产在当今中国相当重要而又稀缺，因此，即便规范的互联网金融平台也不过是创新了资金端，是通过新的资金渠道去寻觅好的资产，一旦不能真正掌握资产的状况或者信息，天平的基座就会崩溃。

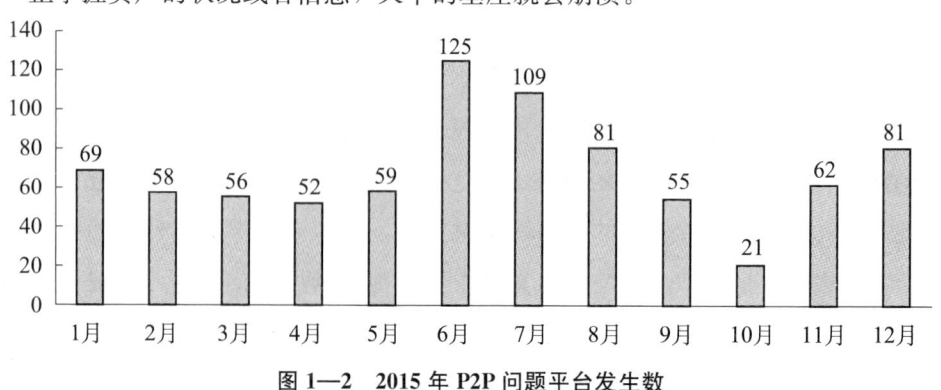

图1—2　2015年P2P问题平台发生数

供应链金融的特质

与互联网金融不同,供应链金融首先要紧扣资产端,用好的资产去对接资金,这样信息、信用和风险控制才有较好的着陆点。供应链金融之所以具有独特性,就在于其管理要素、流程和结构既不同于互联网金融也不同于以往的传统银行借贷(见表1—2),较好地解决了中小微企业,特别是成长性中小企业因为经营不稳定、信用不足、资产欠缺等因素导致的融资难问题。

首先,在管理要素上,传统的银行借贷以"好的资产负债表"为基础,对企业以往的财务信息进行静态分析,依据对授信主体的孤立评价做出信贷决策。因此,从实质上讲,作为借贷方的传统金融机构并没有真正地把握中小微企业的实际经营状况,从而产生了如今较高的坏账率。这是因为中小微企业的财务往往非常不规范,甚至有些企业还备有多套报表以达到欺诈的目的。另外,即便是真实的财务报表,在经济波动的状况下,也不能代表良好的市场和未来。而供应链金融评估的是整个供应链的信用状况,加强了债项本身的结构控制,其金融性行为既服务于实体经济,同时又源于实体经济的状况控制金融活动中的风险,也就是说,在把握整个供应链运营中的商流、物流和信息流的基础上,才产生资金在供应链中的有效流动。因而,供应链金融把结构性的信息作为信用建立和评价的基础。

其次,在管理业务流程上,传统的银行借贷是一种简单的资金借贷关系,以一个或几个生硬、机械的产品"水平式"地覆盖不同细分市场及交易链条上的各个节点、各个交易主体需求。而供应链金融是根据交易对手、行业规则、商品特点、市场价格、运输安排等交易条件,为供应链上不同交易层次和交易地位的交易主体度身定制的专业金融解决方案,也就是说,根据各交易主体在供应链中的资源、能力、上下游的关系密度、所处的位置等来决定融资量、融资周期和融资利率。因此,供应链金融不仅仅是融资,更是流程优化方案和成本降低方案,在帮助中小微企业优化产业运行的同时，实现了融资和其他金融性服务。

最后，在管理组织结构上，传统的银行借贷参与主体一般只有商业银行等信贷机构和中小企业双方，有些也需要第三方担保人的参与，也就是说，其组织结构是两方的，最多是三方。而在供应链金融中，不仅有金融机构、融资企业，还包括供应链上的参与企业、其他服务型企业，以及第三方与第四方物流企业，亦即供应链金融是一种网络生态式的组织场域，参与各方在这个网络中相互作用、相互依存，并且各得其所。

表1—2　　　　　　　　　供应链金融与传统银行借贷之间的差异

	传统银行信贷	供应链金融
管理要素	以"好的资产负债表"为基础，对企业以往的财务信息进行静态分析，依据对授信主体的孤立评价做出信贷决策	评估的是整个供应链的信用状况，加强了债项本身的结构控制
管理业务流程	是一种简单的资金借贷关系，以一个或几个生硬、机械的产品"水平式"地覆盖不同细分市场及交易链条上的各个节点、各个交易主体需求	是根据交易对手、行业规则、商品特点、市场价格、运输安排等交易条件，为供应链上不同交易层次和交易地位的交易主体定制的专业金融解决方案。不仅仅是融资，更是流程优化方案和成本降低方案
管理组织结构	参与主体一般只有商业银行等信贷机构和中小企业双方，有些也需要第三方担保人的参与	不仅有金融机构、融资企业，还包括供应链上的参与企业、其他服务型企业，以及物流企业

当然，应当看到的是，尽管供应链金融通过资产端来对接资金端，从而通过信息的把握和信用的建立，切实解决中小微企业融资难问题，但是事实上不可能所有的中小微企业都可以进入供应链金融的行列，这是因为如果企业缺乏相应的竞争力，并且难以与其他组织建构起完整、闭合的供应链体系，那么信息的对称就很难实现，金融也就无从谈起。因而，只有那些"三无但是三有"的中小微企业才能真正成为供应链金融服务的对象。"三无"是中小微企业的普遍现象，即无充足资金、无良好资产、无

强大信誉，如果这些现象都不存在，企业将会很容易从传统的借贷渠道中获得资金，但是由于中小微企业的特质所决定，这些现象往往很难解决。尽管多数中小微存在"三无"现象，但是必须具备"三有"，即有良好的技术（具有一定的核心竞争力），有充足的订单（有市场，具有开疆拓土、维系客户的能力），有切实可行的理想（能搭建具有创业精神的团队，探索清晰可行的商业模式和发展途径）。所以，供应链金融不仅要抓住物质性的供应链结构，而且要牢牢把握软性的供应链参与者，从而推动产业和金融的结合。

供应链金融的生态体系与创新案例

由上述供应链金融的特质可以看出，供应链金融与互联网金融的思路不同，它是通过产业活动的组织和生态建立，去实现资金融通，并且最终达到供应链商流、物流、信息流与资金流的良好结合，而不是单纯地通过去金融中介实现资金供求的对接。因此，产业生态的建立对于供应链金融而言至关重要。

供应链金融生态再解析

宋华（2015）曾经提出过供应链金融的生态结构（见图1—3）。这里有必要重新加以强调和探讨。供应链金融的生态由三个层面组成：一是产业环境生态；二是产业组织生态；三是产业要素生态。

1. 产业环境生态

产业环境生态指的是推动供应链金融的环境要素成熟度，包括制度和技术环境。制度环境是规范和调节供应链金融活动的管制、规范和文化性要素。换言之，如果相应的产业政策、法律和法规的环境不完善，或者出现制度真空，那么供应链金融创新活动很难实现持续有效的发展，这就要求规则的制定者能够与其他相关组织合作，在符合供应链金融运行规律的基础上制定良好的制度体系。这里需要指出的是，前几年伴随着互联网金

互联网供应链金融

```
供应链金融的生态系统构成
├── 产业环境生态
│   ├── 技术环境
│   │   ├── 产业成熟和集群程度
│   │   ├── 金融技术发展程度
│   │   └── 大数据/云计算/互联网运用程序
│   └── 制度环境
│       ├── 良好、明确、规范的制度体系
│       └── 协调、统一、标准化的制度体系
├── 产业组织生态
│   ├── 产业链上成员 ── 供应商、经销商、工厂、品牌商、银行、外汇局、税务、其他
│   ├── 交易平台提供者
│   ├── 交易风险管理者
│   └── 流动性提供者
└── 产业要素生态
    ├── 采购、生产、物流、分销
    ├── 投资、会计、财务
    └── 风险转移、监控与管理
```

图 1—3 供应链金融生态体系

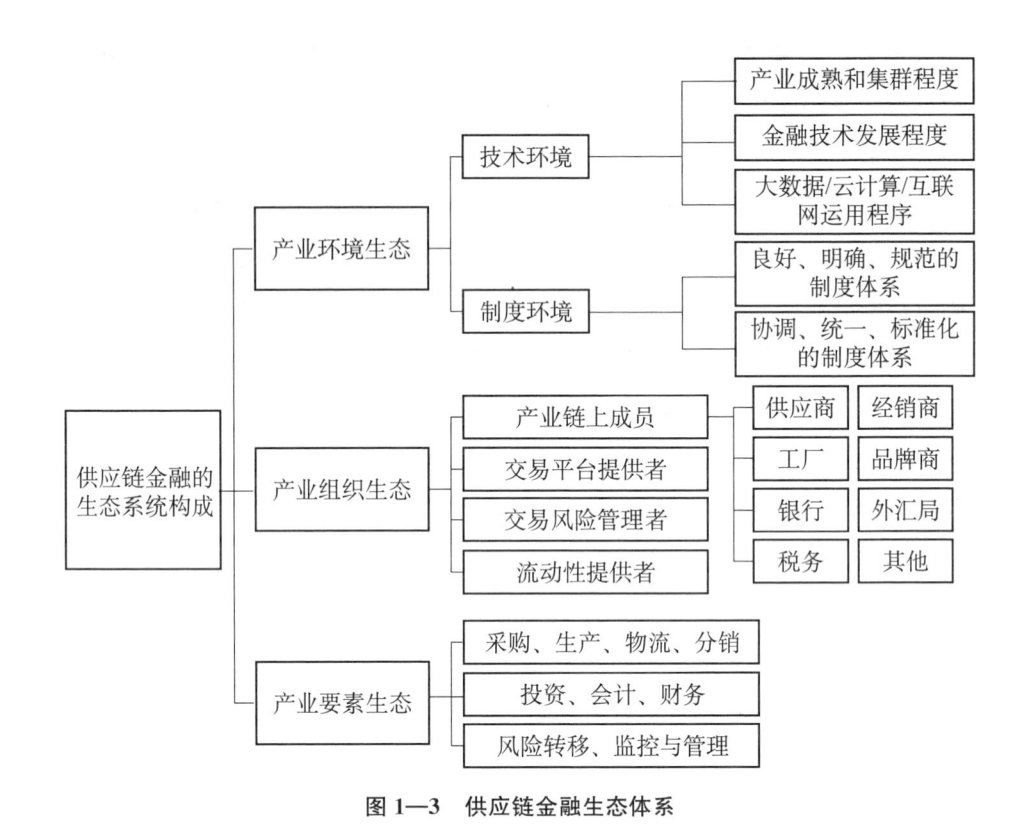

资料来源：根据宋华《供应链金融》（中国人民大学出版社，2015）12页图整理。

融等新型微观金融业务的出现，出现了一种声音，即为了促进新型金融创新的发展，政府和管理机构不需要过多介入，应该让金融创新活动自由发展。显然，这一主张是错误的，这是因为，一旦没有合理有效的法律和规则，整个金融活动就会混乱，不仅真正的金融创新企业的收益难以得到保障，而且还会出现一些企业打着金融创新的旗号，从事投机业务，扰乱原本就脆弱的产业运营秩序，甚至出现劣币驱逐良币现象。诸如这些年出现的互联网金融乱象，以及打着供应链金融创新名义行使套利套汇（carry trade）等行为都是有力的例证。制度环境生态建设的另一个方面是制度制定者和管理者之间能够通力合作，建立协调一致、标准化的规范体系。由于中国产业布局的多样化和企业供应链业务分布的异地化，制度的协调、统一和标准就成为了供应链金融发展的核心，没有协调、统一、标准化的

制度环境和政策体系，供应链的顺利运行将会出现阻碍，金融活动会因为法律或政策的不一致或冲突产生风险。

除了制度环境外，技术环境的打造也是供应链金融生态的重要组成部分。技术环境指的是供应链金融运营和发展的环境性或支撑性工具或手段，这些工具或手段决定了供应链金融发展的潜力。技术环境主要包括产业成熟度和集群程度、金融技术发展程度以及互联网、云计算等要素的运用程度。由于供应链金融是立足于产业运行基础上的金融活动，因此，产业的成熟和集群程度直接决定了供应链金融的深度和广度。产业成熟度意味着产业中的企业能建立起良好的能力，并且整个产业具有很好的发展前景和市场空间，而产业集群程度则反映了一定区域内的企业不仅能形成有效的聚集，而且还能立足特定的产业，形成有机的配合和关联，从而深耕产业市场。金融技术发展程度指的是伴随着科学技术和管理技术的发展，为了降低金融交易成本、提高金融交易效率而在金融交易手段、交易方法和物质条件方面发生的变化与革新。这种创新不仅仅是金融手段和方法（诸如金融衍生工具、融资模式等）的变革，而且也包括因为技术性工具导致的革命，诸如最近出现的区块链技术就是促进金融发展的重要革命性技术。区块链的概念首次在论文《比特币：一种点对点的电子现金系统》（Bitcoin：A Peer-to-Peer Electronic Cash System）中提出（Nakamoto，2008），区块链技术是一种使用去中心化共识机制去维护一个完整的、分布式的、不可篡改的账本数据库的技术，该技术方案主要让参与系统中的任意多个节点，通过一串使用密码学方法相关联产生的数据块（block），每个数据块中包含了一定时间内的系统全部信息交流数据，并且生成数据指纹用于验证其信息的有效性和链接（chain）下一个数据库块。因此，它是一种将传统加密技术和互联网分布式技术相结合而形成的全新的网络应用技术，重点是用于对各个设定的区块的成员身份验证及其资产和交易的确认，以及对不同区块之间成员的资产交易进行跨区块连续不断的认证和记录，由此形成区块之间相互勾连的区块链，确保交易真实性和记录完整性，严防人为的干预和弄虚作假。这一技术的出现，对金融活动的影响是深远的，它不仅能降低金融活动中的信任风险以及金融机构的运作成本,而且其开放性鼓励协作和创新,能推动新型商业模式的形成。技术环境生态还有一个重要的方面是互联网、云计算等新型要素的运用程度,现代金融活动的创新离不开互联网、物联网、云计算等要素的支撑,这些要素的发展程度也决定了金融创新的程度。所有这些都将成为供应链金融发展的生态环境系统。

2. 产业组织生态

在供应链金融活动中,产业组织生态非常重要。产业组织是供应链金融的参与主体,宋华(2015)将所有的参与主体分为四类:产业链上的成员、交易平台提供者、交易风险管理者和流动性提供者。

值得指出的是,产业链上的成员原来指的是供应链运营中的上下游(宋华,2015),但是如今这个概念又有了极大的发展,这是因为如今的供应链已从原来生产制造供应链完全转化为服务主导的供应链,或者说供应链运营已从技术层面走向商业模式层面,从而使得参与者越来越趋于广泛、多样化。从理论的视角看,在研究服务主导的供应链或者企业服务化的过程中,对主体结构的研究已经从双边(dyadic)关系(Sampson & Spring, 2012; Selviaridis, Spring & Araujo, 2013)转向了三边(triad)关系,即服务集成商、客户与子服务提供商(如加工者或合作方)之间的关系(Choi & Wu, 2009; Li & Choi, 2009a; Choi & Wu, 2009b; van der Valk & van Iwaarden, 2011),最近几年进而转向了四边(tetradic)关系甚至网络(network)关系(Chakkol et al., 2014; Jaakkola & Hakanen, 2013; Ford & Mouzas, 2013; Gebauer, Paiola & Saccani, 2013)。从实践的视角看,产业链上的参与者包含了三层成员:一是核心利益相关方(core stakeholders,如供应链上下游合作伙伴);二是战略利益相关方(strategic stakeholders,如金融机构、品牌商等);三是环境利益相关方(environmental stakeholders,如海关、商检、税务等政府管理部门或其他社会组织等),这些成员共同构成了产业链上的参与者。

在供应链金融中,所谓平台提供商是为风险承担者或者流动性提供者提供必要应用(诸如电子账单呈现与传递,即EIPP、应收应付等)或基础的主体，它促进了采购订单、票据、应付等文件在供应链买卖双方以及金融机构之间的交换与信息整合，使相应的参与方能自动及时获取供应链交易过程和信用。这一主体是供应链金融的信息平台提供商，供应链金融业务的设计、运营和管理依托于供应链运营全过程的业务和信息，因此，所有供应链运营要素和信息的呈现和操作就成为了金融创新活动的关键。为了实现这一目标，作为平台提供商需要具备几个方面的能力：一是深刻地理解并把握客户供应链业务和流程的能力。由于平台提供商为所有产业链成员提供的是信息呈现和集成服务，因此，需要了解和把握客户的业务结构、业务特征、业务流程和业务风险。二是集成多样化成员信息系统的能力，亦即平台服务提供者需要对接和集成其他成员系统，并且转化为统一、标准的单证、信息格式。三是清洗、整理、整合、分析数据和信息的能力，即能够将所有得到的数据和信息进行解析，为供应链金融风险管理者或者流动性提供者实现商务智能化。

交易风险管理者能够根据平台提供者呈现出的整合信息，设计并运作供应链金融业务，即如何建构供应链金融的结构、流程和要素，并且决定向谁提供资金融通，用什么方式，何时融通，又如何监控并管理潜在的风险。从这个意义上讲，交易风险管理者既是供应链金融的操作者，同时也是风险的直接承担者，因为一旦金融业务的设计有缺陷，或者没有能够控制住相应的风险，该主体需要首先承担责任。

流动性提供者是直接提供金融资源的主体，也是最终的风险承担者。由于流动性提供者是资金的拥有方和贷款方，因此，它需要参与确立资金融通的标准、流程，同时也要合理设计资金融通的结构和风险防范措施，以降低可能的潜在风险。需要注意的是，流动性提供者与交易风险管理者的区别在于：交易风险管理者是最直接的供应链金融管理和操作者，是风险的第一承担人，而流动性提供者主要是针对交易风险管理者提供统一的授信融通，因此，交易风险管理者本身就是流动性提供者防范风险的保障和基础。

在供应链金融的组织生态系统中，平台提供商、风险管理者和流动性提供者既可能是分离的,也可能是结合的。一般而言,当金融机构从事供应链金融服务时,往往这三个角色融为一体(如平安银行的橙e网及其供应链金融服务案例)。而当产业企业从事供应链金融服务时,这三个角色就会发生一定程度的分离(如弘信物流的最新供应链金融发展案例)。

3. 产业要素生态

由于供应链金融开展的前提是供应链运营和管理,因此,其要素的完备程度就成为了供应链金融创新的关键。产业要素一般而言包括三个方面:一是供应链经营活动中的要素,特别是在供应链运营过程中的商流(即各类交易活动)和物流,以及这两者之间的结合。在供应链金融活动中,商流和物流密不可分,因为在中小企业信用体系不完善、信息不对称的状况下,单一的商流或物流都会使供应链金融业务产生巨大的风险,例如,如果没有完善的物流要素,仅仅是交易活动(亦即仅仅表现为采购或销售活动,而难以掌握库存、运输、分销状况),就有可能因为虚假贸易或伪造交易,使得金融活动蒙上阴影;同理,如果仅仅有单一的物流要素,而无法知晓交易状态,也有可能会因为利用商品在时间和空间的转移,实施套利套汇的行为。二是财务和金融要素,即所有供应链金融活动的参与者是否具备完整、清晰、真实的财务、会计和金融要素。三是风险控制、管理要素,即是否具备良好的风险识别、监控、管理的体系,以及转移、化解潜在风险的手段。所有这些要素共同构成了供应链金融的产业要素生态。

平安银行橙e网和供应链金融业务

平安银行作为国内业内最早提出并践行供应链金融的银行,在供应链金融领域进行了一些有益的探索,在这一探索的过程中,其角色和地位逐步从原来传统的银行借贷,通过平台和生态的打造,向供应链金融演化。从其实践历程看,平安银行经历了几次业务上的转型与变革:第一次是从2000年到2008年,当时的深圳发展银行开始了M+1+N的金融活动,通过抓住"1"个核心企业,去批量开发经营核心企业供应链上下游的M、N,为核心企业及其供应链上下游提供融资、支付结算、财富管理等在内的金融服务。这一阶段是深圳发展银行供应链金融的尝试，突破了传统银行的窠臼，试图渗透到产业企业的供应链运营中。但是从理论上讲，这种模式是一种不稳定的供应链金融形态，因为深圳发展银行并没有真正把握产业企业的具体运营管理，而只是依托核心企业为其上下游开展业务，因而作为银行，其在金融生态中只是流动性提供者，本身既没有打造产业生态，也没有真正进入产业生态链中。第二次是从 2009 年到 2012 年，这一阶段的平安银行将原来线下的供应链金融业务搬到线上，试图利用互联网和 IT 技术构建平台，链接供应链的上下游及各参与方，包括核心企业、中小企业、银行、物流服务商等，实现了资金流、信息流的归集和整合，提供适应供应链全链条的在线融资、结算、投资理财等综合金融与增值服务。应当讲，这一时期平安银行试图从原来单一的流动性提供者逐步向风险管理者转变，通过互联网技术减少人工操作的成本和隐含的风险，同时由于多数业务通过线上平台来实现，银行可引入更多的合作方，实现多方在线协同，以及资金流、信息流的归集和整合。尽管这一时期平安银行开始了实质性的转型，但是严格意义上讲，仍然不是供应链金融的稳定状态，这是因为作为供应链金融的推动者，这一时期的平安银行并没有真正把握商流、物流的信息以及供应链全流程管理，因此，很难作为平台提供者而出现，同时风险管理也会变得非常艰巨。正因为如此，进入 2013 年，平安银行提出了他们称之为"3.0"的平台和供应链金融模式，即在组织架构上单独设立公司网络金融事业部——全行唯一的平台事业部，专职于供应链金融产品的创新与推广，在平台建设上搭建了跨条线、跨部门的银行公共平台——橙 e 网，与政府、企业、行业协会等广结联盟，通过综合平台的建设，突破传统金融的边界。

1. 平安橙 e 网功能介绍

橙 e 网于 2014 年 7 月在深圳发布，其功能主要包括"生意管家"、"网络融资"、"移动收款"和"行情资讯"，试图通过电商＋金融＋服务的模式，实现融平台服务、交易风险管理以及流动性管理为一体的供应链金融形态。具体讲，橙 e 网的主要功能是：

（1）交易服务管理平台。针对供应链上部分客户群体的需求，平安银行创新推出了"电商＋金融"的模式，即由银行搭建免费的生意管理平台（见图1—4），帮助产业互联网化过程中未被有效覆盖的客户群体高效便捷、零成本地管理从订单到仓储运输再到收付款的生意全流程。在此基础上，银行基于供应商或经销商在该行生意管家上留下的交易（订单）、物流（运单）、付款（收单）等信息，给予他们相应的授信额度。这一功能的宗旨在于，既解决部分客户群体由于信息化水平低而出现的交易管理混乱、效率低的问题，又解决他们由于轻资产、规模小而造成的融资难、融资贵的难题。

图1—4　平安银行生意管家界面

（2）银企信息管理和风控平台。借助橙e网，企业与上下游之间围绕交易而生成的订单（商流）、运单（物流）、收单（资金流）等信息都沉淀在平台上，这些数据对平安银行判断一家企业，尤其是中小企业的经营状况提供了依据，从而改变了过往传统模式下银企之间的信息不对称，银行信息获取的成本和承受的风险过高的局面。与此同时，平安银行在开展供应链金融业务时，可由过往抓核心企业为风控核心，逐渐变为依据数据判断企业是否正常经营为风控核心。

（3）数据交换的平台。目前各行各业都在积极推进产业的互联网化，推进平台的建设。银行的平台与各类型的平台合作，可获取多样化的数据，通过大数据和云计算技术，验证相互之间的勾稽关系，以此来证实企业主体的真实性和与交易对手交易背景的真实性，判断企业的经营状况。平安银行近来推行的平台联盟战略，其中很重要的一部分，就是推进与各类型平台的合作（见图1—5）。例如，平安银行与第三方支付公司合作，了解商户的销售和结算流水数据；与从事税务相关服务的公司合作，了解企业的纳税和开票信息；与海关或外贸服务商合作，掌握企业出口货物的运输和通关情况；与第三方信息平台对接，获取核心企业与上下游之间的采购、销售、库存等数据。

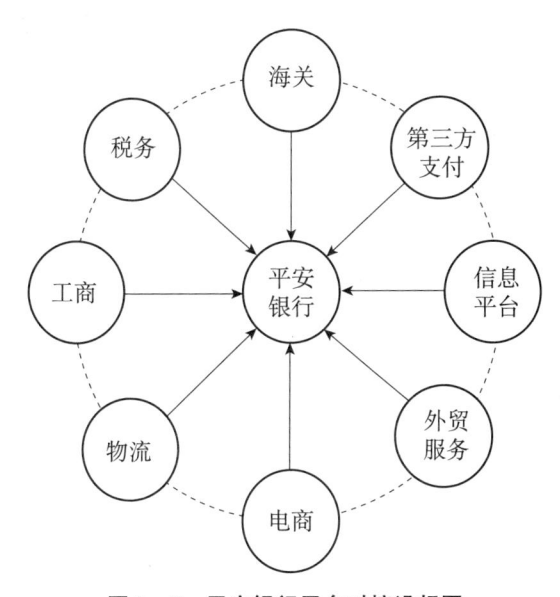

图1—5　平安银行平台对接设想图

2. 平安银行的供应链金融业务：与供应链协同平台合作推出商超供应贷

C公司是国内领先的供应链电子商务解决方案和行业信息化服务提供商，总部位于北京，设有上海分公司及深圳、苏州、宁波等多家分支机构。C公司服务20余家核心企业，为其提供财务供应链平台，主要解决供采双方之间的结算对账、发票开具及管理、应付账款生成、付款通知等与往来账款相关的线上协同服务，以期提高结算效率和费用可视度、降低发票退票率、加快资金周转。2013年，平安银行与C公司签署《供应链金融战略合作协议》，双方在供应链金融领域全面合作，共同支持中小企业的发展。同年11月，双方系统实现对接，首个产品"商超供应贷"投产上线。

"商超供应贷"是由平安银行和C公司合作开发，专为国内商场百货、超市供应商定制的一款应收类融资产品。产品基于平安银行线上供应链金融系统与C公司的财务供应链平台对接，及时了解和掌握商超企业与上游供应商之间的订单、收货、发票、付款等信息，并以一定的融资比例将认可的资产入池（见图1—6），为客户提供全流程的线上融资服务和应收账款管理服务。对银行而言，将C平台上沉淀的商流、物流、资金流等信息用于额度审批、出账、预警等操作，能实现贷前、贷中流程的简化与优化以及贷后管理的智能化和自动化，降低银行风险和操作成本。同时，由于应收账款界定从收货阶段开始，供应商的授信额度比传统保理从发票开始的情形更高。最后，"商超供应贷"是基于商超供应商的日常经营信息和应收账款信息进行授信，无须企业提供额外的抵押物和担保，较好适应了中小企业普遍轻资产的局面。

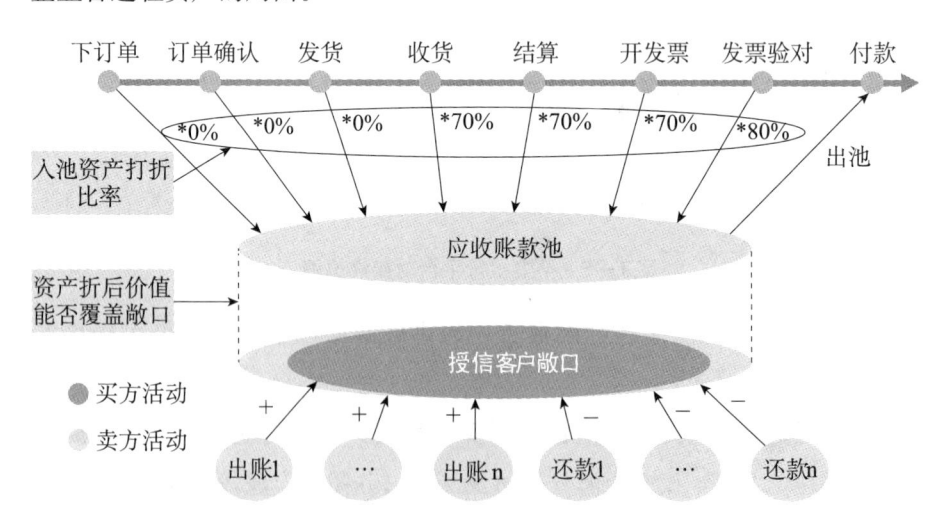

图1—6 平安银行商超供应贷方案

3. 平安银行的供应链金融业务：与海关支付平台合作推出货代运费贷

D电子支付有限公司是国内企业公共电子支付行业的领先品牌，在B2B（企业对企业）和B2G（企业对政府）的电子支付业务领域拥有强大的技术力量和丰富的行业经验。D公司是目前国内唯一一家海关税费电子支付平台，为广大进出口企业提供海关税费电子支付服务，各家银行的"银关通"系统均需对接D的系统。2014年，平安银行与D公司合作推出的"货代运费贷"产品是基于货代企业应收账款的"池"融资模式。产品通过分析税务和海关的大数据判断企业经营资质及业务真实性，为银行授信发放过程中的额度审批、出账、贷后预警等操作提供支撑，货代企业无须额外增加抵押和担保，就可通过平安银行橙e网在线申请融资，平安银行凭借发票数据和货代企业在D支付公司系统的交易信息，为其提供发展所急需的资金支持。办理"货代运费贷"产品，货代企业只需在线向银行提供尚未付款的发票及对应的货运提单信息，平安银行即与D支付公司内部进行数据交互验证，验证通过后向货代企业发放贷款（见图1—7）。全流程线上化操作，多部门配合联动，无须客户提供纸质合同、书面资料，简单快捷环保。该产品的推出有效缓解了货代企业普遍"轻资产、缺担保、无抵押、贷款难"的问题，降低了货代企业贷款的准入门槛。

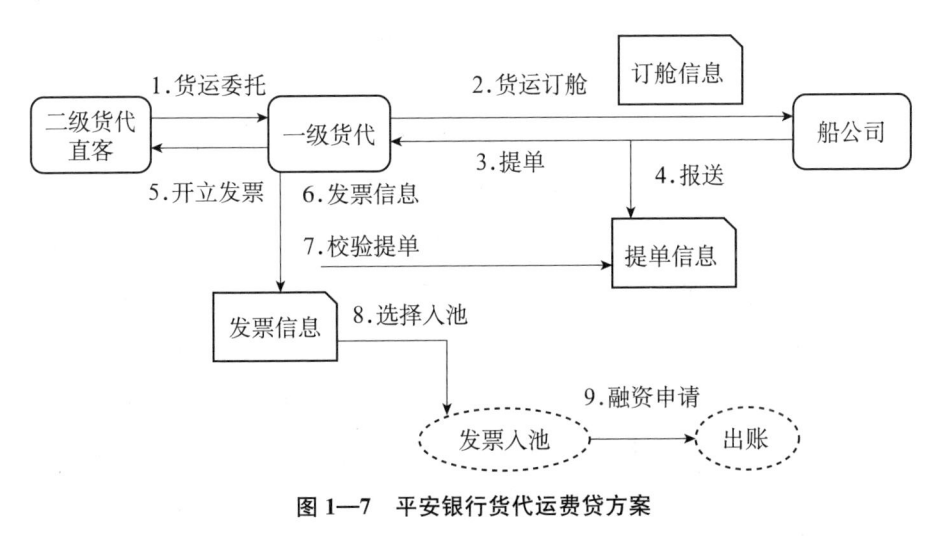

图1—7 平安银行货代运费贷方案

平安银行橙e平台通过与D公司线上系统的对接，实现各方数据共享，以及贸易背景真实性和连续性的线上交叉核查，有效解决了中小企业融资中银企间信息不对称的难题，开创了货代企业一揽子在线金融服务解决方案的规模化实践。

4. 平安银行的供应链金融业务：与大型企业B2B平台合作推出采购自由贷

H集团是全球大型家电的第一品牌，其名下拥有26 000万多家经销商，在全国建立了90余个物流配送中心，2 000多个二级配送站。G公司是H集团下的全资子公司，其核心业务是四网，即虚网、营销网、物流网、服务网的融合，通过虚实融合战略，为用户提供全流程一体化的解决方案融合的平台型业务。从深度上看，G公司在全国建立了7 600多家县级专卖店，26 000个乡镇专卖店，19万个村级联络站，在中国2 800多个县建立了物流配送站，布局了17 000多家服务商，真正做到了"销售到村、送货到门、服务到户"，解决了三四级市场的配送难题。在广度上，经过十几年的发展，G公司的物流在全国有3 000多条客户配送专线、6 000多个服务网点，业务达到了前所未有的广度，在全国串成一张送装同步的网，无论用户身在何地，都能实现在本地下单、异地送货。

H集团从2015年开始，紧随产业互联网化的步伐，启动G公司下的B2B电商平台的建设。G公司的B2B平台的定位为集信息流、物流、现金流为一体的大型开放式服务平台。H集团的2万多家经销商可在平台上在线下订单，发起在线融资申请，实现对订单、物流、资金等信息的跟踪。平安银行橙e网与G公司的B2B平台实现无缝对接，双方共享订单、物流、资金等信息，合作推出"采购自由贷"。采购自由贷极大降低了经销商的准入门槛，大幅简化了经销商的授信资料，对业务进行批量授信、批量开发。经销商无须抵押，免担保，只要和H集团生意往来超过一年时间，不论经销商规模大小都可以向银行申请融资（见图1—8）。同时允许经销商随借随还，大大降低了中小企业的融资成本。借还款等操作都在线上完成。经销商从G公司的B2B网站在线发起订单，到平安银行橙e网网络融资平台完成贷款交易,最快只要 6 分钟。

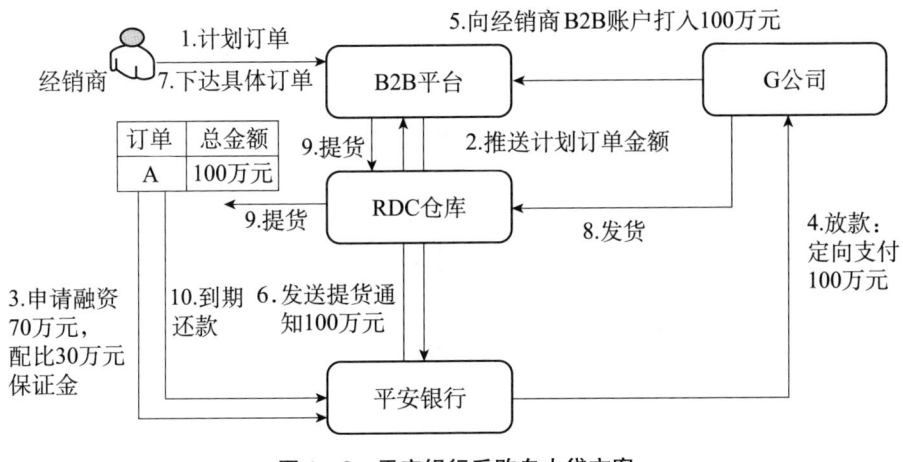

图 1—8 平安银行采购自由贷方案

5. 平安银行供应链金融组织生态解析

通过以上平安银行橙 e 网和业务应用的介绍,可以看出,目前其所提供的供应链金融业务正从传统的银行借贷业务转向基于组织生态的供应链金融(见图 1—9)。从组织生态的结构上看,平安银行通过橙 e 网的建设和运营,实现供应链全流程的交易信息和数据的沉淀和管理,并且为了保证这些信息数据的完整和真实性,与外部合作者(包括第三方支付、电商、物流、海关等)的平台对接,从而发挥了交易平台提供者的角色。与此同时,根据橙 e 网的信息数据,结合银行原有的征信体系,针对供应链上的主体提供定制化的融资解决方案,资金的来源也是平安银行自身的运营资金,因此,它同时起到了综合风险管理者和流动性提供者的作用。

弘信物流集团上糖网与供应链金融服务

与平安银行的供应链金融服务不同,弘信物流集团的供应链金融服务最初是依托其与客户独特的战略合作关系以及良好的物流管理和服务渗透到供应链金融业务中的(宋华,2015,第 7 章),其生态的打造从组织结构上看是一种分离的状态,即除了白糖的供需双方外,弘信自身发挥了风险管理者的作用,但是资金来源仍然是商业银行的统一授信。进入 2015 年后,

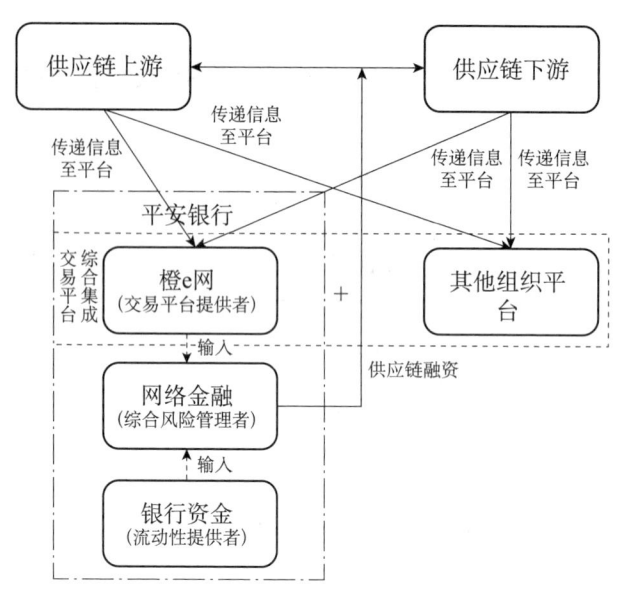

图 1—9　平安银行供应链金融组织生态结构

在供应链物流金融的基础上，弘信逐步通过白糖交易平台（即上糖网）的建设，向平台服务提供者转化。

1. 上糖网及其主要功能

上糖网是弘信集团 2015 年 7 月投资的面向白糖终端用户的采购服务平台，该平台力图依托弘信线下的全国物流配送网络，通过"互联网＋供应链整合"手段，协同糖厂、贸易商、期货公司、进口商、交易决策商，为用糖企业提供线上线下采购管理服务。该平台设计的功能包括：基于上糖网与国内糖厂的合作关系，向白糖使用客户提供进口糖与国内糖采购服务；根据客户白糖采购需求量，为客户推荐与上糖网有合作关系的通过质量认证的海外白糖供应商；协助客户在商务局办理进口许可证，并提供通关服务等。具体看，弘信集团的上糖网目前的主要服务模块有：

（1）现货交易流程。亦即直接通过上糖网进行库存查询和现货交易，并且通过弘信完成物流配送，在此过程中由上糖网进行资金偿付和结算。具体流程如下（见图 1—10）：

第一，客户根据上糖网发布的现货价格和库存情况，选择客户所需要配送的地址，在线填写采购需求单或联系客服下单；

第二，上糖网确认订单要素信息，制定最优方案并反馈客户；

第三，双方签订合同；

第四，根据合同要求，客户在有效时间内付款；

第五，合同生效，上糖网按照客户的收货计划进行配送；

第六，客户签收确认，上糖网开具发票。

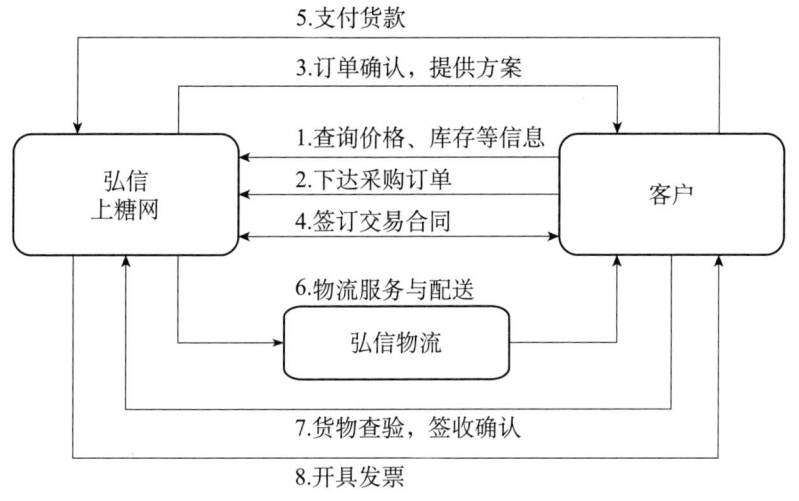

图1—10 上糖网现货交易流程图

（2）远期交易（forward exchange transaction）又称期汇交易，是指交易双方在成交后并不立即办理交割，而是事先约定币种、金额、汇率、交割时间等交易条件，到期才进行实际交割的外汇交易。具体业务流程如下（见图1—11）：

第一，签订框架合同；

第二，客户按采购计划支付一定比例的保证金；

第三，客户选择合约，在线填写采购需求单或联系客服下单，上糖网根据客户的数量及价格要求，在郑州商品交易所或柳州白糖批发市场买入相应的合约；

第四，上糖网将操作结果反馈客户，确认订单生效；

第五，合约到期日前，客户支付剩余货款；

第六，弘信按照客户的收货计划进行配送；

第七，客户签收确认，上糖网开具发票。

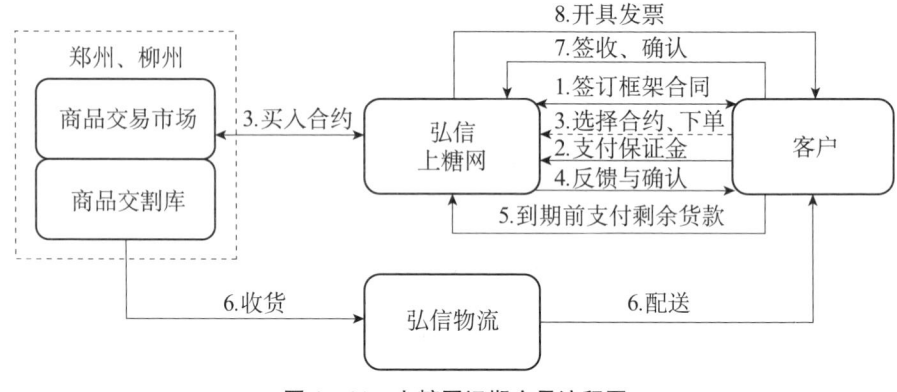

图 1—11 上糖网远期交易流程图

（3）进口交易。该交易流程指的是上糖网代理客户进行海外采购，并组织商品的物流、通关、配送等服务，实现代理采购与物流服务的结合。具体流程如下（见图 1—12）：

第一，客户在线填写进口糖需求单或联系客服下单；

第二，上糖网确认订单信息，制定合适的进口方案并反馈客户；

第三，签订代理服务合同；

第四，客户向海外供应商开具信用证；

第五，上糖网协助客户进行海外采购，并协助办理进口的相关事项；

第六，在货物到岸后，客户支付服务费；

第七，上糖网提供口岸到客户收货地点的配送服务。

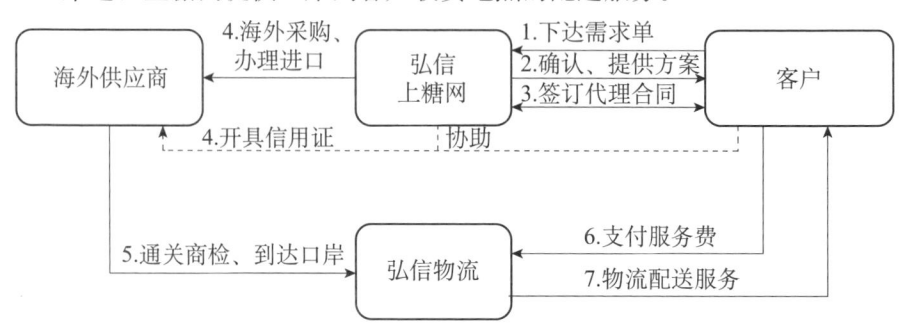

图 1—12 上糖网进口交易流程

2. 弘信供应链金融组织生态解析

通过上糖网这类交易平台的建立，弘信物流的供应链金融逐渐从原来单纯依托物流活动而开展的金融服务延伸到交易与物流并举的供应链金融。也就是说，原来的供应链金融服务主要是通过控制和管理上下游之间的物流活动，针对上游糖厂提供综合性的金融服务；而如今作为综合服务商的弘信不仅仍然承担第三方物流的角色（即 CDC 和 RDC 基础上的物流服务与管理），而且同时还起到了媒介商品交易、管理交易过程以及信用、信息管理的作用（例如采购、远期交易等服务内容），其结果使得该企业逐渐成为了供应链金融组织生态中的交易平台提供者，并且依托平台沉淀的历史信用和数据，与流动性提供者（即银行）共同成为风险管理者，从而在管理物流和提供服务的过程中进一步有利于识别、分析和控制供应链金融中的潜在风险，巩固供应链金融服务提供商的地位。因此，在这一供应链金融业务中，组织生态结构有一定的分离（见图 1—13），弘信集团通过商流和物流的结合，完全起到了交易平台提供者的作用，但是流动性提供者仍然是银行，因为所有供应链融资的资金均来自银行的统一授信，而弘信与银行又共同发挥了综合风险管理者的角色。

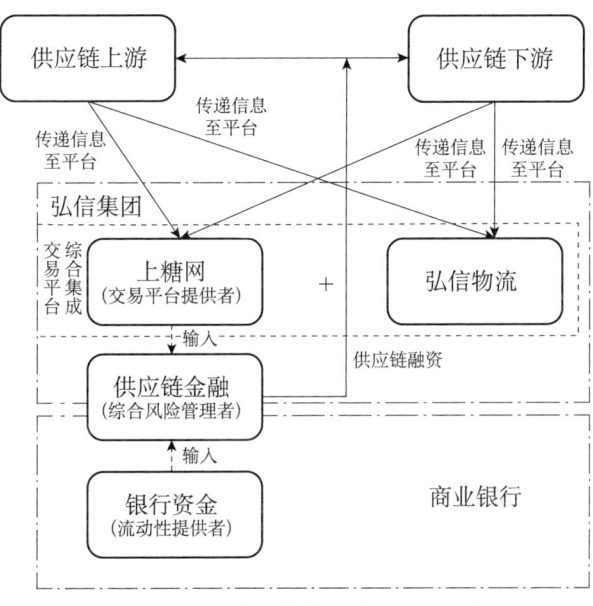

图 1—13 弘信集团的供应链金融组织生态

供应链金融中的创新要素

随着供应链金融的不断发展和产业生态的日益成熟，一些新的创新要素开始渗透到了供应链的运行中，这些新的要素不仅使得供应链运营日益智能化和高效率，而且进一步推动供应链金融的拓展和升级，使得供应链金融的运行模式、风险管理和控制都发生了巨大的变化。

供应链金融与物联网

物联网（Internet of Things）是指物物相连的网络。它是通过射频识别（RFID）、红外感应器、全球定位系统、激光扫描器等信息传感设备，按约定的协议，把任何物品（包括人与物、物与物）与网络（互联网或通信网）相连接，进行信息交换和通信，以实现对物品的智能化识别、定位、跟踪、监控和管理的一种网络（李昀柏，2015）。很多研究者都指出，物联网的可视跟踪技术极大提高了供应链金融的运营效率，并能有效地控制风险。例如，除了可视跟踪之外，物联网有利于商业银行加快电子供应链金融平台建设，从而提高IT系统柔性服务水平（丘永萍，2011）。此外，物联网能够辅助金融机构对企业进行信用调查，加快贷款审批速度，提升贷后管理效率，检测质押物保管状态（肖燕飞，钟文彬，2012）。物联网除了能促进供应链金融的管理效率外，也有观点认为物联网还能进一步拓展和巩固供应链金融的范围和生态体系，例如蒋相岚（2012）发现物流园区中物联网技术在供应链金融中的创新应用将对核心企业和节点企业、第三方物流公司、金融机构、电子商务等资源进行有效整合，实现三流合一，提升供应链管理效率及其灵活性，降低其运转成本，提高客户满意度。这也就意味着，在物联网技术的支持下，供应链金融的业务范围将会进一步扩大，服务于更多的企业。

在实践中，以平安银行为代表的商业银行已经开始了对物联网的积极探索。2013年平安银行率先在品牌白酒存货业务中成功借助RFID技术进行押品溯源和追踪，提高了供应链的可视化程度，成功破解了白酒动产业务的品质管理难题。2014年平安银行在国内率先推出汽车物联网金融业务，实现了汽车监管业务的智能化升级。2015年平安银行把目光再次投向已经历深度调整的大宗商品行业。以正在试点的钢铁行业为例，平安银行联合感知集团引入感知罩等物联网传感设备和智能监管系统，在全国钢材交易的重点区域推进大型仓库的智能改造升级，实现了对动产存货的识别、定位、跟踪、监控等系统化、智能化管理，使客户、监管方和银行等各方参与者均可以从时间、空间两个维度全面感知和监督动产存续的状态和发生的变化，有效解决了动产融资过程中信息不对称问题。在加入物联网后，在货物卸载过程中，重力传感器实时采集入库货物的重量，并传输至后台仓单管理平台。同时，定位设备实时监测和采集入库货物所存放的仓库位置信息，仓库管理人员可以实时监控货物是否卸载至正确的库位及监测作业完成进度。系统通过自动比对前端设备采集的货物重量数据与录入的重量数据判断是否装卸完毕。如装卸完毕，则扫描设备对入库货物进行3D轮廓扫描，并将所采集信息传输至仓单管理平台。扫描完成后，仓单管理平台根据仓库位置、库位、货物信息绑定生成仓单，并对仓单锁定，激活报警服务。仓单处于锁定状态时，对仓单项下货物进行任何未经许可的操作时，系统将自动产生预警信息，同时将预警自动推送至移动监管端APP，库管员和银行人员及时收到预警并采取行动。

此外，平安银行还将致力于把普通仓单打造成具备标准仓单属性的"标准单"。这种新型仓单将具备唯一性和排他性特点，同时拥有标准化程度高、流通性强等诸多优势。首先，物联网技术使得仓单项下的实物被特定化，且仓单与实物之间可建立一种动态的、实时的对应关系。仓单甚至还可以绑定实物的三维空间坐标，使得仓单具备唯一性和排他性，从而有效解决现行仓单中存在的虚开仓单或重复开单等问题。其次，通过推动仓储企业按照国家标准生成国标仓单，倡导仓单格式和记载要素标准化，并推动仓单编号的生成规则规范化，仓单将成为特定实物的唯一"身份证"。

在此基础上，再推动仓单在权威机构进行登记注册或认证，将显著提升仓单的信用度，实现仓单高效流通。如果说物联网监管解决了动产融资中的抵质押物管控难题，那么基于物联网技术和动产统一登记平台有效支持的新型仓单，将从根本上解决动产重复抵质押问题。动产融资业务将迎来全新蜕变，传统的实物监管融资将逐步演变成更加规范、便捷、高效和安全的单证化融资。

供应链金融与大数据

供应链运营在大数据的支持下发生了脱胎换骨的变化。关于大数据的理念及与供应链金融的结合在本书其他章节有详细描述，这里不再赘述。根据麦肯锡公司（2011）的定义，大数据是"超过了典型数据库软件工具捕获、存储、管理和分析数据能力的数据集"，这一数据集的典型特点是数据量大（volume）、数据类型繁多（variety）、数据增长快（velocity）以及数据经分析处理后具有很大价值（value）。

大数据对于供应链金融的变革主要体现在信息的收集与分析方面。大数据的应用拓宽了供应链金融的服务内涵，通过运用大数据分析技术，供应链金融服务者可以分析和掌握平台会员的交易历史和交易习惯等信息，并对交易背后的物流信息进行跟踪分析，全面掌控平台和平台会员的交易行为，并通过这些信息给平台会员以融资支持。大数据的应用降低了供应链金融的业务成本和贷后管理成本。大数据能够帮助金融机构从源头开始跟踪押品信息，因此更容易辨别押品的权属，减少实地核查、单据交接等操作成本；通过对原产地标志的追溯，帮助金融机构掌握押品的品质，减少频繁的抽检工作；金融与核心企业的信息互动，甚至可以实现押品的去监管化，节约监管成本。大数据的应用提高了客户筛选和精准营销的能力，通过引入客户行为数据，将客户行为数据和银行资金信息数据、物流数据相结合，得到"商流＋物流＋资金流＋信息流"的全景视图，从而提高了金融机构客户筛选和精准营销的能力。

在大数据的影响下，未来供应链金融将会朝着供应链参与企业、银行、行业协会、政府管理部门、物流企业等多方合作的平台模式方向发展。例如，平安银行旗下橙 e 网推出的税金贷产品便是商业银行在这一方向重点突破的范例。平安银行通过与某地区高新区管委会创新"银政"合作模式，根据高新区管委会搭建的"信用与金融服务平台"征集的企业信用信息，为高新区内诚信纳税、规范经营及使用高新区系统的中小企业提供纯信用、免担保、纯线上操作的融资服务。企业只需登录"信用与金融服务平台"，填写企业基础资料并提交，就可以发起授信申请；随后"信用与金融服务平台"会向平安银行推送申请客户的相关数据，平安银行根据数据集和事先设定模型判断是否获批及审批金额；在审批通过后，客户就可登录"信用与金融服务平台"发起出账申请；平安银行通过橙 e 网验证身份后发放贷款。贷款发放后，平台定期向银行自动推送贷后管理所需数据，帮助平安银行进行贷后监测。

本书的结构与内容安排

立足于以上对供应链金融的认识，本书将从一个新的视角探索互联网环境下的供应链模式及其金融创新，应该讲，本书与此前出版的《供应链金融》（中国人民大学出版社，2015）是一种互补和递进的关系。两书的共通之处都是立足于产业供应链探索供应链金融，或者说都是从产业实体经济的视角探索产融互动。而两书的差异在于：之前的《供应链金融》主要从不同的产业主体视角探索各种供应链金融创新模式；而本书则是突出目前一些新要素、新情景以及新模式如何深化和拓展供应链金融，进而推动了产业生态和金融生态的双重创新发展。具体讲，本书对供应链金融的探索将突出如下几个特点：一是互联网、物联网、云计算等新兴要素如何影响供应链体系，并作用于金融创新过程，或者说我们认为供应链金融的发展一定是"互联网供应链＋金融创新"，正是因为互联网等新兴技术融合到了产业供应链中，使得实体经济的运营深度和广度实现了极大拓展，从而为金融活动的创新提供了更为广阔的空间。二是我们认为供应链金融存在着递进升级的过程，如果将原有商业银行推行的以应收和库存为基础的融资称为"供应链金融1.0"，而由产业企业推动的立足于上下游交易结构和物流结构产生的金融行为称为"供应链金融2.0"，那么本书则试图探索由平台所推动的基于产业生态和场景产生的金融创新行为，也就是"供应链金融3.0"，或者互联网供应链金融（E-Supply Chain Finance，E2SF），而这一金融创新的核心是价值的创造。这里的价值有两层含义：其一是互联网供应链金融能否实现生态各方共同进化的价值。其二是这一价值的实现需要立足于系统化的产业互联网实现路径，即本书提到的VALUES。三是尽管在前面的分析中我们提出互联网金融与供应链金融的出发点不尽一致，但是这并不表明两者之间水火不容、决然对立；相反，它们之间往往可以相互促进，相互作用，推动资产端和资金端的同时变革和创新，届时这种新型的金融性活动既不完全是单纯的互联网金融，也不是绝对的供应链金融，而是两者之间的融合，亦即本书所指的互联网供应链金融。相信这将是中国下一个发展方向和趋势。最后，我们仍然坚持无论什么样的供应链金融，核心都是风险控制和管理，没有良好的风险管理意识和体系，任何金融创新都会化为乌有，甚至产生较大的产业和社会风险。由于供应链金融是产业和金融的结合，因此，其风险管理既包括了基于产业的规制机制，也包括了对金融行为的管理体系。

本书的后续内容将分为九章（见图1—14）。第2章将探索互联网与供应链管理的融合，即智慧供应链，以及三大产业领域的新机遇和产业供应链特征，这是供应链金融发展的产业情景；第3章我们将详细探索供应链金融进阶，即"供应链金融1.0"、"供应链金融2.0"与互联网供应链金融（E2SF）之间的关系和变化，并在此基础上，提出互联网供应链金融的整体框架模型——VALUES；第4章到第9章将系统探索各个不同的价值实现维度和供应链金融创新；第10章从产业风险管理的视角探索互联网供应链金融的管理及其展望。

第1章 供应链金融创新的实质与发展

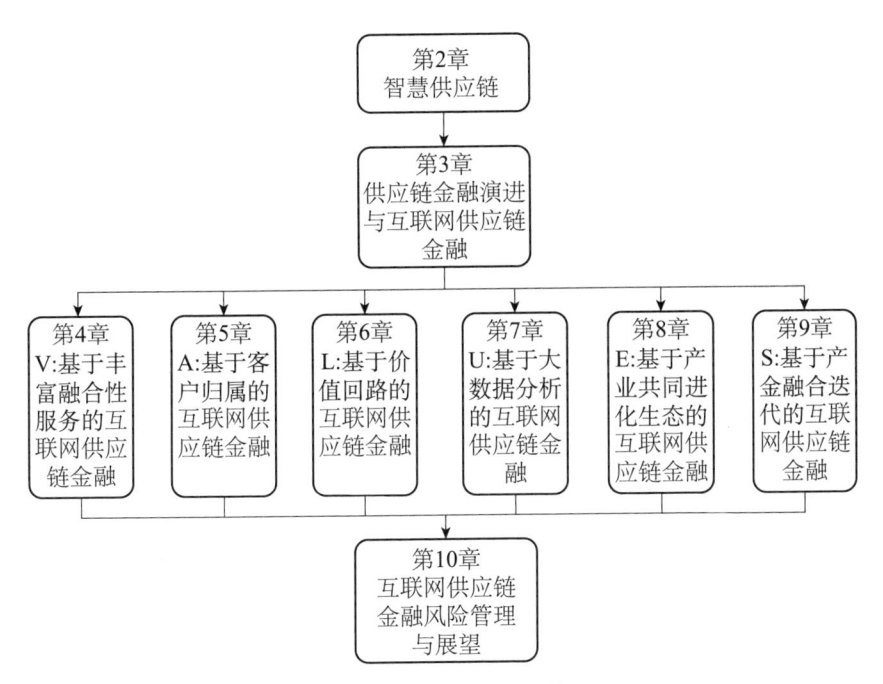

```
         ┌─────────────┐
         │   第2章      │
         │  智慧供应链   │
         └──────┬──────┘
                │
         ┌──────┴──────┐
         │   第3章      │
         │ 供应链金融演进 │
         │ 与互联网供应链 │
         │    金融      │
         └──────┬──────┘
    ┌─────┬────┼────┬─────┬─────┐
 ┌──┴─┐┌──┴─┐┌─┴──┐┌┴───┐┌┴───┐┌┴───┐
 │第4章││第5章││第6章││第7章││第8章││第9章│
 │V:基于││A:基于││L:基于││U:基于││E:基于││S:基于│
 │丰富融││客户归││价值回││大数据││产业共││产金融│
 │合性服││属的互││路的互││分析的││同进化││合迭代│
 │务的互││联网供││联网供││互联网││生态的││的互联│
 │联网供││应链金││应链金││供应链││互联网││网供应│
 │应链金││融    ││融    ││金融  ││供应链││链金融│
 │融    ││      ││      ││      ││金融  ││      │
 └──┬─┘└────┘└─┬──┘└────┘└────┘└────┘
    └──────────┼─────────┘
         ┌─────┴───────┐
         │   第10章     │
         │ 互联网供应链  │
         │ 金融风险管理  │
         │   与展望     │
         └─────────────┘
```

图 1—14 本书内容结构

31

第 2 章
智慧供应链：互联网供应链金融的基础

供应链金融发展的前提基础是供应链管理，没有供应链管理的创建和发展，就不可能存在供应链金融，因此，要探索供应链金融的发展必须首先探索供应链管理的变革。供应链管理这一概念按照美国供应链专业协会的定义（2015），其基本的含义包括规划和管理供应采购、转换和所有物流活动，尤其是渠道成员的协调和合作，包括供应商、中间商、第三方提供商、客户。从本质上讲，供应链管理是对企业内外供应和需求的全面整合。也就是说，供应链管理是将各种商业职能和流程整合成为协同、高绩效的商业模式。它包括所有物流活动、生产运营，以及营销、销售、产品设计、金融、信息技术之间的协调。特别是近年来随着全球产业链的日益发展，互联网、物联网和云计算等新型技术极大地改变了供应链的结构、流程和要素，进而使得供应链越来越呈现智慧化的特征，从而为供应链金融的拓展提供了坚实的基础。

新型要素对供应链变革的影响

互联网、物联网和云计算等现代科学技术为什么对实体产业供应链具有这么重要的作用？如何去理解这些要素对产业供应链的影响？要解决这些问题，首先需要廓清产业供应链的本质。产业供应链是一种系统论视角下的产业运营体系，其初衷在于通过打破组织内部及组织间业已存在的业务孤岛、信息孤岛，有效地规划和管理产业链上发生的供应采购、生产运营、分销和所有的物流活动，特别是产业链所有相关方之间的协调和合作，实现商流、物流、信息流和资金流的高效整合。显然，这一目标的实现意味着在管理上要实现"四个有机化"：

（1）产业组织网络的有机化。即如何采用有效的方法将产业中的各个利益主体整合成相互协调、相互配合、相互支撑的专业分工体系，为实现共同的目标而运行。这也就意味着如何通过互联网、物联网这类信息化的及时手段，有效、合理地识别、组织和管理相应的利益相关方，从而通过相应的分工协作，来实现共同追求的目标，最终实现效率、效益和效果。

（2）产业价值网络的有机化。产业供应链是一个价值逐级生产、分层传递的过程，在这一过程中如何去设计、挖掘和实现不同的价值元素，并且将不同主体创造出来的不同价值元素，聚合成完整的价值包服务于客户。产业价值网络的有机化既需要合理地形成各具核心竞争力的价值元素，又需要协调相互不同的价值单元，形成有机的价值整体。没有各自独特、具有竞争力的价值单元，就很难形成最终的价值体系和系统。同样，如果不能协调、整合差别化的价值单元，各种价值单元只能是分散化的价值孤岛，难以产生系统化的价值。

（3）产业物流网络的有机化。这涉及在产业供应链运营的过程中如何使商品、服务以及相关信息，从发生地到消费地，有效率和有效益地正向、逆向移动，以及与存储、加工等活动相关的计划、执行和控制过程。显然，当今的物流管理不同于以往传统的物流作业，它具有战略性的作用。具体来讲，现代物流不仅仅是商品或服务在时空上的移动，更是对信息和服务全程的收集、分析和管理的过程，因此，对产业企业而言，这一管理无疑成为了重要的信息支撑和服务竞争的高地。同时，现代物流不是单向的商品移动过程,而是完整的供应链闭环,这意味着管理流程不仅是正向的(从供应商,经生产企业、分销企业,流向消费者),而且也是逆向的管理过程(从消费者反向流向生产者、经销企业,甚至供应商)。除此之外,现代物流管理需要考量效率和效益的均衡,即不能为了效率牺牲效益(诸如为了节约成本而牺牲客户的服务质量),同时也不能为了效益牺牲效率(诸如为了抢占市场而导致企业成本急剧上升),物流管理的核心在于有效地寻求两者之间的均衡。

(4)产业资金网络的有机化。即通过高效的资金融通、支付结算和财富管理,实现全产业链资金运行的充足、稳定和安全,缩短产业的现金流量周期。现金流量周期是当今企业供应链运作绩效测评的一种重要的工具和手段,其基本的思想是单位货币从原材料投入到市场价值实现的周期时间。现金流量周期代表性的概念有:Stewart(1995)的"单位货币从原材料投入到市场价值实现的周期时间";Moss和Stine(1993)的支付现金购买可再销售产品到出售这些产品之间的时间间隔。此后,运营周期成为了现金流量周期概念界定的标准,这种观点认为"现金流量周期是企业运营周期内所需财务和支持的天数,而运营周期可以看作投资于库存和产品的销售天数"。此外,Theodore Farris和Hutchison(2002)在上述概念的基础上,进一步发展了现金流量周期的概念,他们认为现金流量周期是企业支付货币购买原材料到获取产品销售所得的天数,这一数值可以用供应库存的天数加上产品销售的天数,再减去平均产品支付周期得到。与此相似,Schilling(1996)也提出"现金流量周期反映了企业的运营周期,它测度了消耗现金为生产经营活动而购买库存,到通过最终产品的销售而获取现金的时间跨度,这个指标可以用天数来衡量,它等于平均库存期加上平均获得时间,再减去应付账款时间"。目前这个定义是学术界广泛接受的概念。在这一概念的基础上,一些学者进一步扩展了现金流量周期的外延。Soenen认为现金流量周期依赖于一系列的因素,包括从供应商获取的天数、产品生产加工的天数、出售前的库存天数,以及从客户那儿回款的天数。显然,这一工具所揭示的含义跨越了整个供应链活动的全过程,不仅包括了企业内部的各种作业活动，如采购、仓储、生产、分销等作业，而且也涵盖了企业外在的经营行为，如客户服务等活动。其计算可以按照库存商品所产生的收益周期来进行。一些学者认为现金流量周期能够帮助企业建立良好的绩效检验工具或矩阵，以优化企业的供应链物流行为，确立优化的商业运作模式。

上述"四个有机化"是相辅相成的管理流程，它们相互影响、相互作用。组织网络有机化是供应链的结构性形态，是其他三个网络的基础；物流网络有机化是供应链产品或业务的流动状态，会影响资金网络和价值网络的实现程度；价值网络有机化是供应链的内在核心，是决定其他网络形态能否持续发展的关键；而资金网络有机化是供应链效果的表现，决定了供应链绩效。

显然，企业一旦实现了上述"四个有机化"，抵御风险的能力就会增强，核心竞争力就会形成。问题的关键在于上述"四个有机化"不是那么容易实现，主要原因涉及主观和客观两个方面。从主观上讲，一个单一企业无法及时、全面地掌握产业链的各种状况、各种活动和各类主体，即便有合作者愿意协调、沟通，也缺乏有效的互动和协调手段。从客观上讲，今天的产业活动越来越复杂、越来越广泛，商业活动也越来越国际化、全球化，而由于空间、时间上的差异，"四个有机化"往往难以实现。香港冯氏集团（原利丰集团）荣誉主席冯国经先生就讲过，世界既是平坦的，也是充斥着大量的沟壑和山谷的。他指出："全球贸易规定、国家法律、贸易集团以及其他因素使得这个世界凸凹不平，既现代又古老。"因此，在这个世界既平又圆的时代，实现"四个有机化"必然面临着巨大的挑战。新型技术要素为这些目标的实现提供了良好的契机和途径。也就是说，互联网（包括移动互联网）、物联网、云计算、大数据这些新的技术创新和手段，一旦融合进产业供应链管理中，不仅可使得上述问题迎刃而解，而且进一步创造出高度网络化、智能化、服务化的供应链体系，也就是智慧供应链（intelligent supply chain）。换句话说，智慧供应链借助于新的技术，通过产业供应链运营的高效率和效益，不仅打破了组织内和组织间的壁垒，融商流、物流、信息流和资金流为一体,提高了效率,而且推动了产业的升级与发展,拓展了服务化的市场空间,带来了新的效益。

要充分了解智慧供应链的实质,还需要从供应链管理的基本维度入手。Lambert 和 Cooper(2000)认为一种特定供应链的形成,往往是由三个方面决定的:供应链的网络结构、供应链业务流程以及供应链管理能力(或管理要素),它们构成了供应链模型的理论分析框架。供应链网络结构是供应链中的参与成员以及他们之间的连接方式;业务流程是供应链为客户产生特定价值产出的活动;而管理要素则是跨越供应链整合、管理业务流程的管理变量。

智慧供应链的网络结构

有学者(Lazzarini et al.,2001)把智慧供应链称为网络供应链或网络链(Net Chain),它既不同于传统的企业价值链,也不同于以往的供应链(见图 2—1)。企业价值链最初由 Micheal Porter(1985)提出,他指出"每个企业都是设计、生产、营销、交付和支持产品一系列活动的集合。所有这些活动都代表了企业应用价值链的方式……价值链显示了总价值,包括价值活动(value activities)和利润(margins)。价值活动是企业开展的具备实体和技术独特性的活动,是企业为买方生产有价值产品的基础。利润是总价值和开展创造价值活动总成本之间的差异"。显然,企业要实现利润,就需要合理有效地组织和管理价值活动。供应链则跨越了单一企业的界限,它是由上下游组成、垂直化地组织交易,并逐级完成价值创造的过程,其核心在于通过合理的协调、组织和管理上下游组织之间的商流、物流、信息流和资金流实现行业的高绩效。要实现这一目标,就需要将供应链界定为计划(plan)、采购(source)、生产(make)、配送(deliver)、退货(return)五大流程,并分别从供应链划分、配置和流程元素三个层次切入,对供应链流程活动进行定义、衡量和实施,亦即 SCOR 模型。智慧供应链或者网络供应链在供应链基础上,极大地拓展了系统结构和范围,它是通过互联网、物联网等新兴技术手段，基于产业各利益相关方或者产业集群的有机组织和结合，融商流、物流、信息流、资金流、知识流、人才流而形成的网络状多方互动并创造价值的过程。可以看出，智慧供应链或网络链跨越了单一纵向的供应链，呈现了多相关行业或者同水平层级多主体协同，并且根据服务的要求，由不同行业、企业或者不同地理位置的组织来承担相应的价值创造和传递过程，最终形成体系化的价值（见图2—2）。需要指出的是，这三种不同形式的"链"并不是相互替代的过程，而是三个不同层面的价值活动创造：价值链是企业层面的价值活动创造，供应链是行业层面的价值活动创造，而智慧供应链则是产业层面的价值活动创造。没有良好的企业价值链和供应链建构，就不可能出现智慧供应链或网络链。

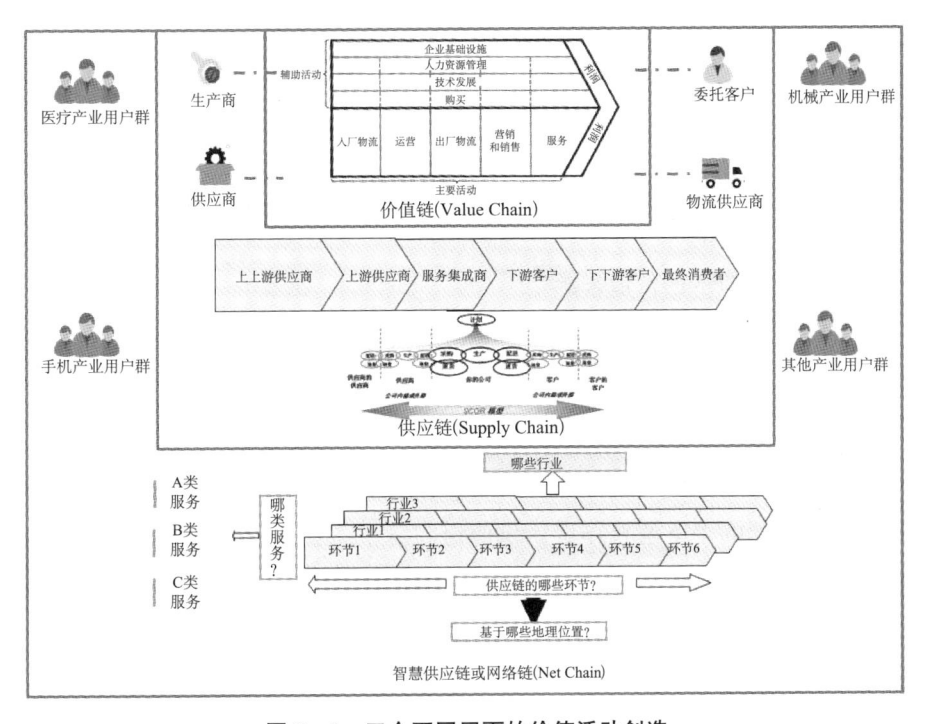

图2—1 三个不同层面的价值活动创造

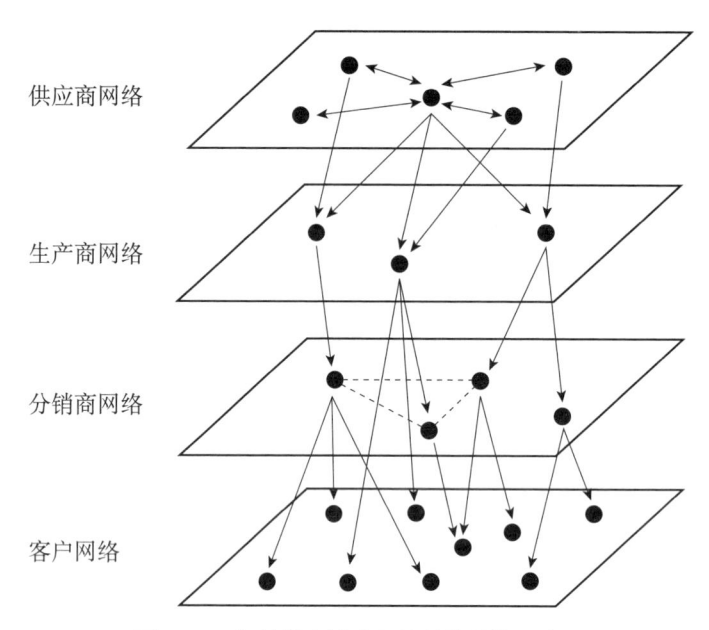

图 2—2 智慧供应链或网络链的结构示意图

资料来源：Lazzarini et al. （2001）。

供应链与智慧供应链的价值来源

1. 传统供应链的价值来源

Lazzarini等（2001）曾分析了传统供应链与网络链之间的价值来源差异。他们指出，在以往的供应链中，核心的价值来源主要是三个，即生产与运营的优化、交易成本的降低以及产权的合理化。

第一，生产和运营的优化。供应链在以往企业价值链的基础上，拓展到了组织外部的上下游合作者，供应链包含了"一系列相互关联的供应商和客户"（Handfield & Nichols, 1999），因此，供应链管理涉及整个供应链活动和流程中物资、资金、交易和信息的协调和整合（Simchi-Levi et al., 2000）。当供应链形成一个整体（前提是能对供应链参数进行最优决策，诸如供应链层级数、库存水准、产品决策、分销网络等），就能实现整个上下游的高绩效，而这种绩效的衡量表现为成本和技术效率等定量化的指标，以及客户反映和客户满意等定性化的指标（Beamon,

1998)。

第二，交易成本的降低。Coase（1937）认为交易成本既包括前交易成本（ex-ante），如搜寻合作伙伴、谈判和签约的成本，也包括后交易成本，如监督、履约的成本。这种成本之所以存在，是因为不同的主体具有不同的利益诉求，有关契约的信息也不对称，而供应链整合有利于解决上述问题。此外，供应链中良好的规制机制能有效降低因为资产专用性而产生的敲竹杠问题。

第三，产权的合理化。Teece（1986）曾经指出创新者并不总是能从创新中获得经济租，这是因为当产权安排不清晰时（如竞争者或其他上下游的组织容易模仿或者产权保护不完善），或者该创新有赖于其他组织的资产时，企业的创新效益就会被削弱。而供应链则通过参与各方合理地分配投资，共同创造价值和分享收益，避免了这一问题。

2. 智慧供应链/网络链的价值来源

智慧供应链或网络链与传统供应链不完全一样，除了上述价值来源外，网络链的价值更多地来源于社会结构、学习和网络外部性。

社会网络理论非常强调社会结构，亦即人际关系、某个主体在社会网络中的位置影响了个体或组织的行为和绩效。Granovetter（1985）用"社会嵌入"一词表征了个体在社会中的属性。有些学者认为紧密的网络（dense network），即某个主体广泛地与其他组织相联系，或者强关系（strong tie），即存在重复的、情感性的关系性交换（Nelson，1989；Krackhardt，1992），能使企业与众多利益相关者形成有效的合作，达成更好的一致性，避免同产业企业之间的盲目、混乱的竞争（Pfeffer & Nowak，1976；Galaskiewicz，1985；Lane & Bachmann，1996）。而松散的网络（sparse network），即不存在冗余关系的连接（Burt，1992），或者弱关系（weak tie），即存在偶然、市场状态的交换（Granovetter，1973），能使企业获得新的信息，建构多样化的联系，有利于发现新的机会或创新。智慧供应链正好体现了这种双重特征和优势，它既建立起了一定程度的紧密合作关系，通过互动和协同产生信任和依存，同时又通过服务模块化的形式，灵活地组织网络结构和主体，使得整个网络具有充分的柔性和灵活性。

智慧供应链价值来源的第二个方面是学习，这种学习的机制有两种状态。一是在智慧供应链中强调每一个参与主体根据自己的情景、历史和优势资源进行专业化的发展，从而形成自身独特的知识，并以此作为与其他主体沟通、合作的基础。从社会网络的视角看，知识的异质性对于其他组织是有益处的，因为它能够通过溢出效应，增强创新的机遇（Audretsch & Feldman, 2004; Kogut, 2000）。二是智慧供应链也强调协同专业化。协同专业化通过整合各自独特的能力，发展特定的运营体系实现价值增值。Rowley 等（2000）指出了这两种学习状态与网络结构之间的对应关系，他认为知识的异质性是通过弱关系实现的，而强关系则有利于实现协同专业化。

智慧供应链价值来源的第三个方面是网络的外部性。网络外部性指的是随着采纳某项技术人数的增加，技术应用的收益上升（Arthur, 1989）。Katz 和 Shapiro（1985）提出了两种类型的网络外部性，一是直接的网络外部性，亦即当某个主体采用新的交易技术时，例如电子商务，也会为其他主体带来收益，因为这一交易方式能为相应主体带来新的机会，降低交易成本（Domowitz, 1995; Economides, 1996）；二是间接的网络外部性，即由于某些技术或交易模式之间存在着互补性而产生的外部性。上述两种状态在智慧供应链中都非常明显，一方面由于互联网、物联网、云计算等新兴技术运用于供应链运营中，使得相应的参与者直接产生了网络外部性；另一方面由于在网络链中各参与方的资源和能力相互依存、相互补充，因而也形成了间接的网络外部性。

参与各方的依存形态

依存指的是交易活动中各方相互依赖的程度，Thompson（1967）指出企业之间往往存在着三种形式的依存关系，即池依存（pooled interdependence）、序列依存（sequential interdependence）和相互依存（reciprocal in-

第2章 智慧供应链：互联网供应链金融的基础

terdependence）。池依存指的是群体中的个体都能为既定的任务做出细微的积极贡献，也就是说这种贡献是由松耦合的组织做出的。从某种意义上讲，组织之间的关系趋向于相对独立（Van de Ven et al.，1976）。也正因为如此，池依存中的企业能够更好地获得多样化的知识，并且相互之间通过产品和服务直接或间接交换知识。另外，由于组织间关系趋向于松耦合，其行为较容易通过采用新的技术和模式来寻求利益和发展，从而带来了更多的网络外部性。例如，基于互联网的B2B交易平台将不同地域、不同国别的企业联系起来，共同为促进交易、提升效率而努力，这就形成了所谓的池依存。序列依存则不同，它是一种次序性的关系，前一个环节的产出是后一个环节的投入，相互形成了前后依存关系。例如，在全球端对端的物流业务中，涉及国内装载、国内运输、国际航空运输、国外运输以及国外装卸，正是这样一种相互衔接、互为因果的关系，使得企业之间脱离了任何一个环节，企业的价值就很难实现。相互依存是一种更为复杂的关系体系，一个主体的投入是另一个主体的产出，反之亦然。也就是说，它们相互影响，相互作用，从而形成了高度复杂的交互式的关系。

Lazzarini等（2001）认为在传统的供应链中，企业之间的关系是一种典型的序列依存，前后形成了投入产出关系，因此，在传统供应链中强调的是上游或上游的上游，下游或下游的下游，只有处理好了上下游的关系，界定清晰各自的投资，供应链才具有竞争力，为参与各方创造价值、降低成本。因此，组织之间的协调机制是管理差异，亦即通过计划将不同环节和资源能力组织有效连接起来。而智慧供应链或网络链则不同，参与各方的关系是池依存和相互依存的融合，一方面，网络中的利益主体通过互联网或物联网这种标准化的流程连接在一起，为共同的目标协同、努力；另一方面，他们相互服务、相互影响，通过互动和相互调整产生价值（见图2—3）。

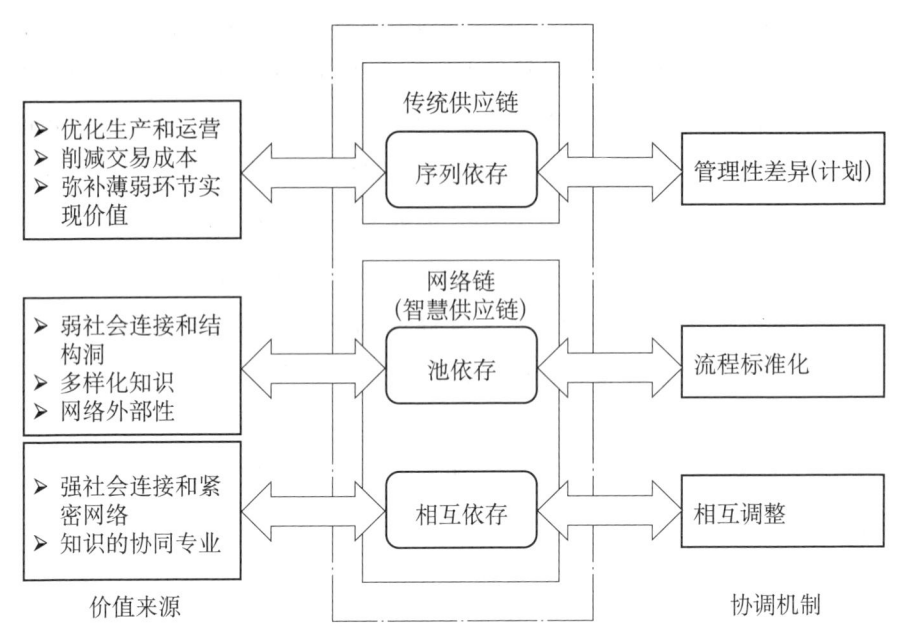

图 2—3 传统供应链与智慧供应链中企业间依存关系

智慧供应链的流程

供应链流程是供应链运营价值实现的过程，Ellram 等（2004）提出供应链的高效和持久运作依赖于综合需求管理、客户关系管理、供应商关系管理、物流服务传递管理、复合型的能力管理、资金和融资管理等主要流程的整合与协调。这六个流程的实现能够帮助企业有效地掌握客户需求、合理地组织生产和服务，实现企业服务绩效（宋华，2012）。智慧供应链的实现在流程上除了上述六大流程外，更加突出了"四化"管理，即供应链决策智能化管理、供应链运营可视化管理、供应链组织生态化管理、供应链要素集成化管理。这四个方面分别对应供应链管理的宏观战略决策层面和微观运营层面，以及供应链管理主体组织层面和客体要素层面，所有这四个层面能够有效地落地并产生绩效，同时能够很好地结合，相互作用、相互促进，智慧供应链就得以确立，真正推动产业的发展和网络的创新。

供应链决策智能化

供应链决策智能化指的是在供应链规划和决策过程中,能够运用各类信息、大数据,驱动供应链决策制定,诸如从采购决策,经制造决策、运送决策,到销售决策全过程(见图2—4)。数据驱动的决策(data-driven decision,DDD)制定指的是决策制定的执行是基于数据分析而不是简单凭管理者的直觉。数据驱动的决策制定对于企业的作用是不言而喻的。McAfee等(2012)对数据驱动的决策制定对企业的绩效影响进行了研究,他们的研究发现,一个企业如果将自己定位为数据驱动型的企业,那么他们就能对自己的财务和运营结果做出更加客观的评价。数据驱动型的决策使企业不仅能从数据分析中有所发现,就像沃尔玛发现啤酒和尿布的联系,还能提高企业决策制定的准确性。

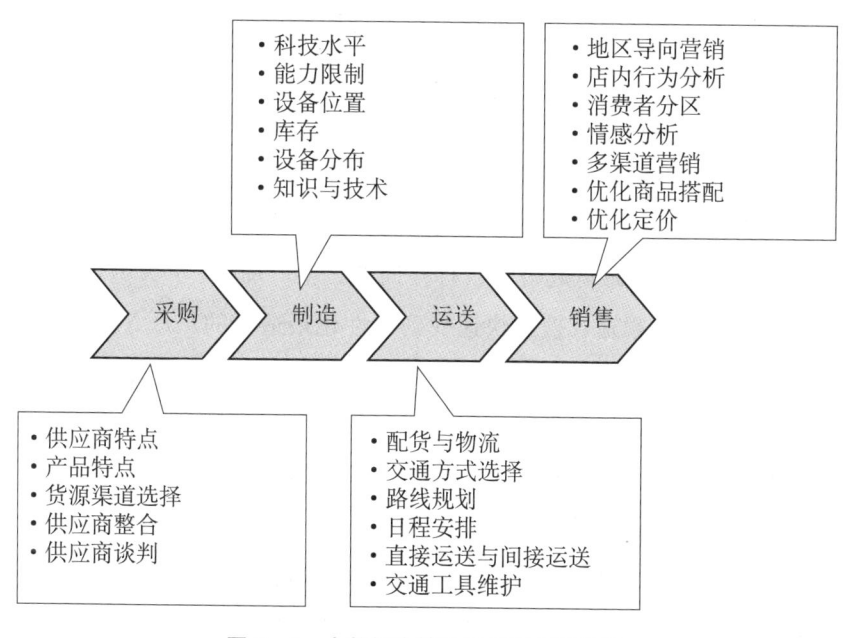

图2—4 大数据支撑的智能供应链决策

资料来源:Nada R. Sanders, *Big Data Driven Supply Chain Management: A Framework for Implementing Analytics and Turning Information Into Intelligence*,FT Press,2014。

具体讲，供应链决策智能化主要是通过大数据与模型工具的结合，并通过智能化以及海量的数据分析，最大化地整合供应链信息和客户信息，有助于正确评估供应链运营中的成本、时间、质量、服务、碳排放和其他标准，实现物流、交易以及资金信息的最佳匹配，分析各业务环节对于资源的需求量，并结合客户的价值诉求，更加合理地安排业务活动，使企业不仅能够根据顾客要求进行业务创新，还能提高企业应对顾客需求变化所带来的挑战。显然，这一目标的实现就需要建立起供应链全过程的商务智能，并且能够将业务过程标准化、逻辑化和规范化，建立起相应的交易规则。例如，阿里巴巴的淘工厂旨在链接淘宝卖家与工厂，解决淘宝卖家找工厂难、试单难、翻单难、新款开发难的问题，为电商卖家与优质工厂搭建的一座稳固的桥梁。然而，要实现这一目标，就需要产业供应链的全程智能化和规范化运作。这包括：第一，将线下工厂数据化搬到线上，并对提供的工厂信息进行第三方标准化、规范化的验厂（工商注册、产能、擅长品类、擅长工艺、工人数、开发能力、生产线、设备、车间、版房、品管、协力工厂）。第二，让工厂将产能商品化，开放30天空闲档期，从而能让电商卖家快速搜索到档期匹配的工厂。档期表示工厂接单意愿，如果工厂没有空闲档期，则搜索会默认过滤掉。第三，自动筛选柔性化程度高的工厂。如工厂能提供最低起订量、打样周期、生产周期、7天内可供面料，电商卖家可以通过频道、搜索快速找到柔性化最适合的工厂。第四，交易规则保障。即入驻淘工厂平台的工厂交纳一笔生产保障金，保障买家成品的质量和交期问题，如果发生交易纠纷，依据合同条款和平台规则，平台介入处理。第五，在供应链运营智能化、标准化基础上的金融授信加担保交易。淘宝卖家支付货款使用阿里授信额度，大笔交易全款支付，不用再担心资金问题。工厂也不再担心买家会要单、跑路、欠款的问题，只要双方达成交易，买方确认收货后，工厂即可凭信用证收回全款。如果发生买家店铺倒闭，阿里金融承担损失，并向买家追偿。显然，阿里淘工厂运营的核心在于供应链运作的逻辑化、标准化，借助于互联网的方式，实现了交易前、中、后全过程的自动化和数据化，亦即商务智能，并通过对信息和数据的挖掘，实现了有效的供应链运营决策和匹配。

供应链运营可视化

实现企业供应链的优化、提高供应链运作的协调性的关键是充分运用互联网、物联网等信息技术，实行供应链全程可视化。供应链可视化是利用信息技术，通过采集、传递、存储、分析、处理供应链中的订单、物流以及库存等相关指标信息，按照供应链的需求，以图形化的方式展现出来，其主要包括流程处理可视化、仓库可视化、物流追踪管理可视化以及应用可视化。通过将供应链上各节点进行信息连通，打破信息传输的瓶颈，使链条上各节点企业可以充分利用内外部数据，这无疑提高了供应链的可视化。供应链的可视化不仅可以提高整个供应链需求预测的精确度，还能提高整个链条的协同程度。Waller 和 Fawcett（2013）分别从运输公司、制造商以及零售商的角度，具体描述了为了实现供应链优化和可视化，各不同类型企业需要获取的数据（见表2—1）。

表2—1　　　　　　　　大数据在物流中潜在运用举例

使用者	预测	库存管理	运输管理
运输公司	交货时间 天气因素 驾驶员的特点 时点	实时监控能力	最优路径 将天气和交通情况以及驾驶员特点加以考虑
制造商	对顾客极端的消极或积极情绪提前做出反应	缺货的减少 对顾客的需求做出有效和快速的反应 供应商管理库存	提高交货时间的准确性和有效性 检测数据以提高料场管理
零售商	消费者的情绪数据的使用 在店中使用移动设备	提高永续盘存系统的准确性	将当地的交通和天气情况与商店访问量相联系

资料来源：Waller, M. A. & Fawcett S. E.（2013）。

从实现的路径上看，实现供应链运营可视化，需要从以下五个步骤入手：第一，能及时感知真实的世界在发生什么。也就是在第一时间获得、掌握商业正在进行的过程、发生的信息，或者可能发生的状况。这一目标的实现需要在供应链全过程运用传感技术、RFID、物联网技术手段捕捉信息和数据，并且这些技术的运用和获取的信息应当覆盖供应链全过程、各类组织，以保证信息不是片段、分割的。第二，预先设定何时采取行动。即在分析供应链战略目标和运营规律的前提下，设定事件规则，以及例外原则。第三，分析正在发生什么状况。这需要分析者具备一定的能力，以有效地分析所获取的信息和数据。Schoenherr 和 Speier-Pero（2015）认为，预测（定量和定性的）、最优化、统计学（估算和抽样的方法）以及经济学（决定机会成本）的相关技能对于数据分析非常重要。除了这些相关学科技能外，数据操作以及沟通与人际交往的能力对于分析的运用也很重要，因为数据操作的技能要求数据科学家不仅能从数据库和资料库中提取交易信息，还能从社交网站上获取顾客相关信息并与企业内部的数据进行整合，也就是需要数据科学家能够对结构性数据和非结构性数据进行整合分析。对于沟通与交往技能来说，数据科学家不仅需要很好地处理数据，而且也需要将数据中获得的见解有效地（诸如图形化的方式）传达给相关人员。第四，确定需要做什么。在获得商业应用型、图示化的分析结果之后，供应链各环节的管理者需要根据此前确立的商业规则、例外等原则，知晓需要运用什么样的资源、优化工具如何对供应链运营进行调整，形成良好的供应链方案。第五，采取什么样的应对措施。即为了实现上述优化目标的调整，具体采用什么措施实现供应链资产、流程的调整与变革。

供应链组织生态化

供应链组织生态化指的是供应链服务的网络结构形成了共同进化的多组织结合的商业生态系统。商业生态系统（business ecosystem）最早是由 James Moore（1993）在《哈佛商业评论》上发表的文章《掠食者与猎物：新的竞争生态》中提出的，他结合生态学理论，指出商业生态是以组织和个人的相互作用为基础的经济联合体,是商业世界的有机体。一个商业生态系统包括消费者、主要生产者、竞争者以及其他的风险承担者;其中主要生产者是商业生态系统的"关键物种",在协同进化过程中起着重要的作用。后来他进一步完善了商业生态系统的内涵,将其定义为"由相互支持的组织构成的延伸的系统,是消费者、供应商、主要生产者、其他的风险承担者、金融机构、贸易团体、工会、政府以及类似政府的组织等的集合。这些集群以特有的自发性、高度的自组织以及某种偶然的形式聚集到一起"。显然,商业生态系统理论认为众多的组织和个体都是价值创造的一部分,他们之间共同作用,有机地组织在一起,扮演不同的角色,推动商业网络的形成、发展、解构和自我更新。这种生态化的网络结构产生的结果是供应链组织方式和行为方式发生改变,即从原有的双边结构,经三边结构向四边结构(tetratic)转化。

双边结构是一种传统的供应链关系,即以产品交易为基础的供需买卖关系。而三边结构供应链运营的核心不再是产品,而是服务。三边关系最初由 Bitner(1995)提出,他认为在服务品牌创造的过程中存在着三种不同的主体间互动和价值协同行为,一是组织(或企业)与客户之间的互动,即做出承诺(making promise);二是组织(或企业)与组织中的成员或网络中成员之间的互动,即促使或促进承诺(enabling and facilitating promise);三是组织中成员或网络成员与客户之间的互动,即保持或支持承诺(keeping or supporting promise)。在此基础上,Little(2004)从组织的视野提出了客户价值互动的整体框架,在这个框架中除三大类主体(企业、企业中成员或网络中成员,以及客户)之间做出承诺、促使承诺以及保持承诺外,还有就是通过上述三个流程而最终实现承诺(realizing promise)。四边结构是在三边结构基础上的延伸,这一概念由 Chakkol 等学者(2014)提出。在供应链服务化过程中,服务的品牌和价值不仅是由供需双方,或者三方(即企业、客户、企业网络中的成员)的相互行为所决定,同时也受到他们同其他利益相关者的关系影响。这是因为利益相关者能帮助企业(服务集成商)、需求方和微服务供应商带来合作中的合法性或者新的资源,继而促进各方的合作关系的发展。因此,如何协调和整合四方关系和行为是生态化运营的核心。

供应链要素集成化

供应链要素集成是指在供应链运行中有效地整合各种要素,使要素聚合的成本最低、价值最大。这种客体要素的整合管理不仅仅是通过交易、物流和资金流的结合,实现有效的供应链计划(供应链运作的价值管理)、组织(供应链协同生产管理)、协调(供应链的知识管理)以及控制(供应链绩效和风险管理),更是通过多要素、多行为交互和集聚为企业和整个供应链带来新的机遇,有助于供应链创新。Tan等学者(2014)认为企业可以通过互联网、物联网实现的大数据,即结构性和非结构性数据的整合,而获得新的想法或者更好地理解企业顾客、市场以及产品,并提出基于演绎图技术的分析构架,有助于企业将自己的能力集和其他企业的能力集进行整合,从而加强供应链的创新能力以获得整体的竞争优势。

具体讲,智慧供应链下的要素集成主要表现为通过传统的商流、物流、信息流和资金流等诸多环节的整合,进一步向以下几个方面的集成拓展:一是供应链与金融的结合与双重迭代,即将金融机构融入供应链运作环节,为供应链注入资金,解决了供应链中的资金瓶颈,降低了供应链的运作成本,提高了供应链的稳定性。这一创新和产业供应链运营是分不开的,因为如今像物联网、云计算以及大数据分析等高新技术的广泛运用使金融机构能掌握供应链交易过程中产生的"大数据"物流、交易信息,将物流、交易管理系统产生的数据实时反映到供应链金融系统中,从而对交易过程进行动态监控,降低供应链金融运行风险。同时又通过产业供应链运营,创新和拓展金融产品和管理,使金融的物种(即业务形态)和金融组织(金融活动的参与者)日益多样化。二是消费活动、社交沟通与供应链运行的集合。消费活动和社交沟通作为一种人际交流和沟通的方式,已经开始融入供应链运营过程中,这不仅是因为消费活动、社交沟通使得信息传播的方式和形态发生改变,从而使得供应链信息交流的途径多样化,而且社交沟通也改变了产业运营的环境和市场,使得供应链关系的建立和组织间信任产生的方式发生变革。三是互联网金融与供应链金融的结合,即将依托于互联网产生的资金融通(如众筹等)、第三方支付等金融业务创新,与产业供应链金融(如贸易金融、物流金融和供应链融资等)紧密结合,既通过互联网金融降低供应链金融运营中的融资成本,拓展资金来源渠道,又通过供应链金融有效解决互联网金融产业基础不足、风险较大的问题。

智慧供应链管理能力

智慧供应链的形成有赖于管理能力体系的建构,这种能力包括了六个方面的要素,即:能确实因应供应链客户的真实价值诉求;互联网使能下的供应链全程可视化;建立模块化的供应链运营构架;实时的供应链计划与执行联接体系;完善的报告与绩效管理(良好的供应链预警);建立、运营精敏化供应链。

一是能确实因应供应链客户的真实价值诉求。了解供应链客户(这里的客户是一种广义概念,既涵盖终端消费者或购买方,也包括所有与企业合作的主体)真实的价值诉求是拉动式供应链的前提,而做到这一点就需要真正洞察客户内心深处的经济和情感诉求,而不是外在的产品和业务需求。

二是互联网使能下的供应链全程可视化。供应链全程可视化管理指的是供应链参与各方能够对供应链全过程、国内外市场的状态和运营及时地反映,并追踪物流、交易的状态和活动,做到对供应链运营过程的及时监测和操控。这一目标在传统的产业供应链模式下较难实现,其原因在于供应链参与者复杂,信息系统不一致,人工干预较多,很难确定零部件需求和消费比率、监控和管理生产订单,以及供应链运营的关键绩效指标(KPIs),其结果容易产生供应链低库存周转,高安全库存、资源配置失调而造成浪费,缺乏制造有效性和高效性,供应商质量无法保障,以及过多产品召回。因此，如何实现供应链全程可视化成为智慧供应链的关键，而这一能力的形成，需要借助互联网、物联网、RFID等技术建立真正标准化、规范化、可视化的供应链网络。

三是建立模块化的供应链运营构架。智慧供应链追求的是充分应对真实的价值诉求，及时、有效地设计、建构和运营供应链体系。运用模块化方式进行供应链集成，能迅速地运用自身、外部第三方等主体或机构的能力建立起独特的供应链竞争力，在不破坏原有体系的基础上实现供应链服务功能的快速定制，具有良好的智能反应和流程处理能力。也就是说，智慧供应链的柔性组织，其能力更为强大。

四是实时的供应链计划与执行联接体系。即供应链计划与执行体系的联接能在数据和流程两个层面同时实现。供应链计划和供应链运营执行要行之有效，必须实现数据、信息同步化，并且相应地组织和管理流程。无论是计划层面还是执行层面，所需要的数据和信息既包括历史的，也包括正在发生的和将要发生的，因此，同步化的概念在于进行供应链计划时运营层面的过往、即期以及可能的信息和数据能及时获取，并指导供应链规划；与此同时，在执行供应链活动时，又能根据实际正在发生的状况和下一步需要执行的活动，及时配置资源和能力，使得供应链执行过程稳定、有效。

五是完善的报告与绩效管理，以及良好的供应链预警。即能运用供应链分析工具比较预期与实效，实现统计性流程控制，防范因供应链运行超出预计范畴，导致供应链中断或产生其他风险。智慧供应链管理的核心是在实现高度智能化供应链运用的同时，实现有效、清晰的绩效测度和管理，建立贯穿供应链各环节、各主体、各层次的预警体系，轻松实现供应链活动的持续进行、质量稳定、成本可控。SCM World 的 Kevin O'Marah 在 2015 年所做的全球供应链调查中，在涉及企业供应链管理最优先关注的问题时发现，企业最关注的问题包括运用新型媒体实现客户反馈、削减运营成本以及敏捷适应客户需求。显然，如何做到供应链运营高增值的同时，实现各环节、各流程绩效的全面管理和预警是真正确立智慧供应链的

第 2 章 智慧供应链：互联网供应链金融的基础

关键。

六是建立、运营精敏化供应链。供应链精敏化指的是供应链智能敏捷化（即快速响应和服务）与高效精益化（即总成本最优）相结合。精敏化（leagility）这一概念最初由 Ben Naylor 提出，以往精益（lean）和敏捷（agile）被认为是供应链运营的两种状态，两者相互独立，各自对供应链价值的四大要素（即效率、成本、服务和速度）产生不同的影响作用。也就是说，如果产品业务多样性程度较低、市场变动较小，则可以建立高效率、低成本的精益供应链；反之，如果品种变异较大、市场波动性较强，则可以建立追求速度和服务的精益供应链。Naylor 则认为在同一个供应链体系中精益和敏捷可以同时实现，并不相互排斥，关键在于如何根据市场的状况和产业运营的特点，设计和安排解耦点（decoupling point），也就是持有库存缓冲点。智慧供应链的建立就是要运用互联网、物联网和云计算等现代技术实现解耦点的前移。如图 2—5 所示，供应链的运营在解耦点的上游主要依靠预测，下游则完全按照实际发生和将要发生的信息和数据运营。在新兴技术出现之前，要想保证企业供应链运营的顺利和有效，在很大程度上只能取决于高精度的预测，在按库生产和发货的状况下，尽管上游的生产运营成本稳定可控，但是一旦预测出现误差，或者市场有所变化，就会产生下游高昂的库存持有成本，并且服务的水准受到影响。在按单生产和装配下，尽管供应链对应客户的能力上升，由于预测成分减少导致下游库存持有下降，但是往往容易造成解耦点上游的生产运营压力，诸如产能不足、时间太短、资源短缺等，因此，以往的理论和实践认为精益和敏捷是相互排斥的。而智慧供应链需要企业充分运用互联网、物联网和云计算等技术，使所有供应链环节，特别是终端客户的行为变化能够及时得到反映、掌握和分析，解耦点能够沿着供应链向上游推移，并且在保证服务质量和下游低库存成本的同时，实现上游生产运营有序、稳定和高效，因为供应链上游的设计、规划和供应链安排能够根据第一时间获取的数据和信息预先进行，最终实现按单采购运营这种精敏化的目标。

图 2—5 不同的供应链战略

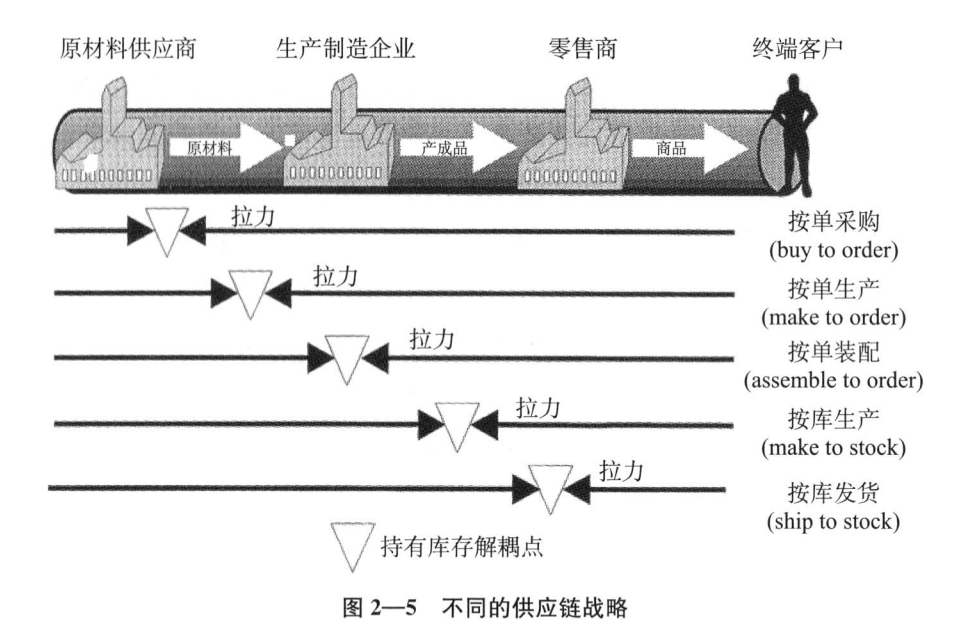

第 3 章
供应链金融演进与互联网供应链金融

Allen 和 Yago（2010）曾指出："金融绝不仅仅只是分配资本的一种方式。如果正确使用，金融将会推动社会、经济和环境进步，也会把好的想法转化为新技术、新产业和新的工作机会……所有社会组织都需要结成利益共同体，为组织融资并管理其利益关系。"显然，金融的本质不仅仅在于金融技术、金融工具和市场的创立，而是如何借助这些手段，推动产业经济的发展，促进"各种资本投入转化为生产的中间媒介"。供应链金融作为一种产融结合的业务模式创新，正是因应产业发展的需要而产生的金融活动创新，它不仅有效地通过金融创新适应了产业供应链发展的需要，而且随着产业供应链实践的发展和变革，不断演变、升级和更新，从而使得其运作的内涵以及形式都发生了巨大的变化，这种变化不仅仅是金融行为的改变，更是立足于整体商业模式的转型而产生的新金融活动，这种新的变革必然对企业的运营和管理行为产生巨大的影响。本章将探索目前供应链金融理解和管理模式上的演变，在此基础上，分析随着这种演变而产生的管理目标的差异，最后我们将提出互联网供应链金融实现的整体框架和路径。

供应链金融的演进

对供应链金融的认识首先源于企业对供应链效率提升的要求。事实上，企业很早就认识到资金流在供应链的整个环节中的重要作用。P&G 公司在其 2002 年的报告中指出，在供应链的流程中，往往伴随着大量的金融活动，例如接受订单时需要考虑对方的商业信用以决定是否赊销和赊销期限；在原材料库存管理中需要考虑开出发票的时间点以及预测未来的现金流入；在生产环节中需要盘活营运资金；在产品的分销过程中则涉及结算与付款等一系列问题。

国际的探索

供应链管理领域的著名学者 Bowersox（1999）指出，除了上述存在的流动资金的优化问题，固定资产（如物流不动产、机械设备和动产）融资的优化，同样也是供应链中重要的研究领域。值得注意的是，国外学者对于供应链金融的内涵认识一开始就非常广阔。

在国外学者中，最早提出供应链金融概念的是 Timme 等（2000）。他们在一篇调查企业资金状况的调查报告中提出，当供应链上的参与方与为其提供金融支持的处于供应链外部的金融服务提供者建立协作，而这种协作关系旨在实现供应链的目标，同时考虑到物流、信息流和资金流及其进程、全部资产和供应链上的参与主体时，就称作供应链金融。此后，Pfaff 等人（2004）认为订单周期管理涉及订单、记账、支付过程和 IT 系统的任何活动，这些都是供应链金融管理的重要方面。Hofmann（2003）认为，运营资产管理旨在降低固定资产，如库存和在途物资，它同样试图通过改善物流和信息流的交互环节，如订单处理、债务和负债管理（如现金流转周期），来改善在途时间、预付款和付款期限，是供应链管理与财务工具相结合的一种方式。显然，早期对供应链金融的解读就已经强调了通过供应链运营实现资金流的高效和顺畅，商流、物流和资金流之间的关系是密不可分的。

之后很多研究者提出了供应链金融的内涵和实质，这其中最具代表性的观点有：Hoffmann（2005）提出，供应链金融可以理解为供应链中包括外部服务提供者在内的两个以上的组织，通过计划、执行和控制金融资源在组织间的流动，以共同创造价值的一种途径。Aberdeen公司（2008）认为，供应链金融的核心就是关注嵌入供应链的融资和结算成本，并构造出对供应链成本流程的优化方案。Atkinson（2008）认为，供应链金融可以定义为一个服务与技术方案的结合体，这种结合体将需求方、供应方和金融服务提供者联系在一起，当供应链成立后，能够优化其透明度、金融成本、可用性和现金交付。Lamoureux等（2011）认为，供应链金融是一种在核心企业主导的企业生态圈中，对资金的可得性和成本进行系统优化的过程。这种优化主要是通过对供应链内的信息流进行归集、整合、打包和利用的过程，嵌入成本分析、成本管理和各类融资手段而实现的。Randall和Farris（2009）将供应链金融定义为供应链中上下游之间在资金流方面的合作，目的是为了降低加权平均资本成本，提升供应链收益。Wuttke等（2013）则认为供应链金融就是实现现金流的实时监视、控制以及优化，通过在供应链的供需双方之间提供垫资、结算等服务，从而降低供应商的融资成本。

不难看出，随着供应链金融研究的深入，其主要的研究领域也随之发生了一些变化和转移。从最初的只关注基本的融资功能，到后来的逐渐拓展到资金的使用和资金的流转周期上。此外，国外学者更多站在供应链整体乃至生态圈的视角来看待供应链，认为供应链金融最终的目的是实现供应链中资金流整体效率的提升。

国内的探索

国内对于供应链金融的研究起步较晚。与国外学者不同，国内学者的供应链金融研究始于结构化贸易融资和物流金融的相关探索。因此，在国外学者着重探讨基于供应链协作的供应链金融时，国内学者最开始探讨的则是商流要素或物流要素（实际上就是供应链中的要素）与金融的结合，例如与应收、单证、库存等的结合，这些研究构成了国内学者早期的供应链金融研究。

代表性的学者中，陈祥锋、石代伦与朱道立（2005）梳理了一系列物流金融的形态，包括替代采购、信用证担保、仓单质押、买方信贷、授信融资、反向担保等。其中，仓单质押是指借方企业以物流企业（中介方）开出的仓单作为质押物向银行申请贷款的信贷业务，是物流企业参与下的权利质押业务（冯耕中，2007）。保兑仓是供应商（称卖方）承诺向银行退回承兑金额与发货金额的差价的前提下，向银行申请以卖方在银行指定仓库的既定仓单为质押的贷款融资，并由银行控制其提货权为条件的业务模式（杨绍辉，2005）。融通仓则更为综合，它要求物流企业成立一个以质押物资仓管与监管、价值评估、公共仓储、物流配送、拍卖为核心的综合性第三方物流平台，从而解决质押贷款业务的外部条件瓶颈，实现中小企业的信用整合与信用再造（罗齐等，2002）。而其他学者则是从商业银行提供的结构性贸易融资服务出发考虑供应链金融。例如，杨绍辉（2005）从商业银行的角度出发，给出"供应链金融"的定义：供应链金融是为中小型企业量身定做的一种新型融资模式，它将资金流有效地整合到供应链管理中来，既为供应链各个环节的企业提供商业贸易资金服务，又为供应链弱势企业提供新型贷款融资服务。闫俊宏、许祥秦（2007）研究了基于供应链金融的中小企业融资，分析其在解决中小企业融资难等问题上的优势。闫俊宏（2007）提出供应链金融的三种基本模式，即应收账款融资模式、存货融资模式和预付账款融资模式，并对各模式的特点、流程进行了介绍。

第一个阶段，最具代表性的是深圳发展银行（即平安银行）与中欧国际工商学院"供应链金融"课题组（2009）对于供应链金融的定义：供应链金融是指在对供应链内部的交易结构进行分析的基础上，运用自偿性贸易融资的信贷模型，并引入核心企业、物流监管公司、资金流引导工具等新的风险控制变量，对供应链不同节点提供封闭的授信支持及其他结算、理财等综合金融服务。之后深圳发展银行将其形象地概括为 M+1+N，即抓住产业供应链中的核心企业（即1），依托其供应链，向其上游 M 个供应商以及 N 个客户提供综合性的融资等解决方案。与之相似，闫俊宏（2007）认为供应链金融是对一个产业应链中的单个企业或上下游多个企业提供全面的金融服务，以促进供应链核心企业及上下游配套企业"产—供—销"链条的稳固和流转畅顺，并通过金融资本与实业经济协作，构筑银行、企业和商品供应链互利共存、持续发展、良性互动的产业生态。

第二个阶段，对供应链金融的理解开始从银行走向了产业，与此同时供应链金融开展的基础也逐渐从要素走向结构和流程。具体讲，第一阶段中提出的 M＋1＋N 有其内在的缺陷和问题，这主要表现为：一方面，金融活动实施的主体是商业银行，传统的商业银行由于不参与供应链运营，较难知晓真实的贸易过程和物流过程，而综合完整信息的缺失就会产生巨大的金融风险，为了有效控制因信息缺失而产生的融资风险，商业银行只能依托产业中的核心企业，以其强大的信用为基础，延伸金融服务，产生银行所谓的"中间业务"。然而，这种模式具有内在的不稳定，作为金融活动主体的传统商业银行并没有真正起到综合风险管理者的作用，加之不是所有的"1"都具有良好的契约精神，很容易造成商业银行最终承担因为违约甚至欺诈产生的损失，这一点在 2013 年发生的"青岛港事件"中有所体现。另一方面，从供应链管理的角度看，供应链金融是一种基于供应链运行而产生的综合金融业务，它依托整个供应链参与者之间的协同与合作，企业与企业之间如果缺乏合作的基础，或者说合作的平等性和交互性一旦丧失，供应链金融则名存实亡。所以，不能说谁是供应链的唯一核心或主导，而其他企业或组织是依附在"1"基础上的"M"或"N"。正是基于这样一种状况，随着实践的发展，人们逐渐拓展了供应链金融的内涵，即供应链金融的基础不仅包括供应链内部的要素与流程，整个供应链的结构也发挥着非常重要的作用。中小企业的信用基础不一定来自所谓核心企业，供应链金融中业务闭合化、收入自偿化、管理垂直化、交易信息化和风险结构化是企业真正的信用来源（宋华，2015）。为此，供应链金融是一种集物流运作、商业运作和金融管理为一体的管理行为和过程，它将贸易中的买方、卖方、第三方物流以及金融机构紧密地联系在了一起，实现了用供应链物流盘活资金，同时用资金拉动供应链物流的目的；而在这个过程中，金融机构如何更有效地嵌入供应链网络，与供应链经营企业相结合，实现有效的供应链资金运行，同时又能合理地控制风险，成为供应链金融的关键问题。赵志艳（2013）、Zhao等（2015）的研究也支持了这一结论。在这一整套闭合的供应链流程中，中小企业在物流与商流方面体现出的能力是其融资的基础。这一理解已经超越了单纯探讨融资的内容，而是从商业模式的高度认识供应链金融对于整个供应链原有要素、流程和结构的重构，开辟了对于供应链金融认识的新境界。

基于以上的理论探索可以看出，供应链金融的概念是一个不断发展的过程，它逐渐从要素金融活动走向了流程化金融，逐渐从单一的借贷走向了生态化金融，从而实现了依托供应链中的商流、物流和信息流带动金融资源在组织间的流动，同时又反过来推动产业供应链的发展。这一过程在互联网经济下表现得更为显著。进入2014年，供应链金融与互联网的结合再次将供应链金融的内涵进行了拓展，亦即供应链金融进入了第三个阶段——互联网供应链金融。由于互联网技术极大地缓解了网络中参与各方的信息不对称，并大幅度降低了信息获取与处理的成本，因此基于互联网的供应链金融能够批量化处理供应链中企业的融资或其他金融服务需求，相比信贷工厂模式，基于互联网、大数据的供应链金融能够从更多维度动态衡量企业真实经营状况和其他各种行为，评估融资风险，从而带来了更多可能性。

综合以上的观点，我们可以认为，如今的供应链金融是通过互联网、物联网等技术手段，在平台建设上搭建了跨条线、跨部门、跨区域的，与政府、企业、行业协会等广结联盟，物联网和互联网相融合的产业生态圈和金融生态平台，同时考虑到商流、物流、信息流、知识流、沟通流及资金流，计划、执行和控制金融资源在组织间的流动，为产业供应链中的中小企业解决融资难、融资贵、融资乱的问题，共同创造价值，最终实现通过金融资源优化产业供应链，同时又通过产业供应链运营实现金融增值的过程。

互联网供应链金融的实质

从以上分析中可以看出,供应链金融逐渐从原来单一主体为核心、要素为基础的金融行为向多主体互动、流程和行为为基础的金融服务演化,形成"互联网供应链金融"创新,这一形态的供应链金融显然与此前的供应链金融发生了较大的变化,这种变化表现在供应链金融结构、流程和要素三维的变化上,也反映为供应链金融实现的目标、供应链管理的业务和系统要求的差异。

Lambert 和 Cooper(2000)提出,任何供应链运营都可以从三个维度,即供应链的结构、供应链的流程和供应链的要素来刻画,事实上,供应链金融也同样可以从这三个维度来表征,Blackman 等(2013)在 Lambert 模型的基础上,提出了一个扩展的供应链金融三维模型,亦即供应链金融活动可以分解为供应链金融网络结构(financial network structure)、供应链金融流程管理(financial business process management)以及供应链金融中的要素和信息流(financial factor and information flow)。

供应链金融的网络结构

从供应链金融的网络结构上看,三个阶段的供应链金融呈现完全不同的结构状态。在第一阶段(下称供应链金融1.0),如同前面谈到的那样,商业银行是供应链金融的主体,产业供应链的参与各方与银行之间是一种资金的借贷关系,与传统借贷相比,结构方式发生了改变,也就是说,传统借贷是点对点的关系(银行与借款人之间的关系),而供应链金融1.0则是点对线的关系(银行与供应链参与各方之间的关系,见图3—1)。但是作为金融服务的主体——银行,并没有真正参与供应链运营的全过程,只是依托供应链中的某个主体信用,延伸金融服务,也就是此前深圳发展银行提到的 M+1+N。到了第二个阶段(下称供应链金融2.0),金融服务的主体以及其在供应链中的位置已经发生了变化。供应链金融服务的提供者逐渐从单一的商业银行转向供应链中各个参与者，也就是说，供应链中的生产企业、流通企业、第三方或第四方物流、其他金融机构（如保理、信托、担保等）都可能成为供应链金融服务的提供方，因此，在从事供应链金融业务的过程中，出现了生态主体的分工，即供应链直接参与方（即特定的供应链参与者或称焦点企业）成为了供应链金融交易服务提供商（供应链运营信息的聚合）和综合风险管理者（供应链金融业务的设计和提供），而传统的商业银行则逐渐从融资服务的主体转向流动性提供者（提供资金方）。此时，作为供应链金融主体的焦点企业处于供应链结构洞的位置。1992年，Burt在《结构洞：竞争的社会结构》一书中提出了"结构洞"（Structural Holes）理论，研究人际网络的结构形态，分析怎样的网络结构能够带给网络行为主体更多的利益或回报。所谓"结构洞"就是指社会网络中的空隙，即社会网络中某个或某些个体和有些个体发生直接联系，但与其他个体不发生直接联系，即无直接关系或关系间断，从网络整体看好像网络结构中出现了洞穴。Burt认为，个人在网络的位置比关系的强弱更为重要，其在网络中的位置决定了个人的信息、资源与权力。因此，不管关系强弱，如果存在结构洞，那么将没有直接联系的两个行动者联系起来的第三者拥有信息优势和控制优势，能够为自己提供更多的服务和回报，因此，个人或组织要想在竞争中保持优势，就必须建立广泛的联系，同时占据更多的结构洞，掌握更多的信息。在供应链金融2.0阶段，由于焦点企业不仅与上下游企业、物流服务提供商、商业银行产生关联，而且整个的交易过程、物流过程和资金流过程是由焦点企业设计和组织，供应链其他各参与主体与焦点企业之间形成了序列依存关系，因此，其在网络中具有很好的信息资源，处于优势的结构洞（见图3—2）。进入第三个阶段（下称互联网供应链金融），作为金融服务主体的焦点企业，其功能和位置有了更大拓展（见图3—3）。此时焦点企业不仅仅是供应链运营的组织者，更成为智慧供应链平台的建构者。即在供应链金融2.0阶段，焦点企业发挥着供应链业务协调者和流程管理者的作用，而在互联网供应链金融阶段，除了上述功能外，焦点企业更是网络链的平台建设者、管理者和规则制定者，因此，焦点企业与其他组织和企业之间的关系不仅是序列依存，更是池依存和相互依存。此外，网络中的参与主体范围极大扩展，不仅供应链各环节都形成了复杂的群落（如不再是单一的上游或下游，而是上游或下游本身就形成相互作用、相互影响的网络），而且供应链的参与方从直接利益相关方延伸到了各种间接利益相关方（如一些政府管理部门、行业协会等），所以，焦点企业的结构洞极其丰富。

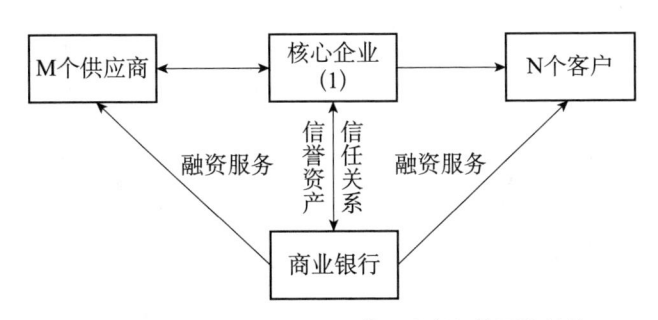

图 3—1 供应链金融 1.0（第一阶段）的网络结构

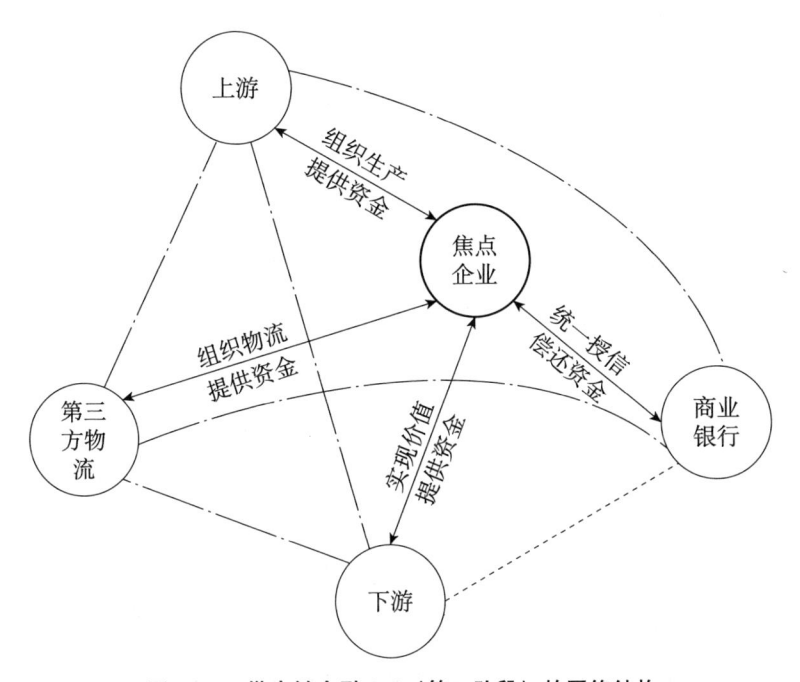

图 3—2 供应链金融 2.0（第二阶段）的网络结构

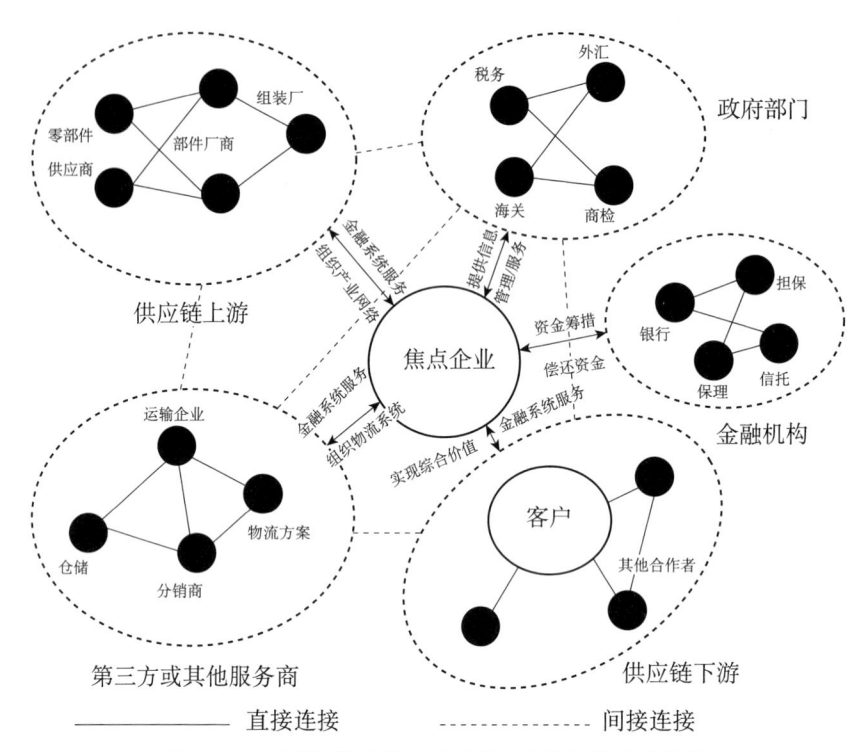

图 3—3 互联网供应链金融（第三阶段）的网络结构

供应链金融的流程管理

从供应链金融的流程管理看，作为供应链金融服务商的银行只关注资金流在供应链中的状况，包括资金使用的目的、使用的过程和效果，以及资金的偿还。至于供应链中的其他流程，诸如供应链能力管理、需求管理、客户关系管理、采购与供应商管理、服务传递管理等则很少涉足，即便银行想要了解和管理这些流程，也因为没有产业供应链运营的切入点，较难实现。也正因为如此，资金流的管理难以渗透到业务运行的过程中。在供应链金融 2.0 阶段，流程管理开始复杂化，为了全面掌握供应链参与者，特别是资金需求方的状况和能力，作为供应链金融服务提供方的焦点企业需要全方位地管理供应链各个流程，包括参与企业的能力、供应链计划、供应链采购、供应链生产、供应链分销、供应链退货以及各种保障流程和措施,因此,其管理的流程呈现出多维的特点。不仅如此,各个流程之间的互动也非常频繁。也就是说,通过各个流程之间的互动和衔接,能保障供应链运行顺利,从而使得融资行为收益确定、风险可控。到了互联网供应链金融阶段,由于其网络结构呈现出平台化、高度关联化的特征,因而管理流程呈现出既高度复杂又互动化的特征。具体讲,这一阶段的流程管理需要管理好横向价值链流程、纵向价值链流程以及斜向价值链流程。横向价值链是所有在一组相互平行的纵向价值链上处于同等地位的企业间的内在有机联系,横向价值链如果能够有机集聚,就会形成良好的同产业内部分工,形成有序集群。纵向价值链可以将企业、供应商和顾客都分别视作一个整体,它们之间通过上述的各种联系构成一种链条关系,这种链条关系可以向上延伸至最初原材料的最初生产者(或供应者),也可以向下延伸到达最终产品的最终用户。纵向价值链强化了上下游之间的协同和互动。斜向价值链跨越了单一行业,不仅同行业内部、上下游之间形成有机结合,而且与其他行业之间形成有机整合,真正实现了生物圈。斜向价值链是商流、物流、信息流和资金流在多行业之间的完全整合。

供应链金融的要素和信息流

在供应链金融要素和信息流方面,供应链金融1.0更加强调有形要素。也就是说,为了能够控制和降低供应链金融运营中的风险,其业务非常注重基于"物"的要素,基本单元包括应收账款、库存和预付款。供应链金融1.0大多数都是基于如上三个要素而开展的金融业务,如基于应收账款类而开展的保理融资、保理池融资、反向保理、票据池授信等,基于库存类开展的静态抵质押、动态抵质押、仓单质押等业务,以及基于预付类开展的先票/款后货、保兑仓等业务。所有这些业务的管理核心都是保证"物"的真实性、保全性和价值性。而在无形的信息流方面,供应链金融1.0的把握程度较低,只是通过信息化手段及时掌握"物"的状况以及资金运用和偿还的情况。到了供应链金融2.0阶段,非常强调流动中的"物",而不是绝对的"物"的状态,亦即通过把握供应链中的交易结构和运营,来更好地判断资金需求和可能的风险,为供应链融资决策提供支撑。因此,在无形的信息流把握上要求较高,需要及时、准确地掌握商流和物流产生的信息。进入互联网供应链金融阶段,不仅仅要求整个网络有清晰的交易结构和交易关系,而且在信息流的维度上实现了高度的融合。这表现为:一方面信息的来源呈现出了高度的复杂性,即信息不仅来自人与人的互联(如交易),也来自人与物的互联以及物与物的互联;另一方面信息的形态极大地复杂化,在这一阶段,金融业务风险控制的信息不仅仅是供应链运营这种结构化的信息,而且也包括沟通、交流等非结构性的信息,通过这种复杂综合性的信息来刻画供应链网络的状态和活动。

互联网供应链金融实现的整体框架

互联网供应链金融作为产业互联网下的金融创新,其实现需要从客户的价值系统(VALUES)入手,只有实现了客户价值,才能使金融更好地与智慧供应链结合,产生产业和金融的综合收益。这里所谓的"价值",既涵盖了互联网供应链金融要实现的目标,也指的是互联网供应链金融的具体实现路径。从目标上看,互联网供应链金融是要沿着"价值层级"不断向上发展,实现生态中所有利益相关者的发展价值。"价值层级"指的是企业供应链金融实现的利益和客户能得到的价值有三个层面(见图3—4):第一层也是最基本的层次,供应链金融的服务提供者不仅能提供高性价比的产品和服务,同时还能通过金融性行为,为客户提供充足的资金,满足其正常生产经营所需的资金要求,这时需求方得到了使用价值,亦即以合理的代价获得了相应的产品、服务或资金;第二层是供应商能实现供应链所有权成本降低,即能够帮助客户降低供应链运营前、中、后整个系统的综合交易成本,并且能够帮助客户加速现金流量周期,合理使用和配置资金,这种状况下客户得到的是情感价值,即与供应链和金融服务提供商形成了紧密的战略合作关系,形成了较为稳定的供应链体系;第三层也是最高的层次,服务商不仅能够降低供应链所有权成本,而且还能帮助客户降低各种机会成本，在创造市场和订单的同时，为客户带来新的价值创造和资金，此时需求方得到的是发展价值，即实现了客户自身很难实现的状态，获得了超额收益，这是互联网供应链金融运营的宗旨。从互联网供应链金融的实现途径看，要想促进金融活动的创新和发展，需要从以下六个方面做出努力和变革：

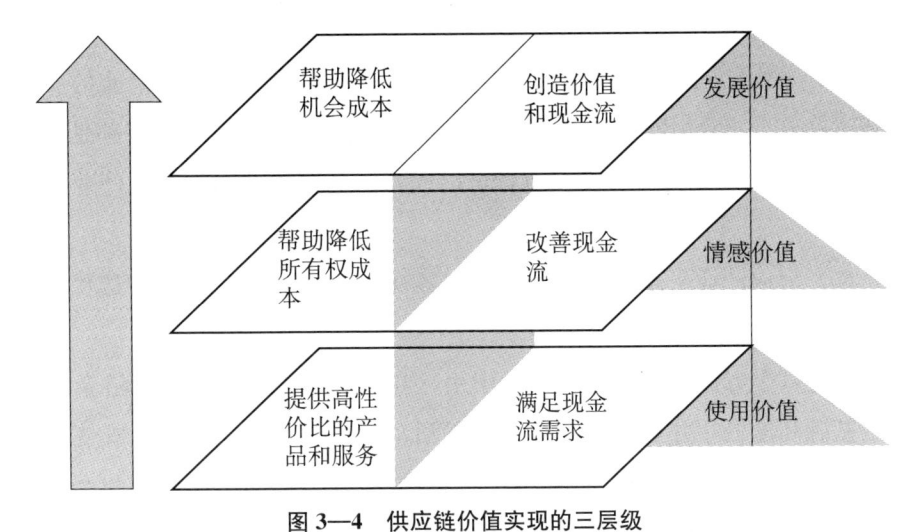

图3—4 供应链价值实现的三层级

（1）通过丰富的服务实现互联网供应链金融创新（variety）。即发展丰富的供应链服务能力，并且这种能力能够很好地实现线上线下融合。通过形式多样、高度融合的线上线下流程和供应链服务，促进供应链向智慧供应链或网络链发展，并且通过高度的供应链整合能力，实现互联网供应链金融创新。

（2）通过渗透到供应链运营的底层实现客户归属并带动金融活动的创新（affiliation）。作为互联网供应链金融服务的主体需要具备渗透到客户供应链底层服务的能力，并且透过底层服务产生服务的价值和渠道，从而为互联网供应链金融活动的开展奠定基础。

（3）通过不断的创新创业行为，拓展供应链价值回路，为相应的利益相关者在提供增值服务的同时创新供应链金融（loopback）。供应链业务强调的是价值的流动和创造，通过创新创业不断扩展的供应链网络，不仅能够创造产业供应链的价值空间，而且也为互联网供应链金融的开展提供了更多可能。

（4）运用大数据还原产业供应链运营的场景，为互联网供应链金融提供良好的支撑（using data）。即通过供应链运营和其他各种渠道获得相应的结构和非结构、静态和动态、生产和生活数据，有效推动供应链运营，开展金融活动创新。

（5）建构共同进化的产业生态，为互联网供应链金融形成坚实的产业场域（ecosystem）。即聚合多样性的智慧供应链中的参与主体，特别是三大产业供应链中的直接和间接参与者，形成共同发展、共同创造的产业互动场域。

（6）形成产业生态、金融生态和创客社区生态多种生态互动迭代、融合发展的智慧供应链（syncretism）。

上述六个方面相互影响、相互作用，共同形成了互联网供应链金融创新的基础和途径，并且使得产业与金融活动紧紧地结合在一起，既使得金融活动的创新仅仅依托智慧供应链的运行而展开，推动产业发展和产业企业的价值创造过程，也使得金融活动风险可控，在创新产业价值的同时实现金融的巨大价值。

第 4 章
基于丰富融合性服务的互联网供应链金融

经济发展从以生产制造为主逐渐转变为以服务为主导已经成为一个普遍现象，尤其是在供应链管理领域，生产服务化背景下的传统产品制造供应链已不再适应供应链管理实践，学界和实业界开始探讨以服务为主导的服务供应链（Ellram, Tate & Billington, 2004; De Waart & Kemper, 2004）。在服务供应链中，人力是价值传递过程的重要组成部分，由于有人力的参与，服务产出的变动性和不确定性要高于传统制造供应链，服务的效率取决于能力、资源柔性、信息流、服务绩效以及现金流的管理（Ellram, Tate & Billington, 2004）。与以有形产品为基础的制造供应链相比，服务供应链强调服务导向。特别是在互联网经济背景下，服务供应链越来越呈现出多样性和融合性的特点，因此，重新认识服务供应链的特质以及在互联网供应链金融中的运用显得非常重要。

供应链多样性融合服务与互联网供应链金融

传统的供应链运作强调的是以物质产品为基础的运营过程，服务是伴随着生产制造、产品采购分销而产生的事物，如今随着经营环境和客户需求的改变，经营的关注点已逐渐从以物质产品为主导的供应链转向了以服务为主导的供应链，并且服务供应链的内涵和范围不断拓展，使得如今服务主导的经营开始向生态化、动态性系统转化（Vargo，Lusch & Akaka，2014），这也为互联网供应链金融的创新发展提供了坚实的基础。

供应链从产品主导演化为服务主导，一方面是因为客户的行为发生了很大的变化，即客户不再是单纯的产品或服务的被动接受者，而是转变成产品或服务经营过程的参与者，能够主动积极地参与到价值的协同创造中；另一方面也是源于企业不断提升竞争优势的需要，越来越多的实践和研究表明，通过服务，企业能够增强其竞争优势。在服务主导逻辑下，交易双方交换的不再仅仅是物质和产品，而是以整合操作性资源为主的服务（Vargo & Lusch，2008）。服务不再是可以直接交换的产品，而是在客户使用过程中产生的服务提供商与客户协同创造的产品。这种业务导向的根本性变化要求企业重新定义其提供的产品和服务，改变其思考和工作的方式。因此，如何在有效利用被操作性资源（即物质性资源）的基础上，通过整合企业内外的操作性资源（即知识）为客户提供满意的产品和服务，是企业在市场竞争中获胜的关键。

供应链运营中的线下服务

从供应链运营的角度看，这种以知识为基础的、交互式的服务主要分为线下和线上两种类型。线下服务指的是在运营管理供应链过程中真实发生的、面对面的、通过人与人之间的互动而产生的行为和能力，或者说是具备实体管理要素的供应链管理活动。2004年Ellram等在《理解和管理服务供应链》一文中，提出供应链服务流程有综合需求管理、客户关系管理、供应商关系管理、服务传递管理、复合型能力管理及资金与融资管理等六个方面：

第一，综合需求管理。供应链管理中的需求管理是一种均衡供应链能力与客户价值诉求的流程。良好的需求管理流程，能够事前做到供需之间的匹配，防止供应链运行的中断。服务供应链中的综合需求管理，指的不是一种需求预测，而是使服务以及相伴随的产品供给与客户的需求，包括潜在需求能做到同步化。如同Langabeer（2000）所表述的那样，需求是历史销售和显性因素（lift factor）的函数，亦即在竞争和变化性的环境中，过去并不能对未来给予合理的指导，从战略层面上看需求管理，需求不仅仅是通过预测来实现，而是创造一种集合式的、高度可行的未来情景。因此，良好的需求管理不仅要求服务提供者掌握一手的销售数据，如POS数据以及客户信息等，更重要的是能渗透到客户的产业或状态中，有效地与之沟通交流，了解现实和真实需求，与此同时知晓客户在运行或消费过程中存在的成本、代价和困难，从而为客户降低了经营或消费过程中的不确定性，这种既关注显性、现实的需求，又关注隐性、潜在的需求是服务供应链管理中综合需求管理流程的特点。

第二，客户关系管理。与产品制造供应链一样，服务供应链管理中客户关系管理提供了一个与客户发展和维系关系的框架。客户关系管理就是要识别不同类型的客户以及客户群体，并且能够把握不同类型客户在供应链网络中的位置和特性。其目标就是在充分了解和差异化客户的基础上，通过提供定制化的服务实现与客户互动和协同价值创造。在供应链的客户关系管理流程中，服务提供者需要与客户建立起共同发展、共同管理的团队，帮助客户改进流程、消除非增值活动、制定业务标准等，只有这样客户关系管理才是双向、动态的过程。

第三，供应商关系管理。供应商关系管理是一种界定与供应商交互行为的流程，它与客户关系管理是相对应的。在服务供应链的供应商关系管理流程中，有三点是非常重要的：一是供应商的定位，如同产品制造供应链，供应市场是一个复杂的市场，如何有效地协调各种不同能力或拥有不同资源的供应商是供应商关系管理的关键，这就涉及对供应商能力的识别，以及不同供应商在网络中的关系定位，例如，什么供应商可以发展为长期战略合作伙伴，什么供应商只能是市场型关系等，这一点服务供应链与产品制造供应链是相同的。二是在服务供应链中，供应商关系管理的范围比较大，供应商的概念不仅涉及经营体系中的直接供应商，也包含了与各经营要素相关的间接供应商。三是供应商关系管理的核心不仅仅在于如何对"合作关系"（collaborative relationships）本身进行管理，更是对"合作实践"（collaborative practice）的管理（宋华，2015），这两者的区别在于前者将供应商关系管理看作一项降低供应商数量、维系长期合作关系的管理流程，而后者则是将供应商关系管理看作促进供需合作、不断交流沟通，从而实现供需能力匹配的过程（Barrett & Rizza，2009）。

第四，服务传递管理。服务传递管理是供应链流程中的一项独特过程。服务传递管理指的是服务集成商为实现服务接收方（即客户）的价值诉求，将服务有效从后台集合到前台，并且有效率和效益地将整体服务交付给客户的过程。Shostack（1984）认为服务传递系统可以用服务蓝图表示，服务蓝图又称为服务流程，是一种有效描述服务传递过程的可视技术，它是一个示意图，涵盖了服务传递过程的全部处理过程。这一过程中的关键工作是：识别服务流程，尤其是客户没有看到的服务流程；分析失误点；建立时间框架；分析利润率。Chase 和 Dasu（2001）认为，在服务传递管理过程中，行为科学对这一复杂过程具有很强的启示，它能帮助管理者了解客户如何对服务的连续效应和持久效应做出反应，同时服务发生后，客户如何合理化体验。显然，服务传递管理中有四个维度的管理是比较重要的：一是显性的要素，即服务提供的内容；二是隐性的要素，即服务所追求的价值目标；三是内在的要素，即服务提供者的内部服务以及整合管理；四是外在的要素，即服务传递与外部环境的适应。

第五，复合型能力管理。能力管理（capacity management）一词来源于生产运作管理，其原意是指企业生产管理活动中，为更好地执行所有的生产进度安排，建立生产能力的限额或水平并对其进行度量、监控及调整的职能，具体如生产计划、主生产计划、物料需求计划和派工单等。在供应链服务中，能力管理涉及广泛的资源管理，亦即企业能通过其内部传递系统有效率和有效益地配置稀缺资源和知识以满足变动的客户价值诉求。为了实现客户的价值诉求，企业应该具有充足的服务能力。与此同时，过

第4章 基于丰富融合性服务的互联网供应链金融

多的服务也是需要避免的,因为这会引致较高的成本。Adenso-Diaz 等(2002)指出,在服务行业中能力管理最难处理,因为在其他行业中可以靠库存等缓冲机制来进行能力管理,而服务不可能先行生产然后用来满足客户的需求,服务中要求的是适时生产和传递,同时服务过程中的非物质化也使得其能力管理呈现出高度的人力化和知识化的特点。具体讲,服务中的能力管理其核心是对智力资本的管理,美国学者 Stewart 认为,智力资本是公司中所有成员所知晓的能为企业在市场上获得竞争优势的事物之和,它体现在企业的人力资本、结构资本和客户资本三者之中。其中,人力资本指组织成员个体的能力、知识、学习、技术、经验等的总和;客户资本指组织的所有关键关系的总和,包括与各利益相关者之间的关系;结构资本是人力资本具体化与权力化的支持性结构,包括基础结构、硬件与软件等事物。在供应链服务复合型能力管理中也主要表现为这三个方面:一是对供应链网络中各个成员知识和智慧能力的组织与管理;二是网络关系体系的协调与建立;三是供应链体系中各种有形和无形资源的整合与运用。

第六,资金与融资管理。供应链服务管理中有一个很重要的管理流程,那就是资金与融资管理。虽然供应链管理的核心是企业间商流、物流、信息流和资金流的综合统一协调和管理,但是在传统的产品制造供应链管理过程中,资金流的管理相对被忽略。特别是在全球化背景下,跨国公司的离岸生产和业务外包使供应链出现"低成本区域",然而这种追求成本最小化的冲动所导致的供应链整体融资成本问题以及供应链节点的资金流瓶颈所带来的短板效应,实际上已经部分抵消了生产的"低成本区域"配置所带来的最终成本节约。因此,如何在服务供应链管理的过程中有效地提高资金运作的效率,同时为缺乏资金的企业在有效控制系统风险的基础上提供资金,是一种独特的服务管理流程。

上述供应链运营中的六个线下服务组织管理的原则是在质量、成本和创新之间寻求平衡,即线下服务既要在保证持续稳定的质量前提下合理地控制成本,同时又能在现有服务的基础上根据环境的变迁和供应链网络的动态演变，及时地创新发展，实现良好的效益。

供应链运营中的线上服务

供应链线上服务主要指利用互联网等虚拟媒介而实现的一系列没有发生面对面交谈交互的服务和活动，这类服务充分利用了IT和互联网的优势，通过信息的聚集和管理，实现了供应链线上的有效管理。这类服务包含了供应链交易信息管理、供应链物流信息管理、供应链资金流信息管理、供应链信用信息管理、供应链技术知识信息管理以及环境信息管理六个方面。

第一，供应链交易信息管理。交易信息管理指的是供应链运营过程中所有的交易细节、交易状态、交易单证等能及时有效地在网上得到反映、整合。交易信息被认为是供应链运营中最为重要的一种信息要素，它直接决定了预测、经营规划、运输规划等各种管理行为的质量（Ovalle & Marquez，2003）。例如，Lee和Whang（1998）分析了日本7-11的交易信息分享，其研究发现交易信息在企业总部、批发商、制造商之间的分享，极大地提高了库存水准、货架以及商品销售规划和新产品开发的绩效。此外，丰富的交易信息还能够提高所提供服务的质量（Payne & Frow，2004），及时有效的交易信息能够帮助服务提供者更清晰地了解供应链业务的特征以及客户的价值诉求，从而更为有效地提供定制化服务。

第二，供应链物流信息管理。物流信息是指与物流活动（如运输、保管、包装、装卸、流通加工）有关的信息。在物流活动的管理和物流活动的决策方面，如运输工具的选择、运输路线的确定、每次运送批量的确定、在途货物的追踪、仓库的有效利用、最佳库存数量的确定、库存时间的确定、订单管理、如何提高顾客服务水平等，都需要详细和准确的物流信息。因此，物流信息对运输管理、库存管理、订单管理、仓库作业管理等其他物流活动具有支持保证的功能（宋华，于亢亢，2012）。从来源上看，物流信息不仅包括企业内部的物流信息（如生产信息、库存信息等），而且包括企业间的物流信息和与物流活动有关的基础设施的信息（Savitskie，2007）。

第4章 基于丰富融合性服务的互联网供应链金融

企业竞争优势的获得需要供应链上各个参与企业之间相互协调合作。协调合作的手段之一是信息即时交换和共享。许多企业把物流信息标准化和格式化，利用互联网在相关企业间进行传送实现信息分享，因此物流信息还来源于企业间的物流信息。另外，物流活动往往利用道路、港湾、机场等基础设施，为了高效率地完成物流活动，必须掌握与基础设施有关的信息，如在国际物流过程中必须掌握报关所需信息、港湾作业信息等，因此物流信息还包括与物流活动有关的基础设施的信息。

第三，供应链资金流信息管理。供应链资金流涉及整个供应链运行中资金的流转情况，以及资本的占用和支付状况。供应链中资金流的状态既受到供应链运营本身的影响，即供应链网络中各参与主体之间业务的往来和政策的影响，又作用于供应链运营，一旦某些参与主体资金流转不畅，出现资金短缺或者迟滞，就会导致整个供应链网络的崩溃，对供应链效益直接产生负面影响。因此，及时有效地反映、追踪和监控供应链资金信息，实施有效的现金流规划和管理成为供应链服务的重要方面（Hofmann & Kotzab, 2010）。资金流信息的管理主要是管理和控制资金流在供应链中的流向、流量和流速。流向决定了资金流在不同主体之间的流转状况，对相关利益方直接产生正面或负面影响；流量则是资金量的大小，它决定了资金被占压或使用的状况；流速是资金在供应链中的流转频率，它直接影响了供应链中的现金流。

第四，供应链信用信息管理。信用是供应链运行中的核心要素，它代表了企业与其他组织之间根据签订的合约，在现时点获取价值，之后能够承担相应责任义务的能力。具体讲，影响企业信用的因素分为宏观和微观两个层面：宏观层面指的是环境或企业层面的影响因素，诸如一些企业的特征和外部因素可能会对企业信用产生作用（Duffee & Zhou, 2001）；微观层面指的是企业运营层面或财务层面的影响因素。Min 和 Lee（2008）曾经提出了六个影响企业信用的宏观要素，即销售费用、流动负债比率、相对总资产的借款和应付总额、资本充足率、流动比率以及利息保障倍数。所有这些信息需要在线上得到准确、及时的反映，从而保障企业信用信息的

73

完整和有效。

第五，供应链技术知识信息管理。供应链需要与合作伙伴协同进行技术创新或知识的分享和创造，这种创新的类型包括转换性创新、根本性创新、构架性创新以及持续性创新（Burgess & Singh，2006），显然，所有这些创新都需要整合和管理不同的合作伙伴的知识和技术。因此，对供应链运营中的异质性技术和知识及时获取、分析和整合，做到同步化集成，成为推动协同创新和发展的关键。

第六，环境信息管理。指有效地对多时期的资源环境状况及生产活动变化进行动态监测和分析比较，也可将数据收集、空间分析和决策过程综合到一个共同的信息流中。供应链运营中经常会因为资源环境、生产经营环境的变化而导致风险和损失，或者产生新的机会，因而及时关注环境的变化，并且有效掌握、知晓和运用环境信息，规避或利用相应的威胁和机遇是供应链信息化管理中的重要方面。

供应链六个线上管理服务的原则是透明、及时和对称。透明意味着所有六个方面的信息能够为供应链各参与方获得或者介入，能够通过一定的渠道和方式，获得参与者试图获得的相应信息；及时指的是信息的更新应当是实时的，反映最新发生或将要发生的信息；对称是针对供应链中交易双方而言，即买卖双方获得的信息应当是对等的，否则一旦出现信息不对称，就有可能会因为一方拥有信息优势，而产生机会主义动机。

供应链线上线下服务融合与互联网供应链金融

互联网供应链金融开展的前提是线上和线下服务的融合。融合意味着通过线上和线下供应链服务的交汇和整合，消弭智慧供应链运营中可能因多主体、多行业、多行为而产生的管理盲区，这些盲区在原有的供应链运行中经常存在，而这些盲区一旦不能加以很好的识别和管理，就会产生供应链运营风险（Zhou & Benton，2007），进而使得金融活动出现危机，产生大量的坏账或违约状况。因此，供应链中线上和线下两条服务线的融合成为互联网供应链金融创新的关键要素之一。

1. 线下活动线上融合

这种融合是针对大多数实体产业而言的，对于大多数产业企业来讲，线下都有既定的供应链体系和相应的作业活动，诸如技术研发、采购供应、服务传递、生产加工、库存、运输、营销、分销以及其他相应的服务性活动，这些活动共同构成供应链运营的环节和要素，而这些活动的实施也往往涉及不同的地域、不同的合作者、不同的交易状况、不同的物流形态、不同的环境，因此，所有与线下活动相应的信息能够及时、有效地在线上得到反映是金融活动开展的基础。其关键在于不同来源的信息能够进行分享和整合。Song 等（2016）发现，供应链不同成员之间的信息分享有助于中小企业融资绩效的提升。如果所有这些信息不能够在成员之间进行分享，就会产生信息不对称，容易使某些供应链参与者产生机会主义和道德风险，危害金融活动的顺利进行。除了信息分享之外，信息的整合也是供应链线上管理活动的关键要素，Devaraj 等（2007）的研究提出，仅仅是电子商务本身并不能实现供应链绩效，只有上下游的信息整合才能实现绩效。如何实现信息整合，Patnayakuni 等（2006）提出有形和无形的互动（即线下参与者之间的行为）有助于信息流的整合；Zeng 和 Pathak（2003）则认为 B2B 平台有利于实现信息整合。显然，线上平台是实现信息整合的基础。

2. 线上交易线下融通

对于从事网上交易的企业而言，线上发生的任何交易行为、结算行为、支付行为等都需要线下的管理活动支撑。这种线下的行为包括企业内部的流程管理和企业之间的流程管理。在企业内部管理流程方面，质量大师戴明提出 SIPOC 模型，这是一种用于流程管理和改进的技术。SIPOC 中的字母各代表：Supplier，即供应者（向核心流程提供关键信息、材料或其他资源的组织）；Input，即输入（供应商提供的资源等）；Process，即流程（使输入发生变化成为输出的一组活动，组织追求通过这个流程使输入增加价值）；Output，即输出（流程的结果即产品）；Customer，即客户（接受输出的人、组织或流程，不仅指外部顾客，而且包括内部顾客）。戴明认为，任何一个组织都是一个由供应者、输入、流程、输出和客户这样相互关联、互动的五个部分组成的系统。在企业外部管理流程方面，线下供应链运营的核心是 SCOR 模型，SCOR 模型把业务流程重组、标杆比较和流程评测等著名的概念集成到一个跨功能的框架之中。SCOR 是一个为供应链伙伴之间有效沟通而设计的流程参考模型，是一个帮助管理者聚焦管理问题的标准语言。SCOR 模型按流程定义可分为三个层次，每一层都可用于分析企业供应链的运作。在第三层以下还可以有第四、五、六等更详细的属于各企业所特有的流程描述层次，这些层次中的流程定义不包括在 SCOR 模型中。SCOR 模型的第一层描述了五个基本流程：计划（plan）、采购（source）、生产（make）、发运（deliver）和退货（return）。它定义了供应链运作参考模型的范围和内容，并确定了企业竞争性目标的基础。

以上两类线上和线下的融合，为互联网供应链金融活动的开展提供了基础。线下活动线上融合为金融服务提供商提供了整合化的信息，在组织产业供应链运营的过程中，能够更及时、准确地了解供应链运营中中小企业的业务状态，更好地把握静态和动态信息，帮助互联网供应链金融服务提供者建构多渠道、多来源的综合交易平台，进而为设计和运作互联网供应链金融业务奠定基础。线上交易线下融通为互联网供应链金融提供了系统化的业务流程和架构，任何交易性行为如果没有清晰的业务流程和架构，其交易的真实性或者质量就会受到挑战，其结果是金融活动的风险就会上升，而有了线下良好的业务流程和架构，任何线上的交易以及相伴随的金融行为就会得到保障。

线下活动线上融合：香港利丰的互联网供应链金融

利丰集团（现改名为冯氏集团），1906 年创建于广州，是一家多国经营的集团公司，在三个核心业务领域具有很强的优势：通过利丰有限公司从事贸易和物流业务；通过利标品牌有限公司从事授权品牌的分销和经营；通过利丰零售从事零售业务、全方位品牌管理以及特许经营，门店网络从中国内地市场延伸到新加坡、马来西亚、印度尼西亚和韩国,此外还有一些非上市的实体经营单位。上述三个领域涉及生产制造、物流和营销核心业务领域,从而建构了为客户提供一体化的分销服务解决方案。

利丰的线下供应链服务

利丰供应链运营经历了几个阶段,从最初的贸易演变到集采购、物流和分销服务为一体的全面供应链服务(利丰研究中心,2012),进而进一步向网络链,即商业生态化方向演进。这种全面供应链服务模式可以概括为DMSB模式(宋华,2015,第2章),即方案设计+生产管理+系统服务+品牌运营的供应链模式。总体上看,利丰的线下供应链服务可以从利丰的主体身份、业务流程和服务能力要素来看。

首先从供应链服务主体身份看,利丰随着供应链业务的不同,身份角色各不相同(见图4—1)。当为欧美零售企业服务时,利丰有限发挥了工厂资源、采购安排和物流分销组织者的角色;而作为品牌运营商经营时,利标品牌同时是特许经营者、产品设计者、产品组织者和分销商;当作为零售商出现时,利丰零售既是产品供应链运营的组织者,也是零售活动经营者,甚至直接作为零售商从事工厂生产组织和产品采购。

其次在供应链业务流程方面,利丰的服务和管理活动几乎覆盖了产品供应链经营的全过程(见图4—2)。在交易管理方面,利丰的服务范围涵盖客户需求的调查和分析、产品设计、产品开发并根据客户的要求设计整个供应链方案(以上所有组分构成了方案设计服务内容);供应商审计、工厂选择、原材料采购、生产监控、QA、QE和QC(以上部分构成生产管理服务内容);整合物流资源、提供物流分销服务方案、办理进出口文件、产品在市场地的流通加工、市场分销服务和销地库存管理(以上部分构成系统服务内容)。在物流管理方面,利丰的服务范围涵盖原材料到工厂物流,以及工厂之间的调拨物流和产成品到交付物流的管理服务(以上属于生产采购物流组织和管理),从航运、空运物流管理到境外进口商的物流服务(以上涉及跨境物流服务)以及从境外采购商到零售商或者直接终端客户的物流配送服务（即市场分销物流服务）。以上两部分的供应链服务流程构成了利丰线下完整的供应链运营体系。

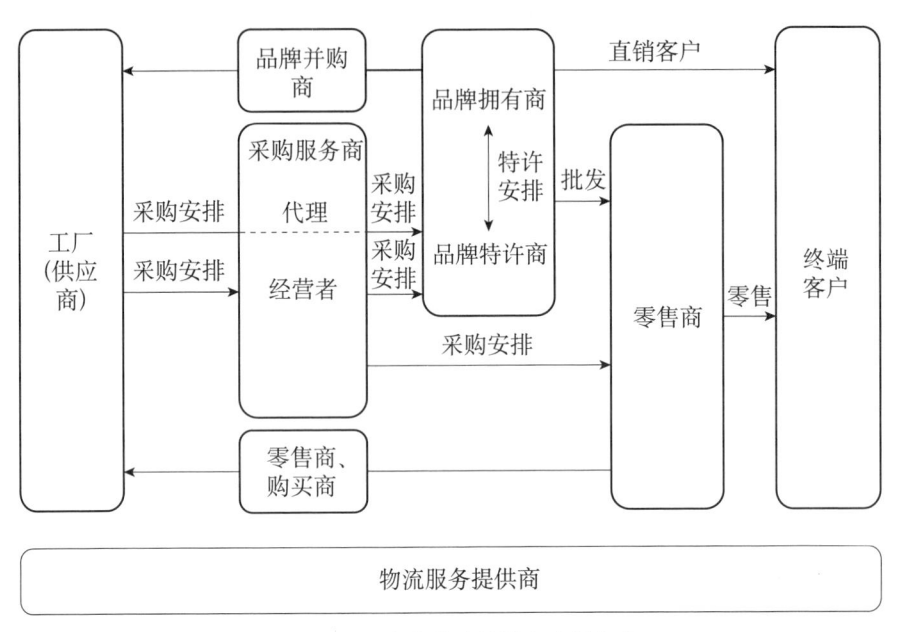

图4—1 利丰在供应链服务中的角色

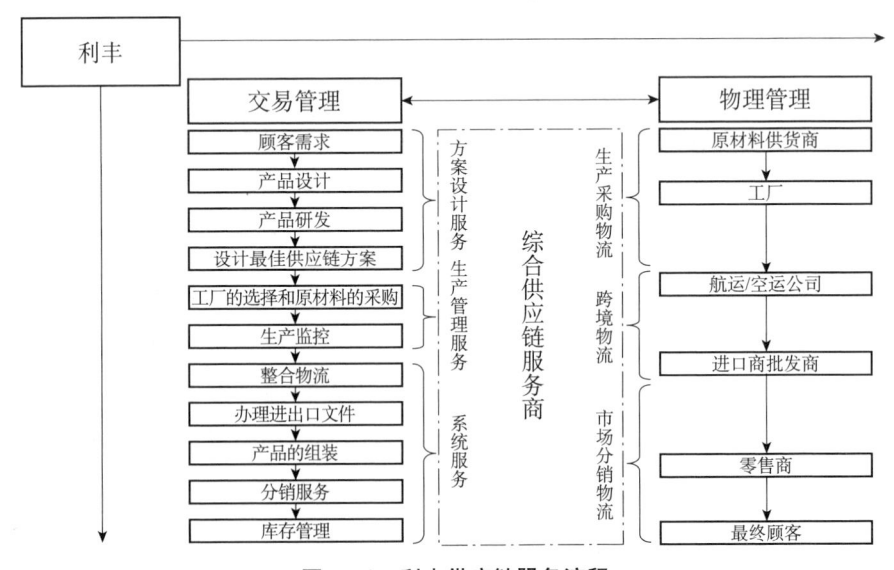

图4—2 利丰供应链服务流程

最后从供应链服务能力要素看，为了实现上述供应链服务流程，利丰形成了业务、组织和网络层面的柔性能力（见图4—3）。这三个层面的柔性能力反映了供应链柔性所要具备的所有要素（Martínez et al., 2005）。在业务层面，主要的能力要素包括产品设计能力（新产品设计和开发能力）、批量把握能力（根据客户需求增减经营数量的及时应对能力）以及流程应对能力（灵活组织和调整运作流程的能力）；在组织层面，能力要素包括分销服务能力（根据客户的要求适应前置时间的能力）、转运管理能力（能够从生产端到需求端合理组织物流运营的能力）以及后延经营能力（能根据变化的市场、变化的要求大规模定制生产的能力）；在网络层面，能力要素涵盖知识整合能力（能充分整合不同知识来源的能力）、全球采购能力（能通过分布在全球的供应商有效组织采购的能力）、及时反应能力（及时因应变化调整产业链的能力）以及产业创新能力（能够不断推进产业变化的能力）。

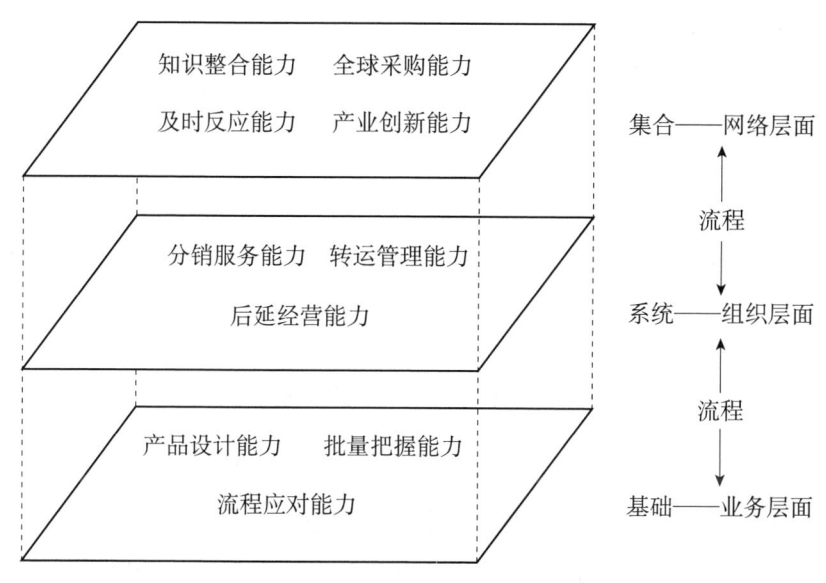

图4—3 利丰线下供应链运营能力要素

利丰的线上供应链服务

为了及时掌握和因应市场的变化、供应链运营的状态以及客户的价值诉求，除了建构有效的线下供应链服务体系外，打造良好的线上供应链体系也是近些年利丰供应链战略发展的目标。只有对线上闭环的移动信息系统（即数字供应链体系）加以完善，才能与线下供应链服务体系相融合，更好地服务客户，建立有效的全球供应链。这如同冯国经、冯国纶于《在平的世界中竞争》中描述的那样："当网络开始进行数字化生产而不是实物生产时，虚拟集群出现。用户群和网上社团团结合作。世界各地都有 Linux 开发商和维基社团，但是他们是因为共同的兴趣而走到一起共同开发一个项目。即使在这些网络中，也会出现更重要的节点，因为它链接着更多的网络用户或链接着更多的网络。这些节点作为新的集群中心出现，不会受到地理位置的限制。"利丰的数字供应链系统涵盖了供应链运行的全过程（贸易、物流、分销营销）以及所有的供应链相关参与者（见图 4—4）。具体讲，目前利丰开发运用的线上数字供应链系统包括：

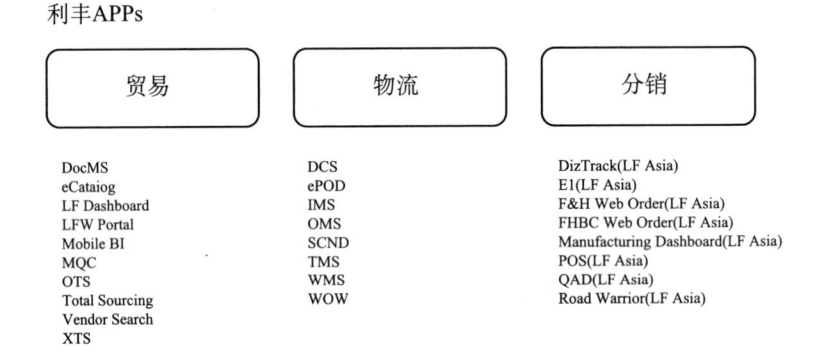

利丰APPs

贸易	物流	分销
DocMS	DCS	DizTrack(LF Asia)
eCataiog	ePOD	E1(LF Asia)
LF Dashboard	IMS	F&H Web Order(LF Asia)
LFW Portal	OMS	FHBC Web Order(LF Asia)
Mobile BI	SCND	Manufacturing Dashboard(LF Asia)
MQC	TMS	POS(LF Asia)
OTS	WMS	QAD(LF Asia)
Total Sourcing	WOW	Road Warrior(LF Asia)
Vendor Search		
XTS		

图 4—4 利丰线上数字供应链系统示意图

1. OTS（Object Tracking System，目标追踪系统）

该应用 2012 年年中开发推出，服务的对象主要是采购商、产品线经理以及供应商。它在产品开发阶段使所有相关者（内部和外部用户）能追踪产品开发的进程、订单以及其他诸如信用状态等流程信息，并为所有使用方提供了订单追踪的标准模板，可以根据模板定制信息和报告，作为绩效分析的依据（计划状况与实际状况的差异分析）。该应用系统的好处在于实现了供应商和贸易商（利丰）之间的无缝连接，供应商可以随时更新数据和状态，节省了贸易商数据录入、管理等烦琐的程序，并且从 XTS（出口贸易应用系统）导出的数据（诸如最终产品检验日期、实际船运日期等）自动连接到 OTS，一旦业务出现偏差或者下个事件来临前系统可以进行预警，便于利丰与相关参与者事前沟通、协调、解决。

2. Total Sourcing（全面供应系统）

该应用提供给利丰全球范围内的供应商，其功能包括：供应商工厂和用户档案的维护、在线订单接收与处理；预约检查和结果核验；订立航运订单以及递交装船计划；运输单证；支付状况以及融资请求等。该应用系统的作用在于借助在线文档，以及上载产品信息、图片等，供应商可以向利丰及时推送产品，同时利丰的用户也可以将供应商上载的信息数据传递到 XTS。

3. Vendor Search（供应商搜寻系统）

该应用是利丰的内部系统，服务的对象为全球的采购商和产品线经理。主要用作不同区域供应商的搜寻（诸如供应商、客户、产品品类、生产国、出口国以及产品规格等），同时借助该系统相关人员能了解供应商的资料以及历史绩效。当然，如果需要详细信息，则需要进一步向相关主管申请调阅。该应用的作用在于能够帮助利丰的管理人员及时掌握全球供应商的状态，与潜在供应商建立伙伴关系，充分利用供应商的能力，降低导入新供应商过程中的交易成本。

4. XTS（eXport Trading System，出口贸易系统）

XTS 服务于全球的采购商、物流以及产品线经理。其功能包括：了解追踪客户订单运转信息；将客户的票据连同采购和销售数据导入 ERP 系统；通过电子邮件将反映业务状态的报告及时传递给用户；加速批准业务程序（诸如新客户审批、对账单以及发货通知传递等）。该应用的作用在于通过灵活的编码控制与组合掌握差异化的需求和流程；与 EDI 以及企业其他信息系统整合提高供应链运营效率；动态生成数据并导入 Excel，使客户获取相应信息轻松制作业务报告等。

5. MQC（Mobile QC，移动质检）

该应用服务于全球的 QC 人员，其功能包括：与 XTS 整合，查验员能及时提取全球的订单详细信息；通过应用系统制定查验计划以及工作安排；通过手持终端和互联网设备获取工厂审计以及查验结果（包括图片）；生产质检报告，并在 XTS 中查阅；与客户信息系统对接预约质检和生成质检报告等。该系统的作用在于使得 QC 人员能在全球借助手持终端或互联网设备远距离输入、传递质检信息和结果；向采购商及时传递质检状况；更有效地分配资源以及安排 QC 工作。

6. DocMS（Document Management System，文件管理系统）

该应用服务利丰全球的贸易部门和物流管理部门，主要功能是上载物流单证、存储电子订单、移动质检报告、货物验收文件、供应商支付支持单据。该应用可以看作一个中央存储系统，通过从该系统调取文件等用于业务决策。

7. DCS（Deliver Complete Solution，配送全面解决方案）

该应用服务于全球的第三方物流、利丰物流管理部门以及融资方。其功能支持各种形式的运输方式的选择，包括各种形式的航运、拼装以及散装货运输、各种具体单证的显示化和管理，以及国际贸易单证的生成。

8. OMS（Order Management System，订单管理系统）

该应用服务对象是供应链方案设计者。提供的是所有主数据表，包括：客户、供应商和品种；供应商和客户订单管理；基于预设的规则自动生成订单分配；持续追踪订单状态并预警；订单执行计算作为 KPI 报告等。该系统的好处在于能使客户可视化监控订单执行状态，评估供应商绩效；优化从多供应商到集货仓（Hub）以及船运规划和集装箱预测。

9. IMS（Inventory Management System，库存管理系统）

该应用也服务于供应链方案设计者，它与企业的 ERP 系统和 WMS 系统整合在一起，其功能包括客户预测、需求预测、供应规划、库存模型以及补货，且还能够根据实际发生的销售数据生成每个 SKU 的需求预测和库存计划。该系统的优势在于：一是通过在正确的时间、正确的地点，以正确的价格库存正确的商品，为客户提供高水准的服务；二是通过精准的库存规划降低库存投资和经营上的风险；三是更有效地实施库存补货。

10. ePOD（online Proof of Delivery，在线配送凭证）

该应用服务于所有的仓储管理人员，他们可以凭借手持终端对配送进行确认，具体做法是用智能手机扫描二维码，并用短信平台将信息传递给远端的服务器，同时信息也被连接到 WMS 系统以及传递给终端客户，以便客户及时了解商品状态。

11. LFW Portal（LFW 门户）

该应用也服务于全球仓储管理，它允许多用户、多语言从事远程管理，包括产品的数量、状况，以及采购订单接收和提取等。借助于该系统可以帮助全球管理人员定制化储存报告，诸如储龄、库存总结。

12. SCND（Supply Chain Network Design，供应链网络设计）

该应用服务于全球物流规划管理人员，主要用于供应链端到端的网络优化，包括节点的数量、具体地方、配送设施的能力，以及产品物料理想的流程和路线等。该系统的作用在于降低供应链成本、缩短周期时间、减少碳排放以及提高客户服务。

13. WMS（Warehouse Management System，仓储管理系统）

该系统是仓储库存管理的核心，覆盖了从产品接受到起运全过程，诸如订单管理、库存管理、接收、分拣、补货等一系列管理活动，管理者可以借助显示板目视化管理的进程和状态。

14. WOW（Web Ordering for WMS，WMS 订单网络系统）

该应用是基于互联网的应用系统，仓储管理人员可以借助该系统获取其他系统的数据信息，同时在线操作管理，包括库存平衡、接收货物、退货、库存调整等。

15. BizTrack（经营监控系统）

该应用服务于客户委托方、销售与营销经理等，其功能是当客户将分销业务外包给利丰后，可以凭借该系统及时了解、掌握渠道各环节中产品销售的状况和主要 KPI 指标。客户能够通过指尖以图示化的形式知晓自己产品的地理位置、渠道和具体经营三大维度的数据信息。

16. E1（Enterprise One for LF Asia，利丰亚洲企业一号系统）

该系统事实上是利丰的 ERP 系统，服务于企业内部管理以及主要的外部委托人。其功能覆盖销售、采购、库存和财务，并且与外部委托人的系统进行对接，诸如 EDI、银行支付系统等。该系统能够使企业和相关参与者更好地管理产品全生命周期，以及实现多渠道订单的复杂管理，使流程、数据做到标准化。

17. F & H Web Order（利丰亚洲时装家居网络订购系统）

该系统主要服务于销售管理人员，依托后台的 E1 系统，能够及时地搜索了解时装和家居产品的信息，诸如型号、款式、颜色、尺寸以及订单状态等，进而可以预先下达订单，了解订单的批复以及进展。

18. FHBC Web Order（FHBC 网络订单系统）

该应用也服务于销售管理人员，通过与路程管理系统以及 E1 系统的整合，借助互联网及时了解店铺产品的订单生产状况以及产品执行过程等信息，从而减少人工操作的差错，同时缩短订单周期。

19. LFA Manufacturing Dashboard（LFA 生产表盘系统）

该系统服务于管理层、财务管理人员和供应链规划人员，它以图表的形式让管理层及时了解掌握生产运营中的关键数据，包括每日销售数据、每日生产费用、工作订单完成绩效、存储（状态、周期、价值）、应收数据等。并且通过趋势分析与展示，便于管理层发现潜在问题，在问题出现前找到解决方案。

20. POS（销售数据信息系统）

该系统主要运用于利丰亚洲所有的店铺和加盟店，其功能包括：分析和掌握店铺毛利；提供管理信息；增强运营效率和管理决策；提供多种多样的促销和价格信息；支持在不同地区的开店；提供其他各类信息，如返款、换产品、存储、礼品等。

21. QAD（生产管理系统）

该应用是利丰的生产 ERP，服务于所有的运营管理人员以及财务人员，其功能包括生产模块（BOM、产品成本、MRP、车间管理、质量管理、生产会计等）、分销模块（销售、采购、库存）、财务模块（总分类账、应收、应付、固定资产、成本分配）、条码模块、供应商管理、GMP 规定与合规管理等。

22. Road Warrior（路程管理系统）

该应用服务于销售管理人员、贸易商和客服等，该系统能及时了解销售订单以及市场信息情报，并且通过 GPRS 立即传回 E1 系统，还能进行订单处理、行程管理、合规检查、市场检查等。

23. TMS（Transportation Management System，运输管理系统）

该应用服务于承运人、管理层、客户等，该系统以系统管理、信息管理、运输作业、财务管理四大线索开发。系统管理是 TMS 系统的技术后台，起到支持系统高效运转的作用；信息管理是通过对企业的客户信息、车辆信息、人员信息、货物信息的管理，建立运输决策的知识库，也起到促进企业整体运营更加优化的作用；运输作业是该管理系统的核心，系统通过对运输任务的订单处理、调度配载、运输状态跟踪，确定任务的执行状况；财务管理是伴随着运输任务发生的应收应付费用，通过对应收应付的管理及运输任务对应的收支的核算，生成实时全面的统计报表，能够有效地促进运输决策。

利丰的互联网供应链金融实践

与利丰线下供应链运营以及线上数字供应链建设紧密相关的一项变革就是互联网供应链金融。这是利丰供应链服务化的进阶，这是因为要促进利丰供应链的发展，特别是打造稳定、高效的产业供需关系，就要充分利用数字供应链的信息和管理优势，真正服务于供应商，推动供应链服务，尤其是互联网供应链金融高度化发展，而其线下的供应链运营与线上数字供应链的融合为互联网供应链金融奠定了坚实的基础。2013 年集团在新加坡专门成立了提供互联网供应链金融服务的部门 LF Credit，从而将利丰贸易与金融打通，对利丰供应链上的供应商提供基于票据的融资业务。

该项举措充分发挥了冯氏集团既定的供应链运营优势，即供应商的认证、合作与长期的沟通交流，所有融资对象（供应商）的尽职调查都由利丰贸易承担，并且确定供应商的状况符合 LF Credit 融资扶持的标准，既能够稳定利丰的供应链运行，同时也能极大地帮助供应商解决资金问题，实现双赢。

具体操作是供应商要与 LF Credit 签署应收转让协议，该协议包括两个部分：贸易信用服务协议（Trade Credit Services，TCS）以及资金提用请求协议（Drawdown Request，DDR）。首先，供应商向利丰贸易提出融资意向。经利丰贸易推介以及 LF Credit 审核批准后，E-mail 通知供应商登录利丰供应商门户（LF Vendor Portal）签署贸易信用服务协议，每个供应商只需签署一份 TCS 协议就可。其次，通过利丰供应商门户，供应商需要就每笔融资款项与 LF Credit 签署资金提用请求协议。对于每一事项，供应商可以选择多种形式的融资方式，包括供应商与其原材料供应商之间发生的装运前信用证模式、无担保形式的装运后应收预支付模式等。具体流程如下（见图 4—5）：第一，客户（包括利丰零售）与利丰贸易签订商品的采购合同；第二，利丰贸易在全球搜寻并确定供应商，并向供应商下达计划和采购合同；第三，如供应商寻求融资，向利丰贸易表达意向，并向 LF Credit 申请融资，批复后签署 TCS 协议以及 DDR 协议，传递电子票据等；第四，LF Credit 向供应商开具信用证或电汇，实施融资；第五，供应商将生产的产品交付利丰指定的第三方物流起运商品；第六，客户向利丰贸易归还货款；第七，利丰贸易将款项返回 LF Credit，完成融资业务过程，LF Credit 对供应商只收取票面价值的 1% 作为服务费。

利丰的互联网供应链金融成为企业新时期实现"软三元"的又一重要战略，并且通过这样的融资行为将供应商、客户与利丰紧密联系在了一起，也为利丰的未来发展提供了新的契机。其未来的趋势主要表现在如下几个方面：第一，扩大 LF Credit 业务基盘。目前利丰的互联网供应链金融主要针对的是供应商与利丰之间的贸易融资，或者说基于供应商与利丰之间的采购协议展开融资行为，未来利丰可以扩大到供应商的非贸易订单融资。

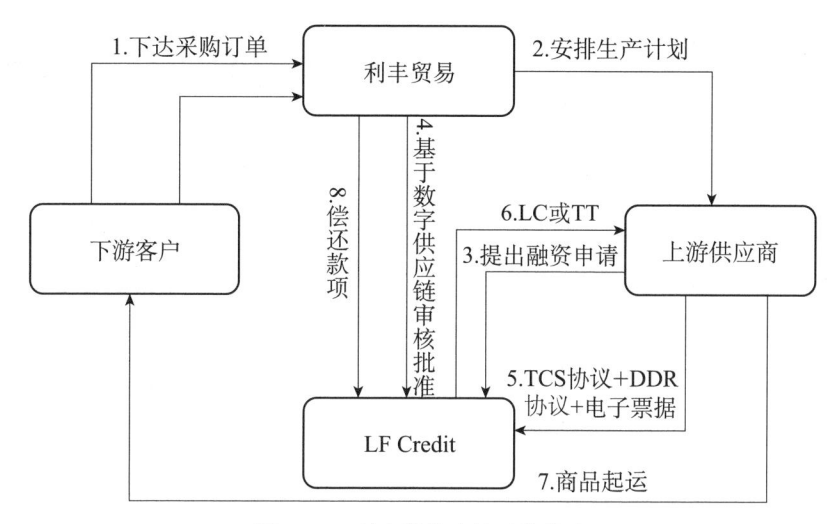

第4章 基于丰富融合性服务的互联网供应链金融

图4—5 利丰的供应链融资模式

换言之，针对供应商与其他客户之间的贸易提供融资行为。这是因为利丰对该供应商非常熟悉和了解，形成了良好的战略伙伴关系，与此同时数字化的供应链保障了双方之间充分的沟通与交流，这为控制风险、更好服务于战略供应商提供了机会。第二，拓展 LF Credit 新的业务空间。目前利丰的供应链融资主要针对消费产品，随着利丰集团业务的拓展，向其他产品品类供应商（诸如家具、医疗设备等）提供融资服务也成为了企业发展的方向。第三，扩展 LF Credit 融资业务模式。这包括在获得保理资格的前提下，开拓应收账款保理，甚至逆向（反向）保理业务，并与商业银行合作开发针对利丰供应链特点的金融产品。第四，拓宽 LF Credit 融资客户的范畴。这主要指进一步加大对整体供应链参与者的支持，特别是对中小型供应商的支援，供应链竞争力不仅取决于利丰与供应商和客户之间的关系稳定与发展，更取决于如何组织管理供应商的供应商，以及客户的客户，特别是在整个供应链上存在着大量具有潜在竞争力的中小企业，因此，加大对成长性中小企业的支持，同时保障供应商经营的持续发展，成为利丰集团 LF Credit 未来战略方向之一。

线上交易线下融通：东煤交易的互联网供应链金融服务

东北亚煤炭交易有限公司（简称东煤交易）是中国成立最早、规模最大的煤炭电商平台。自2010年7月正式挂牌以来，东煤交易开始在国内探索基于互联网平台的创新煤炭交易模式，逐步打通交易—金融—物流—数据服务。自2014年4月至今，东煤交易累计交易量达5 400万吨，交易额达194亿元。东煤交易根据煤炭市场区域特点，围绕交付地建立"城市商城"的交易模式，为客户提供区域性煤炭标准现货电子交易服务，实现煤炭低成本直达终端用户的目的。现已建立大连、秦皇岛、天津、日照、无锡、广州、哈尔滨等18个城市商城。此外，为满足用户对品牌煤的特定需求，东煤交易为品牌企业提供增值服务——"名企专区"。通过东煤交易电子商务平台实现品牌推广，直销终端用户。目前已有神华、中煤能源、中国国电、华电煤业、满世集团、阳煤集团、泰德煤网、世德集团等大型煤炭企业入驻"名企专区"。东煤交易在提供线上交易服务的同时，通过与多家金融机构合作，为会员企业提供端到端的、覆盖全产业链条的煤炭互联网供应链金融服务，缓解煤炭贸易中资金紧张的状况，规避质量和履约风险，提前锁定成本利润，提高资金使用效率。

东煤的线上交易系统

东煤交易电子商务平台最早源于泰德煤网。2007年，泰德（东煤交易前身）通过咨询公司引进了一套管理供应链的方法和工具——"供应链运作参考模型"（简称"SCOR模型"），构建了专业煤炭供应链组织和管理流程，将多年积累的存储于人脑的隐性知识显性化、可视化、自动化，建立起了以SCM/ERP为一体的协同信息管理平台，使计划、采购与发运、储配运、销售与交付等各环节信息，以及价格、成本、费用、利润、资金等各要素信息更加透明和可视化，并在此基础上开展了互联网供应链金融服务（宋华，2015，第9章）。

第4章 基于丰富融合性服务的互联网供应链金融

2012年成为经营模式的转折点，这一年也是企业从泰德（即煤炭供应链交易管理者）走向东煤交易（即煤炭网络交易平台和供应链生态建构者）的关键时期。这是因为，当时随着我国经济的转型减速，煤炭资源由紧缺走向过剩，由卖方市场走向买方市场，供需地位转换。融资难、买卖难、赚钱难，成为煤炭流通行业普遍面临的三大痛点：首先，煤炭行业属重资金行业，伴随着买方市场的形成，煤炭企业回款慢、回款难的问题越来越突出，应收账款激增。据中国煤炭工业协会统计，重点监测的煤矿企业，从2015年8月份以来，月均应收账款高达3 800亿元，库存资金占用1 200亿元左右。除此之外，银行等金融机构不断降低煤炭企业授信，下调信用评级，对涉煤企业贷款审批要求苛刻，更加剧了煤炭企业融资困境。其次，生产企业煤炭需求萎缩，煤炭行业面临的销售压力日益增大，2015年我国煤炭销量35.15亿吨，同比减少1.91亿吨，下降5.15%；对于需求方，尤其是中小型终端企业来说，虽然煤价在不断下跌，但因为其采购量级较小，无法直接对接煤炭生产企业，很难买到真正的低价煤。而且，我国煤炭行业普遍存在着关系营销、小圈子生意的特点，传统的渠道根深蒂固，利益关系盘根错节，导致新的高效渠道无法构建。最后，煤炭价格下滑，市场透明度逐步提高，利润空间被不断压缩。2015年前10个月全国规模以上煤炭企业利润同比下降62%，国有煤炭企业由上一年盈利300亿元转为亏损223亿元。另外，销售成本居高不下，我国商品煤平均运距在600公里以上，最远达到2 000公里，物流费用占煤炭销售成本的50%以上。运输方式涉及铁运、海运、汽运，以及铁水联运、江海联运等，流通环节复杂，效率低下。这种在长物流链条下的碎片式、落后式的管理造成煤炭物流成本过高，利润被吞噬。

针对煤炭经营企业面临的挑战和痛点，东煤交易通过构建包括电子交易平台、增值服务平台、交易中心内部管控平台在内的一体化管理信息系统，全面支撑交易中心的各项业务开展。以电子交易平台为纽带，以煤炭购销合同的履约为主线，以增值服务平台的业务实现为支撑，实现交易中心工作流程系统化、规范化、科学化，提高交易中心综合管理能力和水平，提高交易中心的创新能力和盈利能力。与此同时，通过交易中心信息化的建设，全面整合物流、信息流和资金流，构建高效的管理信息系统以支撑交易中心业务的开展。或者说东煤交易通过与煤炭行业上中下游用户、金融机构、物流机构等参与者重新构建行业规则，打造了由用户访问、业务应用和数据三层体系构成的电子交易服务平台（见图4—6），开展了"短长协"标准现货交易和期货远期交易。

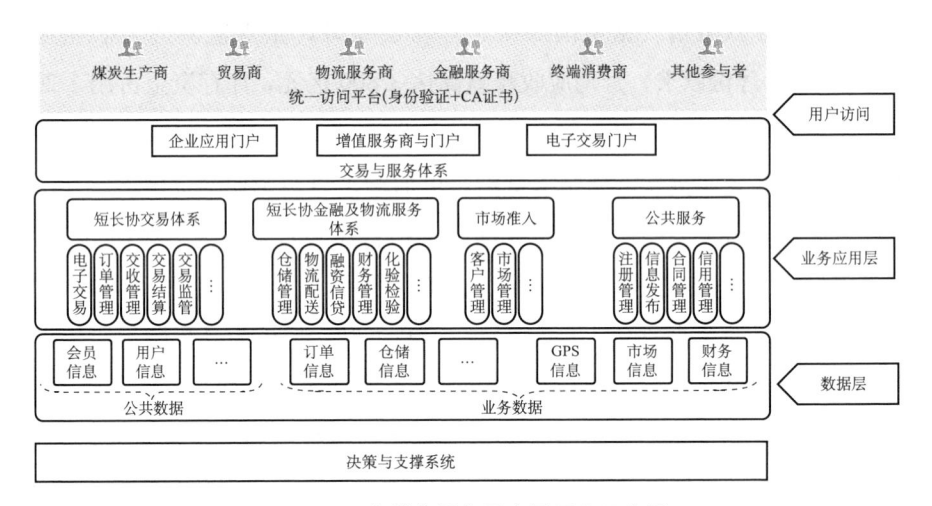

图4—6 东煤交易电子交易平台示意图

标准现货是基于互联网平台，为煤炭流通行业参与创新设计的一套标准交易规则和交易服务体系，东煤交易称之为"短长协"。"短"指的是把年度长协变"短"（即月度协议），而仍然可以享受长协的价值；"长"指的是将随机贸易聚合、标准化，从而享受长协价值。具体讲，在交易平台进行交易时需要遵循如下四点：一是产能与需求合约标准化，即预售煤矿1月期的产能；二是基于平台的交易模式标准化，实行在线团购交易、在线撮合交易；三是供应链服务环节标准化，将融资、物流、交付、结算等标准化上线，形成闭环；四是保证金制度，即交易双方要交纳保证金。期货远期交易是针对煤炭市场行情低迷，价格一降再降，煤炭企业利润空间不足、行业内的小型贸易商已被迫退出市场的市场环境下，东煤交易与郑州商品交易所合作积极探索模式创新，投入大量人力、财力发展期货点价交易、套保等金融衍生品，为客户提供增值服务。

东煤交易的线下服务体系

东煤交易从事线上煤炭交易管理和服务的同时，为了保障交易服务的完整性，同时有效地管控线上交易风险，也构建了煤炭供应链线下服务平台，基于线上业务生态，在推进当前线上交易业务量的同时，积极发展线下的物流服务。为此，东煤交易以未来的东煤物流公司为业务主体，搭建一套基于供应链的物流管理平台，对物流业务进行业务管理、成本管理、仓储管理、质量管理，同时兼具即时化、可视化，并与现有的线上业务平台进行对接。具体讲，其线下的物流管理与服务包括：

第一，物流需求集采，即通过整合线上煤炭交易信息，集中物流需求与第三方物流进行合作，从而优化物流成本，最快、最省、最少装卸次数将煤炭送达客户。

第二，物流运营和配送优化。即在制定物流服务方案后，可以根据会员需求，结合东煤交易自身优势，提供增值物流服务（如仓储池、库存管理、配送、物流信息服务等）以及全程物流策略和流程解决方案，用专业化服务满足会员个性化需求。

第三，现场管理和标准交割场库。作为煤炭互联网供应链金融业务的实际操作环节，煤炭产品的现场管理是整个供应链链条的重中之重。因为煤易受天气影响产生自燃、质量损耗等产品损失风险，因此现场场地的封闭、防火、防雨、防水等特性，以及现场作业管理都需要进行把握，从物流的角度降低项目的风险。此外，建立和管理标准化的煤炭交割场库也是保障线上交易和互联网供应链金融服务的核心。

第四，物流管理系统。东煤交易物流管理系统与其交易平台和金融平台形成了三位一体的管理平台（见图4—7），有利于规范物流操作环节的行为，提高各物流节点工作的协调性。同时，实现了各物流节点信息搜集、沉淀、分析，为企业决策提供数据支持，也更直观地展示东煤交易在物流监控方面的能力，为开展基于物流监控基础上的金融服务提供保障。

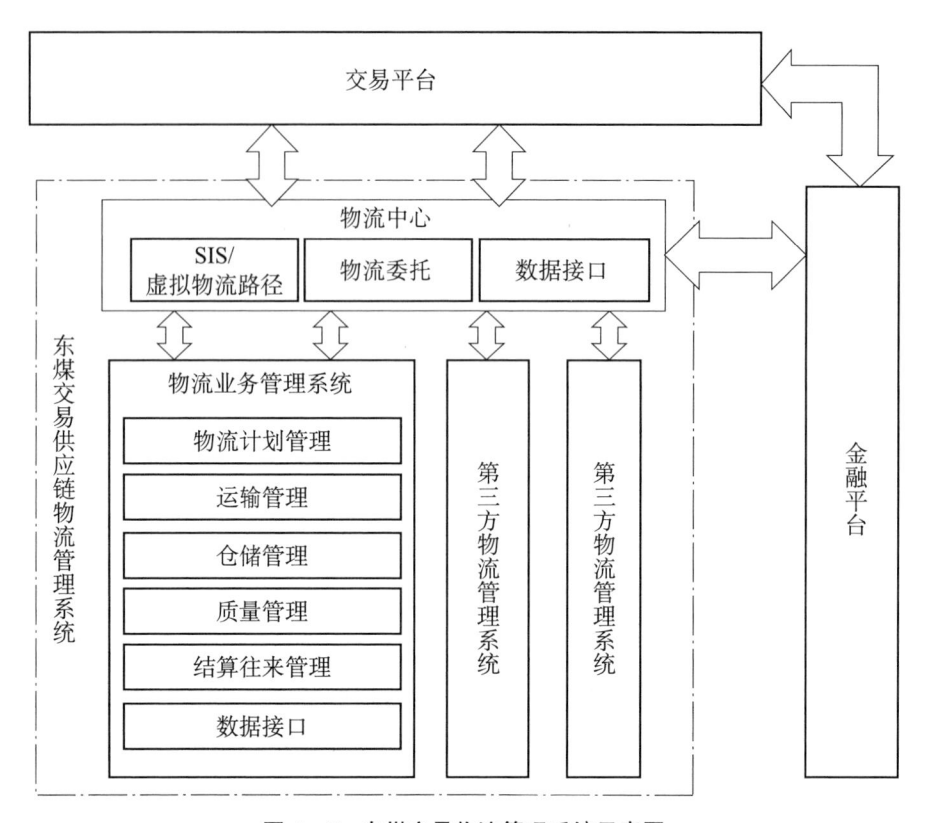

图 4—7　东煤交易物流管理系统示意图

为了使上述线下物流服务能够切实有效地运行，东煤交易结合城市商城在煤炭主要消费城市建立城市会员俱乐部，建设靠近消费企业的地面销售网络。目前已建立了大连、秦皇岛、天津、日照、无锡、杭州、哈尔滨、南京、广州、贵阳10家城市会员俱乐部。

东煤交易的煤炭互联网供应链金融业务

东煤E链通是指东煤交易以电商平台为资源基础，通过贸易执行的方式，为客户提供端到端的、覆盖煤炭全产业链条的互联网供应链金融服务。东煤E链通可为客户提供涉及煤炭物流、交付、融资等全套的供应链整合服务及解决方案。东煤E链通三种融资产品基本可满足煤炭供应链中应收、预付和库存的资金需求。具体业务包括：

第4章 基于丰富融合性服务的互联网供应链金融

1. 东煤金保

东煤金保指的是融资客户将煤炭以东煤交易指定贸易公司（"贸易执行方"）的名义运输至东煤交易认可的国有大型企业（电力、化工、钢铁等）指定接货场地，贸易执行方根据已确认的应收款金额向融资客户提供一定比例资金。该业务主要解决煤炭在销售至终端，因回款账期过长造成资金周转缓慢，进而带来的运营成本过高的问题。通过取得国有大型企业应收款债权，为融资客户提供运营资金，使其提前回收货款，加速资金周转，进而扩大业务规模，降低运营成本。这项互联网供应链金融的适用对象主要是拥有良好下游销售渠道的煤炭生产、贸易企业，具体业务流程如下（见图4—8）：首先贸易执行者同与煤炭供应商有着良好关系的下游大型国有企业签订煤炭买卖合同，之后东煤与融资客户（即煤炭供应商）签订背靠背合同，煤炭供应商将约定的煤炭发货至客户接货场地，随后东煤按比例支付货款给供应商，最后由东煤向大型国有企业收取货款。显然，该金融业务属于类应收账款融资，一般融资比例为70%～80%，期限为60～90天。

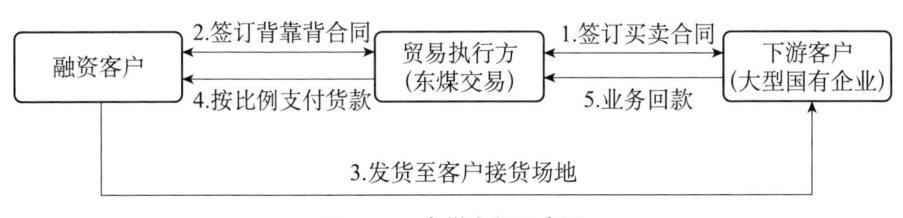

图4—8 东煤金保示意图

2. 东煤金仓

东煤金仓是融资客户将煤炭运输至东煤交易指定监管仓库，将货权转让给东煤交易指定贸易公司（"贸易执行方"），根据入库煤炭总额提供一定比例资金。在规定时间内，融资客户完成销售并还款。该业务解决煤炭生产、贸易企业在煤炭供应链中涉及的商务、物流、交付、资金短缺等问题。通过贸易执行的形式取得煤炭货权，为客户提供运营资金，使其提前回收货款，降低因库存增加造成的资金积压，加速资金周转，进而扩大业务规模。其特点是依托港口、铁路集运站等主要煤炭物流节点设置监管仓库，根据客户业务需求,在靠近客户销售网络的地区建立"金仓"。依据客户要求销售给指定用户或接受客户委托通过东煤交易平台销售库存煤炭。根据收到货款金额释放货权。具体业务流程如下(见图4—9):首先贸易公司(以下简称"贸易执行方")与融资客户签订"煤炭买卖合同"和"供应链服务协议"。同时,贸易执行方与下游企业签订买卖合同。之后融资客户将货物运至指定监管仓库,根据质数量检验结果,按照合同约定向融资客户支付70%～80%货款。其次贸易执行方与下游客户签订买卖合同,取得销售回款,向下游客户交付货物。最后收回融资款及各项费用后,与融资客户最终结算,支付尾款。该金融业务属于类货物质押融资,融资比例一般为货值的70%～80%,融资期限为45天。

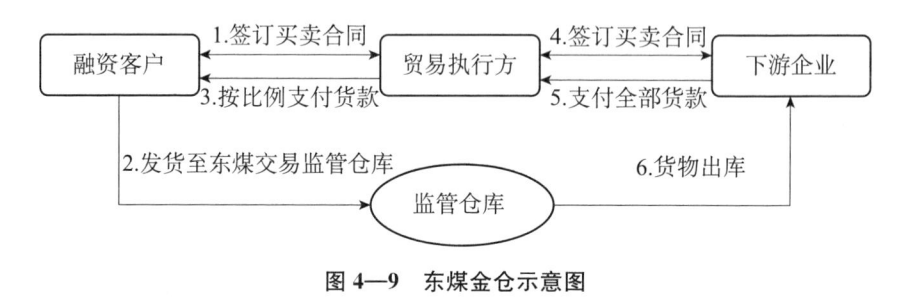

图4—9 东煤金仓示意图

3. 东煤金单

东煤金单是针对利用现货取得市场优势的贸易企业,解决预付资金缺失的问题。融资客户向东煤交易指定的贸易公司("贸易执行方")支付采购金额20%～30%的保证金,贸易执行方代替融资客户采购煤炭,并将煤炭运至最佳监管仓库,通过代理采购的形式向融资客户提供煤炭供应链服务。该业务主要解决煤炭贸易、消费企业在煤炭供应链中涉及的商务、物流、交付、资金短缺等问题。通过取得煤炭货权,为客户提供运营资金,使其提前回收货款,加速资金周转,进而扩大业务规模。其特点是融资客户通过20%～30%保证金,提前锁定煤炭采购价格,并将煤炭运送至消费端。通过小资金撬动大业务,同时借助靠近消费端的现货库存增加销售规模,另外,可凭借煤炭市场价格波动增加煤炭贸易经营利润。具体业务流程如下(见图4—10):首先贸易执行方先与下游客户签订"煤炭买卖合同"

和"供应链服务协议",按照合同约定,收取融资客户合同总金额 20%~30%的保证金。之后与供应商签订背靠背"煤炭买卖合同"。第三供应商发货至贸易执行方监管仓库,根据收到货物质数量检验结果,贸易执行方向供应商支付全额货款。最后规定时间内,融资客户付款提货。该金融业务属于参与贸易的货押融资,融资比例为货值的 70%,期限为 45 天。

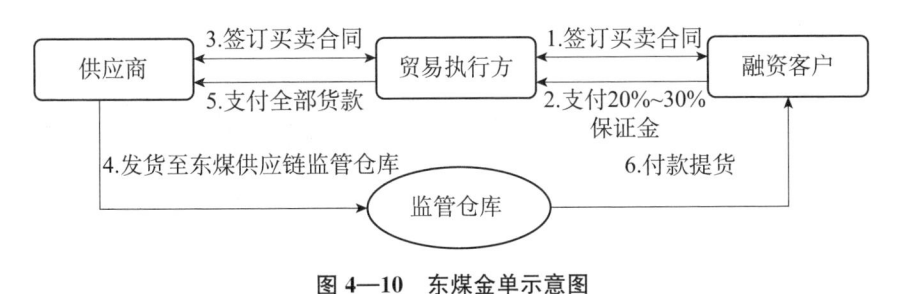

图 4—10 东煤金单示意图

第5章
基于客户归属的互联网供应链金融

随着企业竞争的日益加剧和客户价值诉求的多样化和变化性,商业服务运作过程不可能完全靠单个企业来完成,需要合作伙伴、供应商以及顾客等多方面的协作来完成。供应链之间的协调和互动已经成为服务供应链管理绩效产生的关键环节(Edvardsson et al., 2008; Cova & Salle, 2008),这是因为在供应链中供需之间不再是简单的上下游关系,而是一种互动的、相互协调的依存关系,这种关系就会产生黏合,使得供应链运营能够持续、稳定、高效地进行。互联网供应链金融的本质在于通过有效地组织客户,让客户对供应链平台产生归属感和高度的认同感,从而带动金融创新活动的开展,最终推动产业的有序发展,形成强大的产业竞争力。因此,如何实现客户对供应链平台的黏合度是决定互联网供应链金融能否有效开展的另一个重要因素。

客户归属与供应链服务底层化

客户归属(affiliation)是营销学中研究客户行为的术语,它指的是当客户在人际交往或者组织群体交往过程中（Caplan & Thomoas，1995；Lyons & Spicer，1999）感觉到"轻松"（Simmons，2001）或者舒适（Spake et al.，2003）或者熟知（Dunn，1977）时的一种正面情绪（Daniels，2000）。显然，归属是通过经验性的互动产生的，一旦客户认同成为特定关系的一部分，该合作关系就会发展，并且客户就会产生归属和习惯的感觉（Gruen et al.，2000；Spake et al.，2003）。研究认为归属会促进信息揭示并改善关系交换（Spake et al.，2003）。由此可以看出，采用何种途径来促进客户与服务者之间的互动和关系，最终产生归属感，是互联网供应链金融开展的基础。

客户归属与供应链运营四层架构

客户归属感的形成是一个复杂的过程，以往许多研究认为产生客户归属感的因素首先是关系愿望（relationship desire），也就是说客户在第一时间愿意成为服务提供商网络中的一员，或者说客户有意识决策去选择、追求和欢迎与特定的服务提供商发展关系（Arnold & Bianchi，2001；Bendapudi & Berry，1997；Noble & Phillips，2004；Sheth & Parvatiyar，1995）。这一意愿能够产生与服务供应商形成长期合作的动机和信心（Raciti et al.，2013）。动机是客户内在地认为一种合作关系是重要的，因为他能从这种关系中获得回报，否则就会产生损失或者惩罚。而信心则是客户觉得有能力通过与服务供应商形成的合作关系降低预期的风险（Raciti et al.，2013）。所有这些因素最终形成了客户对这种关系的归属感。Kreis 和 Mafael（2014）指出预期的客户价值是由以待遇为基础的因素（包括归属和优先）以及以经济为基础的因素（包括激励和费用）共同决定的。由此可以看出，要想让客户对供应链合作关系产生归属感，服务提供商必须为客户或其行业建构最基础、最低代价的开放式的业务平台，使得客户能够通过这一平台高效率、低成本甚至无成本地开展经营活动，并且进行新的创业性行为，这一过程我们称之为客户供应链运营的底层化。换言之，客户供应链运营的底层化能够使客户产生归属感，只有在客户归属形成后才能真正推动金融活动的创新。

根据 Dictionary.com 的定义，底层（underlying）指的是基础、根本的事实和原则，置于下面的体系，它具有隐性特征，只有经过细致的审视和分析才能发现的事物。这一词常见于信息系统，一般在信息系统中有四层架构（杨征，王利，2010），就是将整个业务应用划分为呈现层、程序逻辑层、业务逻辑层和数据访问层。其中，呈现层是根据用户场景设计界面；程序逻辑层是一个特殊的中间层，它从客户端层获得信息，根据需要交付传递内容的上下文场景，优化传递的方式；业务逻辑层包含了业务实体与业务实体之间的关联，是协调内部和外部服务以及转换数据，提供服务发现功能以及客户端请求和后端执行的双向转换；数据访问层提供跨越内外部数据功能，通过一系列部署的微服务可以动态组合数据和业务流程。显然，业务逻辑层和数据访问层是四层架构的核心层次。

在供应链运营中沿用四层架构的逻辑，也存在着四层体系（见图5—1）。首先是产业呈现层，也就是供应链运作的应用领域，不同的应用领域有着不同的特征和价值诉求，进而对供应链体系产生了差别化要求，诸如机械行业、医疗器械行业等，不同的行业有着不同的产业环境和产业组织，各行业面临的挑战不尽一致，行业中经营企业面临的问题也千差万别，这些异质性的状况和要求就形成了行业特定的价值诉求。其次是服务传递层，这一层是根据各领域以及客户的要求，形成各种不同形态的服务活动，诸如进出口贸易服务、虚拟生产组织、销售预测等，这些是供应链运营的具体业务形态，这些业务形态都因应客户的需求而产生。第三是业务逻辑层，这是整个供应链活动的核心，它是连接数据和服务传递的纽带，一方面如何组织服务，提供什么水平的服务，在什么时间、什么地方、向谁提供都由业务逻辑驱动；另一方面正是因为业务逻辑层的存在，为之后的数据积累、分析和运用提供了渠道。这一层是供应链运营底层化的重要方面，主要的形态包括生产服务底层化、交易服务底层化和物流服务底层化。前两种是针对供应链商流管理而言，后一种是相对于物流管理而言。生产服务底层化指的是为客户提供最基础的生产服务平台，从而使客户能依托该平台降低运营成本，通过控制直接和间接费用，使客户的供应链运行更加高效；交易服务底层化是指服务提供者为客户提供最便捷的交易平台和交易方式，使客户的产品销售或分销过程更加顺畅，甚至创造交易订单；物流服务底层化是指服务提供商为客户提供便捷的物流管理、资源整合、物流多样化服务，使客户能以最快的时间、最低的成本实现端对端的物流活动。第四层也是供应链服务底层化的关键，即基础数据层，三种不同的功能应用平台生成了大量的数据，这些数据经过挖掘，就产生了供应链参与者的信用体系，这成为互联网供应链金融开展决策的依据。

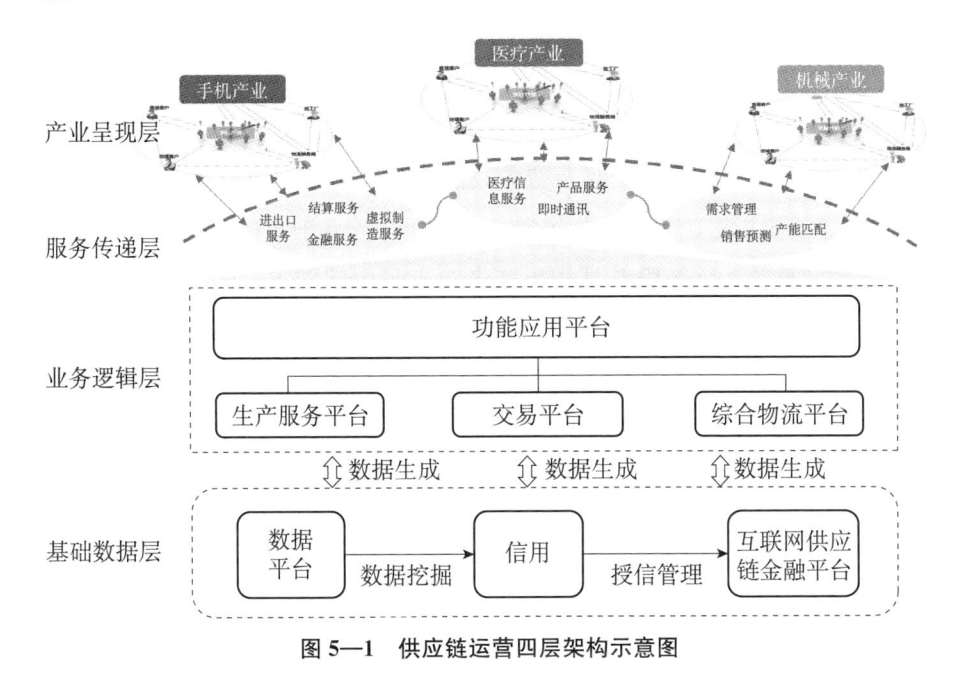

图 5—1 供应链运营四层架构示意图

生产服务底层化

1966 年美国经济学家 Greenfield 在研究服务业及其分类时，最早提出了生产服务（producer services）概念。20 世纪 60 年代以来，国外学者关于生产服务的内涵方面的研究主要有两个出发点：要素密集度和服务功能。

很多学者从要素密集度的角度分析，得出了迥然不同的定义，从各个侧面勾勒出生产服务业全貌。Machlup（1962）认为生产服务应该是知识产出产业，供给各种专业知识。Browning 和 Singlemann（1975）进一步指出，生产服务包括金融、保险、法律、商务和经纪等知识密集型专业服务。Marshall 等（1987）把生产服务看作直接或间接从事市场中交易的专业信息业，其供给与需求的地点不一定相同。从服务功能的角度分析，Hanson（1994）认为，生产服务作为商品生产或其他服务的投入而发挥着中间功能，提高生产过程中不同阶段产出价值和运行效率，包括上游的活动（如研发）和下游的活动（如市场）。Grubel 和 Walker（1989）提出，生产性服务是指为其他商品生产企业和服务供应企业提供中间投入的服务，是生产企业财富形成过程的中介，并强调生产性服务企业服务对象是生产者，而不是消费者。Stull 和 Madden（1990）认为生产服务是涵盖中间产出的服务，也就是协助企业或组织生产其他产品及劳务，而非提供给私人或家庭消费。Juleff（1996）进一步指出，生产服务作为一个产业，依靠于制造部门，并满足制造业需求。显然，生产服务是指生产者为满足中间需求、向外部企业或其他组织的生产活动提供中间投入的服务，用于进行商业运作和进一步生产，而非主要用于满足最终直接消费和个人需求的行业。由于具有很强的专业性、信息传递性，生产服务通常包括知识密集型、技术密集型和资本密集型的产业。

在探索供应链运营生产服务化的过程中，很多学者探索了生产服务集成商提供的服务化的形态（Vandermerwe & Rada，1988）。最具代表性的生产服务类型划分有两种，一是 Wynstra 等（2006）将服务分成了四种类型：消费服务（consumption service）、工具服务（instrumental service）、半生产服务（semi-manufactured service）和成分服务（component service）；二是 Bjorn 和 Sweden（2000）提出的另外四种服务类型：消费服务（consumption service）、成分服务（component service）、转化服务（transformation service）和工作方法服务（working-method service）。这些都成为了供应链运营生产服务底层化的方法。

Wynstra等人认为成分服务指的是客户公司不需要任何转换就能直接传递给最终用户的服务，诸如与生产设备制造商签订的外部维护保养服务。对于成分服务而言，其目标是要保障采购的服务与购买公司既定的产品相匹配，因为这些服务要最终传递给最终用户，因此，识别、沟通最终用户的需求是一项重要的客户能力，供需双方都要深层次地卷入到服务的生产和传递过程（即互动过程），并且为了保证服务与最终供应的匹配，购买者需要适应服务的要求。与此同时，供应商需要适应服务的设计。半生产服务指的是经过转换变成购买公司传递给最终用户一部分的服务形态，诸如航空公司获取天气预报从而制定飞行计划等，这种服务的目标是顾及客户的应用最优化服务的形式和程度。在这一过程中，双方不仅需要相互沟通，同时还需要相互调整自身的运营过程，以便及时将所提供的服务转换成最终的客户产品。工具服务指的是保持在用户内部，并且最终由用户自己来执行的服务，诸如咨询公司为用户企业提供的业务发展咨询服务等，这种服务的目标是通过用户企业内部相关流程和资源的调整实现预期的变革，这类服务互动的对象往往是服务提供者和指向的相关部门和流程。对于服务的用户来讲，需要清晰地识别变革的具体要求，以及将这种变革愿望转换成具体的行为和实施的能力。消费服务也是保持在用户内部，但是不影响用户关键业务流程的服务，诸如银行购买的园艺服务等，这种服务的目标只是为用户企业的关键业务提供相应的支持与保障，其关注的是日常的绩效和效率。

与Wynstra等人的观点相近，Bjorn和Sweden认为，成分服务是不经转换而成为客户最终产品或组合的一部分的服务。对于这类服务，供应商需要充分了解客户的产品，以及客户的客户使用产品的状况，从而反过来理解成分的价值和需求。他们认为，成分服务中的"成分"有两种类型，一是标准成分，二是特定成分。标准成分是人所共知的，不需要专家与客户之间的互动。与之相反，特定成分往往涉及高等技术，因此需要大量的专业技能和知识，双方也要高度介入和互动。通过这一类型的成分服务，帮助客户最终创造差异化的增值产品。转化服务的特征在于购买企业能够对这些服务进行转化，继而以一种改变的形态传递给客户的客户，例如企业将从上游购买的钢铁热处理后转换成客户需要的产品，或者将信息加工后，以一种结构化的形式进一步传递给客户等，这类服务要求服务提供者与客户以及客户的客户之间能够有深入的交流。工作方法服务是一种能极大影响客户流程的服务形态，它能直接作用于客户的生产方式和经营方式。某种意义上讲，这是对客户流程的设计，因此，它需要双方运营系统能高度吻合。消费服务与Wynstra等人的界定一样，是一种保持在用户内部，但是不成为客户最终产品组成的服务。

总结以上的理论研究可以看出，生产服务的底层化服务涵盖从客户需求管理到运营解决方案和方案实施全面的服务化战略，并且涉及供应链中的商流、物流和信息流（见图5—2），其宗旨在于为客户提供量身定制的零库存物资解决方案、仓储服务外包或职能外包方案以及一站式供应链管理方案。

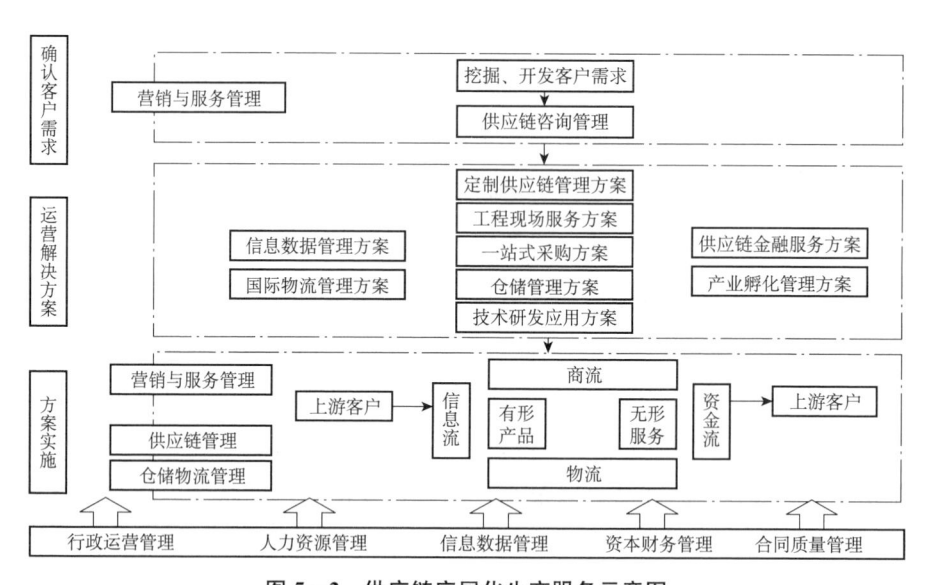

图5—2 供应链底层化生产服务示意图

交易服务底层化

交易服务是供应链运营中的重要组成要素，它是商品购销之间发生的所有交易性管理活动，通过这些活动实现客户价值。LaLonde 和 Zinsser（1975）曾指出供应链服务活动可以分交易前、交易中和交易后三个阶段。郑艳玲（2013）在解析供应链商流活动时也提出商流可以从前、中、后三个阶段入手。交易前的商流活动包括商品信息的收集和企业信息的收集；交易中的商流活动是买卖双方进行交易的实质性谈判和交易契约的订立过程；交易后的商流活动是交易履行即订单交付过程。交易服务的底层化涉及所有这些活动的组织与管理，Rosenbloom（2012）曾分析了作为交易服务集成商在面对买卖双方时所需要提供的服务（见图5—3）。

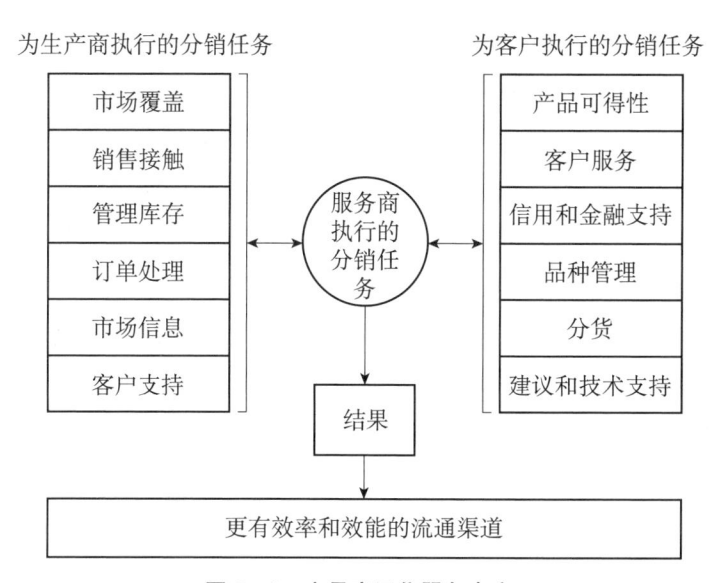

图5—3 交易底层化服务内容

作为交易服务集成商在为生产商执行分销底层化服务时，关键的服务活动主要包括：（1）市场覆盖，即能够帮助生产企业有效地连接分布广泛的客户市场，有效对接远距离或地理上分散的消费者或客户。（2）销售接触，这是流通商的重要服务内容，由于客户的远距离和分散性使得生产企业维持分销服务队伍的代价高昂，而如果能由流通商承担交易分销过程中的服务，则能够极大降低生产商的交易成本。（3）管理库存，是交易服务集成商为生产商所实施的一项重要工作。服务商拥有，通常还负责储存他们所代理的生产商的产品，通过这种行为，能大大降低生产商的财务负担，并减少生产商由于拥有大量库存而产生的风险。（4）订单处理，由于商品交易过程涉及环节较多，订单执行的过程烦琐，诸如在进出口贸易过程中，往往涉及不同的订单分解、合并，报关、商检等活动，由专业的服务商提供综合性的订单处理服务，不仅能够降低生产商的成本，而且还能因加速商品流转而产生效益。（5）市场信息搜集是另一项给生产商带来潜在利益的活动。交易服务集成商通过互联网平台将供方与客户联系在一起，并且能将交易、物流传递给生产商，使生产商能合理地进行产品计划、定价及制定竞争性的营销计划。（6）客户支持，即通过提供良好的增值服务，例如物流组织管理、保险等活动帮助供方提高经营效率。

在为下游客户提供底层化的分销服务时，其关键活动包括：（1）产品可得性，即利用互联网等便捷的手段及时提供客户需要的产品和服务；（2）客户服务，服务商通过向客户提供诸如配送、产品组合、流通加工等活动实现价值；（3）信用和金融支持，通过有效的信用管理和金融性支持活动，降低客户交易中的费用；（4）品种管理，服务商通过对生产商产品品种的分类，以及经营信息的分类，为客户提供有效的产品品类信息和相关服务；（5）分货，即帮助客户按照所需要的品种、数量、地点、时间将产品和服务送达所要求的位置；（6）建议和技术支持，很多产品，即使是那些非技术性的产品，往往需要某种程度的技术建议、合理使用方面的支持以及如何出售等方面的建议。

物流服务底层化

物流是供应链管理中的重要组成部分，它是对商品、服务以及相关信息在发生地到消费地之间有效率和有效益的正向和逆向移动，以及对存储等活动进行计划、执行和控制的过程，其目的是满足客户需求（Council of Supply Chain Management Professionals，2014）。如今绝大多数企业都已经意识到物流管理是企业提升竞争力的重要手段，也是企业有效控制成本的有力方法，但是并不是每一个企业都能够自己建设和发展物流系统。这不仅是因为建立和管理现代化的物流供应链体系需要巨额的投资，而且由于物流供应链管理需要相当高的管理技能和专业化知识。正因为如此，将物流服务外包给专业的服务提供商成为一种必然选择。很多研究表明，有效的一项或多项物流业务的外包是由客户满意的潜在改善所驱动，包括时间、地点、成本效能等，其结果是企业能更好地利用财务资源来发展核心能力（Fawcett & Fawcett，1995）。从外包的动因和所产生的效益上看，流程化业务的外包不仅能够加速供应链中商品和信息的流动，而且能够削减与资产相关的成本，以及提升企业的经济效益（Maltz & Ellram，1997；Juntunen et al.，2015）。很多研究表明，物流外包的动因和绩效依次是成本削减、改善服务水准、增强运作柔性、集中核心能力、改善资产利用率和改善管理（Szymankiewicz，1994；Boyson et al.，1999；Fernie，1999；van Laarhoven et al.，2000；Penske Logistics，1999；Juntunen et al.，2015），所以企业将非核心业务外包给物流服务集成商，能够帮助企业确立有效的战略系统（Rabinovich et al.，1999）。

作为底层化的物流服务，不仅仅是能为客户提供传统的仓储、运输、配送等基本的物流服务功能，而是能对企业内部和具有互补性的服务供应商所拥有的不同资源、能力和技术进行整合和管理，提供一整套供应链解决方案（宋华，2012）。其基本特征有：第一，物流服务集成商（在物流管理中称之为第四方）能提供一整套完善的供应链解决方案；第二，体现再造、供应链过程协作和供应链过程再设计的功能；第三，变革方面，通过新技术实现各个供应链职能的加强；第四，实施流程一体化，系统集成和运作交接；第五，执行、承担多个供应链职能和流程的运作；第六，第四方物流通过其对整个供应链产生影响的能力来增加价值（宋华，2003）。田歆和汪寿阳（2009）通过对物流模式的演化研究，指出物流的运作与性质发生了质的变化，物流在这一过程中逐步实现了资源效用和社会分工的优化配置、企业成本中心到利润中心的转型，并从商业的支撑者转为主导者，引领商业发展。

骆温平（2012）在全面分析第三方物流服务特点的基础上，提出高端物流服务的概念。高端物流服务是一种供应链服务，此时服务提供者与客户的关系已从交易型关系发展到战略联盟关系，从注重降低成本到注重创造价值，从短期关系到长期关系，从自己拥有资产到整合资源（见图5—4）。与其观点非常相似，罗富碧和王勇（2007）分析了第四方物流（即物流服务集成商）的协调机制，他们指出物流系统化、底层化的运作过程中，参与的企业多、物流任务多而复杂、各企业的文化差异等因素增加了物流任务完成的不确定性。为了使物流环节在时间和地理上精确配合，实现准时无缝连接，降低物流成本，提高物流服务水平，物流服务集成商需要对物流过程进行全面协调管理。基于此，研究提出了四层协调机制，即管理层、功能层、通信层和成员层（见图5—5）。

	高端物流服务提供商	普通物流服务提供商
提供物流服务的特征	● 广泛的供应链专业知识 ● 深厚的行业知识与咨询技能 ● 应用先进技术的能力 ● 业务流程外包（物流之外） ● 项目管理与分包方的协调 ● 第三方物流技术整合 ● 创新与持续改进能力	● 传统的物流服务 ● 提供传统的各环节服务 ● 着重降低成本与改进服务 ● 追求运作优秀
物流服务提供方与使用方关系特征	● 合作与合资 ● 基于价值 ● 风险分享 ● 很少数的合作方 ● 长期（5年以上） ● 共同的核心价值 ● 结盟和信任 ● 合作竞争	● 合同关系（短期） ● 固定与可变成本 ● 交易型关系导向 ● 短期合作（1～5年）
拥有的核心能力	● 战略关系 ● 供应链专业知识 ● 以业务知识和信息系统为基础 ● 分担风险和回报 ● 高端技术能力 ● 项目管理/合同管理 ● 单点联系 ● 第三方物流技术整合	● 加强的服务能力 ● 更为广泛的物流服务内容 ● 注重成本 ● 单个环节的优势

图5—4 高端物流服务与普通物流服务的区别

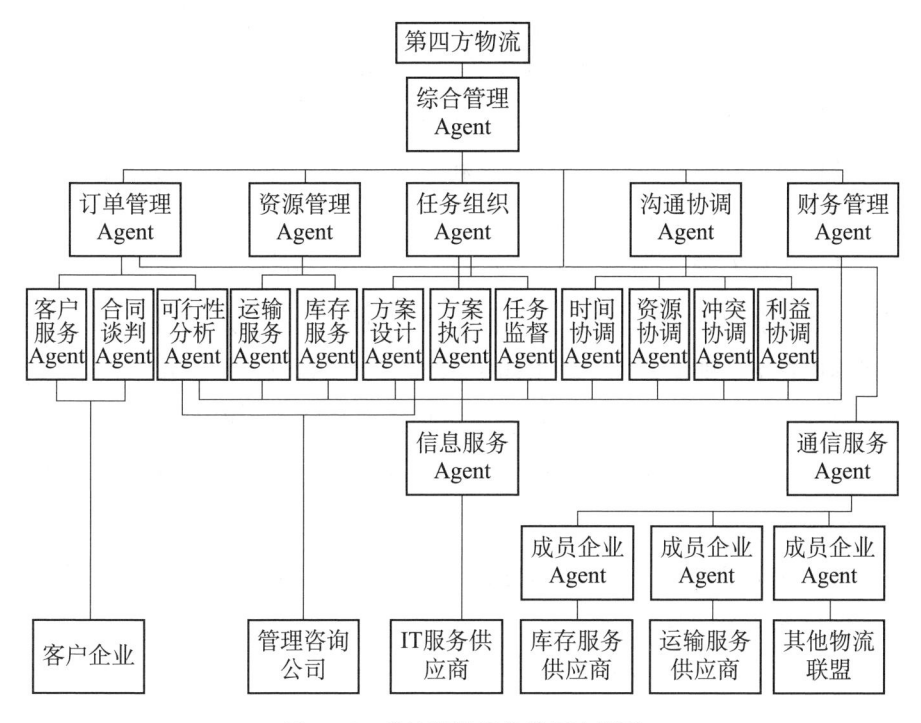

图 5—5　物流基层服务的层次模型

通过生产服务底层化实践互联网供应链金融：海尔集团

海尔平台化经营战略的背景

海尔集团是全球领先的整套家电解决方案提供商和虚实融合通路商。企业1984年创立于青岛，创立以来，从一家资不抵债、濒临倒闭的集体小厂发展成为全球最大的家用电器制造商之一。2015年，海尔集团全球营业额实现1 887亿元，近10年复合增长率6%；实现利润预计为180亿元，同比增长20%，近10年复合增长率30%，利润复合增长率是收入复合增长率的5倍。海尔的发展得益于近些年推行的人单合一体系，按照海尔的解释，"人"是指员工，"单"是指用户，"人单合一"就是员工给用户创造价值的同时实现自身价值，即双赢。从启动到探索，海尔"人单合一"模式已演进了十余年。

"人单合一"是张瑞敏2005年9月提出的,提出后企业进行了一系列的变革。2006年,海尔明确提出打造卓越运营的商业模式,启动1000天再造计划,即建立从目标到目标、从用户到用户的"端对端"的卓越流程。自主经营体建设开始具备了"端到端"和"同一目标"的特征,并不断优化。在组织上,开放搭建1+1+N团队;在流程上,上线GVS信息化系统。组织再造,将每位员工再造为自主经营的经营体。在上述要求下全员签订PBC(个人事业承诺),建立人单合一的日清体系,在战略上取消DC库,推进零库存下的即需即供。提出四个创新:(1)机制创新。建立让企业整体充满活力,让每个海尔员工在创造市场价值的同时体现个人价值的自主经营机制。(2)网络创新。打造满足虚拟柜台、虚拟超市的供应链,也就是虚实网的结合。(3)商业模式创新。创建零库存下的即需即供。(4)战略转型。战略定位为领先时代、永续发展,成为有第一竞争力的美好住居生活解决方案提供商。

2008年,海尔进一步提出了做透样板、复制样板,明确自主经营体的三要素:端到端;同一目标;倒逼体系,确定好"目标、路径、团队"。将海尔的流程再造归结为两个转型,即为了适应环境的"转变"——从传统经济到互联网时代的转变,企业必须跟着"转型"——从制造业向服务业转型;员工必须要"转化"——从原来被动听命于上级的指令转化到主动为用户服务、创造用户价值。为了实现上述目标,企业要求管理者:(1)必须事先有一个目标体系,这个目标体系和薪酬体系是对应的,也就是说预算、预案、预酬;(2)倒逼自我、挑战自我;(3)转变过去的"正三角",真正变成为第一线员工提供资源的资源提供者。

2010年,海尔提出了节点闭环的动态网状组织;2012年,模式创新的重点突破任务就是让每个人成为创新的主体,让每个人成为自己的CEO。由三类三级自主经营体组成的"倒三角"组织架构进一步推进,二级变为"资源超市",明确"资源超市"的单是为一级事前计算盈亏。之后经营体进一步扁平为节点闭环的动态网状组织,逐步探索平台型团队,按单聚散。海尔战略损益表进行了四次升级,以两维点阵推进经营体升级优化。同时在机制上进一步深化，取消"职务酬"，改为"人单酬"，第一次提出了自主经营体升级的目标是成为拥有"三权"的小微。

2014年，海尔集团战略推进的主题是"三化"，企业的互联网思维对应"企业的平台化"，互联网对企业的改变就是平台化；企业的互联网宗旨对应"用户的个性化"；而员工的价值体现在"员工的创客化"。通过平台化的搭建，海尔为"人人创客"时代打造了个性化的用户体验生态圈。

海尔下游供应链与日日顺

平台化战略的推进意味着海尔在经营中需要朝两个方向发展：一是海尔电器作为公司的渠道和运营中心，提供社会化的综合渠道服务；二是青岛海尔作为制造中心，打造智慧家庭创新平台。为了实现上述两点，就需要渠道扁平化减少为客户服务流程中不必要的中间环节，在提高分销效率的同时，能够使供应链更加敏捷地应对市场的变化。去除中间层后的海尔销售线条下原有的末端经销商直接与工厂生产环节对接，根据对自身销售情况的判断制定销售计划直接向海尔工厂订货。

在这个销售模式下，海尔的生产效率得到了提升，但下游经销商的资金问题成为了该模式推进的掣肘。根据海尔与经销商的交易习惯，经销商在采购时须按总货款的一定比例向海尔打预付款，经销商在支付这笔预付款后，海尔才会组织生产，到期后经销商打款赎货。这在传统的经销模式下，问题并不显著，这是因为在多级经销状态下，位于上层的经销商往往因为较大的经营规模和较充分的自有资金能够应对海尔的要求。而去中介化之后，海尔下游销售体系已将生产供货与供应链末端的中小微经销商直接对接，这些对于无论在销售规模还是资产状况方面均实力较弱的中小微经销商而言，面临的资金压力非常巨大，加之这些企业没有充足的资产或抵押物作为担保，很难从银行获得资金或者融资成本高昂。

针对以上问题，2014年4月25日，海尔与中信银行、平安银行签订战略合作协议，实现以海尔日日顺官网（http：//www.365rrs.com/）为基础联合第三方金融机构对下游经销商进行供应链融资支持，将产业与金融基于互联网整合在一起。

日日顺（股票代号：HK.01169）成立于 1999 年，是海尔集团旗下的在香港联合交易所有限公司主板上市的公司。主要从事海尔及非海尔品牌的其他家电产品的渠道综合服务业务，也研发、制造及销售以海尔为品牌的洗衣机和热水器。日日顺品牌是海尔电器集团的渠道综合服务业务品牌，定位为互联网时代用户体验引领的开放性平台。日日顺品牌核心业务是四网融合的平台型业务，即虚网、营销网、物流网和服务网。"虚网"指互联网，通过网络社区与用户互动，形成用户黏度。"实网"指营销网、物流网、服务网，依托线下"实网"的优势，日日顺物流目前已成为中国最大的全国性物流网络之一，尤其在三、四级市场具备较强的优势。

日日顺 B2B 电子商务平台作为日日顺对外信息展示和承接业务上下游交易管理的核心平台，实现客户订单、财务等交易、交互由线下到线上转变，其核心定位为：日日顺官方信息发布渠道平台，包括企业新闻、财务报告、业务公告、行业资讯等信息；商品的展示和信息查询平台，向用户提商品展示和信息的核心渠道，包括商品名称、型号、描述、图片、营销信息、保修信息等；日日顺经销商订单处理的核心渠道，即经销商自助下单和订单跟踪管理的渠道，同时相关的返利、合同、报表等一系列功能也将通过 B2B 电子商务平台实现。

海尔互联网供应链金融解决方案

得益于移动互联和大数据技术的发展，作为交互用户体验引领下的开放平台，日日顺可以将其拥有的客户群体和规模庞大的经销商数据与中信银行或平安银行平台连接，成为银行授信的重要依据。海尔与银行的合作，整合了银行的资金、业务以及技术的专业优势和海尔集团分销渠道网络、交易数据和物流业务等要素的雄厚积淀，通过日日顺的交易记录，将产业与金融通过互联网的方式集合在一起，开拓了针对经销商的"货押模式"和"信用模式"两种互联网供应链金融业务。这两种互联网供应链金融产品的差异在于："货押模式"是针对经销商为了应对节日（如五一、十一、春节等）

消费高峰，或者抢购紧俏产品/品种，或者每月底、每季底为了完成当月或季度计划获得批量采购折让而进行的大额采购实施的金融解决方案；"信用模式"则是针对经销商当月实际销售而产生的小额采购实施的金融解决方案。

"货押模式"的具体操作流程是（见图5—6）：首先经销商通过日日顺B2B官网向海尔智慧工厂下达采购订单，之后经销商需先将30%的预付款付至银行；经销商随后向海尔供应链金融申请货押融资，海尔供应链金融将信息传递至银行，并提出建议额度；银行审核后付款至经销商监管账户，海尔供应链金融将资金（70%敞口）定向付至海尔财务公司，财务公司通知智慧工厂排产生产；工厂生产出产成品后，发货至日日顺物流仓库，货物进入质押状态；当经销商实际需要产品时，向海尔供应链金融申请赎货，然后将剩余货款归还至银行；海尔供应链金融在获取全额资金支付信息后，通知日日顺仓库，货物解除质押；日日顺物流配送到经销商，通知经销商提货。

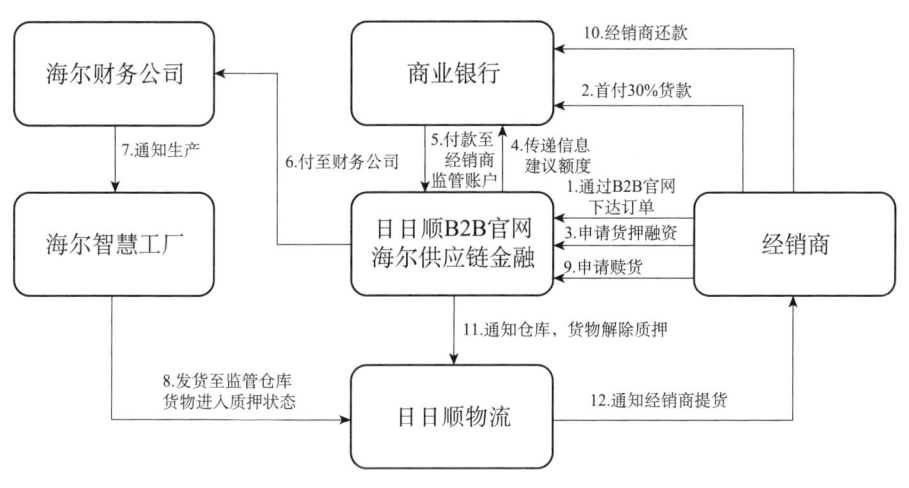

图5—6 海尔货押模式流程图

"信用模式"是海尔供应链金融和商业银行基于经销商的业务信用而提供的金融解决方案，其具体业务流程是（见图5—7）：经销商向海尔提供当月的预订单（即当月的意向订单）；根据预订单，海尔智慧工厂进行产品生产；海尔供应链金融和银行根据经销商的信用状况提供全额资金，并定向支付至海尔财务公司；财务公司准许工厂发货，工厂则通过日日顺物流配送至经销商处；经销商收到货物后支付款项至商业银行。

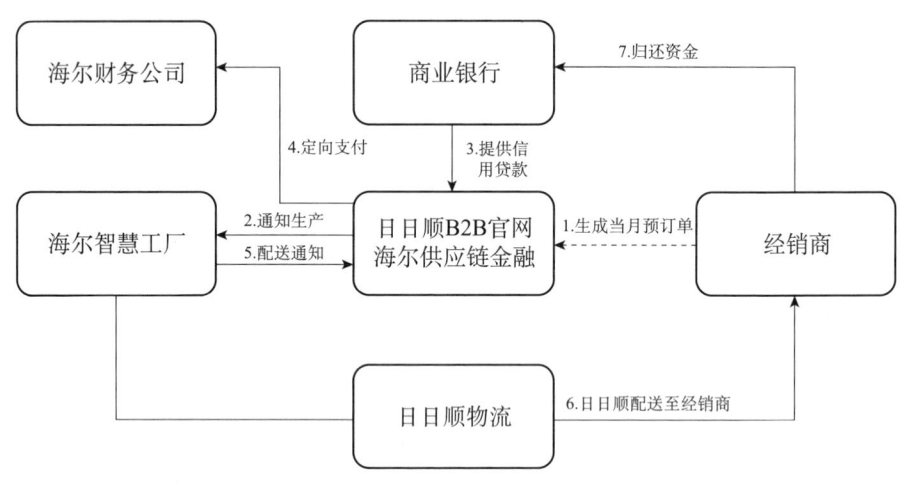

图 5—7 海尔信用模式流程图

海尔供应链金融平台上线后，海尔日日顺 B2B 平台上的经销商不用抵押，不用担保，不用跑银行办手续，通过平台上的"在线融资"窗口，实现了资金即时到账，不仅方便快捷、效率高，还能享受与大企业一样的优惠利率，大大减少了利息支出。目前海尔互联网供应链金融的"货押模式"利率为年化 5.7% 左右，而"信用模式"则为年化 8% 左右，海尔互联网供应链金融则通过商业银行代收获取 1% 的服务费。

不仅如此，海尔供应链金融和中信银行青岛分行劲松路支行协同创新，充分利用银行票据管理的优势，还提供了银行承兑汇票模式，从而使经销商能零成本获得资金。例如，在"货押模式"下，经销商在支付 30% 的首付后，可以向海尔供应链金融和中信银行申请开票，在支付开票费后，银行在线开具承兑汇票，并付至海尔财务公司，之后经销商打款从日日顺物流赎货。所有过程中信银行不收取任何融资费，经销商只需承担千分之五的开票费和代海尔供应链金融收取 1% 的服务费，而与此同时经销商还能享受 30% 首付款的存款利息。该金融产品推出后，得到了经销商的高度认同和赞许。四川西充县的一位经销商开始了解该产品时表示怀疑，用电脑在平台上试着发出了 1 元钱的开票申请，而中信银行青岛分行劲松路支行开具

第5章　基于客户归属的互联网供应链金融

了目前中国最小金额的银行承兑汇票（见图5—8），成为海尔供应链金融一个标志性的样本。

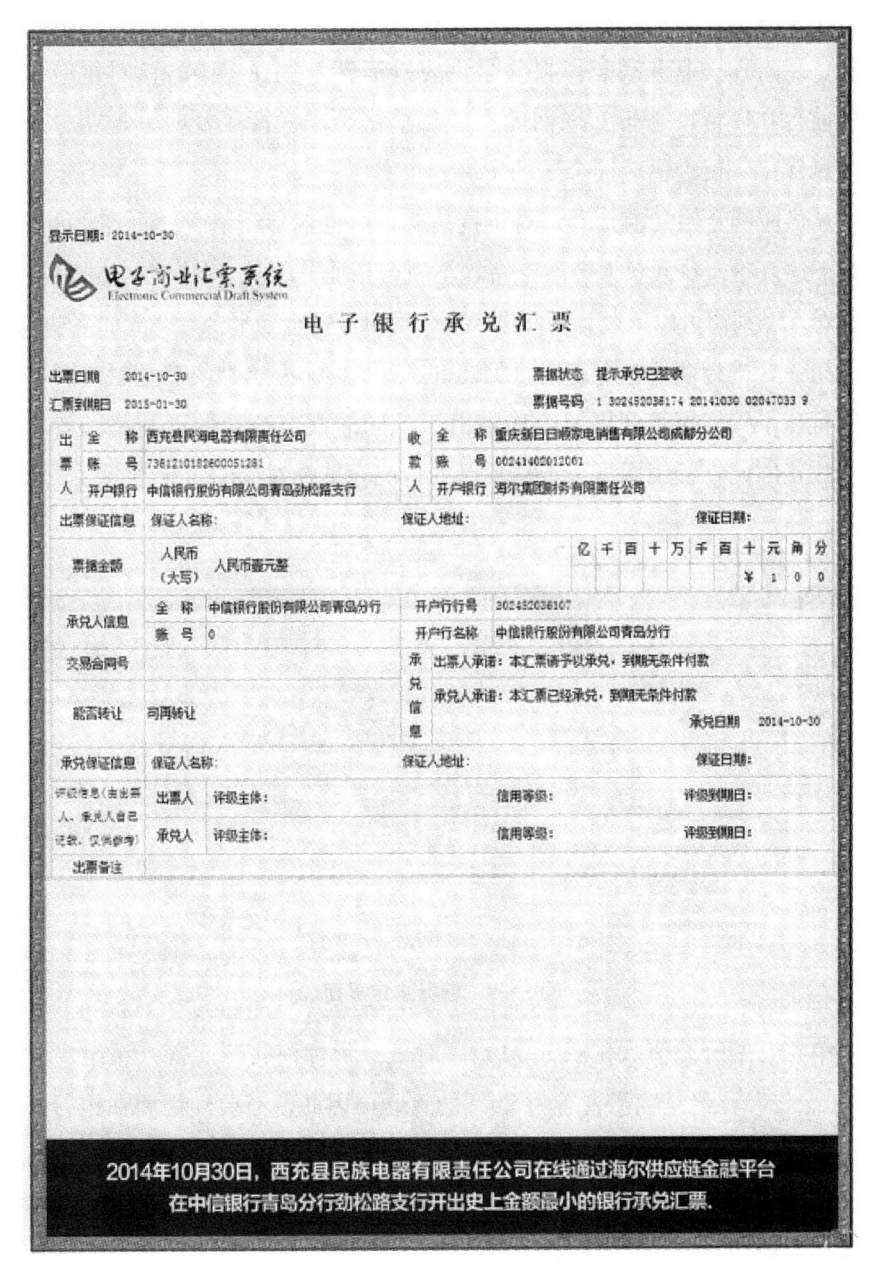

图5—8　中信银行青岛分行劲松路支行开具的中国最小金额银行承兑汇票

海尔互联网供应链金融平台的功能模块

将供应链金融互联网化，海尔和各利益相关方均可摆脱时间和空间的限制，及时掌握业务动态，将整个供应链运营掌握在手中。针对供应链金融的前台和后台，基于互联网的在线供应链金融发挥了及时、透明、对称的信息优势，促进供应链金融的发展。

从供应链金融的前台看，对于授信客户（也就是经销商）而言，能够及时地下达订单，并且获得金融支持，不断开拓业务领域。具体从功能和业务流程看，经销商可以透过互联网进入海尔的供应链金融平台，完成如下功能：

第一，进行商业银行绑定（见图5—9）。目前海尔供应链金融平台与中信银行、平安银行等开展了合作，由于不同的商业银行融资利率和要求不尽一致，因此，经销商可以根据自己的情况，选择对应的商业银行。

图5—9　银行绑定界面

第二，融资充值（见图5—10）。对于"货押模式"而言（系统中称为"订单融资"），经销商需要首付30%的货款，因此，需要经销商在银行账户上预存相应金额的货值。借助平台，经销商还可以选择现金贷或者银行承兑（电票）。与此同时，标示相应的融资金额和期限，并且系统自动计算利息（如采用现金贷）和首付款金额。

第 5 章　基于客户归属的互联网供应链金融

图 5—10　融资充值界面

第三，融资订单查询（见图 5—11）。经销商可以通过海尔供应链金融平台详细查询以往的融资订单，并且可以在线提请赎货。

图 5—11　融资订单查询界面

115

第四，费用查询（见图5—12）。经销商还能实时查询赎货时间、金额、数量，并且还可以及时知晓银行还款状态、仓储费缴纳状态、海尔供应链金融服务费缴纳状态等信息。

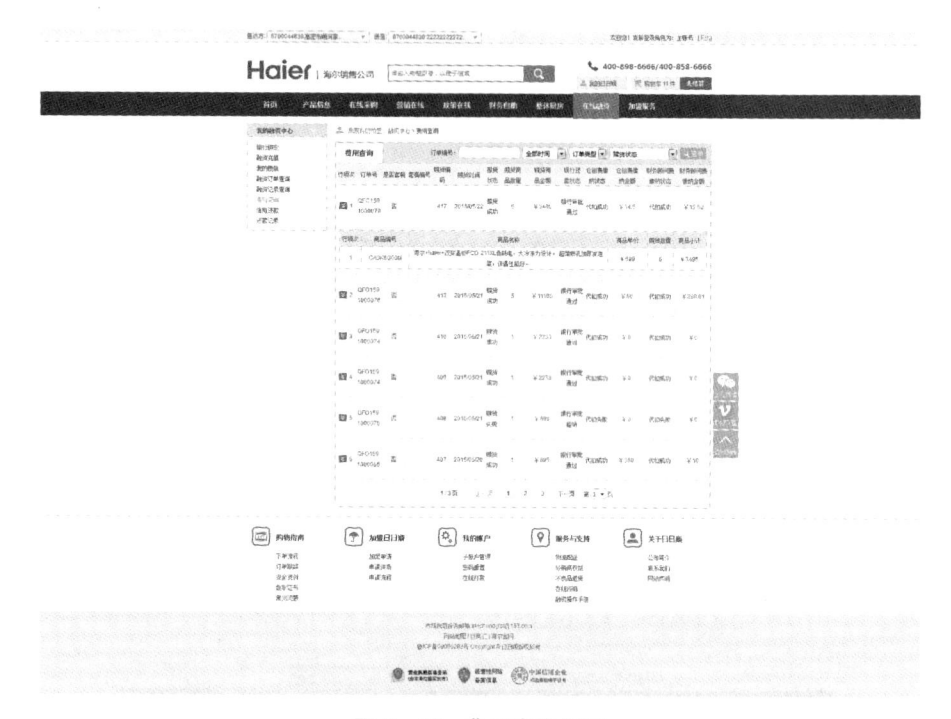

图5—12　费用查询界面

从供应链金融的后台看，对于海尔供应链金融和商业银行而言，数据源提供数据的真实性和安全性是供应链金融顺利开展的关键。无论是"货押模式"还是"信用模式"，都需要基于供应链上下游真实可靠的交易、经营和物流信息，一旦信息失真或被造假，违约风险便会急速增加，从而导致灾难性后果。海尔日日顺官网平台明确了信息传输各环节中的归属权和管理义务，来确保各环节数据控制方的明确责任，共同维护信息安全性。即各环节的信息归属方在与信息接收主体进行信息数据推送前必须保证信息生成、传递和使用过程中不发生信息的泄露或外溢，降低信息在传递过程中被恶意修改或减损给信息真实性和可用性带来的影响，最终保证信息被接收的主体获取。从其系统的功能看，包括了如下一些板块：

第一，融资统计（见图 5—13 至图 5—15）。即能自动根据前台形成的数据计算各经销商的融资状况，包括期限、金额等各类信息，为海尔和银行了解经销商的经营和融资趋势、详细融资状况、还款状态提供支撑，从而有效地管控潜在的风险。

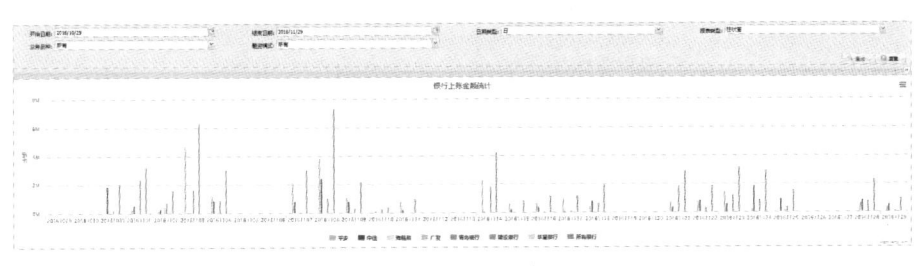

图 5—13　融资金额统计界面

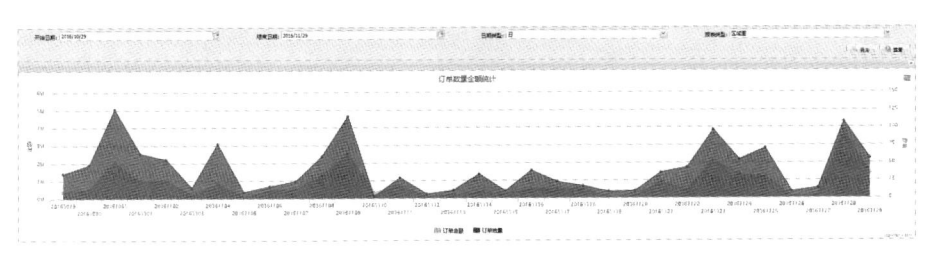

图 5—14　融资订单统计界面

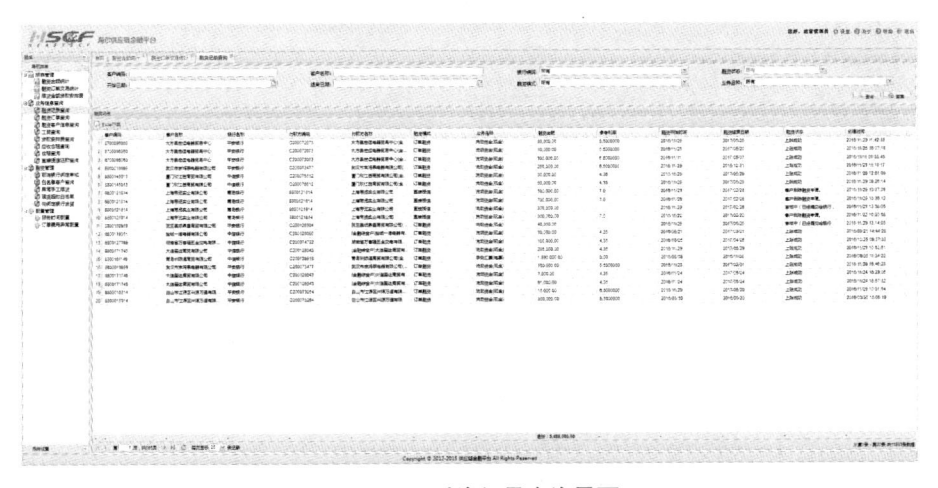

图 5—15　融资记录查询界面

第二，费用查询（见图 5—16 至图 5—17）。该板块主要是提供贷款安排费查询和仓储费用查询，从而为银行及时了解掌握对经销商提供金融支持的代价和收益，以及海尔日日顺物流存货的费用发生状况，判断相应的风险提供了强有力的数据分析。

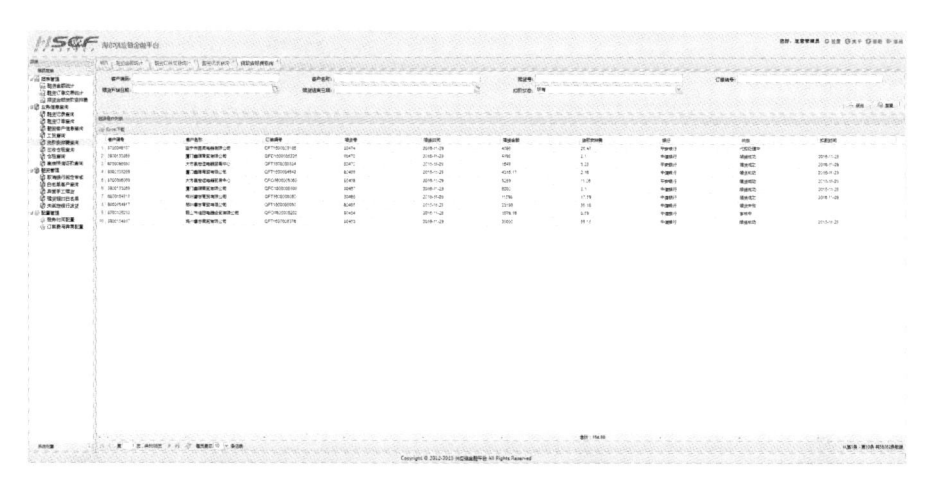

图 5—16　贷款安排费查询界面

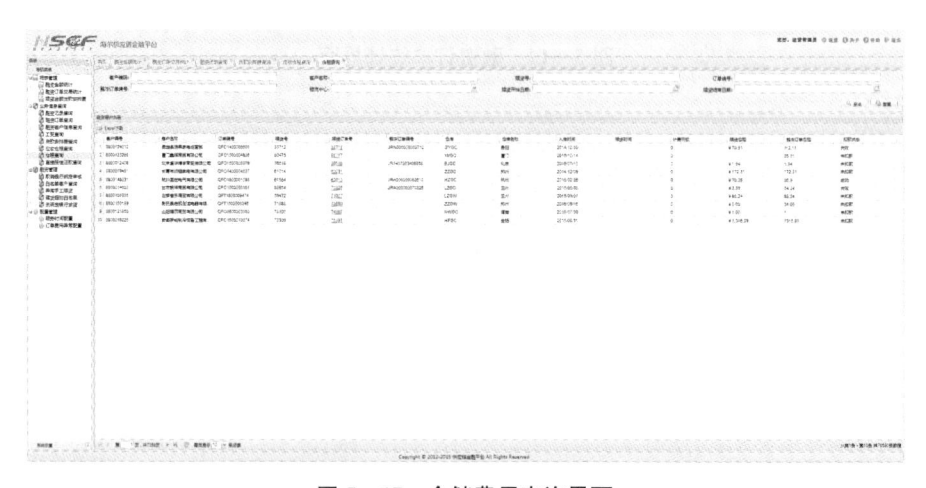

图 5—17　仓储费用查询界面

海尔互联网供应链金融的风险管理

由于贷款申请全在网上完成，因而银行无法像传统融资服务那样根据具体情况考量中小型经销商面对的风险,同时因为该类经销商资金链受整体市场和所处环境影响较大,若发生到期强行提货或是由于经营不善不能到期打款提货的情况,银行信贷的违约风险和损失就产生了。针对这种情况,海尔和商业银行进行了相应的风控措施的设计。

首先,海尔供应链金融需要与商业银行保持良好的合作关系和系统对接,海尔会将所有经销商近3年的销售数据传递给商业银行,从而便于商业银行分析判断经销商的经营状况和能力,确立相应的信用额度。

其次,对于"货押模式",其定位的客户往往是销售周期明显的家电经销商。因为有货物质押作为客户的违约损失担保,该类融资服务模式对经销商的经营年限和年销售规模要求相对较低。第一,在经销商申请贷款时需要按照30%的比例缴纳首付款,或是拥有部分自有资金,这样在一定程度上可以降低客户道德风险动机。第二,作为监管方的日日顺物流、海尔财务公司、日日顺B2B平台以及供应链金融需要签署四方协议,明确每个利益相关者的责权利,控制经销商的交易信息,降低信贷风险。第三,如果经销商逾期未赎货,由日日顺负责将货物调剂销售并优先归还银行授信。

最后,针对风险暴露更大的"信用模式",合格客户的年销售额需在1 000万元以上,且由于申请借款的都是规模较大、信用较好的优质经销商,因此银行和日日顺更加重视经销商的资质,只有拥有作为海尔经销商大于3年的销售记录才能通过额度审批。另外,通过与平台数据的实时交互,银行得以监控经销商真实全面的交易信息和数据。且随着企业交易的重复进行,这些信息、数据得以不断累积和完善,从而建立起一套动态可监控、全生命周期的商业数据体系,而这便是银行为中小微经销商提供商业信用融资服务的基础。此外,"信用模式"每笔融资金额一般都在5万元左右,通过小额动态循环,海尔供应链金融和商业银行能够借助大数原理控制相应的风险。

对于该模式下各参与方而言,银行通过对一家海尔统一授信,并且建立完善的风险控制机制来管理海尔的经销商,既能减少对不同经销商分别设计供应链金融产品的成本,又可通过针对标杆复制的手段在短时间内以几何级数的方式增加客户数量。在海尔渠道去中介化的进程中，其供应链体系中的层级经销商被简化，海尔直接与下游的中小经销商进行订单对接，大量中小规模的经销商通过传统融资模式融资难、融资贵的问题凸显。银行抓住这个契机与产业紧密结合，使供应链上的企业可以借助银行实现信用延伸和风险变量的转移。

通过交易服务底层化实践互联网供应链金融：阿里巴巴—达通

阿里巴巴一达通背景与发展

深圳市一达通企业服务有限公司（简称"一达通"）成立于2001年，是我国第一家面向中小企业的外贸综合服务平台，并于2014年加入阿里巴巴，成为阿里巴巴全资子公司。一达通开创了将国际贸易与流通服务分离的外贸服务新业态，采用标准化、专业化、网络化的手段为中小微企业提供通关、物流、退税、外汇、融资等一站式外贸综合服务。通过整合中小企业外贸流通服务资源，降低中小外贸企业运行成本，改善了交易服务条件，特别是金融服务条件，有效扩展了中小企业生存发展空间。

相比传统的供应链企业，一达通有着自己独特的经营模式，可以概括为"以中小企业为服务对象，以电子商务为工具，以进出口业务流程服务外包为内容，以综合服务平台为依托的整合型全程外贸服务平台和创新型企业"。企业的基本业务定位是：专业为中小企业进出口提供全面的外包服务，是对传统外贸公司代理服务的全面升级，既有别于传统的电子商务企业，提供买卖咨询，为企业找订单，也有别于传统的供应链，而是依托电子商务平台，利用自身开发的进出口交易系统为客户提供一站式进出口服务解决方案和融资服务。由于中小企业面临较大的成本控制压力和资金缺口，因此有着相对强烈的进出口服务外包需求，这也是一达通公司选择市场和业务定位的直接原因；同时，由于要利用信息化专业化手段提供全程外包服务，一达通相比传统的供应链企业有着更强的资源整合能力，形成相对较高的经营优势和服务能级。

一达通的盈利模式也具自身特色，它有别于其他传统供应链和贸易公司，不以服务费、佣金为主要盈利来源，也不赚取商品差价，盈利主要来自集约外贸各类流通服务规模，赚取"服务产品"的差价。如同沃尔玛靠集约商品采购规模再零售商品获益，一达通外贸综合服务平台则是依靠集约服务产品采购规模再零售给中小商户获益，犹如一个"综合服务批发超市"。

阿里巴巴一达通的底层化交易服务体系

一达通外贸综合服务平台在诸多方面进行了有益的探索，形成了自己的特色：一是明确以中小外贸企业为服务对象的市场定位；二是实现了电子商务与供应链服务平台的对接，将线下传统进出口搬上互联网，可以不分地域、不分外贸种类提供公共化服务；三是建立了基于真实交易数据的中小外贸企业调查系统，定期发布专业化中小外贸企业调查报告（宋华，2015，第6章）。这两年，在以往互联网平台的基础上，一达通在服务功能上又实现了一些新的创新升级：

1. 在外贸综合服务的基础上升级了"一拍档"

传统的外贸服务企业，以服务大企业为主，采用一对一或多对一的客户服务模式。一达通模式以中小微企业为服务对象，以电子商务为工具，采用流程化、标准化的服务，打造"一站式外贸服务"，推进传统外贸的服务模式。一方面通过向中小企业提供一站式的通关、物流、退税、外汇等政府性服务，减轻企业经营压力，降低企业外贸成本。另一方面向中小企业提供物流、外汇、保险、融资等商业性服务，解决企业融资难题，提高企业经营利润。在秉持以上服务内容的基础上，为了更好地推动这种综合外贸交易服务平台的生态化经营，2015年9月15日阿里巴巴B2B外贸综合服务部（一达通）开始推出名为"一拍档"的新型外贸服务合作伙伴模式。阿里巴巴外综服（一达通）引入各类本地化外贸服务企业（如货代、进出口代理、报关行、财税公司等）作为一达通紧密的合作伙伴，为外贸企业，尤其是中小企业提供完整的本地化、贴身化、个性化的低成本出口流程综合服务，解放企业人力和资金成本，打造优质一站式整体服务和解决方案。具体讲就是，阿里巴巴一达通发挥平台管理、资源和品牌优势，合作伙伴则承接市场开拓、客户服务的工作。在通关、退税、金融等服务中，一达通发挥基于大体量的优势并让渡给合作伙伴，合作伙伴提供更加本地化和专业化的出口流程所需要的配套服务。

"一拍档"的服务范围包括为客户提供使用一达通出口通关、结汇、退税、金融、物流等服务的相关咨询以及跟单等外贸服务，同时在这一过程中合作伙伴可根据自己的业务优势，提供配套的物流定制，指导办理商检等个性化定制，为客户提供更加完整的外贸服务。加入"一拍档"的第三方服务商，不仅能获得退税款、金融服务利息等的可观分润，还可获得为客户提供其他个性化外贸服务的收益。启动"一拍档"后，一达通将更多服务商纳入合作体系，从平台升级为外贸服务生态圈。"一拍档"以伙伴的视角，把昔日"对手"变成"合作伙伴"，共同服务有外贸出口服务需求的中小企业。对于广大的第三方服务商来说，加入"一拍档"，核心思路是和一达通一起共享和服务中国外贸大市场。

2. 推进电子商务平台升级，并且通过出口外贸补贴外贸交易数据

传统的 B2B 电子商务平台，主要是解决信息不对称问题，实现撮合交易的作用，不能深入企业交易过程，持续性满足企业生产性服务的需求。一达通平台深入企业交易流程，集约化地提供完整的生产性服务，解决"交易实现和发展"的问题。同时，基于交易流程介入，进行企业贸易真实性验证，完成企业贸易数据库建立。特别是 2014 年 5 月，阿里巴巴一达通推出外贸出口补贴政策，即每出口 1 美元，最高能获得 3 分钱人民币的外贸服务补贴，这就意味着，一家企业如果通过该平台完成了 100 万美元的出口，那么就可获得由阿里巴巴发放的高达 3 万元补贴，而这些补贴均来自阿里巴巴一达通的服务红利，即阿里巴巴一达通整合订单后，对于银行、物流公司、海关等基础服务机构而言，外贸服务平台就是一个虚拟"大客户"，平台可以获得更低的成本和以更高效的方式完成出口流通环节，这就是所谓的服务红利。外贸出口补贴对于中小企业而言，不仅省下了安排业

务员操作商检、口岸、海运、外汇核销等具体业务的流程和费用，节省了成本，还能获得额外补贴。而对于阿里巴巴一达通来讲，则通过补贴吸引中小企业通过平台完成交易供应链服务，从而使得阿里巴巴一达通参与到了交易的过程中间，能够更为清楚地掌握交易数据和其他交易信息，为之后建立信用评分和评价体系奠定基础。

3. 推动国际信用保障服务，建立外贸信用体系

阿里巴巴一达通在基于交易平台服务的基础上，2014年12月11日启动了"信用保障体系"（Trade Assurance，TA），根据每家出口企业在国际站上的基本资信、历史交易数据和其他综合信息，阿里巴巴一达通为其授予相应的信用标示和保障额度（最高设为100万美元），用来为选择它们的海外买家提供采购保障。TA是一种履约保障。当买卖商家谈妥生意签订购销合约后，将约定的主要交付条件（交货时间＋品质标准）告知阿里巴巴一达通，如果出口商未依据合约按质、如期交货，则阿里巴巴一达通将按公示保障额度，全额赔付给买家。具体流程是中小外贸企业加入阿里巴巴会员，选择一达通交付，信用额度就会自动累积、显示。为了推广信用交易，阿里巴巴一达通要求企业将过往半年自行交付的单据（报关单、结汇或退税单）提交给一达通审核并认证通过，交付单据就可以成为信保数据，在阿里巴巴国际站展示。需要指出的是，当买家使用信保额度时，就必须由一达通来完成交付服务，否则平台无法确定是否履约。

阿里巴巴一达通的互联网供应链金融

一达通在基础业务数据沉淀中，通过自身的底层交易数据的搭建、企业征信的信息互通，研发出基于企业贸易背景的企业贸易融资类金融产品，服务整个贸易链条的买卖双方。其主要的金融业务除了以往针对国内供应商（卖方）的赊销保、信融保、信保订单备货融资、退税融资外（宋华，2015，第6章），最近还相继推出了一达通流水贷、针对海外买家（买方）的E-Credit Line（ECL）、信用保障融资和结算宝。

1. 一达通流水贷

一达通联合中国银行、平安银行、上海银行等多家银行共同推出全新B2B金融产品——一达通流水贷（原网商贷高级版），该产品以一达通平台大数据为基础，主要面向使用一达通出口基础服务的客户，是以出口额度积累授信额度的无抵押担保的纯信用贷款服务。按照客户最近半年在一达通平台的出口数据，1美元可累计1元人民币的贷款额度，最高可贷款1 000万元，且申请、放款、还款全部在线上完成。

其具体流程是（见图5—18）：首先中小供应商需将近半年的出口业务委托给阿里巴巴一达通执行，积累自身的信用；然后中小企业根据信用申请额度，阿里巴巴一达通根据信用状况进行审核批准；中小企业申请流水贷，并将出口业务外包给阿里巴巴一达通执行，后者向中小企业提供资金；之后阿里巴巴一达通向海外买家收款，并与中小企业结清，交易服务继续积累信用，不断循环。

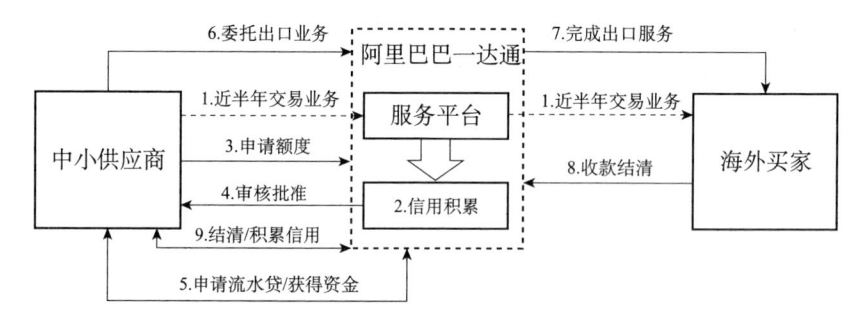

图5—18 阿里巴巴一达通流水贷流程

2. E-Credit Line

E-Credit Line（ECL）是阿里巴巴联合外资金融机构为从中国供应商处购买商品并且具有采购资金需求的海外买家（进口商）提供的一项纯信用、可循环的互联网金融服务。阿里巴巴通过采集网站上交易双方的信息以及买方资金需求，将买家的需求提交给买家所在国的金融合作伙伴，该金融机构快速响应，基于互联网以及大数据特征给买家一定的授信额度。该授信额度专款专用于购买中国境内的货物，款项直接发放给中国境内的卖家。

该业务完全基于进口商的采购和其本身资质而授予一定的信用额度,而且从申请、获批额度、用款到还款完全为线上操作,快捷便利,授信额度1 000美元起,具备普惠性质,一般主要是满足企业日常采购需求,获批额度为10K～500K美元,可根据销售进展随借随还,按日计息。

具体业务流程是(见图5—19):首先国内供应商与海外买家的出口交易需由阿里巴巴一达通完成,产生稳定的信用记录;之后海外买家为完成中国供应商采购向境外外资银行申请资金,阿里巴巴一达通向合作的外资银行提供买卖双方的信用状况和交易信息;海外金融机构根据征信和一达通的信用记录向买家提供授信;海外买家向中国供应商下达采购订单,与此同时境内外资银行向指定中国供应商放款;国内供应商将出口业务执行外包给阿里巴巴一达通完成(同时循环积累信用);最后由海外买家偿还资金,完成交易过程。

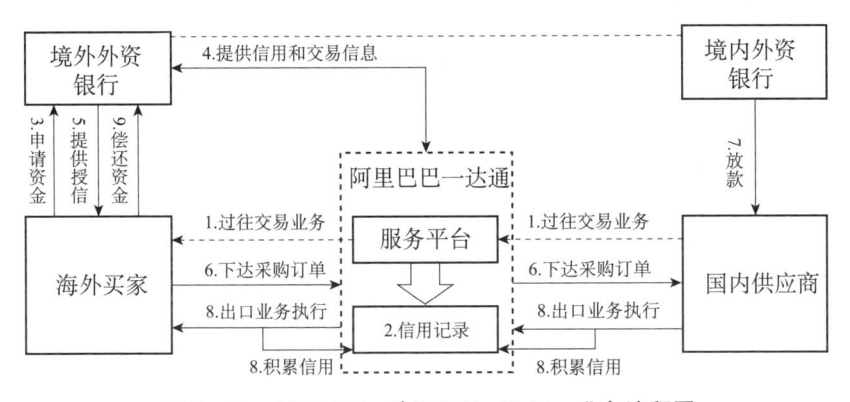

图5—19 阿里巴巴一达通 E-Credit Line 业务流程图

从上述流程可以看出,阿里巴巴一达通的ECL业务具有五个特点:第一,标准化。ECL具备一致的标准,定位于一个针对中小微贸易企业定制研发的批量化金融产品。第二,全球化。ECL产品致力于逐步覆盖阿里巴巴上所有买家所在的区域,打造中小微贸易融资服务的金融平台。第三,本土化。所有的客户由阿里巴巴推荐,而所有的服务均由本土金融机构提供,从而建立更具信任的金融合作关系,提供更便捷的金融服务。第四,互联网化。更快捷、更高效的服务,同时积累和分析全球中小微企业的经营/财务大数据。第五，多赢。各参与方均能从 ECL 的合作运营中获利。借款人（买家）获得采购资金，出口商获得订单，促进销售；金融机构扩大了客户基础，提供了有价值的金融服务；而阿里巴巴则活跃了 B2B 的交易平台，并且积累了大量的企业数据。同时，促进进出口贸易，帮助中小微企业成长，也促进了中国经济的活跃和发展。

3. 信用保障融资（TA 融资）

信用保障融资就是基于信用保障体系（TA），供应商根据其信用状况核定信用保障融资总额度，供应商在接到信用保障订单后，可以对订单尾款（总金额减去预付款）部分的 60% 进行融资，用于订单的生产备货。该产品是阿里巴巴—达通推出的首款全线上化的互联网金融产品。产品主要有三个价值点：第一，简单。有信保订单，直接在线轻击鼠标即可申请借款，无须提交任何证明材料，无抵押免担保。第二，快捷。全流程实现全自动化，系统自动审批，审批快。符合放款条件，最快 5 分钟到账，放款快。第三，信用财富一举两得。信用保障服务配套融资产品，获得资金轻松完成生产，累积信用保障额度。

具体业务流程是（见图 5—20）：首先国内供应商交付最近半年所有的业务单证，阿里巴巴—达通审核后给予 TA 额度；海外买家先行向供应商支付预付款（一般为 40%）；国内供应商在外包交付业务的条件下，向阿里巴巴—达通申请尾款融资；阿里巴巴—达通根据 TA 信用向供应商提供资金；之后供应商将出口执行业务交付给阿里巴巴—达通完成；业务完成后阿里巴巴—达通向海外买家收取尾款，并与国内供应商结清。

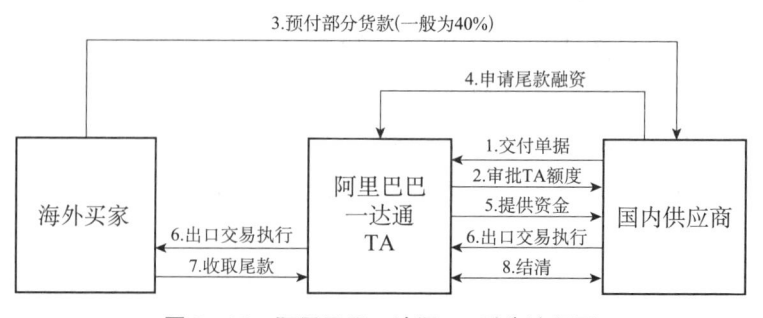

图 5—20 阿里巴巴—达通 TA 融资流程图

4. 结算宝

结算宝是专为一达通客户的账户资金打造的每日增值服务，系统会自动对一达通客户自助结算系统中的部分资金计算收益，不影响客户对账户中资金的随时操作。例如，12月31日某客户通过中行收汇411万元；时逢元旦假期，结合公司资金规划以及假期因素，客户选择将资金留存在一达通结算账户，享受结算宝收益。1月5日，客户公司需要资金周转，选择将资金提取到银行账户，由于银企直连，该笔资金30分钟到达客户账户，完全不影响客户资金规划及周转。至客户提取资金之时，产生结算宝收益1 430元，即年化收益率为2.5%。相比之下，如果客户选择将资金在31日提取至企业账户，则按照银行活期利率0.35%计算，同样留到星期二，产生收益198元，结算宝收益是普通活期的7.2倍。

通过物流服务底层化实践互联网供应链金融：顺丰

顺丰背景与发展

顺丰速运（集团）有限公司（以下简称顺丰）成立于1993年，总部设在深圳，是一家主要经营国内、国际快递及相关业务的服务性企业。自成立以来，顺丰始终专注于服务质量的提升，不断满足市场的需求，在大中华地区（包括港、澳、台地区）建立了庞大的信息采集、市场开发、物流配送、快件收派等业务机构，建立服务客户的全国性网络；同时也积极拓展国际件服务，目前已开通新加坡、韩国、马来西亚、日本及美国业务。

顺丰不断投入资金加强公司的基础建设，积极研发和引进具有高科技含量的信息技术与设备，不断提升作业自动化水平，实现了对快件流转全过程、全环节的信息监控、跟踪、查询及资源调度工作，促进了快递网络的不断优化，确保了服务质量的稳步提升，奠定了业内客户服务满意度的领先地位。

顺丰自有服务网络具有服务标准统一、服务质量稳定、安全性能高等显著优点,能最大限度地保障客户利益。顺丰自1993年成立以来,每年都投入巨资完善由公司统一管理的自有服务网络:从广东中山,到立足珠三角,再到布局长三角;从华南先后扩展至华东、华中、华北;从中国大陆延伸到香港、台湾,直至海外。

顺丰的底层化物流服务体系

顺丰的底层化物流服务体系主要是围绕交易数据、物流信息、系统对接、监控系统这四个方面的不断提升而展开,所有这些方面为之后实现互联网供应链金融打下了良好的业务基础。在物流方面,主要有顺丰速运、顺丰仓配、丰顺供应链以及顺丰家;在信息流和资金流方面,主要有历史交易数据、支付交易数据、物流系统信息以及征信引入,这些来自B2B交易过程中沉淀下来的数据,便于顺丰在开展互联网供应链金融业务时进行评级和评估;在商流方面,主要有顺丰优选、丰趣海淘(原顺丰海淘)、顺丰电商产业园等,所有这些板块支撑着整个顺丰底层化物流服务体系。

在物流服务体系方面,顺丰依托自身强大的运输配送资源及网络资源,为客户提供仓储、分拣、配送一站式的供应链物流解决方案。目前在全国已建成并投入使用仓库78个,其中包含天津、嘉兴、广州、武汉、成都5个区域配送中心,服务范围覆盖华北、华东、华南、东南、华中、华西等重点城市。此外,共拥有122个二级中转场、157个三级中转,仓储总面积近百万平方米,配以顺丰数万网点,覆盖全国2 500个区县,基本建成了覆盖全国的电商仓储配送体系。仓储服务为服装服饰、家电、食品、医药等不同行业客户提供出入库管理、库存管理及各种增值服务。同时,引进先进管理系统,为客户提供批次、串号、保质期等管理服务。时刻保持与客户系统的无缝对接,降低客户系统投入,为客户提供订单全生命周期信息跟踪。在运输体系的完善上,顺丰先后开通了多条辐射国内主要城市的货运航线,此外还与多家国际航空公司开展长期稳定的运输合作,目前服务区域遍及美国、日本、韩国、新加坡、马来西亚、泰国、越南、澳大利亚等国家，国际服务网络仍在不断拓展。在物流服务产品上，涵盖了时效系列服务（顺丰标快、顺丰即日）、经济系列服务（顺丰特惠、物流普运、汽配转运）、安全系列服务（顺丰特安）、电商惠系列服务（电商速配、电商特惠）、特运系列服务（保单专送）以及跨境系列服务。

在信息化建设方面，顺丰上线了 HHT 手持终端、全/半自动分拣系统、呼叫中心、营运核心平台系统、客户关系管理系统、GPS 全球定位系统和航空管理系统等先进的软硬件设施设备，在国内实现了对货物从下单到派送的全程监控、跟踪及查询，并全部采用全自动与半自动机械化操作，优化快件的操作流程。在信息化综合集成的基础上，顺丰根据物流快递的行业特性，提出了快件全生命周期的概念，据此进行信息化的模式创新。快件生命周期包括五个组成部分：客户环节、收派环节、仓储环节、运输环节、报关环节。目前，各个环节的信息化应用已经取得显著成效。在客户环节，呼叫中心已经能够做到每一通呼叫都可记录对应的通话原因，每个客户投诉都有完整的处理流程。在收派环节，手持终端程序的最大优势就是减少人工操作中的差错和提高操作人员的工作效率，目前顺丰使用的第四代手持终端系统使收派员的工作效率提高了 20% 以上。在仓储环节，顺丰的全自动分拣系统能连续、大批量地分拣货物且不受气候、时间、人的体力等的限制，可以连续运行。在运输环节，GPS 对车辆的动态控制功用，完成了运输过程的透明化管理，可以对运输方案、车辆配置及时中止优化，运输成本综合降低 25%。另外，在为电子商务客户服务方面，顺丰通过信息化与电子商务客户之间的系统实现对接，同时以安全、快速的客户体验赢得了电子商务企业与个人客户的信赖，顺丰网购收入增长率超过 70%。

在商流和供应链服务方面，顺丰主要的服务体系包括顺丰优选、丰趣海淘以及顺丰电商产业园。顺丰优选是由顺丰速运打造，以全球优质安全美食为主的网购商城。2012 年 5 月 31 日正式上线，商品数量超过一万种，其中 70% 均为进口食品，采自全球 60 多个国家和地区。顺丰优选常温食品配送已开通全国，生鲜配送已开通 11 城，并拥有华东、华南、华北三个综合型仓储中心，内部配备专业的多温控区间仓库，可满足各类商品的存储。同时，依托 WMS 仓储管理系统，具备完善、高效的订单处理能力。丰趣海淘是顺丰速运在 2014 年重磅推出的跨境进口零售网站，主要以自有采购团队加境外电商的组合，为消费者提供海外优质品牌的进口商品。产品类别包括母婴用品、保健品、快消日用品、流行服饰箱包、居家生活用品，以及各种多元化的海外生活体验商品，提供闪电发货和团购特价优惠，满足中国消费者对于快速购买到高品质的海外商品的迫切需求，丰富多元化购物选择。2014 年 6 月，顺丰启动了电商产业园业务，即借助顺丰已具备的强大营运能力，为满足电商企业全面的一站式的服务，与地方政府紧密合作，建立包括仓储、办公、物流、融资、销售甚至电商摄影、培训全方位的服务，类似孵化园区和产业发展园区，提供综合的电商产业园服务。顺丰电商产业园的特点，是试图打造全体系电商企业供应链解决方案，通过电商配套资源的整合，打通电商企业上下游供应链，为中小企业发展打通一些瓶颈，提供全产业链服务。

顺丰的互联网供应链金融

立足于上述服务体系，自 2015 年起顺丰开始大力拓展互联网供应链金融业务，目前，顺丰互联网供应链金融主要通过四个产品来实现：基于货权的仓储融资、基于应收账款的保理融资、基于客户经营条件与合约的订单融资和基于客户信用的顺小贷。四个产品基本涵盖与快递物流有关的所有金融服务。

1. 仓储融资

顺丰拥有 80 多个物流产业园，200 多万平方米的仓储面积，并且可以实现全国仓与仓之间的及时调配、信息的实时沟通，实现了垂直管理等方面的优势。另外，在仓储服务方面顺丰已经有四五年的丰富经验，这是实现"分仓备货＋仓储融资"的基础（见图 5—21）。

2015 年 3 月全国上百个仓库为客户提供分仓备货，同时推出顺丰仓储融资服务。优质客户如果提前备货至顺丰仓库，不仅可以实现就近发货，

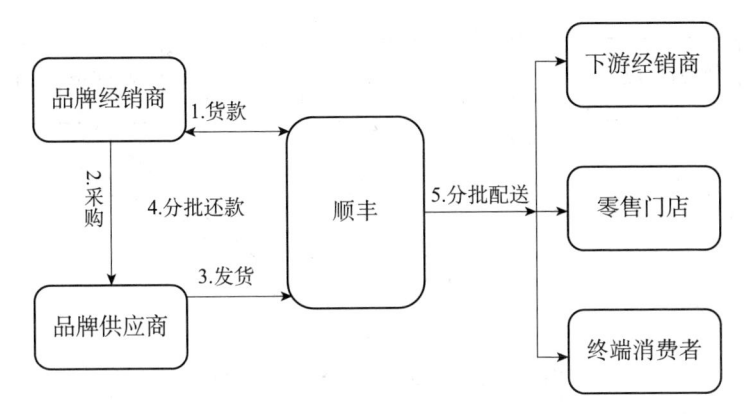

图 5—21 仓储融资业务模式示意图

还可凭入库的货品拿到贷款。顺丰通过自己庞大的物流配送网络、密集的仓储服务网点,再加上新兴的金融贷款业务,形成完整的物流服务闭环,并由此极大提高了客户的服务满意度和客户黏性。

仓储融资的具体操作为,顺丰首先对具有融资需求的客户进行信用评级从而决定服务对象。随后,评级符合要求的客户将顺丰仓储中的商品作为抵押,顺丰则根据企业的资质和抵押的货品情况,给予客户100万～3 000万元的贷款额度,从而使客户能够获得质押贷款以解决其商品采购等临时性资金需求。总体来看,顺丰的仓储融资服务使客户在使用顺丰分仓备货的同时享有可灵活调整的信贷额度,增加了顺丰仓储服务的价值。另外,顺丰的仓储融资服务具有灵活性,客户可以根据短期的资金需求灵活地随借随还,最大限度地降低了客户的资金使用成本,增加了客户的价值。目前,顺丰仓储质押业务已经实现了动态质押,并且由于仓储数据可以实时更新,从而仓储质押业务也能够实现动态变动授信额度的功能。

2. 订单融资

这一服务主要是针对与顺丰有深层次合作的客户。具体模式为(见图5—22):客户在发起订单时,把订单信息提交到顺丰融资平台,之后的整个订单采购资金付款全权由顺丰代为完成。订单生成之后,包括运输、仓储环节以及最后的交货,顺丰金融全程介入,为客户提供全方位、全流程的互联网供应链金融服务,帮助客户实现更多的合作价值。

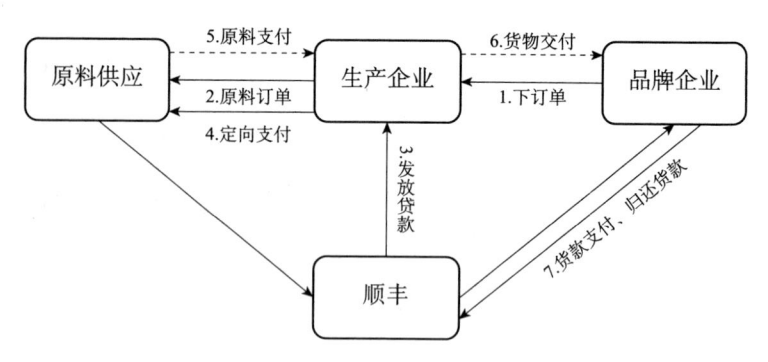

图 5—22　订单融资业务模式示意图

3. 保理融资

在保理方面，目前顺丰所做的仓储质押业务，全部都可以实现动态质押。顺丰在仓储方面实现了仓储数据实时在线更新功能，从而使顺丰在仓储质押业务方面，实现了动态变动授信的额度功能。与以往在仓单质押过程中需要提供很多数据相比，顺丰仓储质押提供了非常精准的服务基础。具体的操作是（见图 5—23），顺丰保理公司买断顺丰大陆范围内所有供应商的应收账款后，由顺丰采购商直接将货款支付至保理公司账户。该服务具有期限长、门槛低和费用低等特点。该产品后期将延伸至供应链条上所有存在应收应付关系的客户，为其提供现金贷款的金融服务。

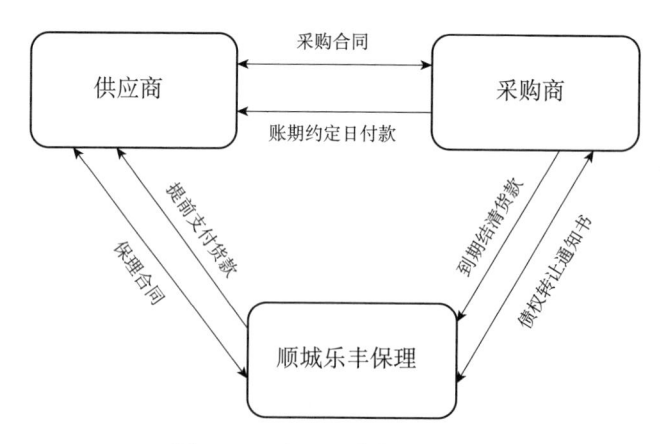

图 5—23　保理业务模式示意图

4. 顺小贷

该产品的主要特点是客户门槛低、操作灵活,是针对与顺丰合作且信誉良好、从事商品销售的实体经销商、电商等客户。顺丰根据客户在经营中产生的临时性资金需求而提供5万~100万元的信用贷款。顺小贷根据客户的特点,为与顺丰有一定合作基础和合作潜力的客户提供金融信贷支持,由此不仅提高了客户的黏性,提高了顺丰平台的资源整合度,还增加了顺丰服务的广度和深度。

5. 顺手付

顺手付是顺丰金融面向普通用户的主要产品,主要中介是和中信银行合作推出的"中信顺手付"APP,主要功能是收发快递场景下的扫码支付、收款、转账。同时,类余额宝产品已成金融类APP的标配,顺丰也将之前推出的"顺手赚"货币基金理财融入顺手付里,7日年化收益率在4%~5%,合作方为易方达基金。另外,顺手付APP中还融合了寄快递、充话费、好友间发红包和顺丰优选购物功能,以帮助广大用户集转账、付款、线上下单、线下物流等于一体,为消费者提供一站式服务,使广大消费者受益,不用再担心购物流程复杂。

整体来看,顺丰互联网供应链金融具有以下几个方面的特点:

第一,动态性。顺丰的仓储融资体现了快递行业的特点。传统的质押贷款是相对静态的,而顺丰的产品是动态的、灵活的。在客户使用仓储融资产品期间,顺丰可以通过仓储WMIS管理系统监测客户每天的货流量和货值,进行动态记录,从而可以根据监测到的数据给客户提供变量的、流动性的融资服务安排,这种动态的融资服务尤其适用于电商,因为电商的货物流动性较大,每天都有货物进出,由此便增加了传统的质押贷款方式的管理成本。而顺丰通过把仓储和金融的信息联通,可以通过仓储的数据对贷款额度进行精准的调整,从而完善了其给客户的授信模式,使该授信模式更为成熟和灵活。

第二,灵活性与多样化。顺丰的仓储融资服务提供不同的贷款模式,客户可以根据自己的融资需求进行灵活的选择,从而为轻资产的电商客户带来了更大的优惠：（1）先款后货模式。顺丰先为客户提供贷款，然后客户利用贷款进行商品采购并将采购的产品存到顺丰的仓库内，通过销售回款来偿还贷款。（2）先货后款模式。客户先把货物存放在顺丰的仓库，然后顺丰根据货物的价值与客户的信用评级为客户提供一定额度的贷款，客户利用销售回款偿还贷款。

第三，覆盖B端客户。让网中的B端客户受益、纳入金融服务范围，是行业竞争的必然结果。顺手赚、顺手付等金融产品相继面世，四大互联网供应链金融产品也不断稳定发展，顺丰的金融业务正在稳步推进，各项产品的成长速度也在加快，这些创新产品和服务必将带动顺丰更广阔的业务发展。

第四，服务闭环。顺丰一直在谋求打造一个物流服务领域的完美闭环，随着互联网发展得越来越快，并迅速渗透至物流和金融领域，把三者合一是顺丰的必然选择，金融服务的介入填补了顺丰在物流金融领域的空白。顺丰充分理解电商客户的轻资产性来设计金融产品。电商企业正逐渐往轻资产的方向和模式转变，部分电商因为依靠互联网销售，无银行认可的固定资产，很难从银行获得贷款，时常会陷入资金困境。顺丰也可以相对控制资金的风险。这是顺丰金融和银行等金融机构不同的地方，同时也是更灵活的地方。

第 6 章
基于价值回路的互联网供应链金融

供应链管理过程总体上讲可以理解为价值创造、传递和分配的循环过程,而价值循环的回路(loopback)决定了供应链运营增值的大小。回路本是通信领域的术语,根据维基百科的定义(见 https：//en.wikipedia.org/wiki/Loopback),回路指的是电子信号或者数字数据在没有经过有意识处理或者修改的状况下,能自动地回到发出地的过程。在供应链管理领域,随着产业服务化的不断发展,下游顾客通常是价值的协同创造者(co-creator of value),而不再单单是价值的消费者,服务市场导向和服务供应链更加强调价值协同创造(value co-creation)对合作绩效的影响和促进作用,因此,客户价值诉求的提出以及最终价值的实现和分享也是一个回路。这种价值回路绩效表现的形式就是供应链运营所实现的现金流量周期,现金流量周期是当今企业供应链运作绩效测评的一种重要的工具和手段,其基本的思想是单位货币从原材料投入到市场价值实现的周期时间(Stewart,1995)。而能实现多大程度的现金流量周期(即价值回路的效率),则涉及供应链运营的广度和深度,也就是供应链运营涉及利益相关方的程度或者协同价值创造者的数量(广度),以及相应的管理流程活动的延伸程度(深度),这种广度和深度决定了供应链金融施展的空间和价值大小。

现金流量周期——价值回路的绩效表现

现金流量周期的基本思想和概念

现金流量周期（cash to cash cycle）所揭示的含义跨越了整个供应链活动的全过程，不仅包括了企业内部的各种作业活动，如采购、仓储、生产、分销等作业，而且也涵盖了企业外在的经营行为，如客户服务等活动。其计算可以按照库存商品所产生的收益周期来进行，一些学者认为现金流量周期能够帮助企业建立良好的绩效检验工具或矩阵，以优化企业的供应链物流行为，确立优化的商业运作模式（Slater，2000；Kroes & Manikas，2014）。究竟什么是现金流量周期，其定义不尽一致，具有代表性的概念有Stewart的"单位货币从原材料投入到市场价值实现的周期时间"；Moss和Stine（1993）认为所谓现金流量周期指的是支付现金购买可再销售产品到出售这些产品之间的时间间隔。此后，运营周期成为了现金流量周期概念界定的标准，这种观点认为"现金流量周期是企业运营周期内所需财务和支持的天数，而运营周期可以看作是投资于库存和产品的销售天数"（Gallinger，1997）。此外，一些学者在上述概念的基础上，进一步发展了现金流量周期的概念，他们认为现金流量周期是企业支付货币购买原材料到获取产品销售所得的天数，这一数值可以用供应库存的天数加上产品销售的天数，再减去平均产品支付周期得到（Lancaster et al.，1998；Slater，2000；Kroes & Manikas，2014）。与此相似，Schilling（1996）也提出"现金流量周期反映了企业的运营周期，它测度了消耗现金为生产经营活动而购买库存，到通过最终产品的销售而获取现金的时间跨度，这个指标可以用天数来衡量，它等于平均库存期加上平均获得时间，再减去应付账款时间"。目前这个定义是学术界广泛接受的概念。在这一概念的基础上，一些学者进一步扩展了现金流量周期的外延。Soenen（1993）认为现金流量周期依赖于一系列的因素，包括从供应商获取货物的天数、产品生产加工的天数以及出售前的库存天数，最后还包括从客户那儿回款的天数。Farris 等（2011）给出了计算现金流量周期的公式，即：

$$库存_{c2c} = \frac{库存价值}{产品销售成本} \times 365$$

$$应收_{c2c} = \frac{应收账款}{净销售额} \times 365$$

$$应付_{c2c} = \frac{应付账款}{产品销售成本} \times 365$$

$$C2C = 库存_{c2c} + 应收_{c2c} - 应付_{c2c}$$

其中，净销售额为扣除销货折扣和退货后的净额。

现金流量周期模型的价值

现金流量周期模型的提出，对供应链运营管理和综合竞争力的实现具有重大的意义。它对企业财务管理方面的影响表现为它测度了资产折现力和价值，而对供应链绩效方面的影响则表现为它度量了企业内部和外部的流程状况。

1. 企业财务管理——资产折现力和价值测度

在财务会计上，折现力反映了企业可得或需要现金时即可获得的能力（Gallinger，1997；Lancaster et al.，1998；Kroes & Manikas，2014）。企业的折现力可以从两个方面来考察，即静态和动态考察。静态的衡量是基于特定时点的资产平衡表，通常运用传统的比率，如流动比率（流动资产/流动负债）和速动比率（（流动资产－库存）/流动负债）来衡量企业通过资产流动而实现目标的能力。虽然这些指标通常用来衡量企业的折现力，但是一些学者仍然认为其静态的特点阻碍了充分有效地衡量和反映资产流动的特点（Soenen，1993；Emery，1984）。为此，一些学者提出从动态的角度来反映因企业运营而产生的资产循环不断的流动性（Hager，1976；Kamath，1989；Richards & Laughlin，1980；Emery，1984）。Gitman（1974）首先提出了运用现金流量周期作为动态衡量现金流入流出的时间。此后，一些学者开始运用这一模型来检验企业的资产流动性，并且认为现金流量周期能够很好地帮助企业评估流动资金的变化，监控财务运行的状况（Schilling，1996）。除此之外，为缩短现金流量周期，企业还需要对各种财务决策进行权衡，从而提高了企业财务管理的战略性思考。例如，如果企业的现金流量周期越长，那么所要求的最低流动资金就会增加；相反，如果现金流量周期缩短，那么相应的最低流动资金也会减少（Schilling，1996）。同理，如果企业的现金流量周期较长，就需要企业从外部获得财务资源（Soenen，1993；Moss & Stine，1993），而较短的现金流量周期就会产生较高的净现金流价值，较高的净现金流价值就形成了良好的企业价值（Soenen，1993）。

2. 供应链管理——跨组织协调

如今供应链管理已成为企业绩效提升的重要手段和发展趋势，这表现在企业管理的重心已逐渐从以前职能化的管理转向整合一体化管理，它强调通过各种活动和流程的整合和协同来降低供应链综合成本，而现金流量周期模型则跨越了供应商、下游企业和客户，为企业全面、有效地评价供应链整合的状态提供了基础（Farris et al.，2011）。具体来看，现金流量周期模型对供应链管理的作用在于：一方面，它反映了企业内部供应链物流运作的绩效，这是因为现金流量周期直接反映了企业内部运作的完善程度及各种流程和作业活动的整合程度，因此，现金流量周期成为衡量企业内部供应链物流改善的有力工具；另一方面，现金流量周期也衡量了企业之间的结合程度，因为良好的现金流量周期不仅取决于企业内部的流程改善，也同时受制于企业之间流程的整合程度。因此，企业能否与合作伙伴实现良好的合作关系，能否有效地维系客户，最终都反映到了现金流量周期上。

管理现金流量周期的关键因素

要管理好现金流量周期涉及企业内部跨职能的管理以及企业之间的合作型管理，这种合作管理不仅包括了直接的上游供应商和下游顾客，还涉及供应商的供应商，以及客户的客户，只有这样，才能真正实现良好的现金流量周期。具体讲，现金流量周期的管理主要涉及如下几个方面：

1. 企业内部管理

在企业内部管理现金流量周期主要应当考虑的要素有：

(1) 延长平均应付账款。在企业内部改善现金流量周期的一种有效的手段是延长与库存相关的平均应付账款，从而获得更多的无息财务资源。为了达到这一目标，采取的主要方式有：在最后时刻支付原材料、库存、薪金等成本费用，并且可以考虑对供方进行部分支付而不是全额支付（Farris et al.，2011）。此外，减少对外支付的频度，充分利用无息的信用卡或信用额度进行支付，或者直到应付账款实现后才对上游进行销售承诺，这些都是加快现金流量周期的有效手段（Walz，1999）。所有这些手段的目的在于控制和管理现金的支付。

(2) 缩短生产周期，减少库存供应天数。库存是生产效率的晴雨表，一般有两种形态，一种是最适库存，另一种是过量库存。所谓最适库存指的是"必要的库存，正好能够支持生产的需要"，而过量库存则是"超出生产必要量的库存"（Farris，1996）。过量库存又可以分为"好的"过量库存，即服从于战略上的需要，如防止价格上涨而准备的过量库存，以及"不好的"过量库存，即对整个企业系统产生负担的库存。对于企业而言，要加强现金流量周期管理，就要控制过量库存，采用有效的生产和库存战略，如JIT配送、适时库存追踪。此外，协同计划、预测和补货（CPFR）、同步供应/需求计划以及直接转运都是实现良好现金流量周期的战略性途径。

(3) 减少平均应收账款。应收账款的管理也是现金流量周期管理的重要因素，相对于应付账款主要是控制或限制现金支付，应收账款则是要加速回笼。为达到这一目标，主要采取的手段有：鼓励快捷支付，利用折扣或奖励等手段增加应收账款的回收（Boardman & Ricci，1985）。有研究表明，较低的销售业绩容易产生拖欠账款（Stewart，1995），所以，对拖欠账款应当索取利息，并且对这类客户要求立即付款。此外，接受电子支付能够加速资金回收，同时在支付的过程中，采用一些便利手段方便客户支付，如向客户提供贴付邮票的信封等（Walz，1999）。另外，将应收账款委托金融机构回收也是一种较好的方法（Farris et al.，2011）。

2. 企业间合作与协调

现金流量周期的缩短不仅仅需要企业内部的管理，也可以通过企业间的合作和协调来实现，有研究表明合作良好的企业比一般企业能够实现更短的订单前置时间（Sheridan，1998）。例如 Hong（2015）的研究发现单纯企业现金流量周期并不能实现财务绩效，其主要的原因在于某一方增加和减少应付或应收，会对供应链中的另一方产生负面影响，只有用整个供应链的视角管理现金流量周期，而不是单纯地站在单个企业的角度进行管理，才会实现供应链的持久竞争力。也就是说，企业间的协调和合作就是打破企业之间存在的各种业务壁垒，通过业务流程的整合和有效的信息沟通，提高经营的绩效，从而加速整个供应链的现金周转，缩短现金流量周期。

三层价值回路与供应链金融

以上探讨了价值回路的绩效表现，即现金流量周期，然而现金流量周期实现的程度，则取决于价值回路的组织方式和管理模式，这一回路的形态不仅影响了运营方式或流程活动，以及相应的信息化系统，也决定了供应链金融在其中发挥的作用和角色。

具体讲，价值回路的形态可以根据不同阶段来看所要求的业务活动、信息系统能力和实现的供应链目标（见图 6—1）。业务活动的刻画可以从商流和物流两个维度入手，探索具体的活动要求，不同的活动对相关利益方的影响不尽一致，即生态建构的深度不一样；而信息系统的能力则涉及系统的功能要求以及该系统覆盖的层级；供应链目标指的是通过业务活动和信息能力最终实现的现金流量周期的程度，这一维度也决定了供应链金融创新的空间。

第一阶段，在供应链运营方面强调的是跨职能之间的协同（intra-supply chain），Parker 和 Russell（2004）在分析信息技术外包的过程中，指出供应链管理中的一个战略性问题，就是如何协调跨职能（intra-）和跨组织（inter-）两对关系。跨职能指的是企业内不同的群体之间如何像一个整体互动而不是各自为政，企业为各个群体提供了认同、规范和价值观，在这个

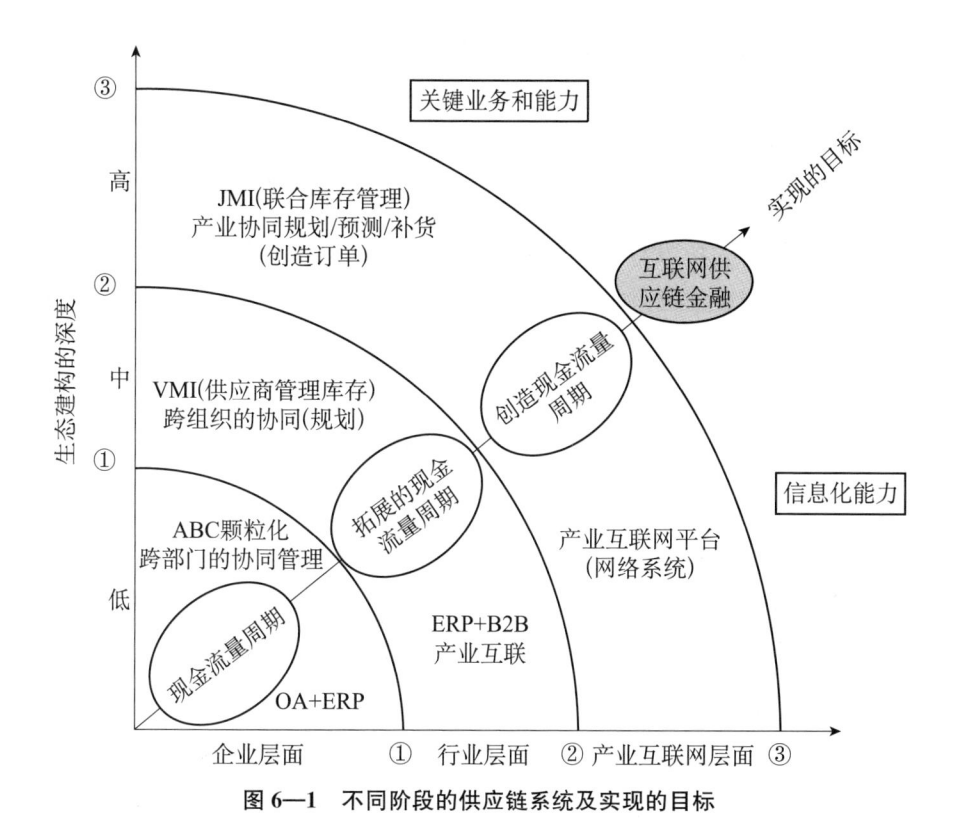

第6章 基于价值回路的互联网供应链金融

图6—1 不同阶段的供应链系统及实现的目标

体系下不同的群体和个体能够沟通、互动，形成内含的信任关系（inbuilt trust）。因此，在这一要求下供应链商流强调的是不同职能部门之间如何协同计划和业务活动，即供应链管理中强调的销售与运营匹配系统（S&OP）。此外，通过物流作业成本法的运用，清晰各个环节和流程，有效地反映和计量特定物流服务或活动的费用和绩效，进而优化物流活动（宋华，2004）。为了实现上述业务要求，在信息系统的能力建设方面，就需要建立起协同整个业务流程的系统架构，即 ERP 系统。这是因为 ERP 系统能通过高度的整合创造价值，改进业务网络中内部和外部的沟通，强化决策过程（Majed Al-Mashari & Mohamed Zairi，2000）。在供应链目标方面，这一阶段追求的是企业的现金流量周期，而这一目标的实现不仅仅取决于通过企业内部系统化的业务整合和信息化能力，降低可能的库存，而且还需要减少企业的应收、增加应付。但是单纯地减少应收和增加应付势必会损害供应链上的其他成员，因此就需要借助供应链金融性活动来实现这一目标。Farris等（2011）就曾指出通过企业与金融机构之间的合作，将应收转让就能有效地实现这一目标。而整合化的企业信息系统为控制这一金融风险提供了基础，这些都支撑了第3章所谈到的供应链金融1.0的产生和运营，即通过与金融机构合作进行应收账款、库存类融资，加速现金流量周期。这一阶段中，供应链金融只是一种企业运营的要素，它主要依赖于供应链中的业务和信息，推动金融要素的实现，并带来金融效益。

第二阶段，供应链运营不仅仅强调跨职能之间的协同，更强调跨组织之间的协作。跨组织之间的协作需要不同组织之间建立起合作性的持续关系，共同改善整个供应链上下游的运营质量，实现参与者共同的绩效。显然，要实现这一目标，首先是供应链中的所有参与者能够协同业务计划，Flynn等（2010）就指出供应链成员如果能就产品、生产过程、计划和能力等方面进行充分的信息沟通，就容易使大家形成目标一致的战略，最终提升整个供应链的质量。因此，这一阶段需要上下游之间就业务计划进行协调，并且在物流管理上实现有效的合作库存管理，诸如VMI（供应商管理库存），以提高整个供应链运行绩效。为了有效地实现上述目标，在信息系统的要求上，则需要实现B2B产业互联，亦即不同组织之间的系统和ERP能够互联互通，形成跨组织集成供应链信息系统，使供应链运营的信息（包括一定程度的交易信息、物流信息）能及时有效地在不同成员之间形成共享和交流（见图6—2），实现主数据流程、采购订单流程、销售订单流程、仓储协同流程、关务协同流程和运输协同流程的一体化。在供应链目标方面，这一阶段实现的是拓展的现金流量周期，即不仅仅是加速本企业的现金流量周期，而且整个上下游的现金流量周期均可以缩短，形成供应链竞争力。要做到这一点，不仅需要上下游之间的作业协同和信息协同，而且也需要合理地、有效地配置资金，产生充足的供应链现金流。亦即通过供应链伙伴间的合作，借助协同化的交易、物流和信息流，及时、有效地为参与者提供资金并控制相应的风险，利用金融流程优化运营流程，同时通过产业运营，产生良好的现金流，并实现金融增值。显然，在第二个阶段中供应链金融发挥的作用与第一个阶段完全不同，在这一阶段中，供应链金融本身就是供应链运营中的一个流程，它与商流和信息流相互依存，相互作用，跨越整个供应链运营全周期实现产业和金融的倍增收益。

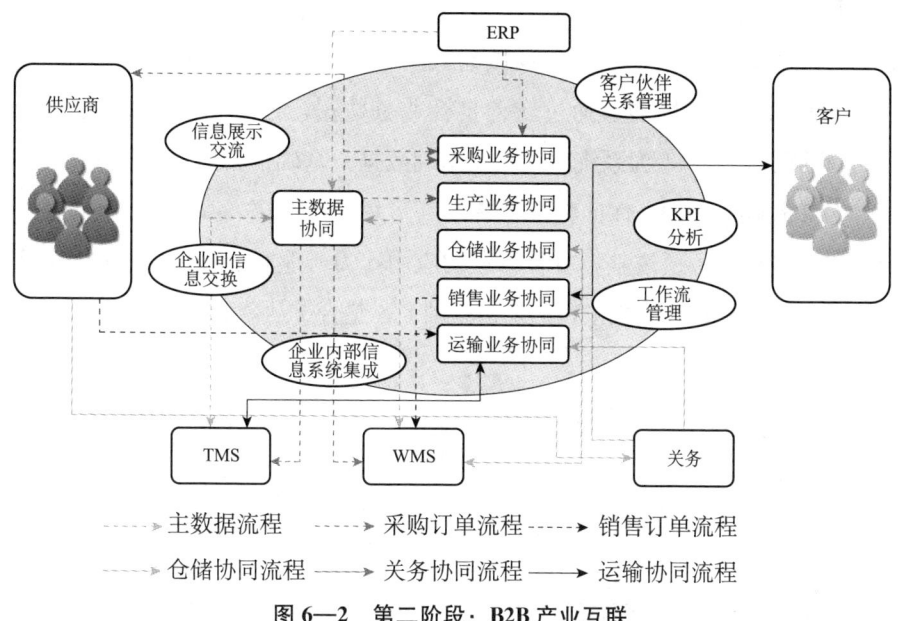

图6—2　第二阶段：B2B产业互联

第三个阶段是智慧供应链或者网络链阶段，这一阶段主要是立足产业群，形成跨线条、跨部门、跨领域多利益相关者的互动体系，从而实现产业竞争力的提升和发展。从供应链运营看，这一阶段需要网络链中的各参与方能真正形成一致的目标和行为，产生共生、互生和再生。共生的核心，是创造一个价值平台，这个平台可供生态圈中各商业伙伴共同利用和分享，从而使价值创造活动能够得以系统化地组织，诸如通过联合库存管理、协同预测/规划等活动降低不同主体、不同环节可能存在的非效率，实现共同的价值。互生指的是每个成员的利益都与其他成员，以及生态圈整体的健康发展相联系，成员所创造的价值会在整个生态圈中进行分享。如果缺乏这种分享，生态圈的健康水平就会受到威胁，成员可能会出现衰退，或转向其他生态圈，因此，其核心在于必须建立一种可低成本分享价值的结构。

互联网供应链金融

再生是智慧供应链发展的最高目标，通过重新关注最适合的市场和微观经济环境的产业区域，将一些资源转移到新的领域，建立更好的合作框架和更健全的经济秩序，推动生态圈的不断进化，适应不断变化的竞争环境需求。要实现共生、互生和再生的目标，在信息系统上就需要建构开放式的互联网信息架构（见图6—3）。这种互联网信息架构包括：数据整合平台，即能高效整合各种渠道、各个领域的数据，实现系统数据的一致性和完整性；数据服务层，即能够通过转化整合业务数据，以统一的数据形式导入业务库和数据仓库，为系统决策提供基础数据；基础框架通过部署云计算开放、分布式服务架构，保证整个系统的高可用、高扩展、高可靠、高安全和高性能；应用服务通过整合各种行业的应用，为产业企业度身定制相应的解决方案；应用集成在开放平台的架构基础上，整合了运营商、CP/SP、CRM、

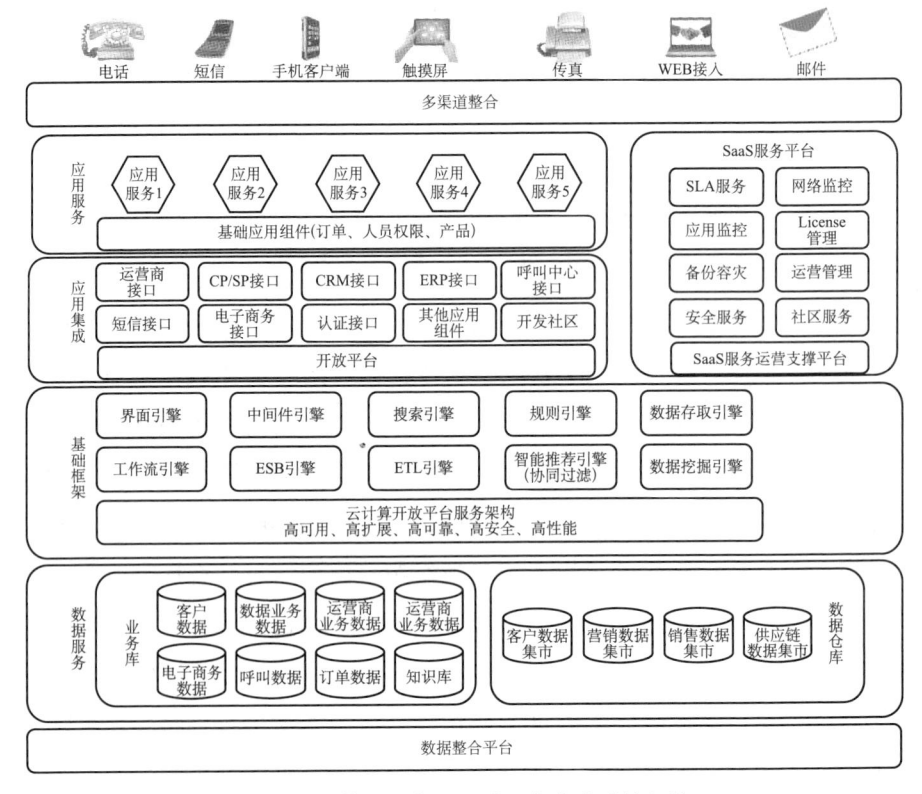

图6—3 第三阶段：开放、分布式系统架构

ERP、其他合作伙伴应用的接口，有力支撑业务拓展；SaaS 服务平台（Software as a Service，软件即服务）的作用是将应用作为服务提供给客户；多渠道整合旨在整合多种类型客户接入渠道，支撑成员企业之间的互动。这一阶段的最终目标是创造产业的现金流量周期，即通过促进产业成员、客户之间的互动，创造现金流，并且通过整个网络链的资金管理、融通和利润的合理分配，实现金融与产业活动的循环迭代，不仅加速资金在各主体之间的流动，而且为整个产业创造巨大的价值。或者说，这一阶段的供应链金融已经成为商业模式，建构了产业发展的新结构，促进了各利益相关方的价值整合，这也正是互联网供应链金融的本质所在。

实现拓展的现金流量周期：筷来财

筷来财的基本背景

筷来财于 2015 年 9 月正式上线，由食财有道网络科技（北京）有限公司（以下简称"食财有道"）及其全资控股公司筷子金融信息服务（上海）有限公司（以下简称"筷子金服"）、北京筷易采供应链管理有限公司、北京旗中旗农业发展有限公司联合运营。食财有道成立于 2015 年 2 月，是国内餐饮供应链金融服务企业，于 2015 年 10 月成为中国供应链金融服务联盟常务理事单位。目前，筷来财与多家连锁餐饮、金融机构、专业律所、贸易机构、大数据及云服务机构等达成战略合作，依托互联网、大数据、云计算及金融风控技术，为餐饮供应链上下游中小企业定制 360°天眼风控体系，构建银行专业级 RBBO 风控模型，同时整合中国人民银行征信中心质押登记、第三方支付平台资金托管、专业律所法律监督、担保公司项目担保等安全保障手段，为餐饮供应链上下游中小企业提供可循环的信用化资金解决方案。

具体讲，2014 年该公司创业团队开始筹划搭建专注餐饮垂直领域的供应链金融服务平台，把餐饮供应链优化需求与金融服务创新结合起来，创造性地提出美食金融的概念。在筷来财正式上线之前，即获得资本市场认可，由永宣投资、松树资本、九合创投等三家知名 VC 联合投资。上线后，技术团队持续开发移动端微信产品、APP 产品，目前已全部上线使用。同时，为帮助餐饮供应链上下游中小企业采用信息技术，企业又设立 SaaS 部门负责统筹管理，为餐饮企业安装专门开发的互联网 SaaS 系统。

2015 年 7 月份，筷来财相继与北京市大地律师事务所、北京海大富林融资担保有限公司、中金支付有限公司达成战略合作，为平台于当年 9 月份正式上线完成了准备工作。上线之后，餐饮供应链金融服务业务拓展迅速，相继签约 16 家连锁餐饮企业，促成 12 家第三方服务机构接入餐饮供应链，其中包括：融资性担保公司，为筷来财餐饮供应链优化项目提供多重风控和尽职调查、项目本金及收益担保；第三方支付机构，为连锁餐饮企业及其供应商、筷来财理财端用户等提供资金托管服务；律师事务所，为筷来财业务全程提供法律监督服务，确保程序和结果的合法性，对餐饮供应链优化项目合法合规性出具法律意见；大数据风控服务机构，与央行征信报告有效互补，提供多维度的风控大数据服务；云计算服务机构，为连锁餐饮企业提供全面的供应链优化和管理服务。

筷来财在"上线百日"之际，即达成与大型国企、央企的战略合作。2015 年 12 月达成与中轻新世纪的战略合作，中轻新世纪隶属于中国通用技术集团中轻总公司（中央直接管理的国有重要骨干企业，2014 年集团营业收入 1 500 亿元）。中轻总公司聚焦"国计民生、食品安全、消费升级和环境保护"，定位于具有国际竞争力的供应链综合服务和集成服务提供商。双方达成战略合作后，共同在金融模式创新、餐饮供应链优化服务等领域内进行探索。

行业背景与上下游企业面临的挑战

近年来，餐饮业在"＋互联网"（信息化、互联网、移动互联网营销）、"互联网＋"（O2O 外卖、团购及大数据管理等）和金融服务（第三方支付及 VC、PE、众筹、互联网金融等多样化融资）领域不断尝试和深入，逐渐回到以大众化餐饮为主流的健康发展轨道，收入增长也开始回归理性。

2014年全国餐饮收入达到 27 860 亿元，同比增长 9.7%；2015年全国餐饮收入实现 32 310 亿元，同比增长 11.7%，其中大众餐饮增长迅猛，占总体收入的 80%。大众化餐饮要继续发展壮大，则要向连锁化、品牌化转型升级，增强成本控制和风险抵御能力，建立中央厨房进行集中采购和加工，提高生产效率和中餐的标准化，而所有这些都需要充足的资金。

近年来受社会市场环境的影响，餐饮业正面临"四升一降"的困境，即原料、人工、房租、营销成本逐年上升，而利润率下降。数据显示，目前餐饮业净利润平均只有 10%，已步入微利时代。大众化、品牌化连锁餐饮规模化经营强烈的扩张需求与当下日益上升的经营成本之间的矛盾，导致资金成为餐饮企业转型升级的关键因素。传统餐饮企业因资产不标准、信用信息不对称、缺乏传统信贷机构认可的抵质押和担保等现实原因，很难从传统的金融机构获得资金，融资"难、贵、少、慢"，不管是资本市场、新三板、主板、信托、银行还是小贷，实际上在餐饮领域里运用非常少。

由于对资金的渴求，在食材供应链上，买卖双方在交易过程遇到的最大挑战就是账期，赊销已成为食材交易的主流方式。对于采购方餐厅，赊销采购食材，缓解其资金周转的压力，形成应付账款，而承担食材隐形加价。对于食材供应商，面对处于优势地位的餐厅，不得不接受赊销，促成业务，依靠隐形加价来弥补资产流动性不足的风险。由此，餐厅采购成本增加，而供应商资金周转效率下降，造成一个采供双方都把自己的利益建立在对方损失上的畸形供应链关系上。在目前市场上，以优化餐饮供应链为主要业务的餐饮 B2B 产品仅有饿了吗旗下的"有菜"APP、美团网的"快驴"管理后台等，服务对象多为中小餐饮商家，服务内容主要是去中介、精简上下游渠道、节约采购端成本等，并没有触及餐饮融资难的问题。因此，餐饮供应链优化的关键是解决账期和资金的问题，盘活供应链流动资产，提高供应链生产效率，在保障质量和交期的前提下降低经济成本和交易成本。

筷来财的互联网供应链金融业务

针对餐饮企业和供应商存在的问题，筷来财推出了C2S融资模式，即众筹对接的供应链金融，以有效解决食材交易和供应中各参与方的利益诉求，优化上下游的现金流量周期。筷来财的C2S金融包含两层结构，一是客户对接供应链，即打开封闭的供应链，促使外部的专业服务机构甚至个人都可以参与进来；二是资金对接供应链需求。这两层结构实现了资金方、采购方、供应方、服务方的四方多维度连接。

1. 资金与供应链需求对接

筷来财的业务流程是（见图6—4）：第一，食材供应商与餐厅等采购方达成交易条件（例如品种、等级、交期、价格等，一般要求供货价格在前几次合作基础上下调4%~5%），形成采购合同；第二，食材供应链商向采购方供应食材，并且形成应收账款；第三，资金供应方（即金融机构）和筷来财平台对采购方（即餐厅）进行实地尽职调查，核实相关信息；第四，在三方形成合作后，食材供应商将应收账款转让给平台；第五，筷来财提供代付结现服务；第六，食材采购方按照约定账期与筷来财结算货款。

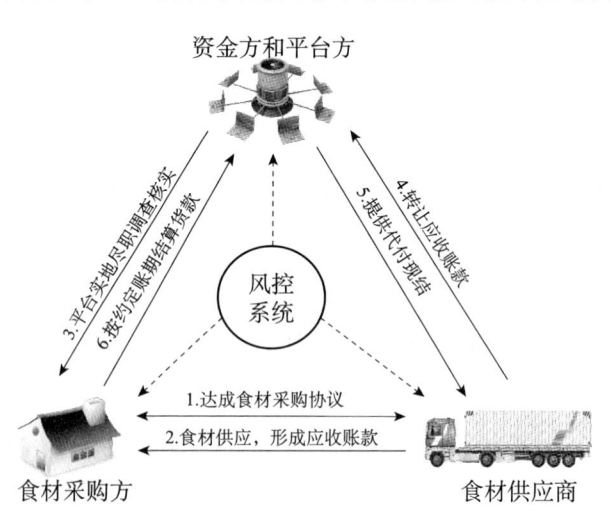

图6—4 筷来财食材C2S金融流程示意图

第6章 基于价值回路的互联网供应链金融

针对上述互联网供应链金融模式,该企业提出了 RBBO 风控模型,主要包含四个要点:第一,Reverse(反向)。只选择优质连锁餐饮企业的采购项目,能够进入互联网供应链金融平台的客户需要符合"555"标准(最低标准"333"),亦即餐饮企业拥有 5 家以上门店,年营业额 5 000 万元以上,成立 5 年以上,且具有餐饮供应链优化服务的真实需求。同时,业务、风控团队将对项目连锁门店进行实地调查,反向确认采购订单的真实有效性,确保项目没有法律争议。第二,Bidirectional(双向)。对供应链供方与需方进行双向评级,确保采购订单的稳定性和持续性,并且严控单笔融资低于餐厅年收入的 4%,尽可能降低违约风险。第三,Big Data(大数据)。依托 POS 流水、财务报表、餐厅收银管理系统、第三方脱敏数据、互联网数据扫描分析,进行大数据比对核查,建立餐厅现金流模型,提前判断运营趋势,确保回款周期内拥有足额现金盈余。第四,Open Type Integrated(开放式一体化)。从业务开发到投融资服务,线上系统自动监测,线下餐饮消费者主动监测,平台及时披露项目信息,投资人参与关键链条风险管理,实现管理可视、项目风险开放式一体化管理。

筷来财的上述互联网供应链金融模式有助于优化食材供应链体系,降低采购成本,加速资金周转,增加运营流动性。具体讲,这种模式的特点在于:第一,不同于银行、小贷等信贷机构或民间借贷机构,筷来财不提供贷款,而是在 C2S 模式下,向各类资金提供方推荐供应链优化项目,从而使优质的连锁餐饮企业获取可循环的、灵活的信用化资金。第二,帮助连锁餐饮企业及其供应商主动管理账期。在传统餐饮业的赊销模式下,对于账期的管理都是被动的、拖延的、善变的,导致经营管理不规范,商业信用缺失,供应链合作关系紧张。而这种供应链优化服务实现了账期的主动管理,促使餐饮企业加强规范化经营,提高管理水平。第三,提高采购效率。在传统食材供应过程中,供应商受到拖欠账期的不良信用影响,对采购方取消、延迟食材配送甚至降低食材品质等负面措施,更不可能支持大规模集中采购,导致采购方的采购效率和品质双双下降,进入恶性循环。而采供双方一旦形成稳定的现结交易模式,就能够充分挖掘出供应链的内在动力，高速的资金周转带来业务和利润的不断翻番，进入双向促进的良性循环。第四，改善财务结构。这种模式对于买卖双方而言，能够改善财务结构，降低成本，提升盈利能力，降低资产负债率，盘活流动资产。第五，降低采购成本。因账期而造成生产的隐形加价，可以通过现结代付服务消除，进而稳固供应链的合作关系。扩大集中采购，又可以提高采购方对供应方的议价能力，达到降低采购成本的目的。

2. 客户与供应链对接

筷来财在向连锁餐饮企业及其供应商提供供应链优化服务的同时，还面向理财端提供餐饮供应链优化项目。一般由连锁餐饮企业发起，在筷来财C2S模式下，供应方、采购方、担保方等相关各方确立餐饮供应链优化现结代付服务合作关系。经筷来财风控体系审核，确定项目资料真实、相关法律手续齐全、符合餐饮供应链优化项目投资发布的标准后，再由筷来财平台面向各类投资人推荐投资。

项目以采购方/供应方的应付/应收账款为标的，年化收益10%～15%，项目期限为30～120天。项目应收账款均在中国人民银行征信中心办理质押登记，确保质押的唯一性、合法性和回款的优先权利。此外，还接入第三方支付资金托管服务、律所专业法律服务、担保公司担保服务（出具担保函并签约担保合同）。所有操作步骤均在线上完成，用户可通过PC端和移动端完成。

基于上述互联网供应链金融，截至2015年底，筷来财已完成签约连锁餐饮品牌16个，发布餐饮供应链优化项目100多个，服务用户已达5万余人，项目资产储备35亿元。

走向创造现金流量周期：鲜易供应链

长期以来农业一直是我国三大产业中发展最为缓慢且挑战较大的领域。首先，我国农业生产以小农生产模式为主，作业的分散导致经营效率较低下、产品品质不稳以及产品安全问题难以解决；其次，分散的生产方式导致技术投入不足以及资源整合不够，消费者与产品生产者之间信息传导机制不完善，进而导致价格扭曲以及供需失衡；最后，农产品大多是易腐产品，对流通运输有特殊的要求，虽然目前我国生鲜食品产量已经突破了12.4亿吨/年，居全球首位，但是我国的果蔬、肉类、水产品的冷链流通率仅有22%、34%、41%，冷藏运输率仅有35%、57%、69%，远远落后于发达国家的平均水平，导致了农产品运输损耗率居高不下，整个产业链成本增加。简单地将农业放到"线上"并不能解决农业的生产碎片化、流通的无效率化、供需的不平衡，只有农业产业与互联网的融合形成"农业产业互联网化"才能将生产碎片聚合起来，通过智能化的方式贯通农业产前、产中和产后三大领域，使互联网的思维渗透进农业产品的传播、渠道供给方式以及整个供应链和价值链的设计运营中，整合农产品的物流链、信息链、价值链、组织链四大链条，使产前、生产、加工、流通、消费五大环节融会贯通，打通生产者、流通者以及消费者之间的信用承诺关系，重构农业供应链上下游企业的商业模式，以提高整个供应链的效率和效能，最终为社会提供安全、可追溯的优质产品。

鲜易控股发展历程与基本背景

1993年3月31日，一家从县级食品公司分离出来的肉联厂挂牌成立，这个毫不起眼的小厂就是众品的前身——长葛县肉联厂。在许多人看来，这家从县食品公司分离出来的肉联厂，其实就是一家典型的作坊式屠宰场。那时的企业资产只有几十吨积压的即将过期的冻牛肉，而债务却远多于牛肉的价值。现任众品集团董事长、时任肉联厂厂长的朱献福谈及往事，曾感慨道："长葛县肉联厂几乎成了社会的弃儿。我上任不到一个月，就接到了各地法院的15张传票。"当然，这些传票都是向肉联厂要债的。

1995年，肉联厂完成了第一次股份制改造，通过全员持股，企业实现了国有资产退出，由国有制转变为有限责任公司，此举为众品后来的资本运作扫清了障碍。随后，1997年，长葛市肉联厂改制为长葛市众品食业有限公司，这便是后来众品的雏形。

1999年，长葛市众品食业有限公司为了优化股权结构，完成了第二次股份制改造，将有限责任公司变更为股份有限公司。改组后的众品食业希望能从全球获取发展资源，于是从2005年起就瞄准国际资本市场进行了第三次股权结构调整，并于2006年2月通过反向收购，在美国OTCBB（柜台交易市场，由全美证券商协会管理）上市。在美国上市后，众品的知名度得到了很大的提升，很多银行开始争相给众品提供贷款，于是资金充裕的众品开始进行扩张。2007年，众品在河南省几乎同时投建四家生产基地，总投资高达12亿元。由于经营业绩优异，众品于2007年12月顺利从OTCBB转入纳斯达克全球精选板，成为中国食品制造行业首家纳斯达克主板上市公司。

2008年底，爆发了一场全球性的金融危机，国家为稳定市场推出了一系列扩大内需的利好金融政策，众品乘势而上，借助自己美国上市企业的身份进行贷款扩张，先后建成了黑龙江绥化众品、四川德阳众品、河北衡水众品、吉林众品、永城众品，还建立了具有国际水准的肉类加工和冷链物流产业基地以及河南最大的冷链物流园。

2009年4月6日，随着总投资超过3.6亿元的众品物流园建成并投入运营，河南鲜易供应链股份有限公司正式成立。此举标志着众品的产业链从传统的肉制品领域向冷链物流领域深度延伸。

2013年6月，众品完成私有化合并交易正式宣布退市。众品退市的原因，一方面是因为美国资本市场对境外企业存在"风险放大"因素，公司市盈率偏低，中概股价值被低估，因此进一步融资能力受限；另一方面是因为众品上市前期释放股权比例过大，导致核心管理层持股偏少，对公司控制能力弱化，而这不利于公司应对动态的环境快速地做出正确决策。众品退市后，随即进行了战略转型，将河南众品食业股份有限公司、河南鲜易供应链有限公司重组为鲜易控股，并将企业定位于构建智慧生鲜供应链生态圈，开始了产业互联网转型之路，使公司转变为集供应端、食品安全管理、电商平台、物流配送于一体的产业互联网公司。2014年，鲜易控股公司主营业务收入达到135亿元。2015年以来，公司的整体增速同比提升

16%，鲜易控股也成为了传统企业与互联网融合发展的样板。

鲜易网络链建构和拓展

2013年完成了私有化的鲜易开始拥抱互联网进行战略转型，使自己从服务企业向生态平台企业过渡，在2年时间内，打造了一条生鲜电商产业链，涵盖了食品产业链整合能力、标准食品安全保障能力、冷链仓储配送能力、供应链金融服务能力等，如今已形成了以产业互联网定位的发展方向，以鲜易控股为统领的公司架构，以线上平台加线下产品和服务的O2O2O发展模式。为了消除消费者对于食品安全问题的忧虑，鲜易决定在传统电商O2O的基础上再增加一个"O"。第一个"O"是origin"源头"，从餐桌到源头的溯源体系，有众品在背后作为支撑。第二个"O"是online"线上"，鲜易打造了冷链马甲和鲜易网在线交易平台。第三个"O"是offline"线下"，有鲜易供应链作为保障。总的来看，鲜易为了构建自己的生鲜生态圈，在线上主要布局了两张网，在线下主要从产品维度和服务维度布局了三张网，形成了从产业链到供应链，从产品维度到服务维度再到互联网维度的综合运营平台（见图6—5）。

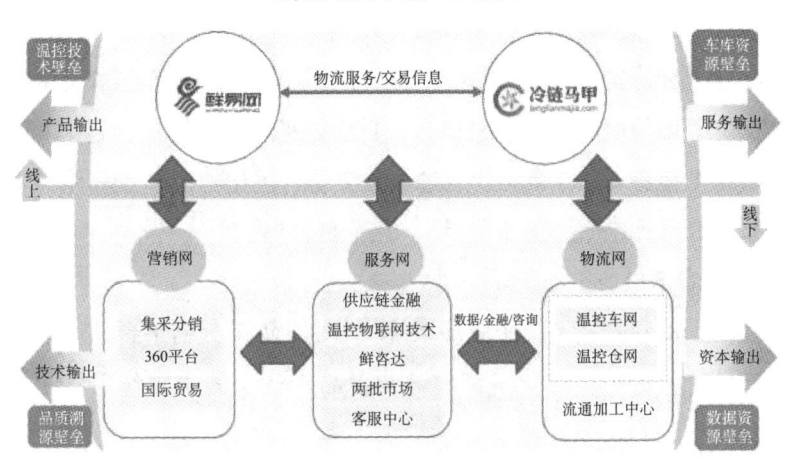

图6—5 鲜易网络链结构

1. 鲜易线上供应链布局

在线上,鲜易布局了两张网,运营着三个电子商务平台:B2B 平台——鲜易网、B2C 平台——日日鲜商城和冷链资源交易平台——冷链马甲。

鲜易网是一家垂直生鲜食材 B2B 电商交易平台,是首批酒店餐饮生鲜食材采购批发、肉禽水产批发平台,该平台面向餐饮、团膳、生鲜便利店和食品分销商等产业链中小创业者,致力于为中国生鲜食品企业用户提供信息发布、品牌传播、网络营销、担保交易、金融服务、仓储物流等多方位、全流程的电子商务服务。该平台于 2014 年 12 月上线运营;到 2015 年,注册用户超过 20 万,交易额 32 亿元,上万名供应商、采购商、配送商、服务商在线员工进入鲜易的生鲜供应链生态圈进行创新创业。

日日鲜商城是 B2C 交易电子商务平台,定位于社区大厨房,主要客户是 C 端客户,是社区的居民和消费者,产品包括冷鲜肉、肉制品、水果蔬菜、料理调味以及进口食品、地方特色农产品等百姓厨房生鲜食材。消费者可通过移动端、PC 端线上下单,既可以选择在规定时间内送货上门,也可以到线下实体店取货。目前,该网站注册用户已达到 33.5 万,2 000 多家生鲜便利店改造成体验店、展示店和配送店。

冷链马甲交易平台是国内第一家冷链物流线上综合性公共服务交易平台,鲜易凭借自己强大的整合以及线下冷链能力,把市场的冷链仓储能力、冷链运配能力和冷链货流信息纳入交易标的,融入物联网技术应用、物流金融、保险等增值服务进行交易撮合。目前,平台注册用户达到 1.09 万个,每天发布各类信息 6 300 余条。通过撮合交易,优化物流节点和路径,冷链运输空载率和冷库空置率至少降低了 10 个百分点。

2. 鲜易线下供应链布局

在线下,鲜易打造了三个联动系统——360 集采分销平台、温控供应链和食品产业链,进一步深化了供应链和食品产业链的协同作用,使自己的业务模式转变为 O2O2O。

鲜易基于"买全球、卖中国"的理念,构建了稳定的进出口渠道,并在全国五大区域 360 个城市进行集采分销网络布局,构建分销平台和分销系统。平台的建立使企业能够为上下游客户提供生鲜农产品、冷链包装食品专业的全球采购服务，从而实现城乡联动、内外贸联动。目前，鲜易拥有欧洲、北美、南美、东南亚、澳洲/新西兰、香港6个海外集采中心，覆盖全球主要供给市场。另外，鲜易还拥有9个进出口资质，并与19个国家和地区的100余家厂商形成稳定合作，产品目前已经出口至26个国家和地区。不仅如此，依托于360集采分销平台，通过360集采平台、360深度分销平台、360服务平台，鲜易还构建了自己的流通供应链，使自己能够实现全产业链的"产品＋服务＋数据"一体化解决方案服务能力。

鲜易的温控供应链事业集群主要为客户提供温控仓储、温控运输、生鲜加工、城市配送等服务，运用物联网技术，推动中国生鲜电商事业的快速发展。目前，鲜易在全国建设15个销地生鲜物流配送中心和10个产地生鲜加工配送中心，多温带冷库容积180万立方米；在38个物流节点城市、70个区域节点城市布局干线运输网络，在大中原、长三角、珠三角、环渤海、东北等地区实现了冷链干线运输、区域分拨、城际零担和部分城市配送等功能，物流服务和市场网络覆盖全国26个省、区，形成"群、链、网"结合的服务优势。另外，还拥有标准化冷链车辆3 000余台，所有车辆配备TMS系统、GPS/GIS跟踪系统、温控设施等物流信息系统。

鲜易通过APP、POS、PC等数据入口，发现消费者需求，根据需求为客户提供技术支持、供应链金融、食品安全、技术研发、集采分销等系统化服务。公司在东北、华北、华东、西南和大中原布局9个加工制造业基地，生猪加工能力930万头/年，肉制品综合加工能力15万吨/年，副产品综合加工能力3万吨/年。拥有冷鲜肉系列、肉制品系列、综合加工系列、预制品系列等产品1 200多种。同时根据用户需求，提供定制化产品解决方案。

鲜易的互联网供应链金融业务

在全球生产经营组织模式转变和我国经济转型背景下，中小企业受外部环境影响而导致经营存在很多不确定性，使银行金融机构无法对中小企业信用状况做出客观评估，因而中小企业很难长期、持续解决融资难题。

正是基于上述O2O2O的网络供应链，鲜易联手金融机构推出系统增值的互联网供应链金融服务方案，亦即鲜易通过原料定金代采＋温控仓储＋冷链运输＋产品分销＋供应链金融的系统化服务，帮助中小企业缓解资金压力，提升市场分销能力。

在采购端，有时当贸易商向农产品生产者采购"季产年销"的农产品时，由于客户必须现款采购，资金周转困难。此外，提货回来的产品堆放在仓库，没有产生销量，却要支付仓储费用，还大量占用资金。加之由于物流公司水平参差不齐，时间、质量和农产品安全难以保证。针对上述问题，鲜易依托产地布局优势，为农产品加工企业及贸易商提供原料代采＋流通加工＋温控仓储＋冷链运输＋产品分销执行＋供应链金融的系统化服务，帮助企业或贸易商有效缓解因农产品"季产年销"带来的资金压力。具体的业务流程是（见图6—6）：交易商首先通过鲜易网与农产品生产者签订农产品采购合作，与此同时借助冷链马甲与物流商签订冷冻仓库或配送服务；之后交易商向鲜易支付10%～20%定金；鲜易垫付货款给农产品生产者，采购相应的农产品；农产品生产者将农产品交货到温控仓储，并进行流通加工；最后交易商分批付款分批提货，或者按规定时间一次性付款，鲜易组织管理冷链配送至交易商。

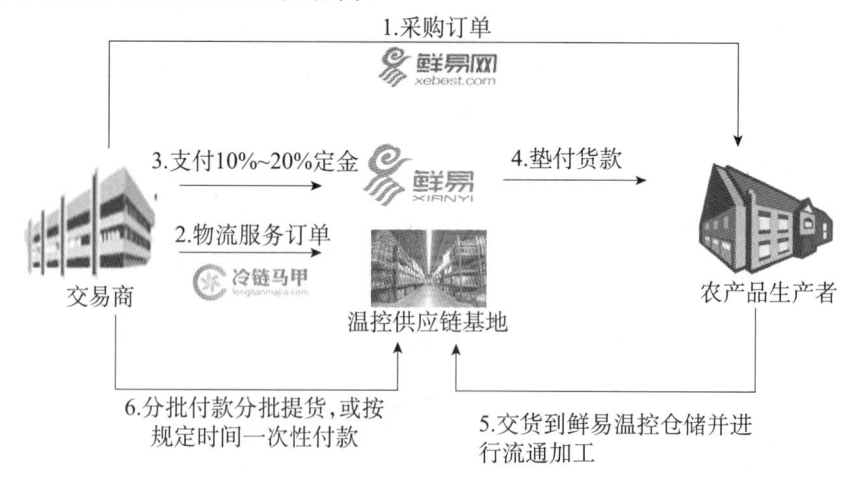

图6—6 鲜易的采购端互联网供应链金融服务

第6章 基于价值回路的互联网供应链金融

在销售端，鲜易充分发挥销地温控供应链基地网络化优势，为品牌企业或其经销商提供"温控仓储＋干线运输＋区域分拨＋城市配送＋采购及分销执行＋供应链金融"等系统集成服务，帮助品牌企业或其经销商提升供应链运营效率。具体业务流程是（见图6—7）：首先下游客户通过鲜易网（B2B）或者日日鲜（B2C）向农产品品牌商或者海外端下达采购订单；品牌商则委托鲜易销售以及冷链物流服务；鲜易提前向品牌商或海外端支付货款，减轻品牌商在渠道的资金占用压力；品牌商出货至鲜易，之后鲜易通过温控仓储、干线运输和区域分拨发货、铺货；与此同时鲜易为产品输入二维码，扫描并输入系统，生成数据，品牌商借助信息系统一方面随时了解货物流向和状态，另一方面任何一单货有据可查，保证产品质量；最后下游客户按合同提货付款，完成交易。

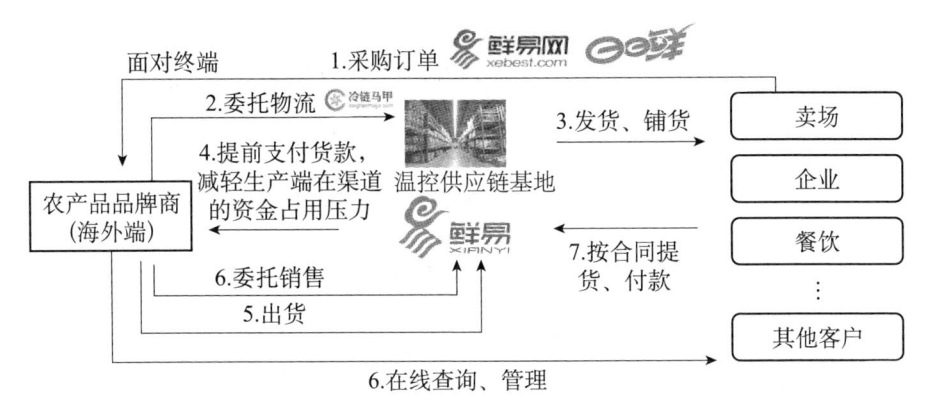

图6—7 鲜易销售端互联网供应链金融服务

通过整体布局，鲜易目前正在打造一个开放共享、共生共赢的智慧生鲜供应链生态圈，创造产业的现金流量周期，数万个供应商、采购商、生产商、品牌商、运营商、配送商、服务商成为生态圈中的在线员工，共享金融、数据、技术、标准、信息等资源要素，进入企业创新创业体系，将创业与就业、线上与线下相结合，降低创业门槛和成本。目前，生态圈带动种养（场）户18万户，带动农村经济合作组织306个，培训农民12万人次，2 000多个创客成为创业小老板，在线员工与在册员工比例达到10∶1。

实现创造现金流量周期：怡亚通

深圳市怡亚通供应链股份有限公司（以下简称怡亚通）成立于1997年，总部设在深圳，是中国第一家上市供应链企业（股票代码：002183），旗下现有300余家分支机构，全球员工逾3万人，服务网络遍布中国380个主要城市及东南亚、欧美、澳洲等国家和地区。业务领域覆盖IT、通讯、机械设备、医疗、生鲜冷链、家电、快消、化工、家电、服装、安防等行业，为全球100余家世界500强企业及2 000多家国内外知名企业提供专业供应链服务。怡亚通已连续六年上榜《财富》"中国500强"，获评"21世纪最佳商业模式"，成为福布斯中国顶尖企业之一。2013年主营业务收入206亿元，2014年主营业务收入338亿元，2015年主营业务收入399亿元；2013—2015年三年累计缴税7.32亿元、累计利润10亿元。

怡亚通全球供应链整合服务平台模式

怡亚通以物流为基础，供应链采购与销售为载体，将互联网技术与供应链服务相结合，聚合品牌商/厂商、物流商、渠道商、金融机构等各大群体，整合一切可以整合的资源，构建一站式整合服务平台，打造一个平台共享、共荣共生的"供应链＋互联网"生态圈。同时，怡亚通通过对不同行业的运行模式的渗透，从横向对客户企业整个供应链链条进行一体化整合，业务内容延伸到核心企业的供应链上、下游的各个环节。通过采购平台、销售平台、物流平台，为客户提供包括供应链整合方案设计、采购执行和分销执行、库存管理、资金结算、通关物流以及信息系统支持诸多环节在内的一体化供应链管理服务，帮助企业实现从原材料采购到产品销售的供应链全程运作中的非核心业务外包，以提升企业核心竞争力（见图6—8）。

第6章 基于价值回路的互联网供应链金融

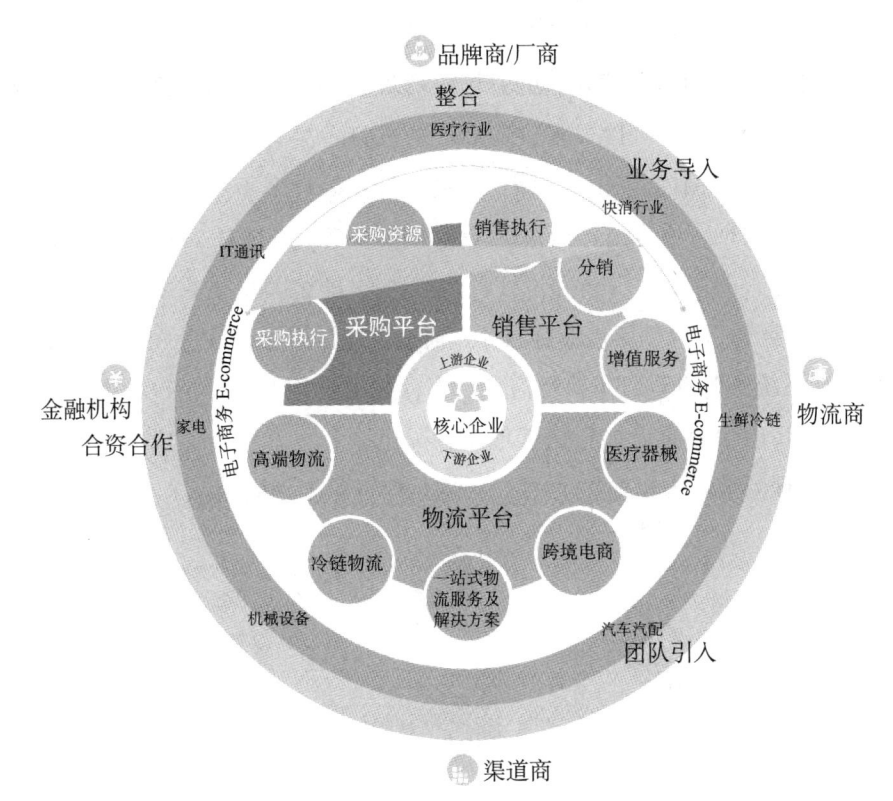

图6—8 怡亚通全球供应链服务平台

1. 采购平台：采购执行服务＋VMI＋采购资源整合

怡亚通采购平台拥有强大的资源整合能力，精准掌握客户需求，制定定制化服务方案，根据客户指令，衔接客户上游厂商及下游客户，通过整合资金流、信息流、商流、物流四流合一，执行采购、通关、国际国内物流、货物交付等动作，配套金融服务，提供采购及采购执行、采购资源整合服务（见图6—9）。采购执行服务指的是帮助企业阳光采购，提高采购执行效率，避免采购过程中因各种问题带来的成本失控。VMI帮助企业加强供应商及供应商库存的协调管理，实现零库存管理，提高供应商生产库存周转效率，解决计划生产与实际销售差距带来的巨量库存积压。采购资源整合服务是指对产品资源进行优势整合，帮助国内外商家实现全球产品采购。通过以上整体的协同服务，帮助客户在整个采购运作中节约成本，减

159

少人力投入，更加专注核心竞争力的构建。

例如，H公司是全球知名的家用电器设备制造商，由于需采购的原材料种类多，需要同时对接很多供应商，造成订单处理周期缓慢，同时，供应商交货、国际国内运输、仓储、清关、付汇等环节不统一，致使到货时效低、结算烦琐、成本高，全程供应链难以掌控。通过对H公司的供应链体系进行深入的调研、分析和论证，怡亚通向H公司提供采购执行＋供应商管理库存＋JIT等创新供应链服务。通过供应链服务，H公司可以在怡亚通VMI系统实时查询订单执行信息，库存进出记录及在库情况；取消原材料仓库，转由怡亚通提供仓储管理及货配送服务，降低仓储成本，优化采购订单管理环节，大幅缩短了H公司的采购订单处理周期。

图6—9　采购执行服务＋VMI＋采购资源整合

通过与怡亚通合作，客户取得了整体的供应链管理成果：

第一，顺利将H公司全国各地的供应商导入VMI项目，供应商可以根据怡亚通 ERP 系统实时查询库存情况，快速补货，提高了原材料调达响应速度。怡亚通快捷高效的本地物流服务，实现了原材料 JIT 供应上线，从而保证了 H 公司生产线良性运转。

第二，大部分库存转移到怡亚通管理，原有仓库具备改成生产线的条件，从而能有效扩大生产规模，促进销售，占领市场。

第三，在怡亚通送货给 H 公司后，货物所有权才转移给 H 公司，从而实现了库存与资金零占用。

第四，由供应商分开运输变为怡亚通集货后统一运输，采用整合报关、拼车运输等措施，降低了供应链环节费用。

第五，怡亚通在采购环节提供金融服务，满足客户资金需求，缓解资金压力，提高资金周转率。

2. 销售平台：平台＋分销＋增值服务

怡亚通试图在厂家与经销商之间建立销售平台（见图 6—10），服务网络覆盖全国各级城市，打造增值分销供应链运营模式，提供销售执行、分销、渠道管理、市场营销、供应链金融等服务，帮助企业实现渠道扁平化，提高竞争力，开拓更广阔的市场。

销售执行＋DC 服务：帮助企业实现生产与销售间的缓冲，增强企业供应链弹性；帮助企业服务全国经销商，实现商流、物流、资金流、信息流统一。

分销服务：销售平台链接品牌厂商以及下游渠道商，建立覆盖全国各级城市的供应链网络，建立并运用电子商务平台，提供全程供应链管理服务，打造增值分销供应链运营模式，帮助合作伙伴突破渠道管理难题，提高市场竞争力。

增值服务：怡亚通可以根据客户需求提供渠道管理、渠道拓展、市场营销、媒体推广、供应链金融等定制化服务，帮助企业品牌提升，开拓增量业务。

例如，R 公司是全球知名的国际品牌厂商，其代理商各自在 R 公司境外提货点提货，办理国际运输、通关、付汇。出货后的供应链时效、成本及运输信息难以掌控，代理商业务运作、产品市场价格难以监管。还需面

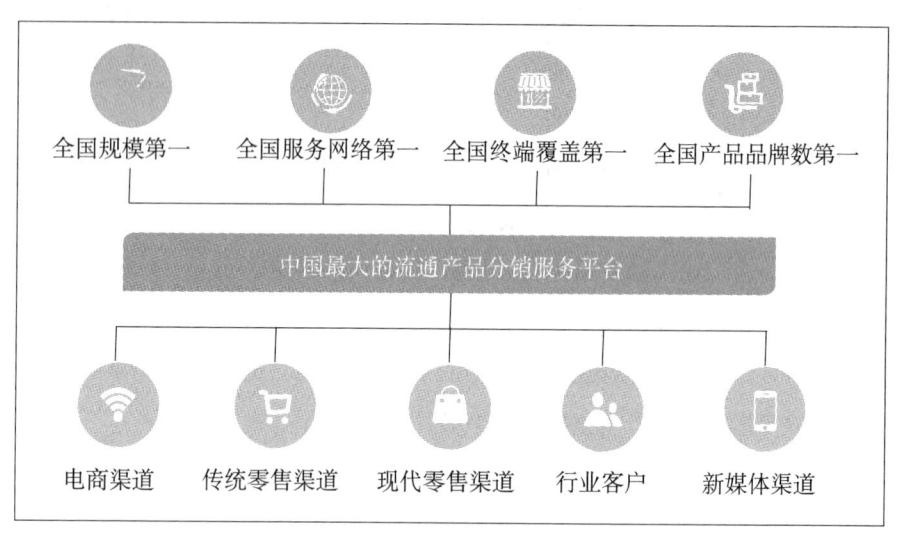

图 6—10 怡亚通销售平台

对庞大的代理商体系的货物交付、结算，营运管理繁复，对电商平台管控、议价能力减弱，多元化渠道拓展缓慢等困扰。通过供应链环节调研及分析，为解决以上问题，怡亚通出具解决方案，R 公司专注于产品研发，产品进入中国市场的所有供应链环节外包给怡亚通，由怡亚通向 R 公司提供境外集货通关服务、销售执行服务、渠道拓展管理、市场价格管理、促销活动策划、产品售后服务等定制化供应链服务。统一安排进口通关，规范产品价格，将通关时间缩短为 1 天，提前产品进入市场时间，抢占市场先机；面对庞大的代理商体系所导致的货物交付、结算，营运管理繁复，操作成本高的问题，怡亚通将渠道扁平，直接对接各代理商，供货、结算，降低了商品流通总成本；此外，怡亚通对渠道商进行精细化管理，统一供货价格、条码管理，有效避免各经销商之间开展价格战，各环节利润空间逐年下降的困境，R 公司传统代理商年业务量存量业务实现倍数增长。同时，怡亚通利用立体式渠道资源，协助 R 公司发展电商渠道，开发新渠道，增加客户渠道及产品销售量，同年 R 公司新增业务量提高 30%。

3. 380：多元化物流服务平台

"380 平台"计划是怡亚通 2012 年 11 月提出的发展方向，其目标是锁定中国380个地、县级市，打造一个覆盖近10亿有效消费人口的快消品直供平台，截止到2015年，怡亚通建成了220个，已覆盖大小终端100万个。怡亚通试图通过380物流服务平台，在采购、生产、销售等供应链环节中为客户提供国际物流、国内物流、保税物流等全方位服务，帮助企业降低供应链成本、提高供应链效率。具体讲，怡亚通物流平台功能包括：一体化物流服务体系：包括采购物流、区域和城市配送、长途整车和零担运输、仓储、RMA（return merchandise authorization，退货流程解决方案）、门店调拨、电商物流等B2B和B2C全覆盖物流服务体系。密集网络布局：网络覆盖1~5级城市，灵活的服务能力（公路、航空、快递、铁路、水运），满足客户的多层次、多种类需求。物流信息系统：拥有强大的信息系统服务能力，提供多方协同（怡亚通，客户，供应商，物流服务商）的TMS、WMS、GPS信息系统服务，能实现信息系统EDI对接。系统自主研发，拥有持续创新能力。

例如，H公司是主营通讯产品的国际知名生产制造企业，对非核心业务供应链外包理念认同度较高，在全球供应链外包实践中获得成功和收益。怡亚通为H公司国内唯一物流合作伙伴，为H公司提供包括国内仓储、运输物流、RMA服务、报表订单、系统订单EDI信息对接及产品组套包装等增值服务、进出口通关及保税服务、国内B2C电商平台销售执行服务等在内的全方位的物流服务，最大限度满足H公司的各类需求。具体讲，怡亚通提供的服务包括：

（1）RMA服务。H公司的产品全面覆盖中国市场，在销售市场存在大量的销售样机需要按时回收管理。怡亚通利用自身强大的信息化水平及广大的物流服务网络，向H公司提供定制化的RMA服务，对全国范围内的样机进行回收管理，通过产品序列号核对来源、料号，检验产品基本状态，并根据产品状态进行分类统计，方便客户后续翻新、维修或报废等处理。通过怡亚通的RMA服务，H公司各地办事处精简了人员兼职的维修检测工作，简化客户质保部门操作流程，改由工厂统一、集中、批量处理返回样机，节省人员成本及返回样机的管理成本。

(2) 产品组套包装服务。2016 年 H 公司推新产品，其套装产品配件较多，其中核心配件由台湾生产，非核心配件及包装耗材均为大陆生产，客户组套包装流水线位于台湾工厂。若成套产品进口，所耗人员成本及运输成本都比较高。基于上述情况，怡亚通向 H 公司提供产品组套包装增值服务，可利用现有资源，合理安排作业时间，为客户提供大陆销售产品的组套包装服务，相对客户台湾工厂操作，在保障产能的同时成本下降超过 50%。

(3) 内购平台搭建及销售执行服务。客户员工内部采购项目，不同分、子公司的员工和 VIP 客户享有的价格优惠和购买限量各不相同，单量小，批次多，人工核对及账务处理都较为复杂，且易出错，线上线下日常操作处理需 2~4 人。针对客户以上瓶颈，怡亚通运用自身电子商务平台为客户定制了仅面向客户指定人员开放的 B2C 电商店铺，通过后台个性化的管理，对各指定用户进行群组分类、限量销售、优惠政策等管理。客户内部员工或 VIP 客户登录店铺后即可自主完成下单、付款、在线查询货物状态。客户仅需 1 人每月花费半天时间与 EA 进行账务核对及货款结算，有效帮助客户降本增效。

4. B2B2C/O2O 零售平台

除了供应链分销服务之外，怡亚通还开展零售端的整合服务，线上构建以 O2O 方式运营的"星链生活"App 和 B2C 移动电商营销平台"星链微店"，依托怡亚通供应链后台品牌商品资源，为零售终端提供一个电商化和自营销的平台（见图 6—11）。中小零售店可以通过共享怡亚通的产品后台，实现门店互联网化，轻松上架自营产品到微店，也可以上架星链商品，最终让就近的消费者可以通过手机 APP 下单购买商品，实现门店或怡亚通后台配送中心快速配送商品上门，让客户提升门店销量，增加利润；而大客户/工厂/品牌方则可以直面消费者开展促销专场活动，提升销售量。除了在这个电商平台销售货品，还能实现金融、传媒、增值服务等功能，构成 O2O 的生态体系。

线下构建中国中小零售终端门店联盟"星盟"，为中小零售商提供门店形象、商品采购、增值业务开发服务。"星盟"致力为中小零售商创造一个共生发展的平台，集聚星链微店、星链传媒、O2O 金融、星链云商等创新服务产品，不断促进门店提升服务能力、增加销量、创造更多利润，实现向 O2O 生态运营模式升级。传统零售商可通过星链微店拓展商品种类，既可以轻松上架自营产品到微店，也可以直接从星链后台上架商品（超过 15 万个 SKU 产品库），消费者可以通过手机 APP 下单购买商品，实现门店快速配送商品上门或消费者直接到门店取货，让客户拥有极致体验的同时，提升门店销量及利润的增加。通过从运营管理到融资渠道等一系列环节的全面升级，实现了 O2O 线上线下联合运营，成为拥有供应链＋互联网＋金融＋传媒＋服务＋其他增值服务的"未来商店"。

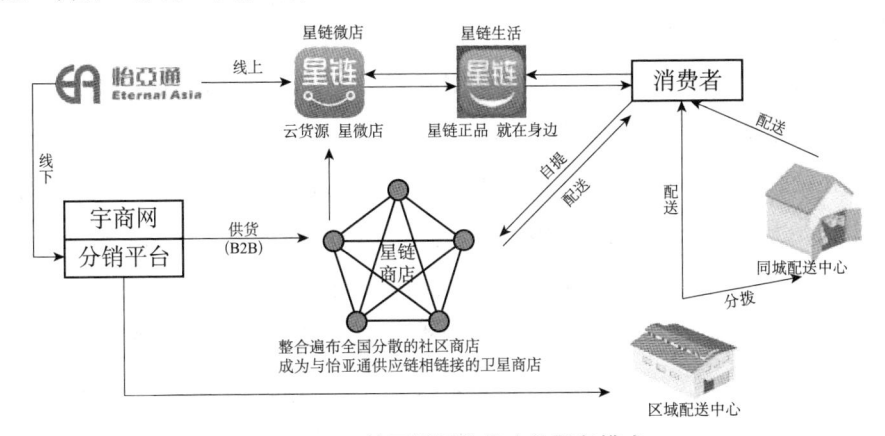

图 6—11 怡亚通零售供应链服务模式

怡亚通互联网供应链金融服务

基于上述供应链服务平台，怡亚通开发了一系列互联网供应链金融服务，其中具有特色的是 O2O 供应链流通金融。该产品的授信主体主要是流通领域的小微实体企业和个人，主要围绕以核心产品/核心企业为中心项下的批量性渠道商客户及快消品门店。一般授信金额为 5 万～500 万元之间。该产品通过与银行合作，通过结构化的互联网供应链金融流程管理，帮助中小微企业解决流通过程中的资金问题。具体讲，怡亚通的互联网供应链金融运营和管理主要体现在设计、贷中和异常征兆管理几个方面。

1. 管理与设计

怡亚通的互联网供应链金融在贷前主要是通过管理体系和准入体系的

建立来推进互联网供应链金融业务。由于供应链流通金融主要依托的是怡亚通的分销平台和380物流服务平台,因此,在管理体系上采用了集团总部→380集群总部→省级平台→市级平台→整合公司多级责任承担机制。380集群是稳定盈利平台,省级平台管理多为10亿～20亿元级别的生意量,下设市级平台及整合公司,整合公司的门槛均为每年2亿～3亿元生意量且盈利良好的渠道商,不考虑增值收益,购销利润便可以涵盖风险。此外,一线销售人员不是金融绩效考核的利润核心受益者,他们的绩效主要来自卖货收入,不是O2O金融直接责任方,只是信息推荐、资料收集和贷后检查的具体实施人,没有金融产品销售冲动。在绩效分配上,集团集群总部30%（其中50%风险准备金）,业务团队70%,核心承担人是整合公司,风险核心在整合公司老板（小股东）,而不是职业经理人。

在征信方面（见图6—12）,怡亚通通过与银行合作实施征信。借款人申请,并授权个人征信。银行进行个人征信评价,在此基础上批复、核准。与此同时,怡亚通也对客户进行征信分析,规定了实际控制人的年龄阶段,不仅了解企业征信,还要调查个人征信,核心点是核查企业经营的明朗度,经营实体的盈利能力是否处于上升阶段,清晰调查借款企业（个人）当地的资产情况、担保人财产线索,确定借款人是否有较大的违约成本,与核心企业合作年限、合作数据,同时多角度数据有逻辑佐证。

2. 贷中管理

贷中管理是保障资金安全的重要方面,一旦确认了对客户进行融资,怡亚通通过其分销和物流体系,对客户企业以及供应链的运营状况实施监控,并且将动态的数据及时与银行分享,使得资金能合理有效地运用在供应链分销运营中（见图6—13）。

3. 异常征兆管理

异常征兆管理是互联网供应链金融管理的关键点,对于有效防范风险、保障供应链有效运行至关重要。怡亚通制定了一系列的异常征兆体系和管理流程。这些体系包括:

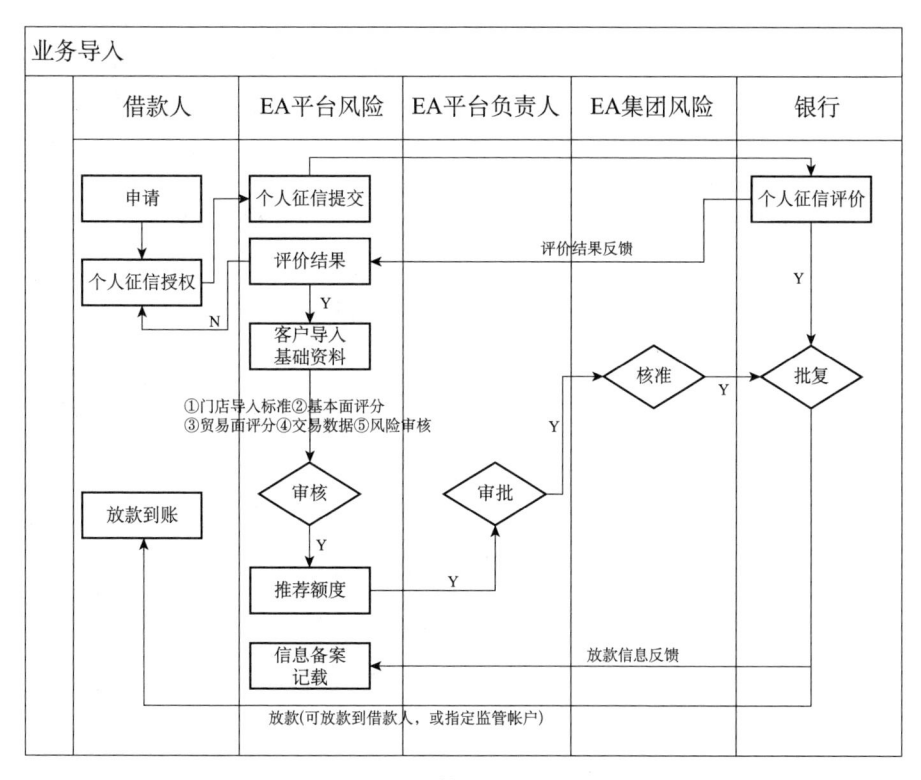

图 6—12 怡亚通征信流程

（1）门店经营风险征兆。

（2）经理经常借口不在；商店整体形象突然变差。

（3）正常的营运费用无法支付（如：房租、水电、工资）。

（4）付款一拖再拖，没有正常原因，但对方坚持对产品或票据有争议。

（5）重要熟练员工、人物频繁离职，频繁调换管理人员。

（6）商店有新的投资项目，比如房地产投资、大比例股票投资等。

（7）商店被同行批评得一无是处；不正常盘点，突然低价大量抛货，加快货款回收。

（8）突然间大量增加或减少其进货量（超出所在区域的销售能力），过度销售。

（9）合伙人或股东之间有严重的争议，或公司决策层存在较严重的内部矛盾，未来发展方向不明确；法律诉讼等。

图 6—13 怡亚通贷中管理体系

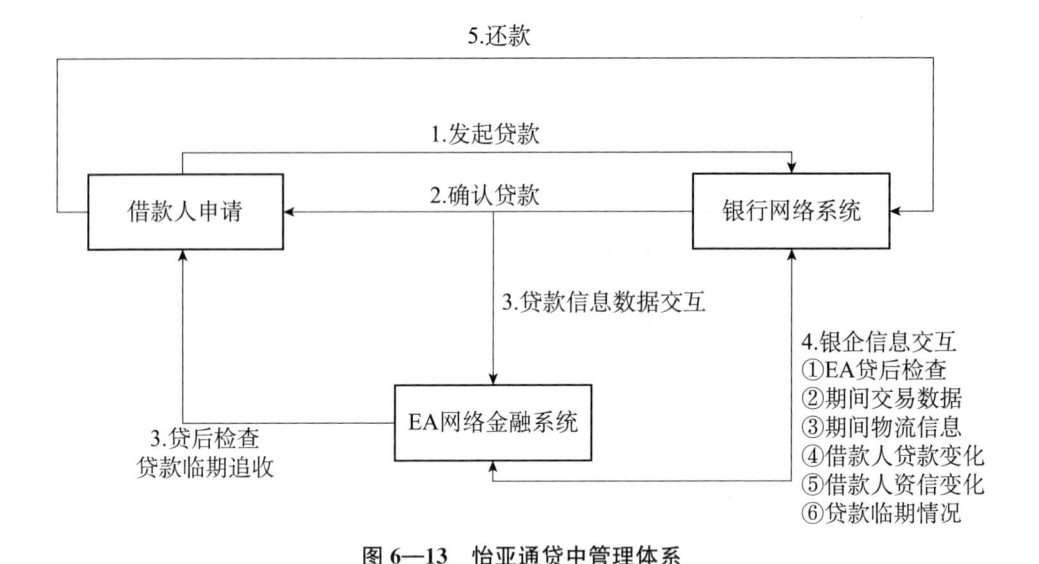

一旦出现上述状况，怡亚通和银行就会启动警示追收，并动态地采用相应补救和管理措施进行管理，包括资产保全、调剂销售、担保人追收、其他财产追收等各种措施（见图6—14）。

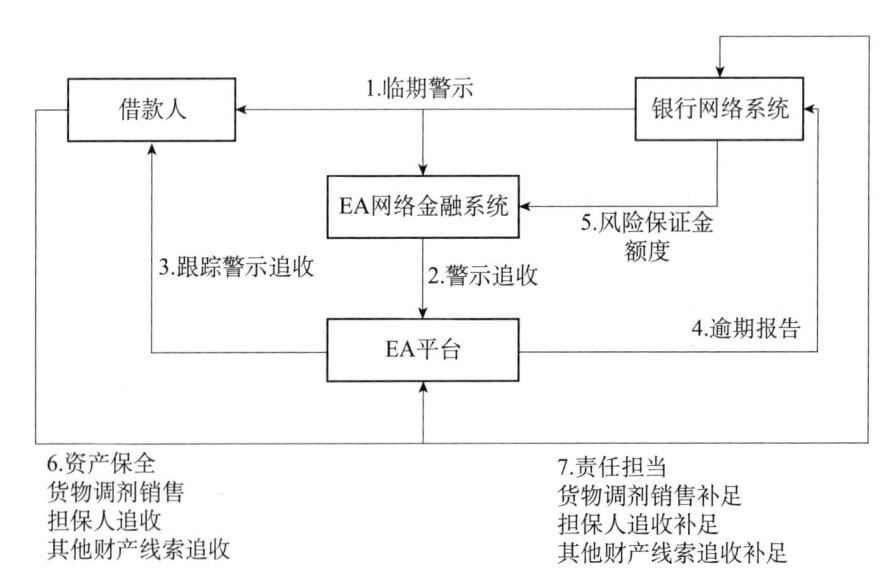

图 6—14 怡亚通异常征兆管理流程

第 7 章
基于大数据分析的互联网供应链金融

随着供应链运营全球化、互联网化以及信息化的发展,数据已经渗透到每一个行业和业务职能领域,业已成为一个重要的生产因素,并且海量数据可以通过多种方式产生价值,因此,对于大数据的运用(using data),就成为企业获得竞争力以及供应链金融长远发展的关键。Laney(2001)指出,在数据管理中,存在三个维度的挑战,即数据量大(volume)、数据类型繁多(variety)以及数据增长快(velocity)。McAfee 等(2012)也指出,"大数据"和以往的分析学相比,存在上述的 3V 区别。TechAmerica Foundation's Federal Big Data Commission(2012)也认为,大数据是指那些数据量大并且增长速度快、数据结构复杂并且数据种类繁多的数据,对这些数据进行捕获、储存、分配、管理以及对信息进行分析需要利用先进的技术和方法。尽管大数据的 3V 构架获得了广泛的认可,但是一些研究者认为 3V 并没有完整描述大数据的特点,并在 3V 的基础上发展出了 4V。国际数据公司(International Data Corporation,IDC)认为,大数据应该具有价值性(value),即指数据价值密度相对较低,这也就意味着数据量呈爆发式增长的同时,隐藏在数据背后的有用价值却没有成比例的增长,这就增加了我们挖掘数据价值的难度。IBM认为大数据还具有真实性（veracity），也就意味着数据分析的基础首先应该是准确的基础数据，而不是被人为篡改或是在传输过程中失真的数据。总之，如今海量（volume）、多种类型（variety）、速度快（velocity）、价值高（value）的大数据成为了企业增进绩效、推动业务创新的重要因素，这是因为大数据不但是企业为客户提供增值服务的基础，还能有效地降低供应链成本费用；另一方面，大数据还能促进企业间的信息协同，并且在供应链金融兴起的背景下，大数据分析技术也能成为企业的一种战略性资源。

供应链运营管理中的大数据

要在供应链运营和金融决策中有效地运用大数据，首先需要正确地了解大数据的类型、质量，以及大数据分析和关键能力要素。

大数据类型

数据类型涉及大数据的数据形态和获取的途径和方法，易观智库（2014）在发布的《2014中国供应链大数据市场专题研究报告》中提出：供应链中的大数据主要包括以下四种类型：结构数据、非结构数据、传感器数据和新类型数据。

结构数据是指那些在电子表格或是关系型数据库中储存的数据（Agneeswaran，2012），这一类型的数据只占数据总量的5%左右（Cukier，2010），主要包括交易数据和时间段数据。现在的大数据分析大多以这一类数据为主，很多研究认为这其中重要的结构数据包括ERP数据。Yung-Yun和Robert（2015）的研究发现，作为高度结构化、集成化的ERP数据能够帮助企业比非ERP数据运用的企业，在战略采购、品类管理和供应商关系管理方面产生更好的绩效。有研究认为ERP系统数据价值亟须挖掘和拓展（于巧稚，2014）。ERP系统中存储的数据是企业运转多年的系统积累的大量的行业数据，这些数据对于企业的经营决策和预测来说意义非常重大；另一方面，ERP数据是企业内部处理的结构化数据，在目前大数据时代，企业怎样将自己内部的结构化数据和非结构化数据以及企业内部数据与企业外部数据相衔接，通过运用大数据分析技术深度挖掘这些海量的、类型多样的、具有价值的、实时更新的数据的商业价值，将交互数据、交易数据以及传感器等数据联合以进行价值挖掘，以达到更好的服务客户并提高供应链整体的柔性、稳定性以及效率，是其面临的一个重大挑战（Liska，2015；耿丽丽，2014）。

非结构数据主要包括库存数据、社会化数据、渠道数据以及客户服务数据。尽管现在有大量的研究和报告在探讨数据和分析能力在供应链中的运用（Chae & Olson，2013；Hazen et al.，2014；Trkman，2010），但是这些研究和报告的重点仍然聚焦在传统的数据来源和分析技术以及它们对于供应链的相关计划和执行的影响上面，而对于非结构数据，例如社会化数据对供应链的影响和作用的相关研究却相对缺乏。Natoli（2013）指出，企业可以利用社交媒体数据辅助进行需求预测，抓住消费者需求以便进行更有效的分类计划以及更好地安排商品在货架上的摆放位置。然而，Cecere（2012）对行业领先的企业进行的调查却发现，它们都不能在供应链智能管理中很好地运用社交媒体数据。Natoli在2013年进行的行业调查中也发现，尽管物流供应商、生产者以及零售商们现在都在借力于传统的供应链数据进行供应链的管理，但是参与调查的企业中，只有1%的企业运用了社交媒体数据进行供应链计划。相关研究的缺乏以及企业实践的忽视，充分显示出了大家对社交媒体数据的重要性认识不足，对社交媒体数据的利用不充分（Chae et al.，2014）。Chae等（2014）指出，加强企业对社会媒体数据在供应链情境中的作用的理解非常必要，而对如何利用社交媒体数据来指导企业进行供应链活动的规划（包括新产品的开发、利益相关者的参与、供应链风险管理以及市场探查等）以及社交媒体数据究竟会对供应链绩效产生怎样的影响这两方面的研究是现在需要关注的重点。要想实现这一目标，就需要从内容丰富的非结构化数据中挖掘出商业智慧，使用不同的研究方法和度量方式（Chau & Xu，2012；Fan & Gordon，2014）。Chae 等（2014）以推特数据为例，介绍了从非结构性数据中挖掘商业智慧的三种分析技术，即描述性分析（descriptive analytics，DA）、内容分析（content analytics，CA）以及网络分析（network analytics，NA），指出这三种分析方法从不同的方面分析了非结构数据的特点。

除了上述两种主要的大数据类型外，易观智库（2014）还指出了另外两类数据，即传感器数据和新类型数据：前者主要包括 RFID 数据、温度数据、QR 码以及位置数据。这类数据的量目前增加较快，随着物联网技术的发展将形成新的产业，构建新的物流供应链，为供应链金融带来巨大商机。后者主要有地图数据、视频数据、影像数据以及声音数据等，目前更多用于数据可视化领域。这部分数据使大数据的质量进一步提高，实时性更强，分析的精准度提高。

大数据的质量

Dey 和 Kumar（2010）指出，企业进行大数据分析所依据的数据往往充满了错误。因此在进行大数据分析的时候需要强调数据的质量问题（Hazen et al.，2014），因为数据的质量对于企业做出的决策有直接的影响（Dyson & Foster，1982；Warth et al.，2011）。甚至还有研究显示，数据质量存在问题会导致企业有形或无形的损失（Batini et al.，2009）。事实上，数据是否可用，在很大程度上是由其质量决定的（O'Reilly，1982），并且，由于现在大数据对供应链管理越来越重要，因此对于高质量数据的需求也变得越来越大（Hazen et al.，2014）。

虽然现在学术上对于什么是高质量的数据还没有一个统一的认识，但是研究认为数据质量的评价应该有多个维度（Ballou and Pazer，1985；Ballou et al.，1998；Pipino，2002；Redman，1996；Wand and Wang，1996；Wang and Strong，1996）。Wang 和 Strong（1996）以及 Lee 等（2002）都认为数据质量的评价应包括两个部分：数据内在的（intrinsic）要求和情境的（contextual）要求。内在的要求是指数据本身所具有的客观属性，主要包括数据的准确性、及时性、一致性和完整性（Ballou & Pazer, 1985; Batini et al., 2009; Blake & Mangiameli, 2011; Haug & Arlbjørn, 2011; Haug et al., 2009; Kahn et al., 2002; Lee et al., 2002; Parssian, 2006; Scannapieco & Catarci, 2002; Wang & Strong, 1996; Zeithaml et al., 1990）。情境的要求是指数据的质量依赖于数据被观察到和使用的情境，包括关联性（relevancy）、价值增加性（value-added）、总量（quantity）（Wang & Strong, 1996）、可信度（believability）、可及性（accessibility）、数据的声誉（reputation of the data）（Lee et al., 2004, 2002）。由于依据低质量数据进行分析决策会给企业造成损失，因此，依赖于大数据做出决策的供应链管理者，应当像对于产出产品的质量一样重视供应链产出的数据质量（Hazen et al., 2014）。Hazen等（2014）根据数据内在质量评价在供应链中的表现进行了举例说明（见表7—1），提出应该进行数据的全面质量管理（TDQM），并指出可以用质量控制图的方式对数据质量进行控制。

表7—1　　　　　　　　　数据质量评价在供应链中的举例

数据质量的评价维度	描述	供应链运用举例
准确性	数据是否没有误报	在顾客关系管理系统中存在的顾客收货地址应该和顾客最近发出的订单上的地址一致
及时性	数据及时进行更新了吗	每个零售地点的存货水平都能准确及时地反映在库存管理系统中
一致性	数据是以相同的格式呈现的吗	所有要求的交货日期都以DD/MM/YY的格式呈现
完整性	需要的数据是否是完整的	顾客的收货地址应包括能够完成货物运输的所有信息（例如，姓名、街道地址、城市、国家和邮编）

资料来源：Hazen et al. (2014)。

物联网、云计算和大数据分析处理

供应链中大数据的分析也是大数据应用中的核心问题。Waller 和 Fawcett（2013）指出，大数据分析就是"将多个学科的知识和供应链管理的理论相结合，在考虑数据的质量和可得性的前提下，运用定量和定性的方法来解决供应链管理的相关问题并对相关结果进行预测"。显然，这一分析过程涉及数据的来源物联网、数据分析的基础云计算以及数据的应用大数据分析技术。

物联网利用局部网络或互联网等通信技术把传感器、控制器、机器、人员和物等通过新的方式联在一起，形成人与物、物与物相联，实现信息化、远程管理控制和智能化的网络。云计算是一种按使用量付费的模式，这种模式提供可用的、便捷的、按需的网络访问，进入可配置的计算资源共享池（资源包括网络、服务器、存储、应用软件、服务），这些资源能够被快速提供，只需投入很少的管理工作，或与服务供应商进行很少的交互。大数据分析着眼于"数据"，关注实际业务，提供数据采集分析挖掘。这三者之间相互关联、相互作用，物联网是获取大数据的途径和手段，没有物联网，就无法形成真正意义上的大数据；大数据挖掘处理需要云计算作为平台，大数据涵盖的价值和规律能够使云计算更好地与行业应用结合并发挥更大的作用；云计算将计算资源作为服务支撑大数据的挖掘，大数据的发展趋势为实时交互的海量数据查询、分析提供了各自需要的价值信息。

Wong（2012）认为分析学是大数据分析的基础，它能帮助企业做出更好的基于事实的决策从而达到推动战略和提高绩效的终极目标。当然，从大数据的分析中，我们不仅能获得新的见解，还能从中建立相关模型以推断某事发生的概率或是可能性，而这又主要是建立在数据挖掘和统计分析的基础之上。Sanders（2014）指出，大数据如果没有分析学对数据进行解析，那么数据就仅仅只是一堆"数据"而已，并不具有价值。Barton 和 Court（2012）认为高级分析学可能会成为很多产业具有竞争力的重要资产，并且也会成为企业提高其绩效的核心要素。大数据需要分析学，但是要想让分析学崭露头角，仅仅拥有合适的大数据是远远不够的，还必须发展那些关注于商业结果的分析工具。当然，从另外一个角度看，分析学如果没有把大数据作为研究的对象，充其量只是数学和统计的工具和应用方法而已，对于企业也不具有价值和意义，因此，只有大数据和分析学两者结合起来，才会产生巨大的效用和影响。

在具体的数据分析处理上，主要有对静态数据的批量处理，对在线数据的实时处理以及对图数据的综合处理（程学旗，靳小龙，王元卓，2014）。其中，对在线数据的实时处理又包括对流式数据的处理和实时交互计算两种。利用批量数据挖掘合适的模式得出具体的含义，制定明智的决策，最终做出有效的应对措施以实现业务目标是大数据批量处理的首要任务。大数据的批量处理系统适用于先存储后计算、实时性要求不高、同时数据的准确性和全面性更为重要的场景。谷歌于 2010 年推出了 Dremel，引领业界向实时数据处理迈进，实时数据处理是针对批量数据处理的性能问题提出的，可分为流式数据处理和交互式数据处理两种模式。在大数据背景下，流式数据处理源于服务器日志的实时采集，交互式数据处理的目标是将 PB 级数据的处理时间缩短到秒级。由于自身的结构特征，图可以很好地表示事物之间的关系，在近几年已成为各学科研究的热点。图中点和边的强关联性，需要图数据处理系统对图数据进行一系列的操作，包括图数据的存储、图查询、最短路径查询、关键字查询、图模式挖掘以及图数据的分类、聚类等。

大数据运用能力

供应链大数据运用的能力要求或者说可能遇到的障碍也是目前关注的主要方面，Chae 等（2014）分析了数据管理能力、运用科学技术进行计划的能力以及绩效管理能力三者对于提升供应链满意度和运营绩效之间的关系，通过对 537 家生产工厂收集的数据进行的实证研究发现，数据管理能力是运用数据分析进行供应链决策的关键驱动因素，并指出企业运用大数据进行分析决策之前，必须先要培养企业进行大数据管理的能力。Schoenherr 和 Speier-Pero（2015）对于企业使用大数据分析存在的困难进行了问卷调查，发现阻碍企业运用大数据分析的因素主要包括现任的员工不具备运用大数据分析的经验和技能、时间的限制、大数据分析技术与企业现有的运营系统不能整合、对供应链管理缺乏合适的预测性分析解决方案以及对供应链进行大数据分析很难进行操作（见表7—2）。而这其中很重要的一个问题就是缺乏有大数据分析技能的人员，也就是说缺乏大数据分析的相关人才。Waller 和 Fawcett（2013）认为大数据这类工具不但会改变供应链的设计和管理方式，而且也会给企业和供应链管理带来新的挑战，而挑战的首要一点就是企业需要拥有大数据分析能力并且也有供应链管理相关专业知识的人才（Matthew & Stanley，2013）。吴忠和丁绪武（2013）也指出，在大数据时代，对数据的处理和分析不但已经超出了信息化的范畴，还超出了市场营销的范畴，甚至超出了运营管理的范畴，因此需要具有综合能力的人才。麦肯锡早在其2011年发布的报告中就预言："到2018年，具有资深分析能力的人才空缺数将达到14万到19万人，并且将有150万人次的管理者和分析家将根据其从大数据分析中得到的发现进行决策。"

表7—2　　　　　　　企业运用大数据分析中遇到的障碍

障碍	重要程度的均值*
缺少数据	3.83
没有能力识别最合适的数据	3.99
安全性的考虑	3.84
缺少上级管理者的支持	3.83
商业价值不明晰	3.83
隐私/保密性问题	3.8
缺少相关政策以及治理结构	3.91
没有能力从可得的数据中获得商业价值	3.95
没有需要/没有意义	3.3

续前表

障碍	重要程度的均值
很难进行管理	4.16
需要以现在可得的解决方案为代价	4.48
缺少与现有系统的整合	4.61
员工没有经验（需要进行培训）	4.92
需要进行变革管理（对变革的抵制）	4.44
缺少对供应链的合适的解决方案	4.33
现在的应用不能满足商业需要	3.96
时间的限制	4.63

* Schoenherr 和 Speier-Pero 对 531 名供应链管理专家进行调查得出的结果，平均值为专家为所有潜在的障碍进行打分而得出的障碍大小均值，打分范围是 1～5 分，障碍越大，评分越高。

资料来源：Schoenherr & Speier-Pero（2015）。

对于数据分析家应当具备的技能，Tobias 和 Cheri（2015）的调查发现，预测（定量和定性的）、最优化、统计学（估算和抽样的方法）以及经济学（决定机会成本）的相关技能对于大数据分析非常重要。除了这些相关学科技能外，数据操作以及沟通、人际交往的能力对于大数据分析运用也很重要，因为数据操作的技能要求数据工作者不仅能从数据库和资料库中提取交易信息，而且还能从社交网站上获取顾客相关信息并与企业内部的数据进行整合，也就是需要数据工作者对结构性数据和非结构性数据进行整合分析；而对于沟通与交往技能来说，数据工作者不仅需要很好地处理数据，而且也需要将数据中获得的见解有效地传达给相关人员（Schoenherr & Speier-Pero，2015）。对于供应链管理来说，大数据分析在其中的运用还要求数据工作者具备供应链管理的相关知识（Waller & Fawcett，2013）。总的来看，数据工作者需要具备企业业务流程和决策制定、数据管理以及分析和建模的相关技能（Schoenherr & Speier-Pero，2015）（见图 7—1）。

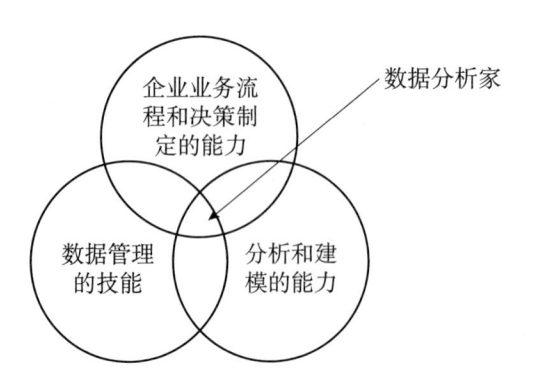

图 7—1　数据工作者应当具备的能力集

资料来源：Schoenherr & Speier-Pero（2015）。

大数据在互联网供应链金融中的应用

尽管大数据对于企业的重要性已经得到了理论界和实践界的广泛认同，然而，大数据如何应用在商业决策中还是一个亟待解决的问题。这里的关键在于大数据的分析技术需要与商业理解很好地结合，Provost 和 Fawcett（2013）曾指出"数据科学不仅仅是数据挖掘，成功的数据科学家能够从数据的视角看待商业问题"。Isson 和 Harriott（2012）提出了大数据在商业决策运用中的方法论，指出大数据商业分析是紧密围绕关键商业目标，整合企业内外部分散的所需数据源，预见性地回答商业问题并指导相关行动。为了实现这一目标，就需要 IMPACT 框架，即确定问题（identity），确定关键商业问题、要达到的目标，设置清晰的相关时间和工作预期；操作数据（master），采集、分析和整合所有可获得信息，有助于回答关键问题；赋予含义（provide），数据含义的清晰明确表达，及其与关联关键商业问题的可视化呈现，亦即赋予含义的过程；可行建议（actionable），在数据解释的基础上，提供商业建议，尽可能对建议产生的收益成本给出定量的价值数据；传播沟通（communicate），综合使用多种形式的传播策略帮助将分析洞察传播到全企业尽可能大的范围，可以运用交互工具；最后是追踪结果（track），制定对分析洞察所带来的效果进行跟踪评估的方法。比如，做了什么，效果如何，需要解决的新问题是什么。显然，Isson 和 Harriott（2012）提出的 IMPACT 框架对于互联网供应链金融运用大数据具有很好的指导性。基于上述框架，互联网供应链金融的数据运用主要是要解决 5W1H，即为什么（why）、什么人（who）、怎么样（what）、何地（where）、何时（when）以及如何（how）。

互联网供应链金融中为什么需要数据？

任何大数据的分析运用都是为了解决关键商业问题，实现商业目标（Isson & Harriott，2012），Waller 和 Fawcett（2013）就提出在大数据应用中，需要综合运用定量和定性的方法解决相关问题，并预见可能发生的结果，大规模数据分析和相应的知识的确定和分析密不可分。同样在互联网供应链金融活动中，在运用大数据进行分析之前，需要明确数据分析应用的目标，该问题的确定对于搜集什么样的数据、从哪些方面搜集、分析什么等等都具有指导性的作用。

由于互联网供应链金融是通过各种金融性行为，包括融资，立足于多利益相关方建构的网络，来优化商业流程和经营行为，促进产业与金融的融合，产生产业与金融的倍增效益，因此，大数据的运用主要是为了更好地了解互联网供应链金融中关键利益方，特别是融资对象的经营能力、潜在能力和潜在风险。经营能力是了解和掌握服务对象在市场和行业中的地位，以及表现出来的竞争力，如同我们在第 1 章中谈及的那样，供应链金融的服务对象往往不具备资金、资产和信誉，然而需要"有技术"和"有订单"，技术代表了该企业的核心竞争能力，而订单则代表了企业市场拓展的能力。总体上讲，判定企业的经营状况可以从"硬能力"和"软能力"两个方面来分析："硬能力"在理论上称为一个组织和企业的显性能力，即可以记录、无须讨论的事实性的能力知识；而"软能力"也可称为隐性能力，即无法明确化、需要面对面交流沟通才能传递的技能（Wyatt，2001）。具体讲，运用能力网格表征（见图 7—2），组织和企业的"硬能力"包括技术、研发方面的能力（如技术、设计、工程、工艺等能力）、运营方面的能力

(如生产流程、品质、组织管控、资金财务、供应管理、信息系统建设等能力)以及市场营销方面的能力(如渠道、分销、品牌、客户关系管理等)。"软能力"包括领导力和创新、创业方面的能力,文化建设和协调、团队建设方面的能力,以及外部形象和利益相关者协调能力等。除了经营能力外,大数据分析的另外一个重要的目标是分析判断供应链中服务对象的潜在能力,也就是说不仅仅要分析一个组织已表现出来的能力,还要关注其未来具备的能力,这就是第1章谈及的中小企业必须具备的第三个"有"——"有理想"。这就需要从动态的角度,分析判断企业"硬能力"和"软能力"的培育能力和发展趋势,培育能力指的是企业采用何种手段或者路径去获得或拓展软、硬两种能力,而发展趋势则是判断企业在连续时间段内在两种能力上的发展程度。

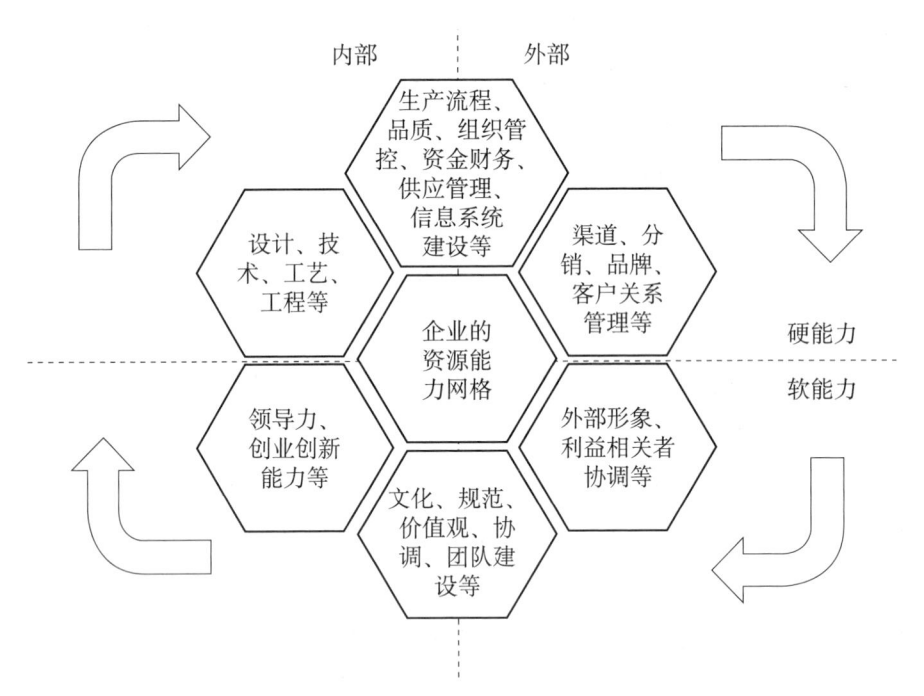

图7—2 大数据分析的目标:供应链企业的市场能力和潜在能力

大数据分析的第三个主要目标是分析判断供应链参与主体,特别是融资对象的潜在风险。企业风险是指某一对企业目标的实现可能造成负面影响的事项发生的可能性。企业在制定和实现自己目标的过程中，会碰到各种各样的风险，需要通过大数据分析了解企业可能存在的各种负面影响因素。具体看，需要分析了解的风险主要有五大类：一是运营风险，是指企业在运营过程中，由于外部环境的复杂性和变动性以及主体对环境的认知能力和适应能力的有限性，而导致的运营失败或使运营活动达不到预期的目标的可能性及其损失；二是资产风险，是指公司在经营过程中，由于外部不确定因素、内部人为因素及相关条件导致的资产质量发生偏差，而使公司信誉、资金、收益等遭受损失的可能性；三是竞争风险，是指企业由于外部的因素或者能力不足或者失误，使得企业在竞争和经营过程中，实际实现的利益与预期利益目标发生背离的可能性；四是商誉风险，是指组织目前在所有利益各方心目中的地位以及在当前环境下的运营能力和形象受到损毁；五是战略风险，这类风险是影响整个企业的发展方向、企业文化、信息和生存能力或企业效益的各类不确定因素。上述五类风险都是互联网供应链金融有效率和有效益运行发展的威胁，因此，需要借助大数据分析，了解相关主体可能存在的这五类潜在风险。

互联网供应链金融中需要搜集分析谁的数据？

为了实现上述目标，在互联网供应链金融中还需要了解搜集或者分析"谁的数据"。这一问题的明确对于操作数据和大数据分析目标的实现具有重要作用。"谁的数据"涉及智慧供应链流程活动中可能的参与主体，一般有如下几类（见图7—3）：一是互联网供应链金融的受益者，或者说融资对象。这是互联网供应链金融的直接参与方，其特质和行为直接决定了该业务的风险或者成功与否。二是与融资对象相关联的交易对象或者合作者。在互联网供应链金融运营过程中，有时风险来源不一定是融资对象本身产生的问题，而是与其发生交易或者合作的关联组织或企业的行为失当导致经营失效。例如，当融资对象的客户发生违约行为，就可能直接导致金融风险，或者与其合作的其他企业由于各种原因使得主体企业的经营无法持续，也会对供应链金融产生危害。因此，搜集和分析融资对象相关联企业的特质和行为数据，也是互联网供应链金融大数据分析应用的重要目标对象。三是与焦点企业（即互联网供应链金融服务者）合作的关联服务者。在互联网供应链金融活动中，为了获取充足、低成本的资金，以及有效地管理控制风险，焦点企业有时需要与其他金融机构开展合作，诸如银行、保险、第三方支付、担保等。然而，如果这些关联服务者产生信用缺失或者行为失当，就会直接对供应链金融产生负面影响。四是焦点企业网络平台的参与者。在智慧供应链或者网络链中有很多平台参与者，这些参与者组织起来共同为融资对象提供相应的服务，例如第三方物流、政府职能部门等，这些组织或企业的失误会直接影响供应链活动的质量，甚至导致供应链运营中断，因此，搜集和分析这类组织或企业的数据，也能保障互联网供应链金融的安全性。五是对上述所有主体产生作用的环境。环境作为一种外部因素会对供应链各类参与主体产生正面或者负面的影响。这种环境因素可以划分为竞争性和动态性两类（宋华，王岚，2012）。环境竞争性表征的是外界环境的竞争程度，由竞争对手的数量和竞争领域的同质性来反

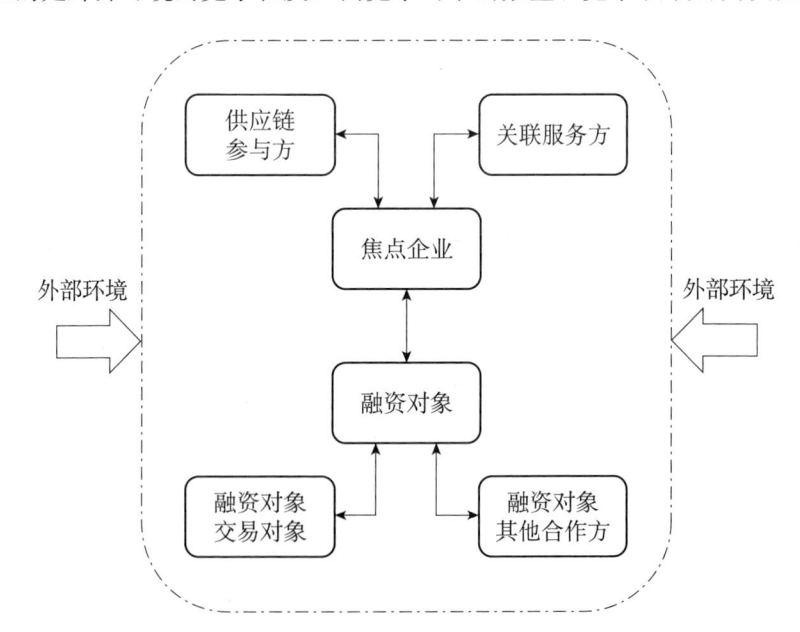

图7—3 互联网供应链金融数据收集分析的对象

映（Matusik & Hill，1998）。竞争性环境通常体现为高效率和低价格导向，当竞争环境变得非常苛刻时，产品利润空间趋于固定甚至下降。环境的动态性是指环境稳定或变化的程度（Dess & Beard，1984），它可以被描述为消费者偏好的变化和产品需求、供给的波动等。显然，环境的竞争性和动态性都会对供应链参与主体产生巨大的影响，因此，环境数据的搜集和分析也至关重要。

互联网供应链金融中需要搜集分析什么样的数据？

搜集分析什么样的数据关系到能否真实地把握分析对象的状况，判断合理的供应链行为，并且指导和规划行动（LaValle et al.，2011）。从原则上讲，互联网供应链金融中搜集分析的数据也需要体现准确性、一致性、及时性和完整性（Hazen et al.，2014）。准确性指的是收集分析的数据能够切实地用于分析刻画融资对象的状况，帮助焦点企业掌握融资对象的真实能力；一致性是指数据应当具有稳定的表现形式，不会出现不同对象、不同时间、不同地域同一信息具有不同的表现形态；及时性是指能够获得最新的数据，最及时地分析反映融资对象目前的状态；完整性要求能尽可能地获得各种多样性的数据，通过对这些多来源、多形态的数据进行整合分析，能够完整地刻画融资对象的全貌。为了实现上述目标，在互联网供应链金融活动中，需要关注和获取的数据主要有如下几种类型：

一是时间和空间的数据。时间数据也称时间序列或动态数据，即同一现象或数据在不同时间点或时间段的数据序列，这类数据反映了某一事物、现象等随时间的变化状态或程度，诸如融资对象连续若干时间段的信用变化、供应链所在行业的市场变化、交易商品的价值变动等等。空间数据表明空间实体的形状大小或者经营主体的位置和分布特征，是一种用点、线、面以及实体等基本空间数据结构来表示人与人、人与物、物与物相互依存的数据，例如，质押商品的空间位置和分布、供应链参与者的网络位置和状态等等。

二是主体和客体的数据。主体指的是供应链活动中的参与者，掌握这些行为者的数据对于把握他们的能力和相互关系至关重要，这类数据涵盖了他们的资源、能力、资质、信用、偏好等各类信息。所谓客体是指行为主体的经营目的物，诸如商品、生产工具等客观存在的事物，这些目的物的信息间接反映了行为主体的能力、行业的状态或风险的大小。值得注意的是，不同的业务场景或者管理要求，相对应的主体和客体数据具有差异性，例如库存管理、运输管理或者客户/供应商关系管理中，对应的主体和客体数据都有其特定的数据形态（见表7—3）。

表7—3　　　　　　　　不同业务情景下的主体和客体数据

数据类型		库存管理	运输管理	客户/供应商关系管理
客体数据	经营活动	如何将销售领域的数据与消费者数据结合，提高预测精度，或针对特定购物者需求准备存货	如何利用现有的销售领域数据指引运输和转运安排；如何将销售数据与消费者数据综合运用于集并转运	如何从海量资源中获取特定销售数据以增强供应链可视度以及信任和伙伴关系管理
	位置和时间	如何将感应数据运用于店铺位置管理和部门商品销售规划管理	如何将物流中心的感应数据运用于期望的运输要求管理	如何将购物者的位置和时间数据运用于联合陈列和销售规划管理与活动
主体数据	消费者	如何将购物者脸部识别、情绪识别以及眼球识别数据运用于商品品类管理和货架管理	网上购买和配送偏好数据如何运用于运输方式选择和承运商选择决策	如何将客户情感数据，诸如Likes.com和Tweets.com上关于产品评价的数据运用于联合预测

三是要素和情感的数据。要素是供应链运营中所需要的各种社会资源，是维系供应链运行及市场主体生产经营过程中所必须具备的基本因素。传统的要素包括土地、劳动和资金，而在智慧供应链或网络链运营时代，新的要素包括信息、平台和知识。信息是供应链参与者信息系统的建构、管理和运营的基础和能力；平台是指一种虚拟或真实的交易或服务场所，依托于这种场所，所有的供应链参与者相互作用，促进商流、物流和资金流的协同与整合；知识是概念之间的联结，是一种综合化的、体系化的经验、数据和信息（Zagzebski，1999），它包括供应链参与者所具有的各种显性知

识和隐性知识。除了要素数据之外，情感数据也是互联网供应链金融需要关注的数据类型。情感指的是态度的一部分，它与态度中的内在感受、意向具有协调一致性，是态度在生理上一种较复杂而又稳定的生理评价和体验。情感数据的价值是在一种必要的环境下，对于用户的行为进行回忆和分析，然后取出再现，了解用户的心声，体会用户的体验。这种情感数据对于互联网供应链金融而言，往往不仅能够让焦点企业了解供应链某一参与主体当时的体验，而且还能间接知晓其行为特征和环境状态。例如对驾驶员情绪数据的分析，能够让焦点企业判断承运商运输服务的质量（诸如运输安全）和成本（交通处罚、燃油使用等）。

四是单点和网络的数据。单点数据指的是某个特定的供应链参与主体发生的各类数据，包括交易数据、物流数据和资金流数据。网络数据指的是某个特定的参与方所嵌入的网络或者集群数据。网络和集群对于企业会产生很多促进或者制约的作用（Rocha，2004），Porter（1998）认为产业集群通过配套产业的协同、专业化的劳动力市场、知识外溢等因素对企业的竞争力和创新产生重要的作用。因此，充分了解供应链参与者所在产业网络和集群的政策、结构、业务状态以及竞争力等，对于判断行业和企业竞争力具有重要的作用。例如，在中国不同的地域形成了各具特色的产业集群，这就需要了解该产业集群聚焦的行业或产品、产业集群的规模、国内国外市场的状态、企业之间的配套和互动、产业集群的技术能力和密集度、特定企业在集群中的位置和能力、特定企业与其他企业之间的联系方式等等。

互联网供应链金融中需要从哪些地方获得数据？

与获得什么样的数据相关联，互联网供应链金融大数据分析中还有一个重要的问题是从哪些地方获得数据。这需要考虑各种数据来源的直接和间接渠道（见图7—4）。直接渠道是依托焦点企业与相关利益方所建构的智慧供应链或者网络链，或者公开的社会化网络和平台，借助相互之间直接发生的业务往来以及市场化行为获得相应的数据来源。这类直接渠道包括供应链运营系统、金融信贷机构和一部分关联服务组织。间接渠道是依托其他的组织或自有的网络平台,通过焦点企业的努力,借助一定的手段和途径所能获取的数据来源。这类间接渠道包括政府管理部门、经营/生活服务部门以及其他一些关联服务组织。

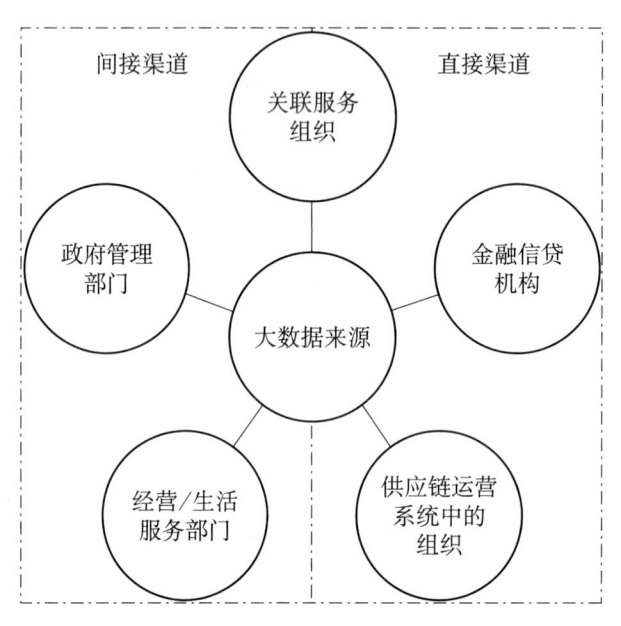

图 7—4　互联网供应链金融大数据来源

供应链运营系统中的组织是指供应链网络中的所有业务参与方。这类主体包括供应链上下游企业,也就是说,可以通过供应链上游供应商和下游客户获得供应链运营中的交易数据。例如,可以从供应商处获取关于经营的原材料品种、交易的规模、交易的趋势、资金结算的方式、资金应收应付的状态等数据,这类数据有助于判断供应商的资源能力,或者与其交易的交易对手的资源能力。同理,从下游客户可以了解产品经营的品类、分销的状况、品牌实力、销售规模和趋势、主要的客户群等信息,从而识别产成品供应商的竞争力、市场开拓能力、客户维系能力等等。除了上下游企业之外,第三方物流也是数据获取的重要来源,该主体数据的获取主要是为了帮助焦点企业分析物流的状态和水平。例如,可以从承运商或者货代处了解经营企业的运输状态或者货运情况;从仓储企业了解经营企业的产品库龄和产品结构;从库存管理公司处了解经营企业的进销存或库存周转；从港头码头了解产品进出口或者分销的结构和业务规模，以及产品的去向等等。

金融信贷机构主要包括商业银行、信托、财务公司、保理、小额贷款等从事资金借贷的金融机构。这些机构在与供应链参与主体进行资金借贷时，往往会对目标企业进行征信或者尽职调查，这些数据的获取对于判断融资对象的能力和状态也具有非常重要的作用。这些数据包括企业在办理贷款、信用卡、担保等信贷业务时提供的信息数据。

一些关联服务组织是可以直接获得数据的主体，这包括帮助供应链上下游企业开展业务的互联网服务平台，因为相关利益方需要通过该互联网平台完成交易或者物流业务，因此，互联网平台必然沉淀了相应数据。第三方支付是指具备实力和信誉保障的第三方企业和国内外的各大银行签约，为买方和卖方提供信用增强的中介平台。在银行的直接支付环节中增加第三方支付，在通过平台交易时，买方选购商品，不直接将款项打给卖方而是付给中介，中介通知卖家发货；买方收到商品后，通知付款，第三方支付将款项转至卖家账户。第三方支付往往是大数据来源的重要方面，因为供应链参与者的实力和经营状态可以通过其资金支付的状况得到反映。保险公司也是大数据来源的一方面，保险公司是通过销售保险合约、提供风险保障获得相应的收益，其类型包括直接保险公司和再保险公司。从这些保险公司处获取相应的数据，能够帮助了解分析业务的风险程度以及供应链参与者的市场和业务状态。

政府管理部门是监督和管理企业经营活动的公共管理机构，这些管理部门和机构往往拥有企业经营和相关的业务数据，获取这些数据对于刻画企业的经营管理能力具有很重要的作用。一般而言，这些部门机构掌握的相应数据包括：海关掌握的通关状态、舱单信息、外汇核销单状态、进口付汇证明、出口退税证明、出口结汇证明、深加工结转状态、商品税率、报文状态、快件状态、报关员计分、知识产权备案信息、台账状态等；国家质量监督检验检疫部门掌握的以组织机构代码为标识的企业的基本信息、生产许可、强制性认证等行政许可信息，以及政府奖励等良好行为记录，同时也有因为产品质量监督抽查不合格以及执法打假中违法违规的不良行为记录数据等；外汇局掌握的货物贸易、服务贸易、直接投资及一些资本项下的交易，物流、资金流，涵盖了企业的各类名录，以及企业在跨境结售汇方面的情况；税务部门拥有的涉税数据，以及工商部门和其他政府部委或职能监管部门所掌握的企业各类信息数据。

经营/生活服务部门是为企业或企业中的个体提供各类服务的机构。一般来讲，经营服务部门能够为企业提供公共服务，诸如自来水公司、电力公司、产业园区管理公司等，这些组织在提供公共产品或服务的过程中，也会拥有用于刻画企业能力和状态的数据。例如，一个企业水电费的支付状态可以反映其生产经营的正常或异常情况。此外，一些服务于个体的组织机构也掌握了一些反映个人状况的数据，例如能够在合理、合法、符合信息安全的要求下获取分析企业创业者或者领导者的电信支付、信用卡还款、理财和其他生活消费数据，往往便于间接判断企业状态和领导者本身的品质和能力。

其他一些间接性关联服务机构属于独立的组织或者平台，需要焦点企业努力，或者采取一定的合作途径来获取其所拥有的数据。这些组织机构既包括了行业协会、国际/国内标准化组织、专利局等公共机构，也涵盖了例如VC等商业性企业或机构，这是因为像VC这样的组织为了实现对目标公司风险投资，降低投资风险，在企业的配合下，会对企业的历史数据和文档、管理人员的背景、市场风险、管理风险、技术风险和资金风险做全面深入的审核。所有这些信息的获取分析对于互联网供应链金融而言也是至关重要的。

互联网供应链金融中需要分析什么时间点的数据？

由于互联网供应链金融大数据分析的目标是为了全面辨识融资对象的经营能力、潜在能力和潜在风险，因此，在分析的时间点上就需要既考虑历史数据，又考虑实时数据甚至将要发生的数据。历史数据是过去已经发生的数据，这些数据反映了企业曾经拥有的能力和状况，对它们的挖掘和分析能够帮助焦点企业判断特定对象已有的基础，以及风险承受的能力。然而值得注意的是，仅仅有历史数据是不够的，这是因为历史状态不一定能代表目前和将来的状态，加之产业和市场的变化可能使企业拥有的资源和能力得到增强或者丧失，因此，互联网供应链金融中更需要实时数据和即将发生的数据分析。实时大数据分析是指对规模巨大的数据进行分析，利用大数据技术高效地快速完成分析，达到近似实时的效果，更及时地反映数据的价值和意义，把握目前和即将发生的供应链经营状态。显然，要实现实时数据分析就需要做到数据实时采集、数据实时计算和数据实时查询服务（CSDN博客，2014）。数据实时采集要求功能上保证可以完整地收集到所有日志数据，为实时应用提供实时数据，响应时间上要保证实时性、低延迟在秒级左右，要做到这一点，就需要配置简单、部署容易、系统稳定可靠等。实时计算和实时查询是在流数据不断变化的运动过程中实时地进行分析，捕捉到可能对用户有用的信息，并把结果发送出去，供业务部门查询了解，并做出相应的决策。例如，对于电子商务平台上的店铺，实时数据分析需要实时展示一个店铺的到访顾客流水信息，包括访问时间、访客姓名、访客地理位置、访客IP、访客正在访问的页面等信息，此外，还要显示某个到访顾客的所有历史来访记录，同时实时跟踪显示某个访客在一个店铺正在访问的页面等信息，并且支持根据访客地理位置、访问页面、访问时间等多种维度下的实时查询与分析判断其可能的行为（见图7—5）。

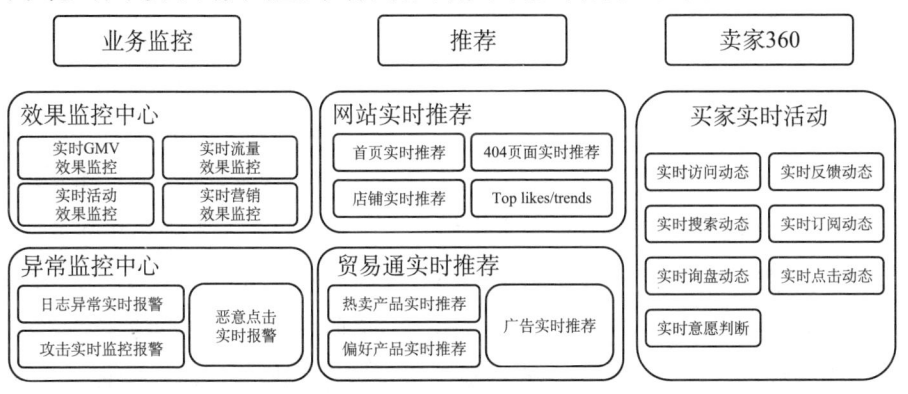

图7—5 实时计算流数据分析举例

互联网供应链金融中通过何种方法获得数据？

数据获取的途径是大数据分析运用过程中很重要的一个方面，要获取相应的数据，焦点企业需要考虑和布置多样化的途径和手段。具体讲，大数据获得途径主要有：通过业务的底层化运营沉淀积累数据；通过第三方获得相应的数据；通过公共渠道获得特定数据；通过物联网以及云计算模式来获得数据。

物联网（IoT）是通过射频识别（RFID＋互联网）、红外感应器、全球定位系统、激光扫描仪、气体感应器等信息传感设备，按约定的协议，把任何物品与互联网连接起来，进行信息交换和通信，以实现智能化识别、定位、跟踪、监控和管理的一种网络。物联网包含了三项重要的技术：一是传感器技术，这是计算机应用中的关键技术，它把模拟信号转换成数字信号交由计算机处理。二是RFID标签，这也是一种传感器技术。RFID是一种非接触式自动识别技术，主要通过射频信号自动识别目标对象并获取相关信息，无须人工干预，能够在各种状态如静止、移动甚至恶劣环境下准确识别运动物体。RFID技术具有体积小、容量大、寿命长、穿透力强、可重复使用、支持快速读写、可定位和长期追踪物品等特点。三是嵌入式系统技术，这是综合了计算机软硬件、传感器技术、集成电路技术、电子应用技术为一体的复杂技术，它是在接收信息后进行分类处理的中枢。物联网使得供应链从制造环节到分销配送，直至零售环节实现了全程数据的及时可得和可视（见图7—6），并且最终通过分析处理这些数据，提升整体供应链运营绩效和供应链金融决策的有效性。

云计算（cloud computing）是基于互联网的相关服务的增加、使用和交付模式，通常涉及通过互联网来提供动态易扩展且经常是虚拟化的资源，其模式主要包括SaaS、PaaS和IaaS。第一层叫作IaaS，有时候也叫作基础设施即服务（Infrastructure-as-a-Service），即通过提供场外服务器、云存储和网络硬件供产业企业租用，节省硬件维护成本和场地，而产业客户企业可以在任何时候利用这些硬件来运行其应用。第二层就是所谓的PaaS

第7章 基于大数据分析的互联网供应链金融

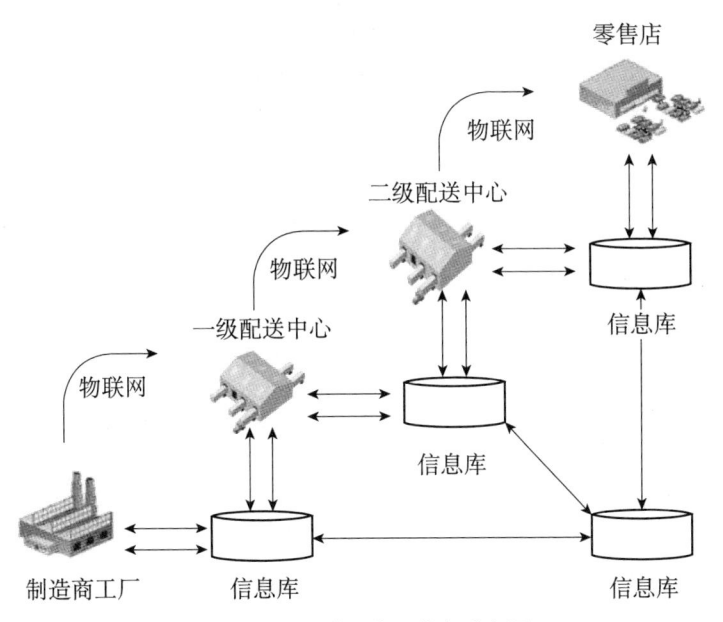

图7—6 物联网应用信息流程图

（Platform-as-a-Service，平台即服务），即在网上提供各种开发和分发应用的解决方案，比如虚拟服务器和操作系统。这不仅节省了客户在硬件上的费用，而且也让分散的组织之间的合作变得更加容易。第三层也就是所谓的SaaS（Software-as-a-Service，软件即服务），即服务商通过互联网提供软件的模式，将应用软件统一部署在自己的服务器上，客户可以根据自己的实际需求，通过互联网向服务商定购所需的应用软件服务，按定购的服务多少和时间长短向服务商支付费用，并通过互联网获得服务商提供的服务。所有这些云计算服务模式都是大数据获取或运用依托的基础，云计算服务和云应用在云平台的支撑下，让庞大的数据得以保存和处理。一方面云存储为大数据分析做准备；另一方面要挖掘到有价值的数据，这需要借助云服务和云应用的能力。

运用物联网支撑互联网供应链金融——感知科技

感知科技有限公司是在国家工商总局注册，总部位于上海浦东新区陆家嘴金融中心，专业从事物联网领域的科学研究、模式创新、应用开发、服务运营，是集"研、产、融、商"于一体的创新型大型高科技企业集团。其业务板块主要包括研究与标准、物联网金融、物联网产业和物商大平台，产值规模为170亿元。其提出的物联网金融是运用物联网和大数据推动供应链金融实践发展，解决长期以来供应链金融中动产质押风险大、管理不透明而产生的诸多问题。

供应链金融中动产质押的风险及挑战

2012年以来，华东地区钢贸企业的资金链突然断裂，钢贸企业出现大面积、集中的信贷违约和贸易违约。建设银行、光大银行、民生银行等多家银行将上海银元、天展、舜泽等多家钢贸企业告上法庭，起诉案由多为"金融借款合同纠纷"。随着银行起诉钢贸商的20多起案件陆续开庭，除工农中建交等五大行之外，还涉及中信银行、民生银行、光大银行、华夏银行等商业银行。除此之外，也在向典当公司、小额贷款公司、担保公司等"影子银行"渗透。整个钢贸行业受到震荡和冲击，此次事件被称为"钢贸危机"。造成这一事件的主要背景和原因是：

第一，动产质押的信用风险不可控。钢贸是典型的资金密集型产业，在中国大多数小型钢贸企业都是家族式管理，财务报表不规范甚至没有相关的报表，很难直接从银行获得融资。因此商业银行过去普遍采用了联保互保的融资模式，到2009年这一融资模式达到顶峰，其后问题渐渐开始显现。在遇到经济下行风险时，无论是产业链金融、联保互保还是商圈金融，失去了动产质押物的支撑，都可能在联保的规则下面临发生多米诺骨牌式的风险。

第二，信息不通畅导致的监管不力、货权不清和重复质押。如果钢贸企业在多家银行抵押，该企业将会获得更多的信贷额度，这样就会出现抵押品的真空状态。当质物价格处于上升趋势时，出质人还能够还本付息；然而当价格处于下行状态时，一旦企业资金链出现问题，银行信贷风险巨大。在实际操作中，很多银行都没有委托第三方监管公司对抵押物进行时点监管，或者派人抽查一下，这种状况下就会出现机会主义现象，也就是说某些钢贸企业就会采用各种手段隐瞒。质权人、出质人、监管方等之间的信息不畅，使得参与融资质押的各方及其角色之间存有隐患。如质押凭证不唯一、质押凭证与质押货物没法有效对应，使得钢贸企业有机可乘。各方未核验/无法核验质押物归属，部分货主自我保护意识薄弱，风险爆发后，权利方各执一词，凭证类同，法律诉讼得不到有效举证，进而无法相互约束，恶性事件频发，阻碍了动产融资的发展步伐。

感知科技的物联网动产监管特征

针对上述问题，感知科技通过物联网技术对质押动产进行实时感知、无缝监管、信息封装与动态登记，将质押动产的物理状态与对应的质押信息绑定，确保质押动产的客观真实存在、质押动产与仓单的一一对应、登记对象信息的唯一性。

首先，物联网技术可通过多种手段准确感知到质押动产的客观存在。

在感知科技的"仓单管理平台"上可以看到企业质押动产的存放地理坐标信息、地址与室内的精确位置区域，实时感知质押动产的各种监管要素的变化，包括重量、位置、移动状态、授权区域、轮廓和堆放形状等，不同的监管动产对应不同的监管要素。同时会生成一张监管服务激活时的照片作为监管初始状态的依据之一。"仓单管理平台"会将质押动产所涉及的监管要素物理信息连同初始监管状态的照片打包封装，形成一张电子的"感知仓单"与质押动产形成唯一对应关系，只要这些监管要素的物理状态不发生变化，则可以保证质押动产的安全性，这样可以保证仓单的真实性。

其次，物联网能够生成唯一的物理仓单登记状态信息。

一旦"感知仓单"需要进行质押融资，感知科技的"动产质押登记平台"会将这张"感知仓单"进行结构化登记状态描述，并生成一条已经质押融资的标准化登记状态描述信息，技术上所有其他银行都可能在"动产质押登记平台"上查询仓单信息，知道其对应的动产是已经质押状态还是未被质押状态，这样一来就避免了仓单重复质押骗贷的问题。

最后，物联网技术监管屏蔽了人工监管可能带来的监守自盗道德风险。

在将动产质押给银行之后，监管报警服务激活，一旦系统感知到在没得到放贷方的许可的情况下，质押动产的位置、重量、形状轮廓、移动状态等这些足以改变货值或质押状态的监管要素发生变化就会报警。银行信贷客户经理、监管方和仓库管理方都能在第一时间收到报警信息，同时附带的还有此时此刻系统捕获抓拍的"作案现场"的参数变化与照片，可拿来与之前打包封装的信息照片进行比对。当企业偿还了银行贷款之后，系统对货物的报警服务解除，企业可正常从仓库出货。

感知科技物联网大宗货物动产质押货物监管系统

感知科技的"仓单管理平台"对大宗货物动产的重量、位置、形状轮廓等监管要素进行实时感知，生成的感知动态仓单主要包括如下部分：

1. 标准仓单

标准仓单的信息项如图7—7所示。

图7—7 感知标准仓单式样

2. 仓位现状和认证状态

这是每次访问时生成的最新仓位状态，以及对应仓单的认证状态。仓单认证状态是指一旦该仓单所对应货物的位置状态、轮廓、重量等信息被系统感知并进行监管时，该仓单的状态则成为认证状态（见图7—8）。

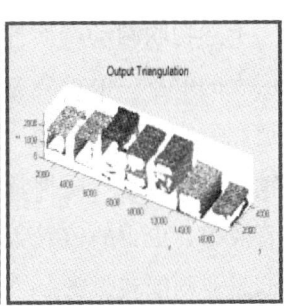

仓位现状图像信息　　　　　　　　　　货物轮廓图像信息
商品名称　　　　　　　　　　　　　　实际仓位：3
监管重量：82.1945　　　　　　　　　轮廓：46.45

图 7—8　仓位认证监控图

3. 仓单历史

该仓单整个生命周期的库存变化。包括仓单货物入库、仓单认证、仓单拆分（动态定额控货监管模式）、仓单合并、仓单明细拆分、仓单质押登记、仓单货物出库信息等所有对于货物及仓单进行操作的完整历史数据记录。

4. 报警信息

报警时的状态描述。系统报警的类型包括：场内操作机械和设备在无授权任务时启动预警、监管区域异常情况预警、货物重量变化报警、货物轮廓形状变化报警等。报警信息将会第一时间推送至监管员和银行客户经理的手机监管 APP "仓押卫士"上（见图 7—9）。

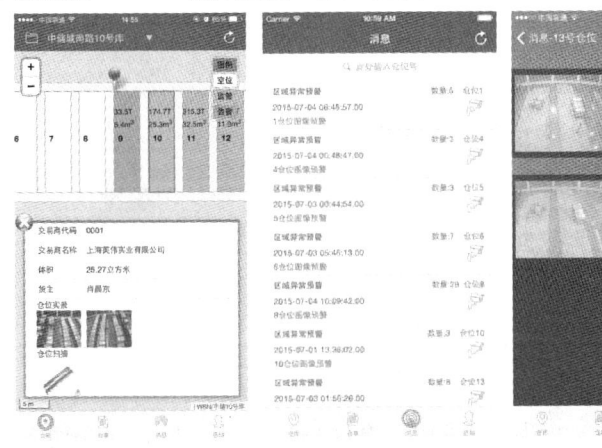

认证仓单信息　　　　报警信息　　　　实时报警画面

图 7—9　感知报警系统示意图

195

上述物联网动产质押监管系统为银行、商贸企业、监管方、仓储实现了巨大的效益。银行会有更多的贷款业务、更低的质押风险、更多的业务渠道和更好的客户体验；商贸企业会得到更容易的贷款、便捷高效的放款手续、灵活的动产质押贷款方式、更低的监管成本；监管方可以有更高的监管效率、更少的监管人员、更低的监管成本与投入、更多的监管业务；仓储企业则能获得更多的业务吞吐量、更高的管理效率。

感知科技物联网车辆质押监管系统

汽车产业的供应链金融是互联网供应链金融应用中一个很重要的领域。截至 2014 年末，全国共有 18 家汽车金融公司，股东涉及 10 家国际著名汽车金融公司、13 家国内外主要汽车生产厂商、6 家国内外商业银行、4 家非银行金融机构及 1 家钢铁企业；总资产规模由最初的 60 亿元增长至 3 403.33 亿元，增长近 57 倍，业务覆盖了除港澳台地区以外的中国所有省、自治区、直辖市。从汽车金融公司主要业务来看，经销商库存批发贷款余额为 798.91 亿元，比 2013 年末增加 242.60 亿元，同比增长 43.6%；个人零售贷款余额为 2 371.18 亿元，比 2013 年末增加 552.68 亿元，同比增长 30.4%。随着我国汽车产销量和保有量的持续攀升，汽车金融市场规模逐步扩大，市场领域也在逐步拓展和细化，市场规模不断扩大，金融渗透率不断提高。据央行统计，2012 年，汽车金融市场规模达到了 3 920 亿元，年增长速度超过 30%。2014 年，汽车金融市场规模超过了 7 000 亿元，2012—2014 年年复合增长率超过 30%，汽车金融渗透率超过 20%。随着汽车销量及汽车金融渗透率的不断提高，汽车金融市场仍存在着巨大的发展空间。

以往 4S 店多半通过贷款购买汽车，在车辆售出还款前，汽车属于银行质押的资产。银行需要派专人到店里盘点，人工查验车架号。现实中往往会因为库存车辆太多，盘点起来费时费力，具有一定的操作难度。在物联网金融模式下，感知团队研发出一套智能终端——物联网金融汽车质押监管系统，给待售汽车构筑一个"虚拟围栏"，库存现场的情况就可以

"一目了然"。质押车辆有任何违规操作或异常情况，系统默认车辆属于非法状态，相关信息和状态会上传到云端管理平台，然后以约定的报警形式显现出来，这样监管员不用到现场就可以掌握车辆的状态。其系统主要包括：

1. 车押卫士监管终端

该终端（见图7—10）主要的功能包括：内置多传感器姿态信息融合＋感知协同算法处理；小型化设计＋智能能源管理＋全时全域服务＋多网动态融合；安装便捷可靠＋移动服务灵活＋智能防拆。

图7—10　车押卫士监管终端

2. 质押车辆状态综合监管平台

通过该平台（见图7—11）可实现：互联网＋物联网O2O监管业务；车辆与终端违规行为或异常现象判定与报警；行为与业务全程跟踪。

图7—11　质押车辆状态综合监管平台

3. 监管平台可实现的功能特点

通过监管平台，从事互联网供应链金融服务的企业可以实现如下具体功能：可灵活设置报警与提示管理策略（见图7—12），以及通过地图模式查看质押车辆状态（见图7—13）。

图7—12 车辆质押管理策略示意图

图7—13 车辆质押管理地图模式

4. Android/iOS 手机客户端 APP

感知科技的质押车辆监管系统还能够通过 APP（见图 7—14）实现经销商或监管员现场移动 O2O 业务服务；相关业务启动、加载与撤销+现场自动匹配确认；车辆状态同步采集+移动业务状态监管；监管业务 O2O 服务。

图 7—14 车辆质押管理 APP 界面

车押卫士系统显然为汽车互联网供应链金融提供了良好的保障。对银行来说，车押卫士提供安全可靠、便捷有效、全程全域无遗漏风险管理工具，能有效控制风险，降低总体业务成本，优化客户体验；提高客户忠诚度并提升业务便捷性，拓展业务推广渠道，大幅提升业务规模、收益水平及市场占有率。对于汽车经销商来说，车押卫士逐步替代人工监管方式，在强化监管水平的同时降低监管费用；消除监管对业务的限制与干扰，提升可操作性和便捷性；降低企业融资成本，方便融资业务的开展，有效开拓融资空间，提高融资规模与效率。对于监管方来说，车押卫士提升监管力度，减少监管员数量，降低成本并控制风险；使监管企业在时间与空间两个维度大幅扩大业务范围，提高监管能力、经营效率和收益水平；提升银行及客户的满意度，提高市场占有率。

感知科技与平安银行合作的互联网供应链金融

感知科技与平安银行合作，就汽车销售领域推进的物联网汽车流通质押提供融资服务。在目前汽车流通网络体系下，从整车出厂一直到最终出售的整个销售链条过程，可全程无遗漏地对车辆状态提供动态监管和跨主体的质押业务支持，实现整个动态环境下的业务全程可视化。整个的应用模式，采用了物联网技术服务体系，首先是基于 LSN 网络体系，这是一个相对广域的传感网服务体系，用极低的成本可以将相对海量的实体对象纳入监管当中。其次是 SSN 体系，在室内或者相对集中的一个作业空间内，在所有的实体对象之间建立一个具备社会属性关系的自主和自适应的网络业务支撑环境。同时还支持 NSN 服务模式，可以实现移动互联网终端（可以理解为人的物联网）与实体对象之间的直接关联。通过整体的网络模式加上智能化、网络化和社会化三位一体的模式，可以在实体对象末端实现所有行为业务的描述和封装，以及相互社会属性关系的建立和确认，实现由末端驱动的整个业务链，最终实现全程的由标的物实体对象自身驱动的端到端业务。通过这样的业务与管理模式，企业可以在供应链中通过对汽车的全程无遗漏监管与一致性和动态可维护性管理，使动产实际上具备了不动产的特征，赋予了金融和资本的属性和基于物理与客观的、可计算的信用指标，可以相对方便地与银行的现有信贷业务结合起来，大幅扩大对整个产业链的金融支持力度。

感知科技与平安银行开展的基于物联网的供应链金融是将货押与物联网相结合，开展对汽车经销商的供应链融资，既帮助汽车厂家拓展了市场，又帮助汽车经销商解决了资金问题，同时通过汽车合格证以及基于物联网的监管防范了可能的潜在风险。具体讲，其基本业务流程如下（见图 7—15）：

首先汽车厂商、平安银行与感知科技或监管方签订三方协议，并且由汽车厂商向平安银行推介支持的经销商。之后由经销商缴存保证金并申请

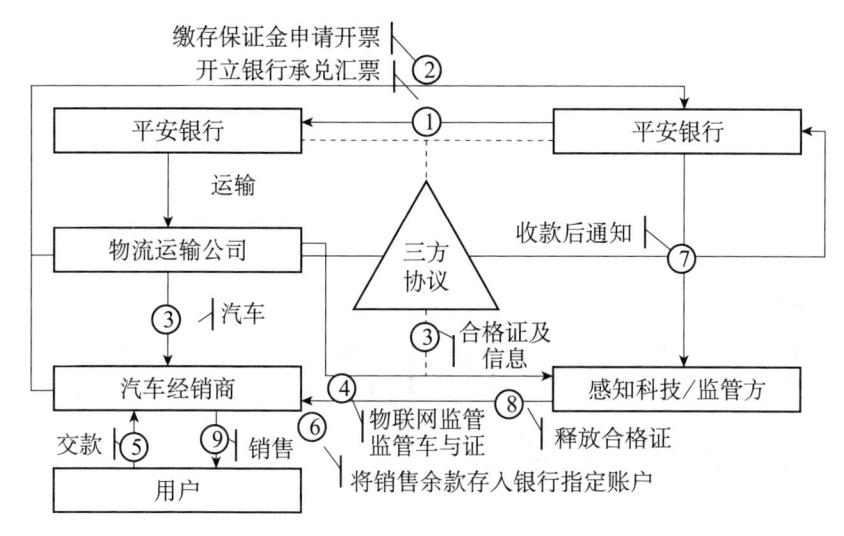

图7—15 感知科技与平安银行的汽车质押融资

开票，定向采购汽车厂商的产品。银行向合作汽车厂商开立银行承兑汇票。汽车厂商通过物流运输公司向汽车经销商运输产品，与此同时将所有待售车辆的合格证及相关信息传递给银行和感知科技或其他监管方。据此感知科技利用物联网（车押卫士）监管待售产品，确保货证匹配。当汽车经销商收到用户货款，并存入银行指定账户后，通知感知科技，后者解除产品监控并释放合格证，最终产生产品销售。需要指出的是，这种基于物联网的汽车金融与原来的货押模式最大的差异在于实时监管与合格证的匹配管理。单纯运用合格证会产生诸多的机会主义和道德风险（诸如伪造多个合格证、擅自出货等等），而一旦运用物联网实现全程可视化管理，加上实时预警，就大大降低了可能的潜在风险。

第 8 章
基于产业价值生态的互联网供应链金融

供应链管理活动最初来源于传统的作业管理活动,诸如采购、分销与物流管理,随着管理的不断发展,如今的供应链活动逐渐成为一种综合性的管理流程活动,即通过信息共享平台的建设和信息分享,实现产业链中所有参与者之间有效的协调和互动,这其中综合信息化平台的建设以及互动协调成为了供应链管理活动的核心。特别是近年来提到的产业生态概念极大地拓展了供应链的范畴。产业或商业生态借助于生物科学的概念(Iansiti & Levien, 2004),指的是在充满新技术可能性的世界中具有差异化但是相互依存的物种共生在创造性和可持续的环境中,概化和形成价值创造(Adner, Oxley & Silverman, 2013)。显然,产业生态使得供应链管理的方式和形态发生了巨大的变化,这种立足于产业生态上的供应链运营(ecosystem operation)主要表现在各个不同能力、具有差异化的组织和机构通过互动、创造和分享知识,在实现供应链效率的同时,创造了能给所有参与者带来价值的有机网络,因此,这种运营模式超越了原来企业管理中所谈到的不同合作者之间的资产互补,更加强调共同进化、共创知识、共享价值。也正是上述变化,推动了互联网供应链金融的发展,这是因为:一方面产业价值生态网络为互联网供应链金融的开展提供了广阔的空间和条件；另一方面互联网供应链金融本身也成为了产业价值生态进一步发展的重要手段，所以，打造产业共同进化的价值生态成为了互联网供应链金融的重要方面。

共同进化的价值生态网

产业价值生态网的特质

持续竞争优势的形成对企业利润增长具有重要的作用，它是企业经营活动的重要动机，基于独特的资源，具有其他企业难以获取的经营能力，是市场导向的组织获取竞争优势的重要手段（Barney，1991）。随着经济的全球化、世界范围内资源的分散化以及产业融合趋势的不断加深，人们开始逐渐关注以服务为核心的价值生态网络。Sawhney等（2004）认为经济和企业的增长不仅来源于初级的客户价值活动，还来源于邻近和更为广泛的价值链活动。这种价值生态网络不同于以产品为主导的供应链管理，而是注重服务这一要素，通过信息分享、流程导向的管理，更重要的是通过与其合作伙伴进行计划协作、信息系统的知识分享进而转化为知识的创造和传递，以及通过投资行为的一体化来运作的价值网络体系（Joe & Anna，2006）。

以信息化为基础的价值生态网络体系运作的核心内容是服务，而服务的供需不像普通产品市场中那样仅仅涉及交换，服务的一个典型特征是在购买的过程中生产和消费的同步性，在客户与服务提供者的交互过程中，服务在生产的同时又被消费掉，服务的买卖双方共同创造服务的价值（Grönroos，2004）。由此可以看出，在价值网络运作中供需之间不再是简单的上下游关系，而是一种互动的、相互协调和共同创造价值的依存关系。具体讲，价值生态网络与单纯的产品供应链的区别在于：

其一，价值实现的形态不一样。产品供应链管理的核心在于最终产品，基于生产此产品所需要的活动搭建供应链，背后的逻辑在于每一个公司处在链上的一个位置，上游供应商向其下游链上节点企业提供输入品，直到最终客户。而价值生态网的概念则在于，通过网络中伙伴（参与者）之间的相互组合来协同创造价值，在这个协作创造价值的体系中，包括供应商、合作伙伴、联盟商以及顾客等共同创造价值（Joe & Anna，2006）。Vargo 和 Lusch（2011）也将价值生态网称为服务生态系统，认为"服务生态系统是由不同的社会性和经济性行动主体基于自发感知和响应，根据各自的价值主张，以制度、技术和共同语言为媒介，为了共同生产、提供服务和创造价值而进行互动的一种松散耦合的时空结构"。在生态中，不存在明显的生产者与消费者，只存在行动主体，每个行动主体都有自己的价值主张，根据系统的不同要求和自己的能力进行系统角色定位，并根据自己的目标进行资源整合（Vargo & Lusch，2011；2014）。价值生态网的重点在于资源整合，通过资源整合，行动主体之间合作进行价值共创，产出服务价值（Vargo & Lusch，2008），即所有经济活动或是社会活动的参与者都是资源整合者。

其二，价值生态网的最终结果是创造共同的知识和智慧。目前的供应链管理战略包括信息分享、产品和服务的定制化水平、建立长期的合作关系以及流程导向的管理等等，这也构成了供应链管理的核心话题。与供应链成员进行信息共享可以加强彼此之间的协调性。信息分享的内容一般包括库存、预测、订单以及产品计划等（Lee & Wang，2000；Zhao，Xie & Zhang，2002）。以产品为基础的供应链管理更多的是强调伙伴之间的信息分享，解决及时性和准确性的问题，从而降低"牛鞭效应"。然而，顾客需求的多样化以及竞争的日趋白热化使得企业的决胜之力在于其创新能力，而这种能力的培养很重要的一点在于信息传递过程中对信息的收集、整理、编码、提取而后所形成的知识创造和传递。这构成价值生态网络架构的关键要素，这一要素发挥作用的前提在于不同的网络成员之间可以分享各自拥有的不同信息及资源，共同获取信息，根据信息创造知识、传递知识，最终形成一种共有的智慧。

其三，价值生态网的组织方式不仅是链式的，更是辐射式以及星座式的。在产品供应链运行中，客户有时候是最先意识到对新技术的潜在用途的，如果供应商的新技术没有理解客户的需求，他们所开发的产品也不会成功，当然，其所创造的价值也就得不到客户的认同。同时，供应商也是最终产品创新的驱动力，随着部件供应商快速的创新，下游的竞争成功也能够影响到上游企业获得领先的创新能力（Teece，2007），进而影响企业满足客户需求的能力。这种关注从供应商到客户端及上下游企业的集成价值网创新方式为链式形态。然而在价值生态网中，除了链式形态之外，其组织方式更具复杂性。这是因为企业是一个开放的、动态的目标系统（过程），不仅要考虑其静态结构和联系，还要考虑其动态的因素，以及和外部的交流。所以，企业必须不断跨越技术和市场来寻找和发掘机遇，不仅是"本地的"而且是"远距离的"（March & Simon，1958；Nelson & Winter，2009）。企业必须同时寻找它们所在商业生态环境中从核心到外围的关键资源，包含潜在的合作方，即积极参与到创新活动中的客户、供应商、互补者等（Teece，2007）。这种以企业主体为中心，联合外围相关联的企业、研究机构、政府、金融机构等价值网络创造相关者的模式为辐射式。此外，价值生态网意味着一系列的产业被联结成一个网络结构，这个网络结构是以动态的、强大的竞争力，相互依赖、相互补足为基础的。Teece（2007）认为这种互补的创新是很重要的，特别是在创新以积聚为特征或者"平台"存在的产业中。而这种互补带来的不仅是规模和范围的扩张，更重要的是获得了各产业板块间的协同专业化。这种以产业为基础细分层次并协同各业务创新的价值网络为星座式形态。

产业价值生态网的实现方式

从以上分析中可以看出，产业价值生态网是以所有相关利益方为主体，通过网络价值分析，通过互动和协作，共同创造和实现价值，推动各方共同发展、共同进化。其中网络价值分析是建构生态网络的关键。Peppard 和 Rylander（2006）曾提出过网络价值分析的五个阶段，即定义网络目标、识别并界定网络成员、从网络成员的视角定义各成员理解的价值、定义价值连接，以及分析和形成价值网络。

（1）定义网络目标。这一阶段的重要目标是确定和描述网络中价值的存在，这就需要定义网络或者价值分析的边界。这需要从网络节点的视角加以分析，网络节点是网络中商业模式赖以存在的组织或业务单元，这些节点共同构成了相互依存、相互作用的网络结构。

（2）识别并界定网络成员。识别网络成员需要从网络节点出发，识别所有将网络节点价值传递给终端客户的参与者。网络可以看作所有影响网络或者被网络影响的组织所构成的系统，因此，需要从价值链或供应链的视角分析所有能够设计、产生、推动、传递或者实现价值的参与者，这些参与者可能包括平台提供者、供应商、渠道商、竞争者、规则制定和管理者、技术方以及客户等。其中客户的识别尤为重要，客户往往是最终决定价值的主体，他们是网络中的重要组成部分，生态网络的运行不仅仅是将产品或服务传递给下游，更是围绕客户定义的价值创造价值的过程（Herrala，Pakkala & Haapasalo，2011）。

（3）从网络成员的视角定义各成员理解的价值。要传递价值就需要清晰地了解网络中各个成员理解的价值，包括目前的价值和未来的价值。价值不仅仅是金钱或货币价值，Allee（1999）认为价值是一系列期望或有用的有形或无形的质量、产品、知识、利益或服务，所有的接受者愿意为之支付或者用其他价值物进行交换。价值的实现是通过在所有参与者之间复杂的互动产生的（Allee 2000；2008；2009）。Normann 和 Ramírez（1994）也认为价值不仅是经济利益，也包括诸如社会、心理、审美以及道德的诉求。之所以需要深入了解各个参与者的价值，是因为不同的价值诉求往往需要采用不同的网络组织行动或者流程。值得一提的是，尽管价值是从正面实现的利益出发，然而在进行分析的过程中，还可以从阻碍价值实现的视角进行探索，也就是各个参与者可能面临的"痛点"，这些"痛点"阻碍了参与者实现价值，或者因为较高的交易成本减损了价值量。因此，在进行生态网络分析中，需要了解各个参与者在现有的网络结构中得到了什么，有哪些"痛点"，在新的将要出现的网络生态中参与者会实现什么新的价值，是否解决了原有的"痛点"，为了这些目标参与者是否愿意为之投入并

第 8 章　基于产业价值生态的互联网供应链金融

与其他参与者进行合作或者互动。

（4）定义价值连接。这需要分析在扩展的生态网络中各参与者之间如何连接。在现实的生态网络中，连接有很多形态（诸如财务控制、影响、内容依存等等），需要考虑前一个阶段中提及的各参与者的价值诉求或者"痛点"。Peppard 和 Rylander（2006）认为价值连接就是网络中成员之间的"影响方式"，而这种影响方式有四种形态（Tichy & Fombrun，1979）：产品或服务的交换（如新的内容），情感或偏好（如对行为或品牌的偏好），信息或想法（如客户需求的新服务、新活动）以及影响和权力（如政府规则）。具体讲，价值连接可以根据各个参与者不同的位置、利益诉求和状态，从供应链管理中的商流、物流、信息流、资金流、人流和知识流几个方面考虑连接方式。商流是组织之间发生的交易过程，即谁和谁之间发生交易；物流是产品或服务在时间或空间的移动；信息流是将有关的数据、信息在相关利益方之间的传递和分享；资金流是考虑不同组织之间资金的运用、流转和财务管理；人流是人力资本的位移，即组织人力资源和资本在网络中发挥作用；知识流是及时整合、分享和运用网络中所需的技术、诀窍和智慧等。这些"流"都能够将各参与方有机结合起来，形成网络，实现价值创造。需要看到的是，不同的连接，各参与方起到的作用具有差异性，价值创造的程度也不尽一致，这就需要生态网络组织者考虑整体的网络要求，以及各参与方的价值诉求点或者"痛点"。

（5）分析和形成价值网络。根据上述的价值网络分析，最终需要借助网络价值图帮助企业了解生态网络的整体状况、不同参与者在网络中的角色、可能出现的业务场景以及活动（Peppard & Rylander，2006）。这种网络价值图既要考虑静态的价值网络，也要考虑动态的价值网络。静态的价值网络图需要从整体分析考虑生态网络中各个参与方的类型、资源、角色、连接和互动。Herrala、Pakkala 和 Haapasalo（2011）曾给出了一个分析价值创造的模型（见图 8—1），即首先明确谁是我们的客户或参与者，各自是如何理解价值的。其次需要进一步思考需要实施哪些活动创造价值。这是对供应链作业活动和流程的分析。之后就需要探索为了实施价值创造活动，需要什么样的资源和核心能力，特别是价值网络中各参与方既定的资源有哪些，谁能最佳运用资源并形成核心竞争力。最后在规划价值网络图时，需要考虑参与者之间的互动方式、连接以及相互之间如何影响。除了上述静态的网络价值图外，环境对网络的动态影响也是需要加以关注的，这就需要考虑其他相关的网络效应、不同类型的网络以及价值网络将来的演变(Peppard & Rylander，2006)。需要指出的是，一旦形成价值网络图，还需要规划支撑价值网络的技术架构和信息架构。这是因为在生态系统中，信息化是支撑最优决策的关键(Bingham et al.，1995)，这包括前台的客户端、中台的应用模块和技术支撑、后台的业务和资源等。

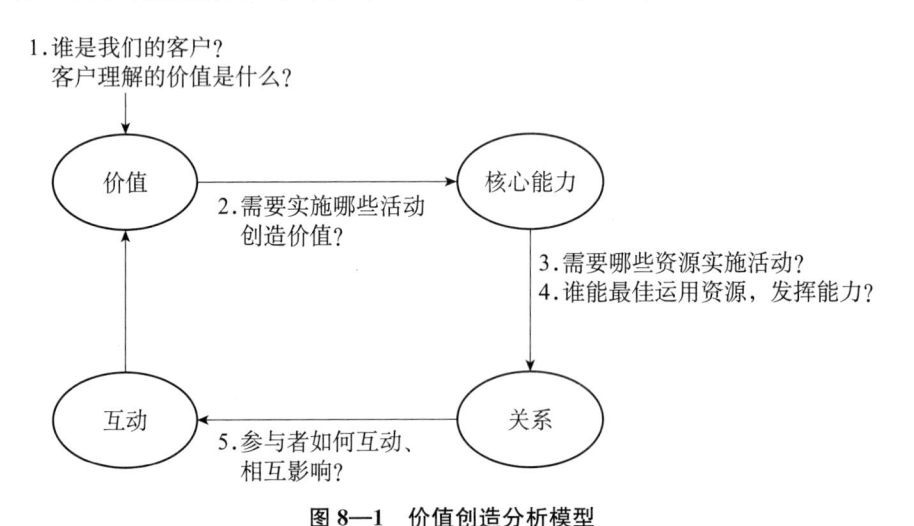

图 8—1 价值创造分析模型

互联网供应链金融实现的价值生态网络

共同进化的价值生态网是通过将所有相关利益方有机地组织起来，共同创造价值，在实现各自利益价值的基础上，同时产生产业价值。这是互联网供应链金融得以发展的关键和手段，这是因为互联网供应链金融的宗旨在于依托产业生态带动金融资源的运用，加速产业现金流，降低产业资金使用的成本，最终打造具有强大竞争力的产业生态，因此，通过建构上述价值生态网络，能够推动互联网供应链金融的顺利开展。与此同时，良好的金融创新和活动，能够进一步推动网络的进化与发展，促进产业生态的演进，因而互联网供应链金融也是建构价值生态网的重要途径和手段。具体讲，基于价值生态网的互联网供应链金融主要有三种形态：将原有产业供应链中的"1"进行价值解构，将分散的碎片聚合成虚拟的"1"以及将两端的碎片整合到"1"个生态平台。

解构"1"的价值

在产业供应链中，存在着一些规模较大或者处于强势地位的焦点企业，也就是所谓的"1"，在原有的供应链金融1.0中（即 M+1+N），由于银行或金融机构主要单纯依托"1"的信用或者规模实力，直接向其上游和下游企业展开金融服务，对于焦点企业而言并没有真正对其自身的供应链体系或者竞争力产生影响，因而作为传统的商业银行或其他金融机构较难与"1"形成真正的合作共生的生态网络。相反，如果能深入分析每一个焦点企业，以及与其协同交易的合作组织或企业的价值诉求，通过解构供应链活动或行为，有效对接上下游分散的组织和企业，就能与焦点企业"1"真正形成共同合作的生态，互动创造价值，产生共同进化的目的（见图8—2）。从供应链管理的视角看，价值解构可以从组织间（inter-）和组织内（intra-）两个方面实现。

组织内价值解构指的是通过有效的财务和金融手段，帮助焦点企业平衡毛利和利润。对于所有企业而言，提升公司利润和现金创造能力至关重要，而客户结构及对应应收、应付资金占用费用，甚至采购环节占用资金收益、采购承兑汇票贴息、库存占用资金成本、销售环节占用资金成本和其他变动费用都可影响到这一目标的实现，显然这要把上下游资金占用融入利润核算当中，更加准确反映公司的真实动态利润。具体讲，平衡毛利是商品收入减去实际采购成本和上下游营运资金占用利息的余额（袁现明，2016），平衡毛利中融入资金占用概念，通过信息系统辅助手段，对上下游客户付款和回款环节、品种及客户结构等诸多要素进行调整，找到公司利

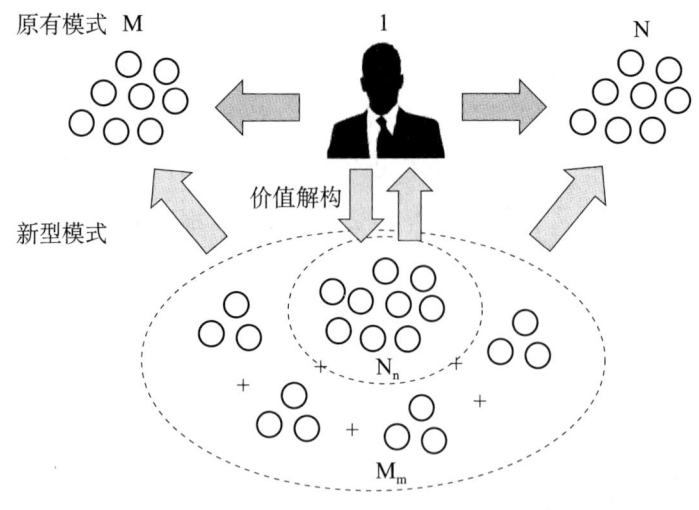

图 8—2 解构"1"的价值，构建价值生态

润、现金等关键要素的平衡点。要实现这一宗旨，袁现明（2016）提出了综合净利润的计算公式，即综合净利润＝（实际平衡毛利－费用合计）×（1－有效税率），其中，实际平衡毛利＝回款毛利＋上游返利（不含税）＋采购资金利息＋采购承兑贴息－销售资金利息。显然，作为互联网供应链金融的服务商如果能够深刻理解平衡毛利的重要性，帮助焦点企业通过各种方法实现平衡毛利，比如：以真实贸易背景为依托，综合运用供应链金融产品和票据现金转换，建立现金"蓄水池"；帮助焦点企业合理规划经营的流程、制度、品种结构；合理制定采购销售中的支付方式或条款（如预收款、现金、票据、应收等结构）；通过经营利润与财务费用的转化，利用商业信用条件、供应链金融融资等方式，平衡财务成本和经营利润，提高现金创造能力，甚至通过与焦点企业合作推动互联网供应链金融业务，加速现金流，降低费用，增加实际净利润，则互联网供应链金融服务商就能够更好地与"1"合作，真正成为战略合作伙伴。

组织间价值解构是指在保障焦点企业"1"价值的同时，帮助优化和实现其上游供应商或者下游客户，特别是关键和战略合作伙伴的利润和现金流，使"1"的供应链体系更加稳定和持续发展。尽管在实际的供应链体系中，"1"的规模和实力偏大，但是从供应链可持续上看，它也需要稳定战略供应商和客户，帮助上下游降低资金成本，加速现金流。此时，如果能平衡焦点企业"1"以及上下游供应商和下游客户的资金和财务状况，那么对于稳固产业供应链体系，建构良好的价值生态具有很好的作用。

将分散的碎片聚合成虚拟的"1"

在产业供应链中存在着大量的中小或小微企业，这些企业往往因为信息不对称、资产不足、资源有限等等，发展遇到了巨大挑战。特别是如何对接供应链，如何处理与金融机构的关系，如何应对政府管理机构，如何对接海外市场，如何让自己的产品深度分销等等，都是它们遇到的问题。要解决这一问题，就需要强化中小或小微企业在价值生态网络中的地位、资讯和能力。要实现这一目标，就需要借助互联网、物联网等新兴信息技术建构虚拟产业集群，从而使原来分散碎片化的中小或小微企业集合成虚拟的"1"，大大增强业务的连接度和规模，从而增强企业在网络中的实力和信用（见图8—3）。

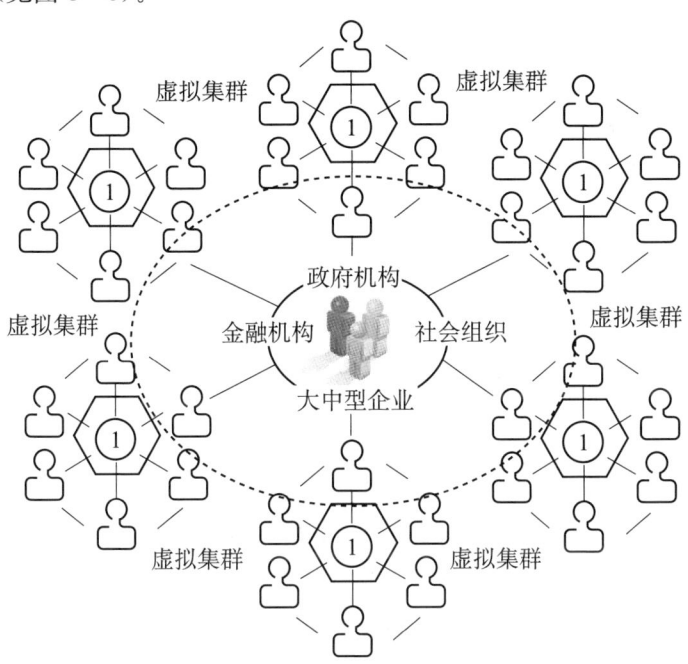

图8—3 将分散的碎片通过互联网聚合成虚拟的"1"

虚拟产业集群（virtual clusters，Tapscott，Ticoll & Lowy，2000）也称"电子商务社区"（e-business communities）或者"商业网络社区"（b-Web communities），它是指以合作创新与共同发展为内容和目的，借助先进通信技术和互联网络，相互关联的企业及其他组织机构通过正式和隐性契约所构成的相互依赖、共担风险且长期合作（在虚拟空间）的集聚体（吴文华，张琰飞，2006）。虚拟产业集群的特点（Passiante & Secundo，2002）在于：第一，借助互联网基础设施降低了产业供应链运营中的交易成本，互联网技术突破了地理空间的限制，使得网络外部性更加明显，降低了原有的交易成本。第二，虚拟产业集群产生了五种类型的参与者，包括接收和贡献虚拟集群价值的客户；支持用户与供应商界面的情景提供者，情景提供者促进了集群价值的实现并确定虚拟产业集群的规则；设计、产生和传递虚拟集群产品或服务的内容提供商；提供交易资金管理、安全/隐私管理、知识信息管理、物流服务管理的商务服务提供者；提供互联网基础服务的基础设施服务商。第三，客户中心化，在虚拟产业集群中，生产者和消费者的界限模糊化，大家共同为价值创造而努力。第四，所有虚拟产业集群的参与者都知晓并遵守集群的规则和标准，共同维护网络生态。正因为如此，当中小企业或者小微企业通过互联网形成虚拟产业集群后，不仅分享了地理产业集群带来的优势（诸如形成专业化的知识，形成有效的合作，降低交易成本，形成专业劳动力市场产生知识外溢等），而且还能通过互联网形成有效的网络治理，信息传递的效率更高，信用得到增强。在这种状况下，互联网供应链金融就容易开展，风险管控也相对清晰。

将两端的碎片整合到"1"个生态平台

在很多产业领域（如农业），供应端和需求端都存在着大量的中小微企业甚至分散的个体，这样分散的产业主体使得供应链很难建构，一方面供应端无法像上面叙述的那样组织起来；另一方面由于市场端的客户处于分散、零散状态，很难整合其需求，也无法使其进入产业生产过程与其他网络供应链参与者一起互动，协同生产。在这种状态下供应链金融难以开展，因为它无法像其他领域那样，依托债项结构或供应链体系开展金融性服务。这就需要一种全新的方式——虚拟电子供应链（virtual e-chain，VeC）来建构供应链价值生态网络，真正将两端的"碎片"（即中小微或个体）整合起来，产生运营协同化，并推动两端共同发展，产生互联网供应链金融的价值（见图8—4）。

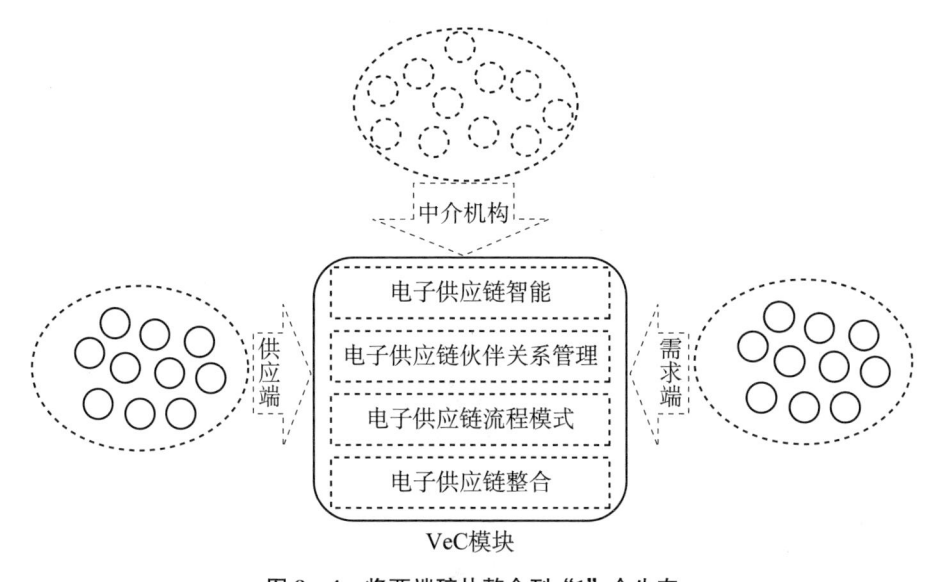

图8—4 将两端碎片整合到"1"个生态

虚拟电子供应链是通过开发高速通信的网络技术，让所有的中小微企业能够低成本甚至无代价地加入网络平台，与其他参与者协同预测、开发、生产、配送产品和服务，满足分散动态化的客户需求（Manthou，Vlachopoulou & Folinas，2004）。虚拟电子供应链网络与以往供应链体系的不同之处在于后者采用的是整体化的网络结构（integral structure），亦即各个参与者一旦组织进供应链体系，其结构形态和活动是固定的，各自采用既定的方式开展供应链运营。而虚拟电子供应链采用的是模块化的网络结构（modular structure），即通过一个个区块组合成供应链体系（Chandrashekar & Schary，1999），相互之间采用的是分布式协同运营，既能够充分发挥组织化的供应链所具有的优势（即实现商流、物流、信息流和资金流的结合），也具有很好的灵活性和弹性，随时因应外部环境的变化。因此，这种价值生态网络更有利于中小微企业通过相互之间的协作和互动，形成柔性化的价值合作体系，并且由于通过互联网技术形成了虚拟化的有机组织体系，也增强了中小微企业在网络中的地位，促进了信用的提升，进而使互联网供应链金融得以顺利开展。Manthou、Vlachopoulou和Folinas（2004）认为虚拟电子供应链有四个组成模块，即电子供应链整合、电子供应链流程模式、电子供应链伙伴关系管理以及电子供应链智能。

虚拟电子供应链整合模块主要是促进数据信息和交易流在分散的应用中（从简单到复杂系统）实现各个层面的整合，这需要综合商业目标、网络成分、界面、主要应用、中间平台和标准（见图8—5）。整合平台要求明晰的规则和定义，以确定数据如何流动、应该是什么样的数据以及谁能获得数据，因此，整合模块在于确立供应链网络的标准，以保障供应链网络参与者交易行为的同步化。

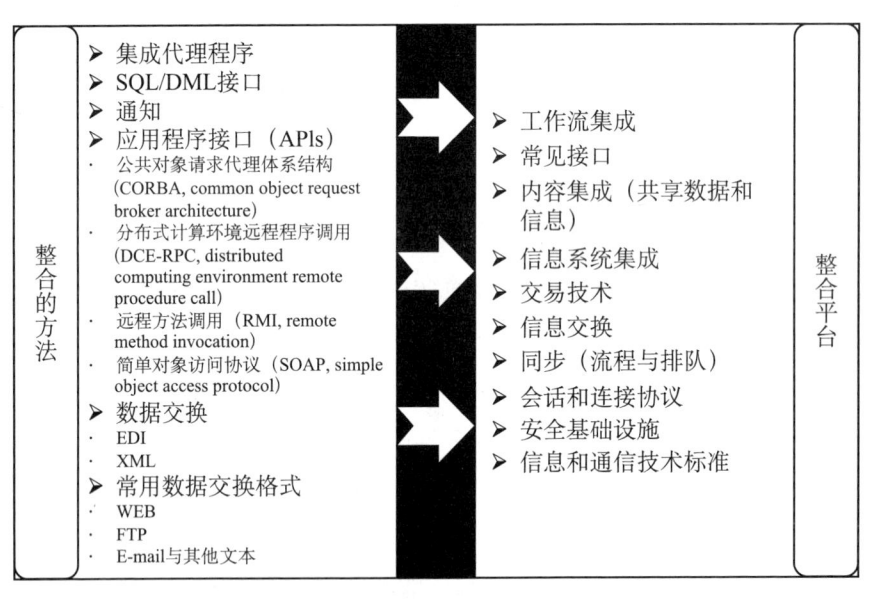

整合的方法	整合平台
➤ 集成代理程序 ➤ SQL/DML接口 ➤ 通知 ➤ 应用程序接口（APIs） · 公共对象请求代理体系结构（CORBA, common object request broker architecture） · 分布式计算环境远程程序调用（DCE-RPC, distributed computing environment remote procedure call） · 远程方法调用（RMI, remote method invocation） · 简单对象访问协议（SOAP, simple object access protocol） ➤ 数据交换 · EDI · XML ➤ 常用数据交换格式 · WEB · FTP · E-mail与其他文本	➤ 工作流集成 ➤ 常见接口 ➤ 内容集成（共享数据和信息） ➤ 信息系统集成 ➤ 交易技术 ➤ 信息交换 ➤ 同步（流程与排队） ➤ 会话和连接协议 ➤ 安全基础设施 ➤ 信息和通信技术标准

图8—5 虚拟电子供应链整合模块

电子供应链流程模式是根据确立的复杂的电子商务模式，以及相应的规则，明确供应链网络中各个不同的角色（参与者在网络中需要发挥什么样的作用，承担的责任义务）、核心业务流程、应当采取的行动，以及在虚拟环境中合作者关系管理的有效渠道（Papazoglou et al.，2000）。虚拟电子供应链中往往存在着多种参与主体，各自的角色和应当承担的活动和责任见图 8—6。

主体	角色	活动和责任
供应链网络参与者	供应商 中介 客户	供应相应的产品或服务 促进交易和信息的传递 产生相应的需求
战略性合作伙伴	制造商 第三方物流 分销商 仓储服务商	提供：特定产品或服务的细节、服务的内容和服务合约 接触：条款、谈判
市场调节者	代理、查询代理、广告服务、拍卖服务、翻译、谈判代表	匹配所提要求与实际供给、传递服务给客户、管理信息、协议和处理
非战略伙伴	投标、结算、付款管理者 间接产品供应商	标书编制、计费程序管理和安全支付处理 供应或补充性采购交易
网络运营伙伴	通信和网络服务提供商（ISP）	提供：计算和网络硬件、安全的网络连接、协助规模化和不断升级的信息系统、集成
应用服务提供商	软件应用外包商	从集中管理的系统中向客户提供应用软件的部署、管理、租赁等服务
供应链网络组织者	生命周期管理者：启动、组织、实施、评估、维护和解散网络	合作关系（契约、关系管理）

图 8—6 虚拟电子供应链网络流程模式

虚拟电子供应链网络伙伴关系管理是在虚拟商业环境中，对分散的供应链参与者进行合作性管理，并监督其行为的模块。它影响了所有参与者和客户的行为，以及可以获得的数据和信息。这个模块不仅规范了网络成员的行为，而且通过确立规则、程序、责任、绩效测度标准和能力，防范了非协调性的行为，解决商业例外（Manthou，Vlachopoulou & Folinas，

2004)。要实现这一点，就需要借助互联网技术及时、有效地获取分散的各参与者的信息数据，并且进行清洗、分类、整合，建立起集中化的数据仓库，对数据进行挖掘，提出相应的建议和意见反馈给网络成员，从而有效地推动虚拟电子供应链网络伙伴关系的维系和发展。虚拟电子供应链网络伙伴关系管理的技术架构见图8—7。

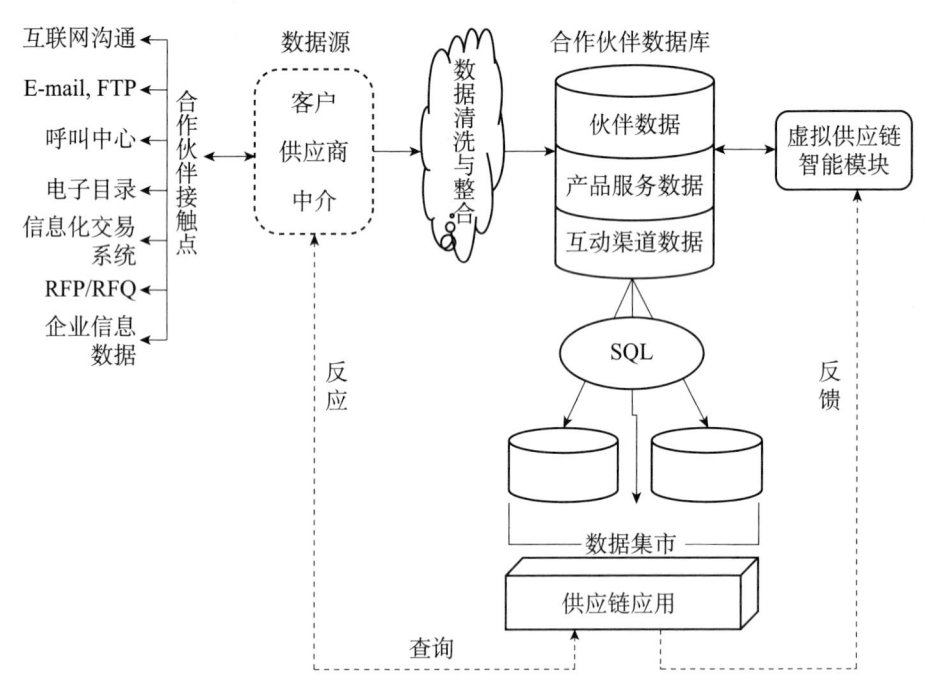

图8—7 虚拟电子供应链网络伙伴关系管理模块架构

与伙伴关系管理模块相关联的是虚拟电子供应链管理智能模块（见图8—8），该模块主要是面向所有供应链参与者全面了解他们的业务，并且更好地理解供应链渠道和流程，改进决策和供应链运营。也就是说，智能模块能帮助参与者及时追踪供应链渠道中发生的事件和流程，提取和展示与业务决策相关的信息，特别是运用良好的知识管理能力（包括分析软件、数据挖掘系统、互联网技术、优化和自动化系统以及管理系统），从而将各种供应链伙伴和运营的数据转化为自身的知识，提升了企业在供应链网络中的竞争力。

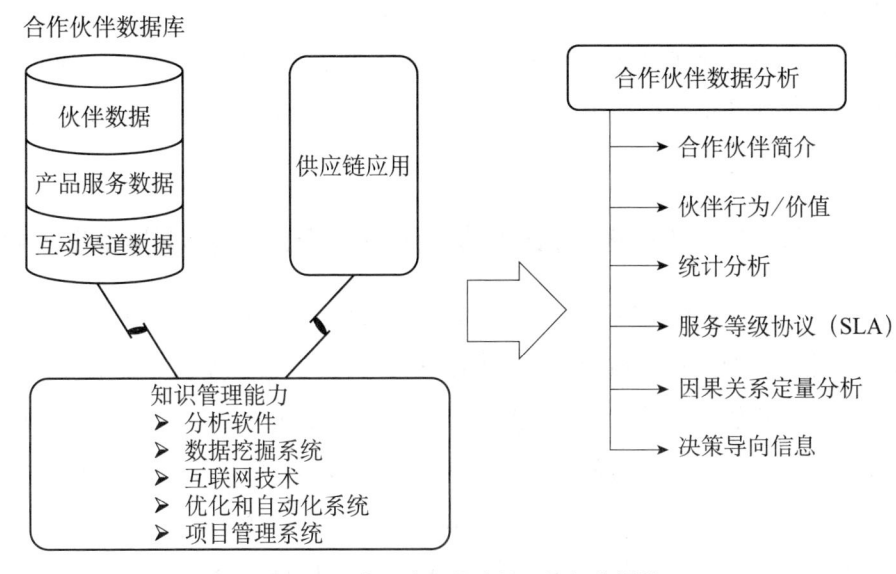

图 8—8　虚拟电子供应链网络智能模块

解构"1"的价值：医药流通中的互联网供应链金融

随着中国城镇化人口和老龄化人口的增加，医药刚性需求增长越发强劲。在市场需求和国家鼓励医药流通企业规模化发展的双重刺激下，医药流通企业也出现了由小到大，由分散到整合，由单体到平台的发展特点。然而，中国卫生医疗体制改革和经济新常态下的政策与市场等因素的不确定性，给医药流通企业的生存和发展带来了更多挑战。医药流通行业伴随着中国经济与社会的发展大潮，一起进入了"VUCA 时代"（volatility，波动；uncertainty，不确定；complexity，复杂；ambiguity，模糊）。长期以来，中国医药流通领域的挑战从未减弱，由于中国医药行业的特点，企业中本该快速平稳流动的经营性现金变成了"一潭死水"，大量的资金被下游医疗机构占用，与此同时供应商和医药流通企业又需要持续筹集更多的资金来支撑业务发展。从商务部直报流通企业数据看，2015 年上半年营业额比 2014 年上半年增长 12.8%，同期利润增长 11.5%，而利润率和毛利率却分别下降了0.2%和0.6%。显然，这种状况既不利于医药行业的稳定持续发展，也不利于产业中的相关利益主体的正常业务运营。正是这一状况，使得互联网供应链金融成为了优化医药流通中现金流、促进产业共同发展的重要战略手段之一。

青岛大学附属医院＋联诺信息＋中信银行三方合作的互联网供应链金融

青岛大学附属医院（下简称青医）是一所集医疗、教学、科研、预防、保健、康复、业务技术指导为一体的山东省属大型综合性三级甲等医院。北京联诺信息服务有限公司成立于2014年，是一家专注于为企业及金融机构提供基于供应链整合的金融服务解决方案的公司。中信银行是全国性商业银行之一，总部位于北京，主要股东是中国中信股份有限公司。2016年三家机构协同合作，共同推动了基于互联网的集成信息系统，为青医的药品和耗材供应商提供基于应收应付的互联网供应链金融服务。

在医药采购与供应领域，作为医疗机构的医院往往需要采购大量药品和耗材，用于日常的医疗服务。根据目前中国药品流通市场的商业惯例，上游供应商往往会产生大量应收账款，这样的状态不仅给上游供应商造成了巨大资金压力，毛利率和现金流下降，而且对于下游医疗机构而言，也产生了巨大挑战，一方面供需关系恶化，人为造成了紧张的交易关系；另一方面也损害了自身的经营利益，不利于控制自身的药品和耗材的采购成本和价格。以往为了应对这种资金压力，上游供应商会与商业银行合作进行应收账款保理业务，然而这种基于供应链金融1.0的业务形态，由于信息不对称、不完整（诸如供货信息的不准确、不完整），加之信用缺乏造成的道德风险（如虚假票据和业务），很容易产生坏账和风险。即便是在明保理业务状态下，由于需要下游医疗机构的确认，往往也会因为下游信息不能及时获取，或者人为确认差错，产生各类潜在风险。针对这种困境，北京联诺信息联合中信银行为青医实施了基于互联网的供应链金融业务，帮助青医优化了药品和耗材供应链，稳定了上下游，实现了供需双方的协同价值。

其具体的业务模式是（见图8—9）：第一，由联诺信息建构整合化的互联网信息平台，实现联诺平台与青医的财务信息系统，以及与中信银行的审批系统对接，同时向上游供应商开放接口；第二，由青医与上游供应商签订药品或耗材供应合同，并完成供应过程；第三，上游供应商通过联诺系统向中信银行申请贴现融资；第四，该申请传输给青医后，系统自动核实供货状况，青医系统自动将应付信息传递至联诺；第五，联诺将确认信息进一步传送给中信银行；第六，中信银行根据核实的信息向药品或耗材供应商以基准利率贴现融资；第七，到期时青医将货款打至中信银行的指定账户。显然，这一互联网供应链金融模式优化了药品和耗材的供应链价值。具体讲，对于上游供应商而言，以较低的利率（银行基准利率）获得了融资，及时有效解决了长期资金占压的问题，加速了现金流。对于青医（即"1"）而言，缓解了供需紧张关系，在保障自身利益的同时，也实现了上游供应商的利益，并且由于能及时有效地解决上游应收问题，可以进一步享受优惠的供货价值。作为互联网供应链金融的服务提供方——联诺，由于解构了"1"的价值链，增强了下游医疗机构的采购供应体系竞争力，融入了"1"的供应链价值体系中。而作为商业银行则更好地扩展了业务空间，改变了简单的资金借贷关系。

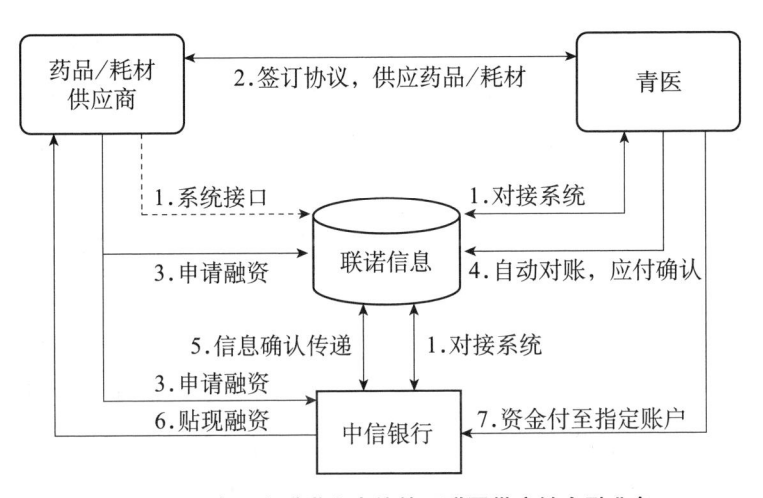

图8—9 青医＋联诺＋中信的互联网供应链金融业务

华润河南医药＋商业银行＋供应商的互联网供应链金融

华润河南医药有限公司（以下简称"华润河南医药"）是华润医药商业集团的全资子公司，公司前身为河南省爱生医药物流有限公司，2010年加入华润医药商业集团。华润河南医药是河南省首批通过国家GSP认证、ISO9000质量认证的一家大型医药批发企业，现有仓储面积11 278平方米，库存商品达7 000多个品规。该企业与商业银行合作，开展了针对自身现金流优化，同时帮助上游供应商解决资金问题的互联网供应链金融业务。这其中针对上游供应商的金融业务有与中信银行合作自办自贴模式以及与华润银行和招商银行开展的电子商业承兑汇票模式。

自办自贴模式指的是华润河南医药办理敞口银行承兑汇票，由供应商委托华润河南医药在银行贴现，利息由华润河南医药承担的融资模式。该金融方案的目的在于不改变付款期，改变付款方式支付供应商货款，通过银行授信，利用银行承兑贴现利率相对银行贷款利率较低的前提下，一方面使供应商及时获得资金，加速现金流；另一方面有助于华润河南医药降低融资费用，改善公司当期经营现金流，同时由于为供应商提前付款，获得了药品价格折让与付息之间的收益。其具体的业务流程是（见图8—10）：华润河南医药与药品供应商的付款方式为电汇，而供应商希望能够提前付款。华润河南医药首先取得银行提供敞口银行汇票授信额度；然后华润河南医药筛选出原支付方式为电汇的供应商客户；协商之后付款方式改为敞口承兑，并签订委托代理三方协议及相关资料；华润医药河南存入30%～40%的保证金，办理敞口承兑；供应商直接在银行贴现，贴现息由华润河南医药支付，贴出票面金额直接汇入供应商账户。

电子商业承兑汇票模式指的是华润河南医药取得银行商业承兑汇票额度，基于公司与供应商真实交易，银行给予供应商商票贴现或商票转银票授信额度，华润河南医药开具1年期电子商业承兑汇票用以支付货款。这种业务模式能够帮助华润河南医药拓展商业渠道，如器械耗材业务，迅速抢占市场份额，为上游供应商提供资金，实现共赢。该模式主要适用于资金

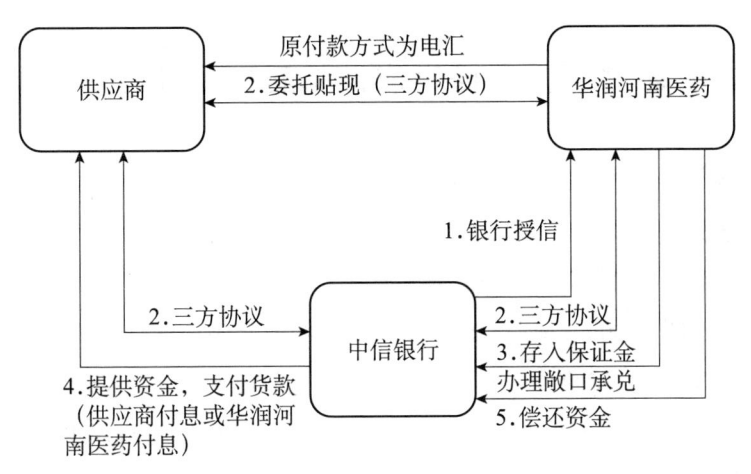

图 8—10 华润河南医药与中信银行的自办自贴模式

链紧张的上游供应商，愿意接受商业承兑汇票。具体的业务流程是（见图8—11）：第一步，银行提供供应链融资授信额度给华润河南医药（"间接授信额度"）；第二步，银行基于华润河南医药与供应商的真实业务（年度交易金额等）给上游供应商授信；第三步，华润河南医药根据付款条件在网银系统内向上游供应商开商业承兑汇票付款；第四步，上游供应商收到商业承兑汇票后，到银行贴现或转开银行承兑汇票；第五步，商业承兑汇票到期后华润河南医药直接向银行还款。

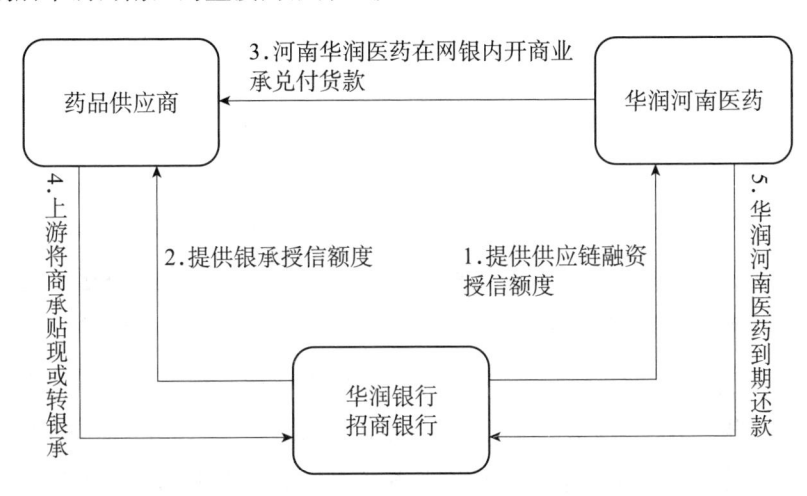

图 8—11 华润河南医药与华润银行或招商银行的电子商业承兑汇票模式

聚合成虚拟"1"：创捷供应链的互联网供应链金融

深圳市创捷供应链有限公司成立于 2007 年，是一家以信息化技术为核心，以电子商务和供应链服务为依托的国家级高新技术企业。该企业获得 ISO9001：2008 国际质量管理认证，海关总署认定 AA 类企业，深圳海关授予"客户协调员制度企业"，2008—2015 连续八年荣膺深圳皇岗海关"十佳纳税大户"，2015 年获得全国一般贸易出口企业第十八。创捷供应链的服务模式逐渐从供应链金融模式（宋华，2015，第 4 章）发展到专注于产融生态圈的新模式。

1. 深圳通信产业集群及面临的挑战

产融生态圈主要立足于深圳的通信产业集群。据海关统计，2015 年，深圳市出口手机 5.4 亿台，比上年（下同）增加 5.3%；价值 1 844 亿元人民币，增长 8.6%；出口平均价格为每台 338.4 元，上涨 3.2%。此外，从中国通信行业的状况看，深圳的加工占了品牌产品的 90%、整机生产商占了 80%、方案设计商占了 70%、配件商占了 90%，在深圳手机零部件配套率达到 99%。深圳之所以能够成为全国乃至全球重要的通信产业基地，在于该地区已经形成了一个分工明确、专业化、高效的产业链和产业集群供应网络。

在通信产品这个领域，在原有的供应链模式中，作为生产加工企业需要完成上述所有的经营活动，亦即在客户下达订单后，需要自己进行方案设计，同时从银行获取资金，采购相应的零部件、投资设备进行加工生产，甚至寻觅第三方物流进行仓储配送，如果还涉及出口，就需要自己办理通关、商检、税务等各类活动。这种传统的运作方式不仅大大增强了加工厂的负担和管理上的难度，也不利于产业效率的提高。正是在这种状况下，因应全球通信客户高品质、高效率服务的要求，深圳通信产业供应链形成了相互关联又分工明确的作业活动（见图 8—12）。第一个环节是接单，即根据客户的需要形成订单，并充分理解客户的价值诉求和一些关键技术参数。第二个环节是方案设计和集成设计，主要是软件工程师、电子工程师、结构工程师、布局布线工程师等紧密合作，完成如下工作流程：第一，产品定义。项目人员对项目输出和项目时间表等，以及项目中的风险点进行评估，比如技术难点，多部门合作，人力保证等，以便提前防范。第二，根据项目的产品定义，由各专业工程师预先评估自己的设计方法和思维，以及进行关键器件选型（如 LCD、摄像头、存储器等）、制定品质指标、制定活动纲要、进行风险评估等活动。第三，原理图设计。这一步通常由电子工程师主导完成，其中包括器件选型，当然工程师要与采购做好器件选型沟通。此外，该阶段还需要关注 BOM（物料清单）出来后要及时开始备料。器件选型时要注意其货源情况，供货周期及价格，要避开长周期无替代料的器件。另外要给出调试计划，列出常规测试项和设计中需要验证的新功能测试点。第四，ID 设计。ID 设计需要由市场部门给出方案，由结构和项目管理者进行评估，直到最终确认。第五，堆叠。结构工程师根据 ID 要求给出 PCB 尺寸，然后项目管理者以及工程师根据线路图，同时兼顾电路设计规范（比如天线的限制、电池的限制、组装限制）进行 PCB 布局，给出具体 PCB 的外形和高度限制。第三个环节是采购集样和样品制作，亦即根据方案设计和集成设计的要求，进行小批量零部件采购，生产样品，进行中试和测试，并且根据中试和测试的结果，重新对方案进行调整，直至符合大规模采购生产以及质量的要求。之后进行生产制造，即大规模采

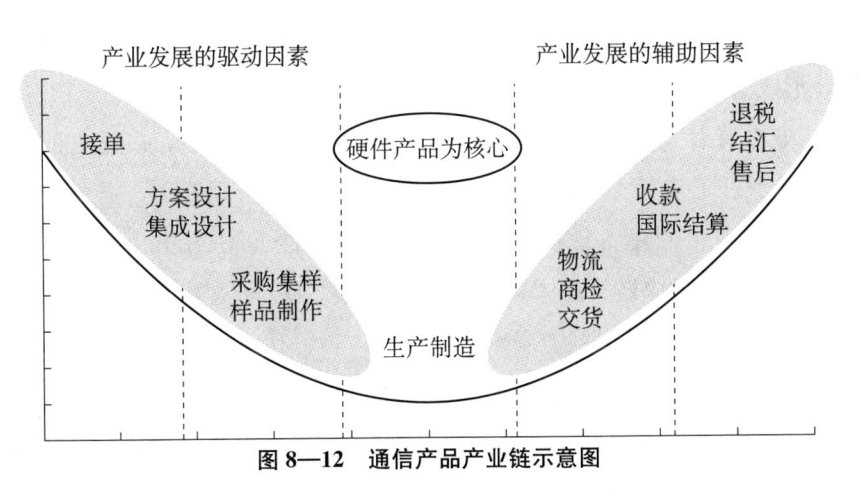

图 8—12 通信产品产业链示意图

购、生产加工、质量检验等活动。产成品生产完成以后，进入物流、商检和交货阶段，此时需要通过整合第三方物流从事运输、海运、当地运输，以及海关的通关、商检，并最终将产品传递到客户手中。最后，则是由上述服务提供商向下游企业或客户收款、国际结算，同时办理退税、结汇和售后服务，最终完成产业链活动。

上述产业分工极大地提高了每项作业环节和活动的效率，也使得各环节的组织和企业形成了自身独特的核心竞争力，诸如在接单集成和方案设计方面形成并聚集了一批强有力的设计企业，像龙旗、鼎为、禾苗等。然而，也正是这种高度的专业化分工和集群，使得各环节之间实现供应链协调一致的难度大大增加，这是因为产业链活动的主体较多、企业的规模大小不一、擅长的能力不同，在如何使各自的能力得到充分发挥的同时，保持供应链体系的一致性和稳定性成为了供应管理的重中之重。此外，在复杂的产业过程中，融资问题如何解决；大量税款无法按时退回，退税周期长达 5 个月，这一问题如何处理；在国际贸易或采购的过程中，汇率大幅波动，导致了交易中的代价和不确定性，针对这些状况如何应对；等等，这些都成为产业竞争力提高的关键。

2. 创捷轻生产生态平台

针对上述垂直分工而分散的产业状态，创捷利用互联网平台建构了一个基于生态的轻生产体系，从而将众多的碎片（中小企业）聚合成虚拟的"1"，形成有机化的产业组织生产。其具体的业务模式是（见图 8—13）：首先，产业中有着大量的创客，他们往往具有全球接单能力，以强大的研发能力作为其核心竞争力，但同时缺乏专业的供应链管理能力，需要建立一个适合自身需求的具备敏捷性（agility）、适应性（adaptability）、协作性（alignment）的供应链管理体系。具体合作模式为：创客与创捷供应链签订框架协议，提供生产计划物料清单（BOM）表。其次，创捷通过产业互联网将众多的国外零部件原材料供应商、国内零部件供应商和加工厂整合起来，形成虚拟的产业集群。根据 BOM 表从国内外供应商采购原材料并集货于创捷 VMI 仓库进行分拣、齐套后送到加工厂进行生产，生产过程中由客

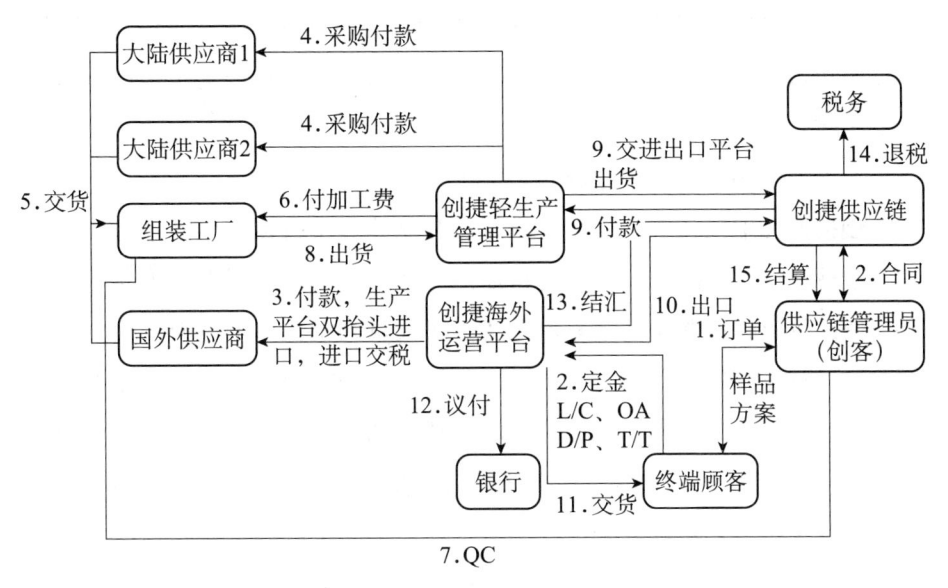

图8—13 创捷供应链的轻生产流程

户进行质量管控。成品完成后创捷供应链将成品出口并交货给创客的海外客户。在这一过程中，创捷的信息化平台，助力虚拟产业集群的高效运转。通过创捷供应链 E-SCM 平台嵌入的 QP 关务系统、E-Bank 系统、金税系统等可以将相关数据自动导入到各个机构相应的信息化平台中，减少了人为手工输入，提高了数据的准确度和运作效率。各环节信息流全部通过创捷供应链 E-SCM 平台处理，保证了信息的及时共享，协调衔接了各个企业的业务，为客户提供从采购到销售各个环节的信息在线处理、工作流协同管理、过程监控，提高了运作效率。实现了线下业务的线上处理，缩短了客户业务的处理时间，提高了办公效率。整体上提高了整个供应链环节运作的效果，提升了客户的市场反应能力和核心竞争力。此外，通关价格查询系统，依据创捷供应链开发的进出口报关价格查询系统，对以往所有的进出口报关及物料信息进行记录，当相同物料进口时价格出现变动时，系统能够做出自动判断并及时发出提醒信息，杜绝了人为判断或违法的风险。另外，通过 SJETWMS 系统实现客户的基本要求：（1）进出库数据完整记录；（2）自动生成库存表及物料收发汇总、明细、日报表；（3）每月进行库存盘点及核对；（4）开放端口与客户的库存管理系统对接，客户可即时查询库存。同时，SJETWMS系统还能为客户提供最小库存的分析评估，根据销售数据的动态分析，实现需求预测，减少因需求波动带来的牛鞭效应的影响，降低客户的库存成本。

3. 创捷互联网供应链金融生态平台

创捷依托虚拟轻生产平台形成了交易结构和信息流，实施了互联网供应链金融业务（见图8—14）。这包括：针对2 500多家国内原材料或零部件供应商提供应收账款保理服务，以及由于大量确定订单汇集而产生的折让收益；针对70多家加工组装厂家产生的应收账款保理以及加工设备的融资租赁服务；针对国外强势零部件供应商产生的付汇交易，以及正常贸易和物流流程基础上产生的套利套汇交易（此处的套利套汇英文为arbitrage，是一种基于真实交易背景产生的金融行为，不同于虚假贸易和物流基础上的套利套汇，即carry trade，参见宋华，2015，第3章）；针对国外客户用户的出口信保融资；针对国内分销商而进行的物流金融。此外，在为大量中小企业提供供应链关务税务服务的过程中，形成了退税融资池；银行方面可以展开福费廷业务，其他非银行金融机构形成出口信保融资。

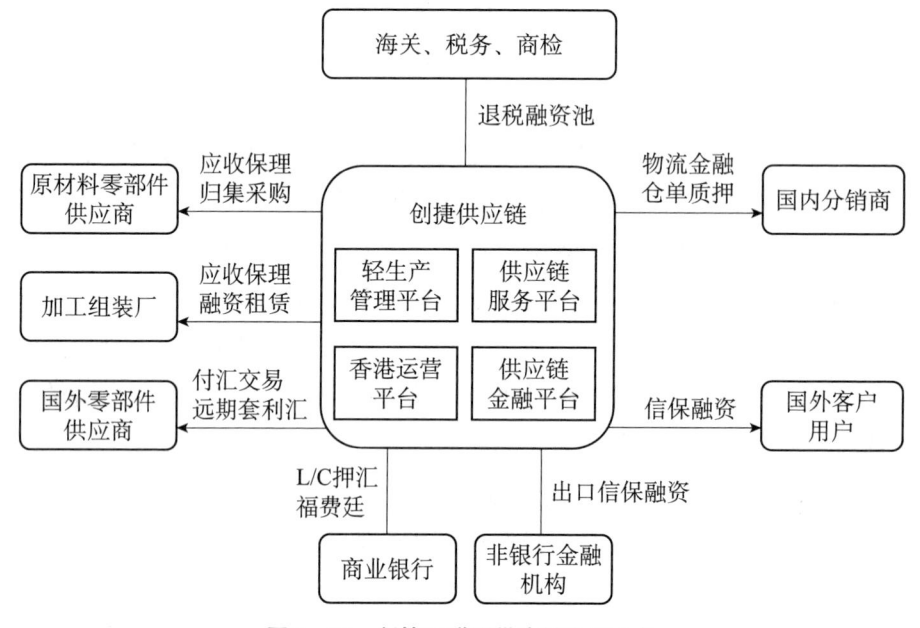

图8—14 创捷互联网供应链金融业务

第8章 基于产业价值生态的互联网供应链金融

上述互联网供应链金融业务的开展，使得创捷与平台上的参与者都形成了良好的互动，建构了基于实体产业和集群优势的虚拟生态平台（见图8—15）。一方面创捷供应链通过与接单集成、方案设计等企业合作，发挥了项目管理员的作用，即实现了订单和产品品质定义，帮助客户实现了产品价值创造；另一方面通过与供应商、加工厂、物流企业等合作，关注物流、资金、产品价值的传递，降低了产业交易成本，所有这些又支撑了互联网供应链金融的业务。此外，这一虚拟产业集群模式实现的结果是各个参与者各就其位、各得其利、协同发展。对于原材料和零部件供应商而言，借助虚拟产业集群平台获得了订单和加工收入，降低了产品生产中的资金成本；对于银行等金融机构而言，扩大了中间服务收入，获取了正常的资金收益；对于创客而言，获得了技术服务费和产品销售收入；而对于创捷供应链自身而言，获得了服务收入，特别是互联网供应链金融的收益。

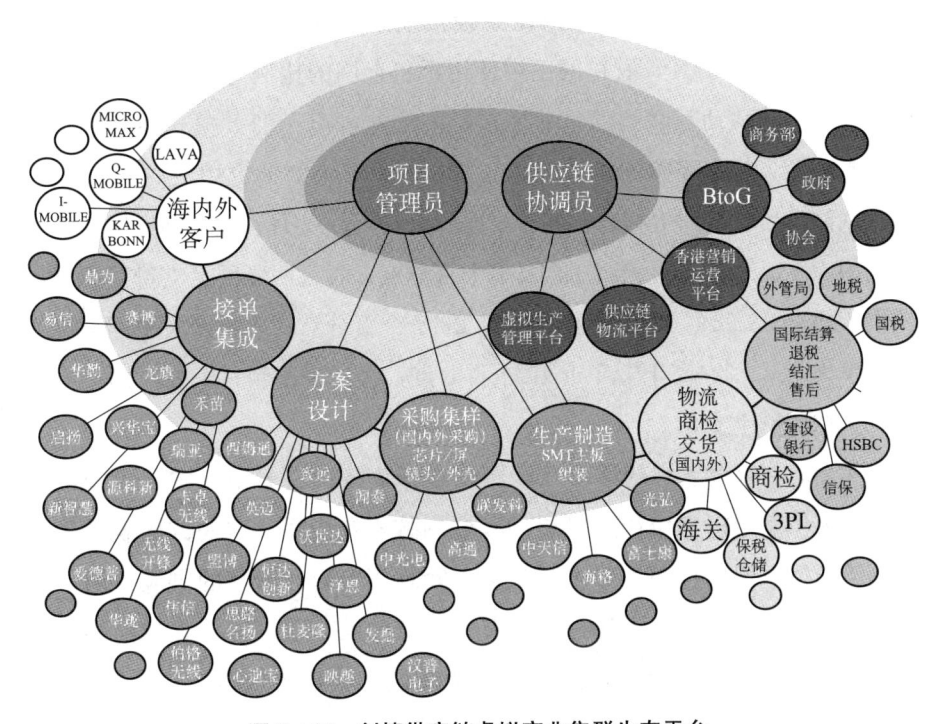

图8—15 创捷供应链虚拟产业集群生态平台

整合到"1"个生态：阿里巴巴农村淘宝与蚂蚁金服

最近这些年，随着互联网的发展，特别是移动互联网的发展，使用互联网作为消费、沟通、娱乐的人群在中国农村得到了迅猛发展。根据中国互联网络信息中心（CNNIC）发布的第 37 次《中国互联网络发展状况统计报告》，截至 2015 年 12 月，我国网民规模达 6.88 亿人，全年共计新增网民 3 951 万人，互联网普及率为 50.3%，较 2014 年底提升了 2.4 个百分点。其中，农村网民占比 28.4%，规模达到 1.95 亿人，较 2014 年底增加 1 694 万人，增幅为 9.5%；城镇网民占比 71.6%，规模为 4.93 亿人，较 2014 年底增加 2 257 万人，增幅为 4.8%。农村网民在整体网民中的占比增加，规模增长速度是城镇的 2 倍。在全国网民中，手机网民规模达 6.20 亿人，较 2014 年底增加 6 303 万人。网民中使用手机上网人群的占比由 2014 年 85.8% 提升至 90.1%，农村网民中使用手机上网的比例为 84.6%。伴随着中国互联网、移动互联网的迅速发展，网购这种电子商务模式逐渐成为农民日常生活、生产经营的重要趋势。据中国电子商务研究中心《2014 年农村互联网发展状况研究报告》指出，截至 2014 年 12 月，农村网民网络购物使用率为 43.2%，较上年增加 12.1 个百分点；农村网民网上支付用户规模较上年增长 38.1%，增长率比城镇高 23.7 个百分点；农村网民中网上支付使用率为 35.2%，高于上年近 10 个百分点，相当于不到三个农村网民中就有一个使用网上支付。

然而，在蓬勃发展的移动互联网和电子商务的背景下，中国传统的流通和物流体系难以顺应快速发展的互联网技术和应用。这一方面表现为农村的流通体系仍然存在着渠道环节多、管理不完善，分散的供应链两端都存在协调力不足、信息不对称的状况，分散的农户很难对接大量的快速消费品、生产资料供应商，其消费和生产往往为大量不规范的中间商掌控，产生了巨大的交易成本，甚至是假冒伪劣问题（宋华，2012）；而作为供应链另一端的众多分散的快消品和生产资料供应商而言，由于无法真正渗透到终端农户，存在着市场信息丧失、渠道掌控力不足、终端消费者服务丧失等种种困境，进而产生了大量的流通费用和成本。另一方面，作为社会物流体系的末端环节的农村物流，由于基础弱、链条长、环节多、涉及面广，不仅无法真正使物流服务覆盖中国的乡村，而且物流成本相对较高、服务相对较弱（李丽晓，2015；中国物流与采购联合会等，2013）。针对这种状况，2014年10月13日，阿里巴巴集团宣布启动"千县万村"计划（即农村淘宝，下简称"村淘"），要在三至五年内投资100亿元，建立1 000个县级运营中心和10万个村级服务站，目前全国已建有5 000多个村级服务点，从而利用互联网和移动互联网，推动农村线下服务实体的形式，将电子商务的网络覆盖到全国三分之一的县以及六分之一的农村地区，实现将分散的农户与分散的快消品、生产资料供应商有效的衔接，在建构产业供应链的基础上，结合其自身的蚂蚁金服，推动农村金融的发展。

"1"个生态平台

阿里巴巴的村淘实现的是生活和生产双向管理，并联合阿里系的所有其他公司（包括菜鸟、蚂蚁金服、天猫等零售平台等）和合作伙伴（如农村代购员或农村代表）共同打造了"1"个能聚合和服务供应链两端分散组织的产业价值生态平台。在农产品上行（即将农产品从农村售卖到城镇）过程中，阿里巴巴零售事业群、农村淘宝的合伙人，可以对生产过程进行把控。在农村淘宝快消品、农资平台的下行（将其从城镇售卖到农村）过程中，阿里旗下的菜鸟物流可以将快消品、农资送货上门，在销售环节，则有天猫超市支持（见图8—16）。

具体讲，在平台基础设施建设上，村淘实现的是产业供应链运营场景的营造。农村淘宝主要是帮村民代购衣服、饰品、家电、食品、农资产品等，一般由村民找当地农村代购员（即村代表），在其帮助下下单采购，或者村民在村淘网选好以后直接发链接给村代表下单，货到付款，退货也在这里处理，从而解决农民买难和卖难问题。在这一体系中，农村代购员是组织化分散用户的重要枢纽，承担着激活当地生态，帮助实现采购、收购、

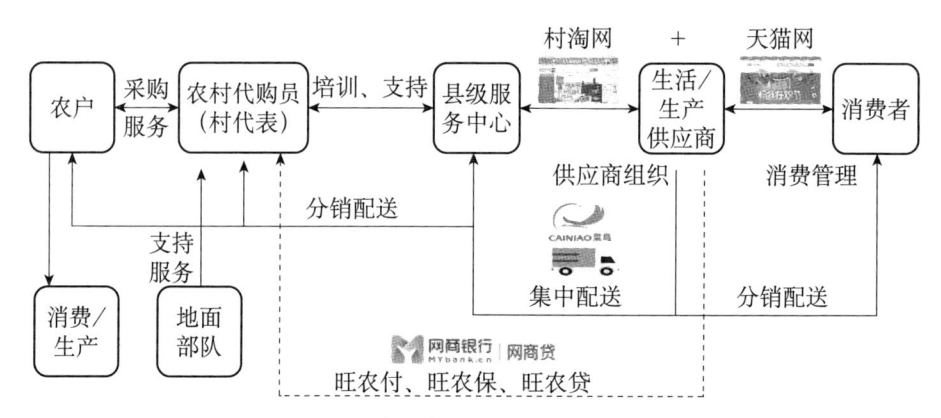

图 8—16 阿里巴巴农村淘宝与蚂蚁金服农村金融服务体系

用户管理的重要职责。具体的做法是：阿里投入人力、物力等资源在选定的县级城市开设县级服务中心站点，由县级服务中心站再去开拓适合的村级服务站。村级服务站由当地村民或适合做村民网购网销服务的店铺来运作。一般阿里巴巴通过镇政府召集村委会、乡镇干部、在家年轻人开会，介绍这一服务体系，请大家主动报名。申请通过后参加考试筛选，筛选标准包括要有网购经验，可以以最快的时间买到最合适的东西等等，考试通过后即可成立服务点，阿里免费提供手机、电脑和代购点装修等各类设施，以后每个月都会搞活动。农村代购员的责任是平均每天的订单要在 10 单以上，不到 10 单就会被淘汰。代购员除了代购外，最主要的工作就是大力宣传，宣传手段除了去村里派发宣传单外，还可以利用网络，在 QQ 空间、朋友圈发送宣传和产品信息，或者收集村里的反馈和商品评价，激活当地生态，组织活动。在激励机制上，代购员每完成一单，就会得到相应的佣金，佣金额度是阿里巴巴和商家协商，其中服装、化妆品的佣金较高，达到 20%，电器较低，约 3%，平均下来每单 5% 左右。在这一服务体系中，日常支持、指导和管理农村代购员的体系是阿里的"地面部队"，该地面部队一般由两人组成，包括一名业务人员和一名人力资源管理人员，地面部队通过日常频繁的走访、沟通等形式，指导代购员如何组织活动，如何激活当地生态，并给予必要的业务支持。除了地面部队外，供应链体系中最重要的管理部门是阿里的县级服务中心，该中心一方面承担前端经营体系

（即村代购点）的开发和管理，定期对农村代购员进行培训，提升其经营能力；另一方面对后端的物流和交易进行管理，物流管理指的是分拨库存（RDC）和分销物流管理，而交易管理则是对订单的集中处理、产品的上行和下行管理以及对各村的绩效管理。

在物流管理和服务方面，所有的物流组织和管理由阿里的菜鸟承担。2013年5月28日，阿里巴巴集团、银泰集团联合复星集团、富春控股、顺丰集团、三通一达（申通、圆通、中通、韵达）、宅急送、汇通，以及相关金融机构共同宣布，"中国智能物流骨干网"（简称CSN）项目正式启动，合作各方共同组建的"菜鸟网络科技有限公司"正式成立。菜鸟的定位是在物流的基础上搭建一套开放、共享、社会化的基础设施平台。主要是通过自建、共建、合作、改造等多种模式，在全中国范围内形成一套开放的社会化仓储设施网络。同时，利用先进的互联网技术，建立开放、透明、共享的数据应用平台，为电子商务企业、物流公司、仓储企业、第三方物流服务商、供应链服务商等各类企业提供优质服务，支持物流行业向高附加值领域发展和升级。在村淘的物流管理体系上，基于菜鸟的平台来组织物流公司提供相应的物流分销服务，包括快消品、生产资料的下行以及农副产品的上行物流服务。在具体的物流服务政策上，网购货物先运送到县级服务中心，每天再从县里送货到底下的村级服务站点。从县到村这一段的运费由阿里巴巴出（在网上买的价格是多少，买家就付多少，没有额外的运费），之后再分拨到各个站点。具体的物流配送菜鸟采用的是合作方式，合作方包括中国邮政、韵达、全峰等物流速递公司。

在电子商务平台方面，阿里主要是通过村淘网（cun.taobao.com）和天猫网（www.tmall.com）来对接农户和城镇消费者。村淘网主要是解决快消品和生产资料的下行，该平台不同于淘宝网，主要是面向农村消费者，因此，经营的品类和品种具有特定性，主要是面向农户，不会覆盖所有品种。此外，考虑到农村市场的特点，产品的价格应当具有很好的竞争力。具体从流程上看：第一，如果快消品或生产资料卖家需要进入村淘网，供应商需要进入卖家中心了解品种是否可以在村淘网发布；已经发布过商品的卖家，在卖家中心找到"出售中的宝贝"村淘宝贝，点击进入村淘宝贝页面，在"未设置宝贝"里面选择自己想要放到村淘的商品进行设置。第二，在"未设置宝贝"里面选择自己想要发布到村淘网的商品进行设置，一般供应商需要选择自己觉得有竞争力有优势的商品进行发布。第三，供应商设置村淘的价格和佣金，根据阿里村淘规则，村淘上商品的价格一定要低于在淘宝的一口价，佣金要高于百分之五，同意则在相应栏目上打钩，加以确定。对于刚刚设置成功的宝贝，在村淘宝贝已设置里可以查到，如果想取消或者修改佣金比例，都可以点击相对应的按钮进行操作。第四，如果想要在村淘上查到发布的村淘商品，要进入"农村淘宝"的首页，搜索发布宝贝的关键词，这时就能看到发布的商品标有"村淘专享"标识，没有发布过的没有标识。天猫网主要是对接农副产品上行的电子商务平台，即在天猫网推介农副产品，形成消费订单，从而对接农村的农副产品生产。

在金融服务方面，支撑整个供应链运营的体系是阿里的蚂蚁金服，蚂蚁金服致力于为农业产业、农村地区、农民群体（以下简称"三农"）的用户提供普惠的金融服务，包括支付、理财、贷款、保险等多方面的产品和金融服务。2015年，蚂蚁金服在支付、保险、信贷三大块业务所服务的三农用户数分别达到1.4亿、1.2亿、2 000万。2016年1月，蚂蚁金服农村金融事业部成立，专注于三农用户的生产、经营、生活，致力于整合蚂蚁金服的各类普惠金融服务，包括支付、财富、保险、融资、信用等，并联合阿里巴巴电商集团涉农部门（村淘）、菜鸟物流等业务条线，为三农用户提供服务与支持。目前，蚂蚁金服正通过旺农付、旺农保、旺农贷等平台型解决方案，提供面向三农的普惠金融服务，同时，蚂蚁金服也通过合作伙伴，面向贫困地区提供金融服务，助力精准扶贫，并进一步通过整合生态体系优势，向农业产业企业提供农产品供应链金融解决方案。以贷款产品和服务为例，在过去几年，尤其是2015年6月网商银行开业以来，蚂蚁金服已经通过面向农民的贷款产品"旺农贷"、给到农民的预授信、村淘掌柜金（网商银行计划投入10亿元，支持大学毕业生回乡创业）等，服务了大量三农用户，他们当中既有农村消费者、农村种养殖户、农村电商与村淘合伙人，也有农村的小型种养殖户、小微企业与个体经营户。2016年，蚂蚁金服农村金融服务的客户将"升级"，覆盖到规模化的新型农业生产主体。随着服务人群的扩大，蚂蚁金服实现服务的方式也随之升级，从线上贷款等的数据化平台，到"线上＋线下熟人平台"的模式，未来则会发展为"供应链＋定向支付"平台、融资租赁平台等。从平台的业务产品看，旺农付主要致力于为三农用户提供互联网缴费、充值、转账等一系列支付服务的解决方案，通过移动互联网技术，让广大农民足不出户就能享受和城里人同等的互联网生活支付服务。旺农保致力于包含现代化农业生产经营所需的各类型保险的综合保险解决方案，涵盖农民采购农资的质量保证险、信用保证保险、生产过程中的种植险和指数险、销售农产品的品质险，同时也围绕农民衣食住行提供各种保障，为农民的生活和生产经营锁定各种风险。旺农贷致力于为农业产业、农村地区、农民群体提供高效率、低成本的普惠信贷的解决方案，包括纯信用（无抵押或担保）贷款、专项用于购买农资农具的信用借款、消费信贷产品等。

农村淘宝供应链运营模式

在供应链运营模式上，阿里的农村淘宝主要采用了双向运营模式，即快消品或生产资料的下行供应链，以及农副产品的上行供应链。下行供应链运营指的是上游快消品或生产资料供应商将用户需要的产品高效率地分销到农户手中（见图8—17）。如果是快消品等生活资料，用户提出商品需求，委托代购员在村淘网下单，随后快消品供应商提供产品，由物流公司配送至县级服务中心，之后由速递公司配送至农户手中，最终农户进行评价，由村淘保证售后服务。如果是农户需求的生产资料，代购员主动在当地征询和了解需求，然后在掌握确实的需求信息后，将信息进一步传递至村淘，形成订单。村淘组织生产资料以及生活资料供应商，组织供货并配送至农户，最终农户进行评价，建立供应商信用，同样由村淘保障售后服务。

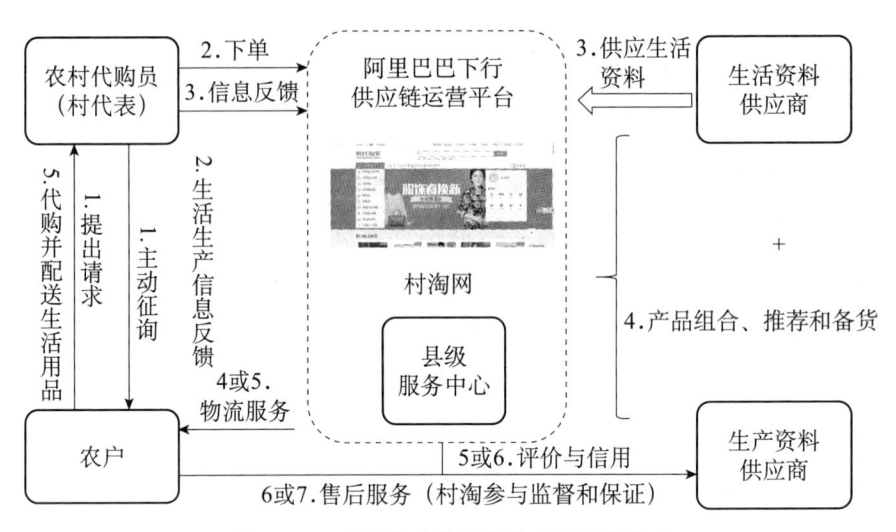

图 8—17　农村淘宝的下行供应链运营模式

上行供应链主要指的是农副产品采购以及面向城镇市场的分销供应链（见图 8—18）。该供应链模式首先是由村淘联合当地政府建立农副产品生产基地，之后在天猫网上进行推介。消费者根据推介选择相应的农产品下达订单，之后由村淘集合农副产品需求，向生产基地的用户进行采购和检测，随后由菜鸟组织合作的物流公司和速递公司进行产品分销配送，消费者收取农产品后进行评价，并不断积累服务商和当地农户和农产品的信息，形成综合的信用体系。

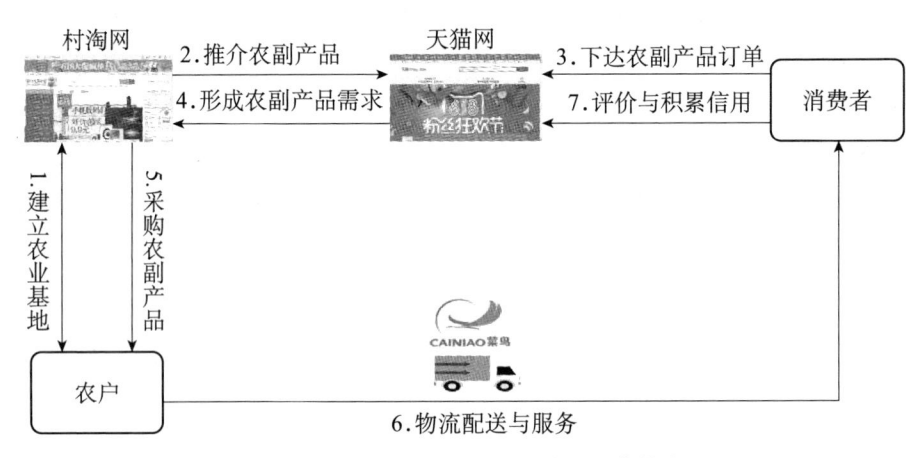

图 8—18　农村淘宝的上行供应链运营模式

蚂蚁金服的互联网供应链金融

基于以上供应链运营模式，阿里的蚂蚁金服已经开始参与农产品种植生产，通过信贷、保险等金融产品助力农产品供应链，进而推动粗放种植农业向集约化精品农业的转型，使得农产品的供应向生态体系发展。2016年5月25日，蚂蚁金服携手国内领先的生鲜电商易果生鲜联合宣布，整合阿里电商力量，蚂蚁金服联合农村淘宝、天猫超市等，首次对外阐释了蚂蚁金服的"金融＋电商＋农业生产"互联网农产品供应链布局，向易果生鲜提供一款互联网供应链金融解决方案，并首度阐释了蚂蚁金服农村金融的战略规划。

陕西省周至县是国内最大的猕猴桃产地之一，同时也是世界猕猴桃的"祖籍"，北吉果蔬专业合作社作是周至县极具规模化的猕猴桃合作社，社员涵盖了当地数百户果农。从这家合作社开始，蚂蚁金服与易果生鲜一起，将精品农业以销定产、互联网绿色金融、农产品供应链生态的模式推向生鲜原产地。基于对合作社产品的认可及稳定合作，易果生鲜将同合作社签署采购协议，在10月底猕猴桃成熟时，将定点采购猕猴桃中的高端品种"翠香"，并通过天猫超市的生鲜区，将该产品推向普通用户。蚂蚁金服对订单进行识别、确认后，通过蚂蚁金服旗下网商银行，给合作社提供低息贷款。同时，为实现易果生鲜对果品品质的把控，贷款通过定向支付工具专项用于从"农村淘宝"（及淘宝农资类目）购买易果生鲜指定的农药、农资，并将合作社的采购信息线上传输给易果生鲜，从而实现果品生产过程的全程把控。在这个过程中，蚂蚁金服保险事业部联合保险公司为农资、农药线上销售提供品质保证保险，确保产品质量无虞。

在这个过程中，农户不用再担心农产品的销售、农业生产资料的投入，甚至无须再出门采购农业生产资料，只需要种植好自己的猕猴桃，就能获得稳定的收入。从农业生产经营的投入，到农业生产资料的购买，再到农产品的销售，金融＋电商的模式覆盖了整个过程的方方面面，形成了一个农产品供应链的线上生态链（见图8—19）。从易果生鲜及合作社供应商的反馈来看，蚂蚁金服为这个链条提供的贷款和保险服务颇具吸引力。基于采购订单的信用贷款模式，可在贷款申请提交后的当日就收到款项，其放款效率远高于其他任何贷款方式；蚂蚁金服在其中提供的贷款定价，也远低于其在市场上可获得的同类金融产品。此外，更重要的是，线上化的农资农药的品质保证保险为农户线上购买农资提供了信心；电商购买模式和送货上门也优化了农户的购买体验。在这个链路中，合作社和农户更像是整个链条中的"工作员"，种植出好的果品成为了一份职业，无须再为做好工作之外的事情担忧，真正做到了无忧生产、无忧销售。具体的金融服务业务流程是：首先易果生鲜为锁定优质猕猴桃产品，提前提供采购订单；随后蚂蚁金服为生产合作社提供生产经营旺农贷；旺农贷定向支付用于购买农资农具，并且旺农保提供农资保障险用于农资安全保证，而且能通过农村淘宝实现农资使用信息溯源；待猕猴桃上市，合作社供应给易果生鲜；易果生鲜的收购款优先偿还旺农贷本息；最后，由易果生鲜在天猫上进行推介销售。

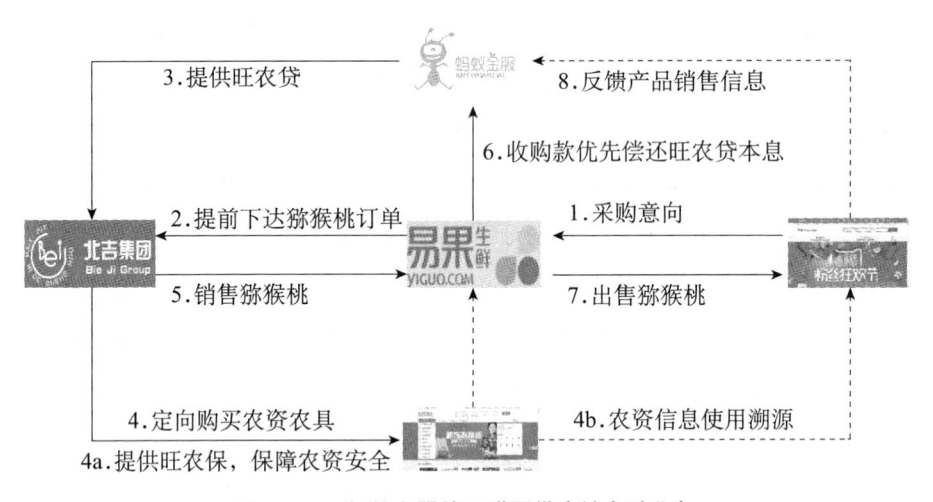

图8—19　蚂蚁金服的互联网供应链金融业务

农业互联网供应链金融解决方案的推出，是蚂蚁金服农村金融的重点。从此前农村金融的数据化产品，到撬动更多生态合作伙伴的供应链模式，蚂蚁金服的农村金融在循序渐进。以贷款产品和服务为例，在过去几年，蚂蚁金服已经通过面向农村淘宝合伙人的信贷支持（网商银行计划投入10亿元，支持大学生回乡创业），提供给农村生产经营户的贷款产品旺农贷，服务了大量三农用户，他们当中既有农村消费者、农村种养殖户、农村电商与村淘合伙人，也有农村的小型种养殖户、小微企业与个体经营户。2016年，蚂蚁金服农村金融服务的客户将"升级"，覆盖类似易果生鲜、合作社等规模化的新型农业经营主体，如专业合作社、家庭农场和种粮大户等。随着服务人群的扩大，蚂蚁金服实现服务的方式也随之升级，从线上的数据化信贷平台，到线上＋线下熟人平台的模式，未来则会进一步发展供应链＋定向支付平台、融资租赁平台等。

第9章
基于产金融合迭代的互联网供应链金融

随着产业供应链生态化的发展,生态的影响效应逐渐被放大,不仅参与的主体越来越多样化,逐步从供应链的直接参与者向供应链创新创业者扩展,而且供应链中的金融也开始逐步从原来的要素特征走向了生态化。创新创业生态指的是创业供应链过程中的创新主体所构成的组织互动和网络体系,他们相互作用,共同推动供应链创业创新。金融网络生态指的是在互联网基础上编织的一个金融网络,各个部分彼此影响、延伸。它是指经过网络金融中不同业态不同个体之间的相互融合与淘汰,那些具有协同效应及相乘效果的个体有效地组织在一起,形成能动态地自我更新与进化的集群(SBI中国,2014)。这一集群生态化的创业主体和金融与产业生态形成了良性的互动,相互依存又相互影响,实现了产业、创客和金融的多重创新和融合(syncretism),最终推动了互联网供应链金融的发展。

供应链产业生态、创客生态与金融生态

在互联网、物联网以及云计算和大数据的支撑下,供应链产业具有多

生态化的特点，这种生态既包括供应链运营的产业生态，又包括供应链创业创新的创客方面以及供应链金融方面，这些生态圈共同构成了互联网供应链金融运行的生态基础。

供应链产业生态

供应链产业生态如同上一章所论述的那样，它是围绕供应链运营所有参与主体共同组成的价值生态网络，这个网络不仅存在着多种结构形态，而且相互之间通过互动，共同创造知识和智慧，最终实现高绩效的产业供应链运营。简言之，供应链产业生态可以从三个维度来体现（见图9—1）：一是供应链层级多级化。随着产业供应链的不断发展，供应链的复杂度与日俱增，这不仅表现为作业活动同一层级的参与者日益增多，而且层级也

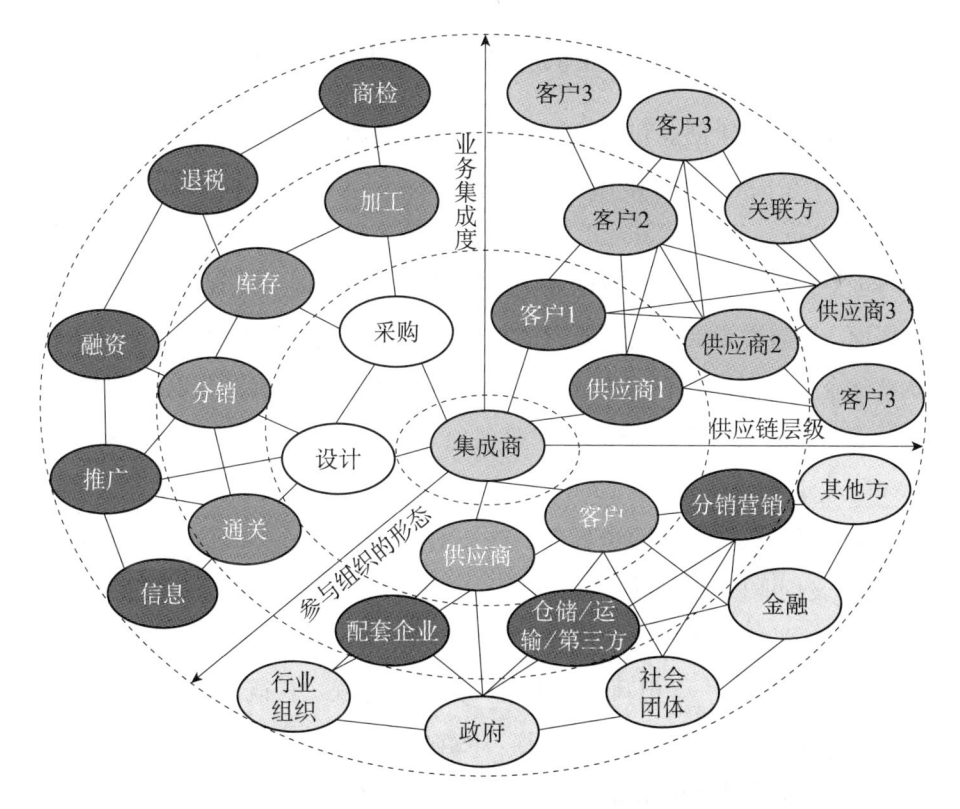

图9—1 供应链产业生态示意图

越来越扩展。即从原来的三层结构（供应商—制造商—经销商）扩展到如今的多层结构（包括供应商的供应商、客户的客户等）。二是与供应链多层级化相关的参与的主体日益多样化。产业供应链生态体系中的参与者不仅包括了直接供应链运营者（如供应商、客户），还包括了各类为供应链运行提供支撑和服务的参与者，如仓储服务企业、运输配送服务商、第三方、分销服务商以及其他配套服务组织。此外，供应链产业生态中还有大量的外围环境影响者，如政府管理部门、行业组织、金融服务机构、社会团体以及其他环境影响者。三是供应链的业务高度集成化。即供应链运营的作业活动既涉及了上游端的设计、采购，又覆盖了中游和下游端的加工、库存、分销、通关、商检、退税，以及供应链融资等各类业务活动，所有这些业务在统一的整体框架内高度集成，形成了完整、紧密结合的业务链。

创业供应链与创客生态

创业研究源于创业和创新行为对经济发展的显著影响，强调创业对经济均衡与发展的推动作用，主要由 Kirzner（1979）和 Schumpeter 等（2003）开创。而 McClelland（1962），Collins 和 Moore（1964）等学者随后将创业研究焦点转移到对创业主体本身的研究，即从宏观层面推进到微观层面。随着微观层面创业研究的推进，创业不仅仅指企业家个人或者团队新建企业的过程，在现有企业中，也存在着与个人创业具有类似创新、风险承担、成长等基本特征的创业现象。有学者研究（Amit，Glosten & Mueller，1993；Casson，1982）认为创业可以在现有组织内部进行。创业的概念包括狭义与广义两个界定，狭义创业概念是指"从零开始创建新企业"，广义创业概念也包括"从一个有问题的企业开始创建出一个重焕生机的企业"（张东升，刘健钧，2000）。魏江等（2009）认为创业是一个整合资源、利用机会、承担风险、创造价值的过程，它既包括 Schumpeter（1934）所提出的实现新组合的过程，又包括 Gartner（1988）所提出的创建新企业，因而是两者的结合。

在对创业的研究中，存在两个重要概念，即创业导向（entrepreneurial

orientation）与公司创业（corporate entrepreneurship）。创业导向是企业从事创新、采取超前行动和承担风险方面所表现出来的一种倾向，包括创新性、先动性和风险性三个维度（Miller，1983；Covin & Slevin，1989）。1996年，Lumpkin和Dess在Miller等人研究的基础上，将创业导向的关键维度扩展至四个，即自主行动倾向、创新和承担风险的意愿、竞争积极性和相对于市场机会的先动性。公司创业是指与已建企业相关的个体或者由个体组成的团队在企业内部创建新企业（或经营实体）、实施战略更新和创新的过程。Zahra（1995；1996）将公司创业界定为一个由创新、战略更新和风险投资三个维度组成的构念。

供应链是从原材料到最终消费者整个过程中所发生的与物质和信息流相关的所有活动（Handfield & Nichols，1999），供应链管理就是为取得系统全体最高的绩效，而对从供应商到最终用户整个网络的分析、管理（Ellram & Cooper，1993）。对于创业供应链的内涵界定，Marletta等（2009）指出，创业供应链（entrepreneurial supply chains）将创业与供应链进行有效整合，旨在对用之不尽，但会因误用或滥用而易贬值的有价值资产共同需求和依赖的基础上形成企业间关系，并将创业供应链分为区域资产（place assets）、区域/产品资产（place/product assets）以及区域/产品/流程资产（place/product/process assets）驱动的三种创业供应链。区别于传统供应链中核心企业的主导作用，Granovetter（2005）认为创业供应链中各方对社会关系网络中嵌入性资产的保护和增值承担共同责任。Lee（2012）指出创业供应链不仅像传统供应链那样注重成本节约、产品质量以及配送速度，还注重企业的变革以及成长，认为供应链创业将供应商的供应商与客户的客户联系在一起，而且创业供应链可通过以下三种"途径"建立，即在新客户、新市场和新区域中提供现有产品和服务，为现有客户和市场开发新产品和新服务，以及为新客户和新市场开发新产品和新服务。

由此可见，创业供应链并不是创业与供应链的简单组合。与传统供应链相比，创业供应链通常更为复杂，参与企业对所依赖的价值资产形成了共同需求和依赖，这种企业间的关系已不再像传统供应链那样主要围绕一个核心主导企业。在创业供应链中，参与企业（即供应链创客）一方面根据共享的资产组织运营活动，另一方面有意识地管理其资产以达到绩效最大化。创业供应链参与方满足客户异质需求的独立能力以及保持共同的多样化能力最终使得创业供应链获得了共同成功（Marletta et al.，2009）。

显然，创业供应链的实现有赖于所有异质化的参与方，即创客的共同参与、共同分享和共同努力（见图9—2）。创客（maker）中的"创"指创造；"客"指从事某种活动的人；"创客"本指勇于创新，努力将自己的创意变为现实的人。这个词译自英文单词"maker"，源于美国麻省理工学院微观装配实验室的实验课题，此课题以创新为理念，以客户为中心，以个人设计、个人制造为核心内容，参与实验课题的学生即"创客"，因此，"创客"特指具有创新理念、自主创业的人。而在供应链背景下，创客泛指的是从事或参加创业供应链活动的所有主体，也就是说推动和促进供应链创业的组织和个人所组成的群体就是创客。供应链创客的目的在于推动供应链的创建或者持续更新，防范供应链出现刚性化或惰性化。具体讲，供应链环境中的创客所具备的能力多种多样，这些能力主要是确立供应链的知识可进入能力以及共同演化能力（Clifford Defee & Fugate，2010）。知识可进入能力是指合作伙伴间能够获悉或是利用对方拥有的知识的一种动态能力（Grant & Baden-Fuller，2004），也就是说创客能通过有效的互联网平台实现知识或技术的创新、分享与协同，进而提升整个供应链竞争力。共同演化能力是指企业内部或是企业之间进行合作以产生新的协同能力（Eisenhardt & Martin，2000），例如采用新的技术手段或方法有效地沟通、协同，创造新的业务模式。Beske等（2014）在Clifford Defee和Fugate的基础上，认为除了知识可进入能力和共同演化能力外，还应该包括伙伴发展能力、供应链再概念化能力（SC re-conceptualization）以及反射性的控制能力（reflexive control）。其中，伙伴发展能力包括知识分享（开发）、伙伴发展计划以及伙伴培训，亦即能够不断发掘新的合作伙伴或者培养现有伙伴新的能力，保持供应链体系的活力；供应链再概念化能力则是指将新的非商业性伙伴整合进入供应链，共同推动供应链的可持续发展，这些新的伙伴包括非营利组织以及政策制定者等；反射性的控制能力则允许企业根据商业环境的要求不断地检验和评估自己的商业实践和战略以维持供应链运营中的基础功能（Seuring，2006）。显然，上述具备各种能力的供应链创客共同构成了一种生态，协同推动供应链的创业与创新。

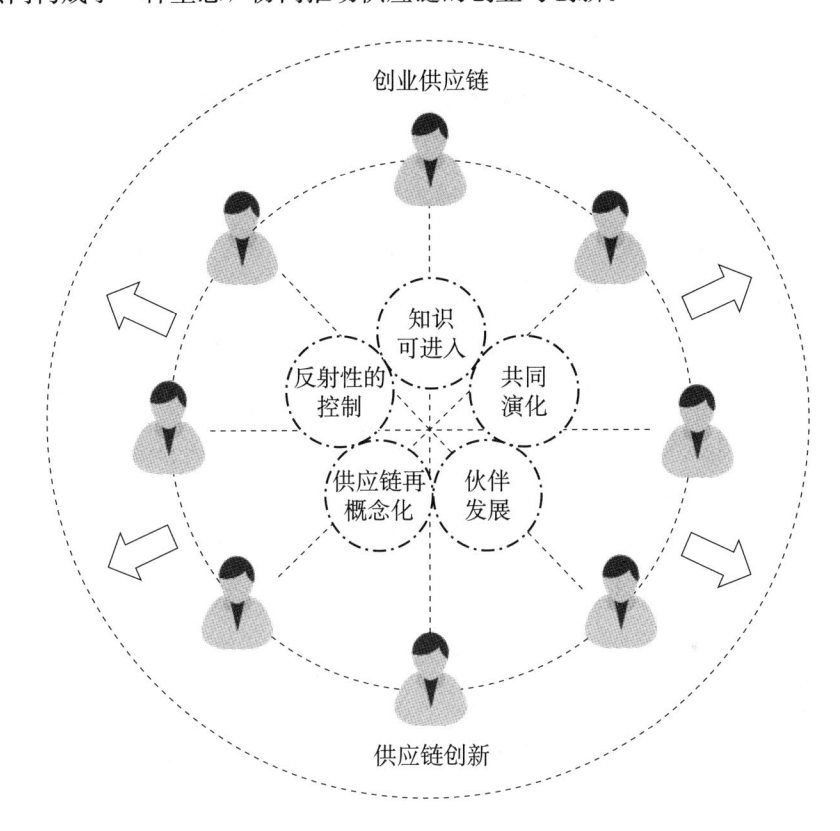

图9—2 互联网供应链金融的创客生态

金融生态

随着互联网、物联网以及新型信息技术的发展，不仅产业生态以及创客生态得到了迅猛发展，金融生态也逐渐开始形成。金融生态不同于以往的金融性要素或单一的活动，它是依照仿生学原理来建立金融体系的良性运作发展模式，这种网络模式具有多要素、多主体、多流程互动的特点，通过不断调节、学习、共同演进，推进金融活动的有序开展和创新。Haldane（2009）认为动态性金融网络的特点包括四个机制，即自适应或反馈性、高度链接性、不确定性以及创新性。第一，金融生态是一种复杂自适应系统。即提供和涉及金融的各个组织或主体能够与环境以及其他主体进行交互作用，主体在这种持续不断的交互作用过程中，不断地"学习"或"积累经验"，并且根据学到的经验改变自身的结构和行为方式。第二，金融生态是一种高度链接的网络结构。金融生态呈现出高度链接状态，这种链接不同于简单的联结，而是一种有机的、有序的组织和互动。这一方面表现为链接节点的规模和互链程度极大扩大，链接的长度在缩短；另一方面金融生态呈现长尾的状态，即金融网络中有大量的具有辐射力的小中心，也就是说金融网络生态存在着大量的"小世界"。"小世界"是将空间概念内的相互联系的无数个节点有机交互连接而形成的网络系统。复杂网络即是通过无数小世界的单位组建为基础元件，并将每个小世界单位元件的任意两个节点相互连接，形成公用的路径通道，作为数据信息运载流通的网络纹线。第三，金融生态是具有不确定性的金融结构。在金融体系中对风险的判定表现在金融资产的定价上，网络往往产生连续性效应，特别是在困难的时期，这些网络链会加剧不确定性，因此，网络的这一特征使得金融市场上的定价呈现波动性或动态性，这种波动和动态性随着网络规模或范围的扩大而扩大。第四，金融生态是一种金融创新的集合。金融生态网络的特点是一种结构性信贷，也就是说通过一系列金融工具分散风险，并且集合成综合性的金融产品。

具体讲，互联网供应链金融阶段，金融生态在结构、产品和环境要素上呈现出多耦合状况，相互关联、相互作用，共同推动了金融生态的发展（见图9—3）。首先，在金融生态的组成结构上，以往的信贷往往是三方关系结构，即资金的借方、贷方和担保方，而在金融生态体系中，主体呈现多种形态，不仅包括借方、贷方、担保方，还包括其他各类相关的资金流管理参与者，诸如会计事务所（即受当事人委托承办有关审计、会计、咨询、税务等方面业务的组织），信用评估机构（即通过征集个人和企业信用信息，向个人和企业信用信息使用者提供个人和企业信用评估和查询，服

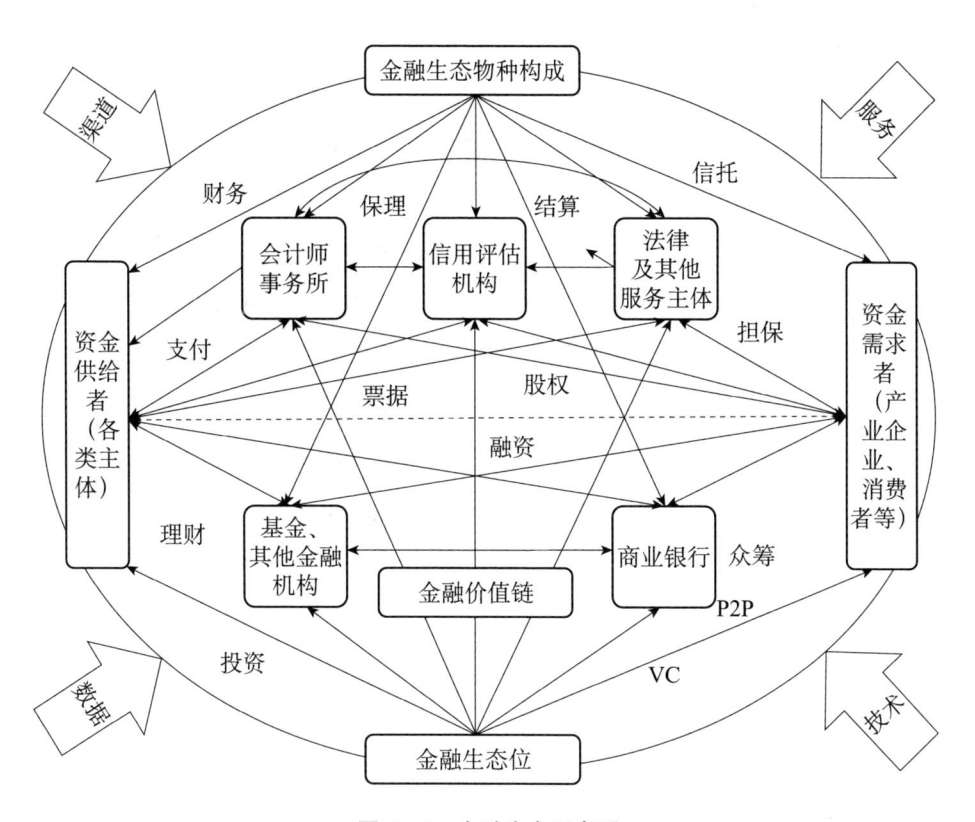

第9章 基于产金融合迭代的互联网供应链金融

图9—3 金融生态示意图

务公正、高效的第三方专门机构),提供法律和其他服务(如动产管理、票证管理等)的机构、基金、其他各类金融服务机构(如信托、保险、证券、基金、融资租赁、第三方支付等),以及商业银行和金融管理监管方,这些主体既发挥各自相应的作用,又相互配合,形成了多种多样但又有机整合的组织生态系统。其次,在金融产品上,多产品融合成为了互联网供应链金融最为重要的特点,它不仅涵盖了担保、保理、抵押、质押、票据等传统的供应链金融产品,而且还不断融入信托、第三方支付、VC、众筹、理财、资产证券化等众多的新兴金融产品,这些金融产品高度融合,通过产品间的组合协同,产生创新性的金融活动。最后,在环境要素上,渠道是支撑金融生态的关键要素之一,即能实现金融产品和服务在供应链端对端分销传递的通路。显然,渠道资源的丰富程度或组合程度决定了金融产品创新程度，同时也对组织生态的规模和范围产生影响。此外，数据也是支撑金融生态的关键，金融生态由于具有高度的不确定性，因此，要规避网络化带来的综合风险，就需要通过数据获取、清洗、整合和分析，来分析各个主体、每个金融活动可能的结果，以及对生态网络中其他要素、主体以及整合体系产生的影响。技术和服务也是金融生态环境中的关键要素。技术的发展，特别是互联网技术的运营对金融生态的良性发展至关重要，这主要表现为三个方面：一是技术能推动金融产品的创新，这是因为在现代信息社会里，金融行业可以借助信息技术和系统不断创造出新的业务品种和业务工具，从而实现金融电子化；二是可以通过信息技术有效防范潜在风险；三是信息技术强大的数据储存处理功能以及可以突破时空限制的优点，会给金融管理带来极大的便利，不但可以便捷地调取、使用、统计数据，还可以进行远程一点对多面的综合管理。

创客和产业生态迭代下的互联网供应链金融

上述三种类型的生态体系存在着迭代效应，共同支撑了互联网供应链金融的发展。迭代的含义是重复反馈过程的活动，其目的通常是为了逼近所需目标或结果，每一次对过程的重复称为一次"迭代"，而每一次迭代得到的结果会作为下一次迭代的初始值。在互联网供应链金融的发展中，产业生态、创客生态与金融生态互为影响，每个生态都为其他生态的建构和运行提供输入，同时又反馈于输入端的生态，推动三个生态的协同发展。

随着创客生态和产业生态的发展，创业者的创业行为以及产业运营不断地促进产业供应链竞争力的发展，这种不断发展的供应链为金融生态的形成奠定了基础。一方面它使得互联网供应链金融有了实体产业和创业者的支撑，更有利于管理和控制风险；另一方面，由于产业和创客行为的推动，又促进了金融工具的创新和生态系统的建构（见图9—4）。

第9章 基于产金融合迭代的互联网供应链金融

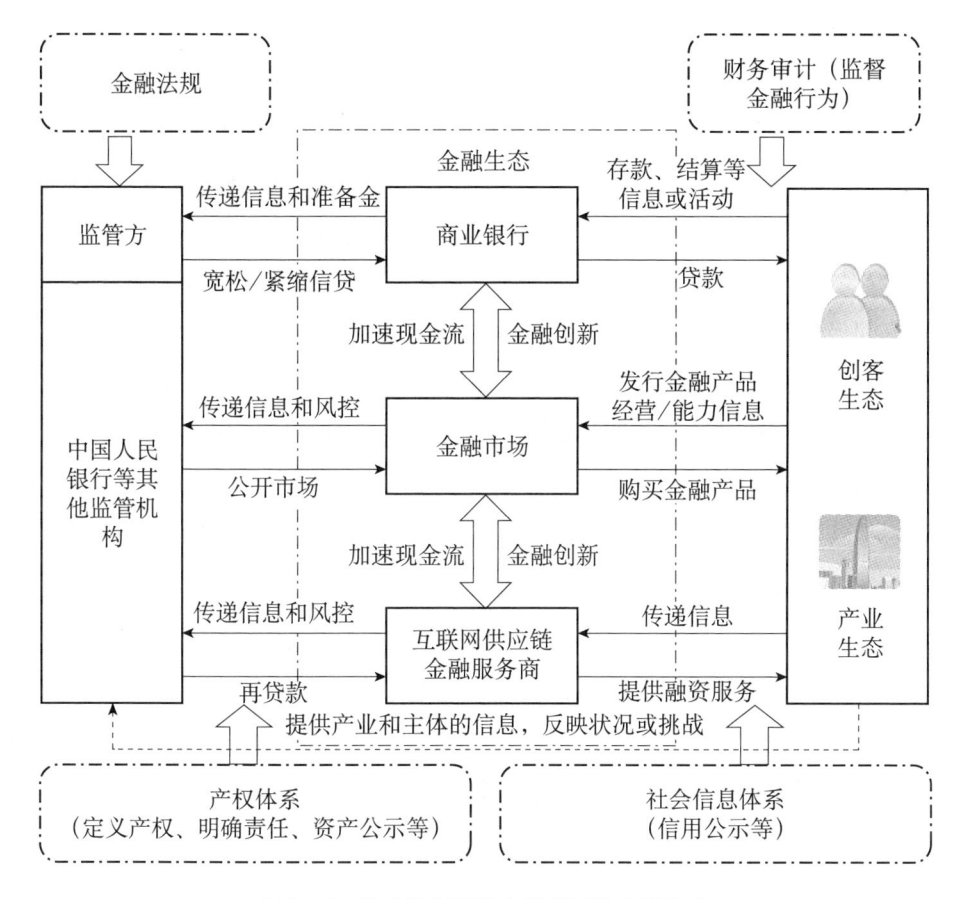

图9—4 产业和创客生态迭代下的金融生态

优化的金融生态制度环境

通过产业供应链的运行以及创客的创业性行为，使得监管方更清晰地了解产业经济的状况、发展的趋势以及产业技术、产品和服务的特点，从而采取更为有效的监管体系和措施，促进互联网供应链金融有序、有效的发展，这包括明确互联网供应链金融发展的法律、国家标准和政策，如果不能很好地了解产业供应链运行中遇到的挑战和问题，不能有效知晓创客创业过程中的阻碍，就很难建构出适应互联网供应链金融发展的制度政策，从而使金融生态环境变得恶劣。诸如物流金融作为供应链金融领域中最早实践的业务形态，在最近几年的发展过程中，遇到了很多挑战，特别是受

"上海钢贸案"的影响，大型银行与大型物流企业都收缩了这项业务。同时，中小型的民营仓储公司迅速发展，中小型的担保公司、期货公司、资产管理公司等开始尝试进入这一领域，虽然数量较多，但经营规模普遍较小。这个阶段担保存货管理的问题集中暴露，主要的挑战表现为：第一，法律法规不完善。一方面，《物权法》只明确存货可作为担保融资，但没有规定存货担保融资应当登记公示；另一方面，《合同法》没有对担保存货管理合同做出专门规定。第二，缺乏专业性的统一标准。担保存货管理与一般仓储管理相比有其特殊性，比一般仓储管理风险更大，现行的仓库技术、仓储作业、仓储服务与仓储从业人员资质等方面的标准，还不能完全满足管理担保存货的要求。第三，行业监管缺失。由于人们对担保存货管理这样一个特殊仓储业态的风险性缺乏全面认识，到目前为止，国家既没有相关的行政许可制度，也没有企业备案制度，对现有从事担保存货管理的企业情况也不清楚，对开展担保存货管理的企业也没有明确的资质条件要求。针对上述问题和挑战，由中国银行业协会、中国仓储协会联合起草的国家标准《担保存货第三方管理规范》经由国家质量监督检验检疫总局、国家标准化管理委员会批准并正式发布（中华人民共和国国家标准公告2014年第27号），已于2015年3月1日起实施。可以说，国家标准《担保存货第三方管理规范》基本厘清与解决了目前困扰担保存货管理所涉及的借款人、贷款人与第三方管理企业之间的所有责任划分问题。显然，类似这些国家标准和政策必须是基于产业和创客经营过程中的关键问题而形成。

金融生态的运营体系化

除此之外，金融运营生态环境，特别是金融机构或供应链金融服务商的营商环境也需要立足于产业生态和创客生态基础，金融活动的核心是信用和定价，互联网供应链金融是通过互联网、物联网、云计算等新兴技术手段更有效地掌握供应链以及供应链参与者的整体信用，在此基础上开发针对供应链中特定成员的金融产品，并以合理、合规的代价向资金需求方提供金融服务。这里有两个相互关联的关键因素，即信用和定价。定价是互联网供应链金融的关键，亦即金融服务提供商以多大的代价服务于供应链中的中小企业，这个代价既要符合供应链运行可持续的要求，同时又能使金融的风险完全可控。供应链可持续不仅仅指的是融资成本符合国家的法律法规，更是如何能够使供应链长期、有效地运行。2015年8月6日最高人民法院发布了《关于审理民间借贷案件适用法律若干问题的规定》，规定中第26条明确指出"借贷双方约定的利率未超过年利率24%，出借人请求借款人按照约定的利率支付利息的，人民法院应予支持。借贷双方约定的利率超过年利率36%，超过部分的利息约定无效。借款人请求出借人返还已支付的超过年利率36%部分的利息的，人民法院应予支持"。显然，根据该项规定，24%～36%作为一个自然债务区，如果要提起诉讼，要求法院保护，法院不会保护，但是如果当事人愿意自动履行，法院也不反对；超过36%则是无效区。然而从供应链可持续的角度看，这种高利贷的规定仍然是最基础的，事实上，任何超过保障供应链参与者最基本运营所能承担的利率，都是"高利贷"，因为这种利率是在利用供应链参与者，特别是中小企业的资金困难，来攫取本应属于正常经营企业所得的利益。因此，供应链运营要实现可持续，利率应当低于其正常经营所能承受的利率，使得中小企业能大大降低供应链运营所需要的资金成本。要做到这一点，就需要全面、真实地把握供应链的整体信用，否则不仅融资成本难以下降，而且也会因为风险不可控产生巨大的金融危机。创客和产业的良好生态能为信用评价和信用揭示提供保障。创客生态能够通过体系化的创业行为以及创业供应链的打造使得外部金融机构或投资者能够更有效地分析创客的整体资源和动态能力。产业生态则通过多层供应结构、多样化的组织合作以及经营系统，更好地分析交易结构和物流结构，以及相应的流程，评估产业和市场竞争力。这种基于主体行为的分析，以及基于客体系统要素的评价，能更好地建立起相对完善和体系化的信用，为互联网供应链金融的实施以及定价提供支撑。

金融生态中的要素创新

创客和产业生态迭代下的金融生态还有一个特征便是金融要素创新。

供应链金融的本质是通过实体经济这种资产端的打造和把握，对接资金端，实现资金端完全建立在资产端的运营基础上，使得资金流向实体产业，同时风险可识别、可管理。但是反过来看，正是因为资产端的完善和发展，又能反作用于资金端，推动资金端的改变，尤其是资金从要素走向体系化、生态化。在供应链金融2.0阶段，资金只是要素，即作为一种生产要素流入产业供应链运营中，或者加速现金流的周转，但是在互联网供应链金融阶段，金融不仅仅是要素，更是一种生态。具体讲，这种良好创客和产业生态推动的金融生态，其主要的运营表现反映在三个方面：

一是投资者或资金渠道方式的拓展。在以往的供应链金融中，资金来源主要是商业银行，而在互联网供应链金融中，资金的来源日益多样化，由于有良好的资产（创客和产业生态结构清晰、流程明确、绩效可测度）以及风险和信用揭示，就能更好吸引其他投资者进入供应链运行中，这包括VC（风险投资）、天使投资、信托、众筹等投资者或渠道。这些投资者或渠道进入供应链，大大提高了供应链运营效率，这主要是增强了中小企业的融资功能，产业发展的经济价值通过市场得以公正的评价和确认，实现优胜劣汰，提高了资源配置效率，促进创新企业资产优化组合，并使资产具有了较充分的流动性和投资价值。

二是资金支付方式的改变。为了适应创客和产业生态交易复杂性、主体多样性的特点，在互联网供应链金融阶段，第三方支付开始成为一种重要的资金支付方式。第三方支付是指依法设立的，中立于网上交易买卖双方，中立于电子商务企业与银行，自行建立支付平台连接买卖双方，连接商家与银行，提供网上购物资金划拨渠道的独立法人。第三方支付之所以会成为互联网供应链金融生态的重要支付方式之一，是因为：第一，第三方支付平台提供一系列的应用接口程序，将原来多种支付方式整合到一个界面上，负责交易结算中与银行的对接，使供应链交易更加快捷、便利。各供应链参与者不需要在不同的商业银行开设不同的账户，可以帮助参与者降低供应链运营成本；同时，还可以帮助金融机构节省网关开发费用，并带来一定的潜在利润。第二，较之SSL（secure sockets layer，安全套接层)、SET (secure electronic transaction,安全电子交易协议)等支付协议,利用第三方支付平台进行支付操作更加简单且易于接受。SSL是应用比较广泛的安全协议,在SSL中只需要验证商家的身份。SET协议是基于信用卡支付系统、发展比较成熟的技术。但在SET中,各方的身份都需要通过CA (certification authority,认证中心)进行认证,程序复杂,手续繁多,速度慢且实现成本高。有了第三方支付平台,供应链成员之间的交涉由第三方来完成,使交易变得更加简单。第三,第三方支付平台本身依附于大型的门户网站,且以与其合作的银行的信用作为信用依托,因此第三方支付平台能够较好地突破线上供应链交易中的信用问题。

三是金融产品创新。在互联网供应链金融阶段,金融产品的形式不仅仅包括保理、动产融资、预付款融资、小贷等金融产品,也会扩展到福费廷、融资租赁、资产证券化等产品。福费廷(forfeiting)也称包买票据或票据买断,就是在延期付款的大型设备贸易中,出口商把经进口商承兑的,或经第三方担保的,期限在半年至五六年的远期汇票,无追索权地售与出口商所在地的银行或大金融公司,提前取得现款的一种资金融通形式,它是出口信贷的一种类型(周红军,2008)。福费廷业务的一般运作流程为:进出口商在洽谈贸易合同阶段,出口商如欲使用福费廷业务融资,必事先和其所在地一家金融机构约定,做好各项信贷安排,同时为进口商选定进口地一家一流银行,由其对交易中经进口商承兑的汇票或进口商开立的本票进行付款担保。福费廷机构一般先向出口商报出虚盘,说明贴现率的大致范围以便出口商福费廷机构在了解交易细节、做出提供信用的决策后,即报出实盘,承担融资义务。出口商在按合同规定发运货物后,将取得的单据通过银行寄交进口商,进口商承兑汇票或开出本票,经进口地银行担保后寄还出口商,出口商将汇票或本票向福费廷机构进行无追索权贴现,扣除一定贴现利息后收回货款。在票据到期日由福费廷机构向进口商提示票据,取得款项。

融资租赁是指出租人根据承租人对租赁物件的特定要求和对供货人的选择,出资向供货人购买租赁物件,并租给承租人使用,承租人则分期向出租人支付租金，在租赁期内租赁物件的所有权属于出租人所有，承租人拥有租赁物件的使用权。融资租赁是集融资与融物、贸易与技术更新于一体的新型金融产业。由于其融资与融物相结合的特点，出现问题时租赁公司可以回收、处理租赁物，因而在办理融资时对企业资信和担保的要求不高，所以非常适合供应链运营中中小企业融资。

资产证券化是互联网供应链金融的一种重要创新，它是以供应链运行中的特定资产组合或特定现金流为支持，发行可交易证券的一种融资形式，包括应收账款证券化、供应链信贷资产证券化、未来收益证券化等多种形式。供应链资产证券化对于提供金融服务的发起者而言，可以增强资产的流动性，降低资金成本。此外，资产证券化有利于发起者将风险资产从资产负债表中剔除出去，有助于发起者改善各种财务比率，提高资本的运用效率，满足风险资本指标的要求。而对于投资者来讲，供应链资产证券化有利于扩大投资规模，特别是供应链资产证券化交易中证券一般不是单一品种，而是通过对现金流的分割和组合，可以设计出具有不同档级的证券。不同档级的证券具有不同的偿付次序，以熨平现金流波动。甚至将不同种类的证券组合在一起，形成合成证券，从而可以更好地满足不同投资者对期限、风险和利率的偏好。

总之，产金融合迭代推动了互联网供应链金融的发展，这种发展的基石在于创客和产业生态为金融生态的建构和创新提供了支撑的平台基础，有力地推动了供应链金融业务的开展。而金融生态的建立和完善，又有利于推动创客和产业生态的建立和发展，这表现为互联网供应链金融有利于解决创客创业过程的资金需求，通过较低的成本支持其创新，同时有利于产业生态的稳定运营和发展，甚至是产业供应链的更新和持续发展。

产业生态迭代下的互联网供应链金融——蚂蚁金服

蚂蚁金融服务集团起步于2004年成立的支付宝。2013年3月，支付宝的母公司——浙江阿里巴巴电子商务有限公司，宣布将以其为主体筹建小微金融服务集团,小微金融(筹)成为蚂蚁金服的前身。2014年10月,蚂蚁金服正式建立,力图打造开放的生态系统,为小微企业和个人消费者提供普惠金融服务体系。

阿里巴巴产业生态的发展历程

阿里的蚂蚁金服是依托其产业和消费生态逐步演变而来,其业务的发展为金融活动的展开提供了良好的应用场景。阿里巴巴集团的业务发展,可以分为如下几个阶段:

布局B2B模式(1999—2002):1999年阿里巴巴成立后,定位于"中国中小企业贸易服务商",为中小企业提供"网站设计+推广"服务。因受到风险投资商的青睐,阿里巴巴从2000年开始海外扩张,并迅速提高知名度。然而,受全球互联网泡沫破灭的影响,阿里巴巴经历了网络经济寒冬,并开始迅速收缩海外市场。之后,阿里巴巴陆续推出了"中国供应商"和"诚信通"等项目,向供应商提供额外的线上和线下服务,并收取会员费用,探索盈利模式。2002年,阿里巴巴又推出"关键词"服务,同年首次实现盈利。此后,阿里巴巴的"会员费+增值服务"模式的B2B道路开始清晰。

布局C2C与在线支付(2003—2005):2003年初,阿里开始寻找新的增长点,5月推出淘宝,11月推出网上实时通信软件贸易通(阿里旺旺)。此后,阿里巴巴陆续向淘宝投资10多亿元人民币,使其通过免费模式迅速积累人气,市场份额迅速攀升。随着淘宝网的快速发展,在线购物支付中的信用与安全问题越来越突出,阿里巴巴开始寻求打造自己的支付模式。2003年10月,支付宝上线。支付宝采用担保交易的模式,买家先把钱打给支付宝,当收到购物用品并检查无误后,再通知支付宝付款给卖家。担保交易彻底打消了网购用户的担忧,让购物变得简单高效,支付宝推出后广受欢迎。

围绕核心业务进行多元化发展(2006—2007):2006年,阿里巴巴完成对口碑网的收购,进军分类信息领域。2007年,阿里妈妈上线,其商业模式可简单概括为"中小网站站长将广告位放到此上面如同商品一样销售",

与淘宝共享流量。同年，阿里巴巴软件公司成立，为广大中小企业提供生命周期的软件服务。2007年6月，阿里巴巴与建设银行、工商银行联合推出了中小企业贷款，与银行共建信用评价体系与信用数据库。

布局B2C（2008—2010）：随着中国网络购物人群数量的快速发展，电商B2C模式逐渐兴起，京东商城、新蛋、红孩子等一批B2C电商快速崛起。2008年4月，淘宝网推出淘宝商城，宣告淘宝网正式进入B2C领域。2010年，淘宝商城发展加速，相继推出淘宝电器城、淘宝名鞋馆等垂直商城；同年11月，淘宝商城启用独立域名tmall.com，并开始大范围投放广告。除了B2C业务外，阿里巴巴垂直商品搜索业务也在2010年逐渐成型。2010年10月，阿里巴巴推出一淘网，立足于淘宝网的商品基础，打造面向中国电子商务全网的独立购物搜索引擎。

从大淘宝到大阿里战略（2011年至今）：2008年9月，阿里巴巴启动"大淘宝"战略，"要做电子商务的基础服务商，让用户在大淘宝平台上的支付、营销、物流以及其他技术问题都能够做到顺畅无阻"。之后不久，阿里妈妈并入淘宝，阿里上线无名良品，打通B2B与淘宝平台，形成B2B2C电子商务生态链条。2011年6月，"大淘宝"战略升级至"大阿里"战略，"将和所有电子商务的参与者充分分享阿里集团的所有资源包括所服务的消费者群体、商户、制造产业链，整合信息流、物流、支付、无线以及提供数据分享为中心的云计算服务等，为中国电子商务的发展提供更好、更全面的基础服务"。

阿里巴巴金融服务发展历程

资金流是业务供应链有效运营的关键和前提，因此以"让天下没有难做的生意"为使命的阿里巴巴在打造了涵盖B2B、B2C以及C2C的强大商务平台之后，金融自然成为其下一个目标。伴随着业务发展，其金融服务也随之不断拓展。

第一阶段：起步尝试阶段。

2002年，阿里巴巴推出了诚信通的会员服务，这是阿里巴巴为从事贸易的中小企业推出的会员制网上贸易服务,要求企业在交易网站上建立自己的信用档案,并展示给买家。随后的 2004 年 3 月,阿里巴巴在此基础上推出了"诚信通指数",通过一套评价标准来衡量会员的信用状况。这种信用交易的记录反映了企业真实的生产、经营以及销售情况,并通过相应的体系来衡量企业的信用状况,这是整个阿里金融运作的重要基础,称得上是阿里金融的最初萌芽。

2003 年 5 月,看到 C2C 业务潜在需求和商业价值的马云推出了淘宝网,并于当年 10 月宣布支付宝成立。2004 年 12 月 8 日,浙江支付宝网络科技有限公司成立。12 月 30 日,支付宝网站 www.alipay.com 正式上线并独立运营。2010 年,支付宝的用户数突破了 3 亿,其功能不断被强化,应用领域也不断被拓宽,相继推出了公共缴费、卖家信贷、快捷支付等特色服务。

在这一过程中,阿里巴巴 B2B 业务诚信通服务的运营思路再次运用到了淘宝上,经过几年的努力,阿里巴巴围绕淘宝搭建了商家信用评价体系。随着阿里巴巴和淘宝业务的发展,阿里集团建设的商家信用数据库涉及的企业越来越多,评价体系也不断完善。正因为具备了这样的基础,阿里巴巴也开始有意识地在数据层面和银行进行合作,探索以数据为基础的金融体系。

2007 年 5 月起,阿里集团联合建设银行、工商银行向企业推出贷款产品。阿里巴巴接受会员贷款的申请,并将申请和企业在阿里商业信用数据库中积累的信用记录交由银行,由银行进行审核并决定是否发放贷款。

2009 年,为推进与银行合作而设立的网络银行部从 B2B 业务中拆分出来纳入阿里巴巴集团,负责集团旗下所有子公司平台的融资业务,此后更名为"阿里巴巴金融",完成了组织架构的独立。

这一阶段围绕阿里巴巴和淘宝商家建立的商家信用数据库成为日后阿里金融的基础和核心竞争力,面向消费者的支付宝和与银行合作的贷款产品则是阿里巴巴在消费端和企业端金融探索的开端。

第二阶段:自我探索阶段。

进入第二阶段，阿里与银行的合作破裂，从而开始了自我探索金融服务的阶段。2010年6月，浙江省阿里巴巴小额贷款公司宣告成立，这表示阿里金融的信贷业务正式开始。随后的2011年6月，重庆市阿里巴巴小额贷款公司也宣告成立，阿里小贷进入扩张期。阿里小贷面向一般银行都看不上的小微企业，以商家信用数据库和信用评价体系为支撑，具备无须抵押，网商凭借自己的信用网上申请贷款，办理流程快捷，支取、停用方便等特点。

在这一阶段，支付宝也取得了重大的进展，于2011年5月顺利拿到人民银行颁发的第一张《支付业务许可证》，并且用户数量突破7亿。此外，支付宝仍在不断地拓宽业务范围，例如上线商家服务平台、收购安卡支付进军国际航空支付、加强支付安全、获得基金第三方支付牌照等。在第三方支付和信贷领域打下稳固基础的阿里巴巴继续拓展新领域，进军保险和担保业务。

2012年9月，阿里巴巴联手腾讯、平安集团成立众安在线财产保险公司，注册资本金10亿元，涉足互联网保险。差不多同一时间，马云旗下的三家公司阿里巴巴、淘宝以及浙江融信网络技术有限公司联合在重庆注册成立商诚融资担保有限公司，注册资金3亿元。

在不到三年的时间里，阿里在第三方支付、信贷、保险、担保等领域逐步开展了业务，阿里金融的业务架构也初具雏形。

第三阶段：迅猛拓展阶段。

在各个业务点上布好资源的阿里开始正式提出阿里巴巴的金融战略，并先后进行了一系列组织和人事调整，以使之更适合金融业务的发展。2012年9月，马云在网商大会上表示阿里巴巴集团将从2013年1月1日起开始转型，重塑平台、金融和数据三大业务，重建一个金融信用体系。

此后围绕这三大核心业务，阿里巴巴进入了调整期。2013年初，阿里巴巴集团架构调整为25个事业群，阿里金融和支付宝不在其中，这是平台和数据业务的雏形。2月22日，围绕支付宝和阿里金融，阿里巴巴宣布继续调整，将支付宝拆分为共享平台事业部、国际业务事业部和国内业务事业部，再加上原来的阿里金融，共同组成了阿里金融业务的四大事业群。

四大事业群各有侧重，主要面向消费者金融和小微企业的金融服务，并分为国内和国外两大业务体系。3月7日，阿里宣布以四大事业群为班底筹备组建阿里小微金融服务集团，并任命彭蕾为CEO。自此，阿里金融的整体业务板块和组织班底正式形成，阿里金融作为集团的重要组成与电商平台业务并列存在。

第四阶段：正式确立阶段。

在上述战略性调整的基础上，2014年10月，蚂蚁金服正式成立。蚂蚁金服以"让信用等于财富"为愿景，致力于打造开放的生态系统，通过"互联网推进器计划"助力金融机构和合作伙伴加速迈向"互联网＋"，为小微企业和个人消费者提供普惠金融服务。截止到目前，蚂蚁金服旗下的金融服务产品包括支付宝、余额宝、招财宝、蚂蚁聚宝、网商银行、蚂蚁花呗、芝麻信用、蚂蚁金服保险服务、口碑、蚂蚁金融云、蚂蚁达客等子业务板块。

蚂蚁金服的金融生态

基于阿里巴巴的产业生态业务和体系，蚂蚁金服的金融服务范围涵盖了支付、基金、服务、众筹、产业金融、理财、保险、银行以及征信，从而形成了完整的金融生态（见图9—5）。其主要金融业务包括：

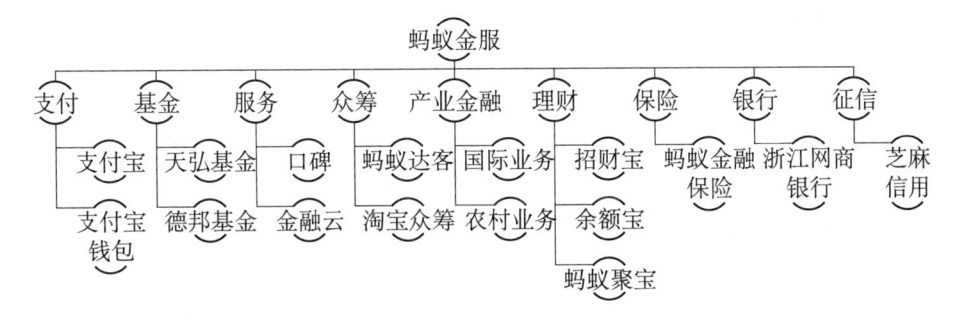

图9—5 蚂蚁金服金融生态

1. 支付宝

蚂蚁金服旗下的支付宝，是以每个人为中心，以实名和信任为基础的生活平台。自 2004 年成立以来，支付宝已经与超过 200 家金融机构达成合作，为近千万小微商户提供支付服务，拓展的服务场景不断增加。支付宝也得到了更多用户的喜爱。截至 2016 年 2 月底，实名用户数已经超过 4.5 亿。在覆盖绝大部分线上消费场景的同时，支付宝也正通过餐饮、超市、便利店、出租车、医院、公共服务多种场景的拓展，激活传统商业和公共服务，通过互联网方式的营销、大数据服务等，助力传统商业和公共服务体验的升级。在海外市场，支付宝也推出了跨境支付、退税、海外扫码付等多项服务。随着场景拓展和产品创新，支付宝已发展成为融合了支付、生活服务、政务服务、社交、理财、保险、公益等多个场景与行业的开放性平台。支付宝已经超越了支付本身，成为移动互联网时代生活方式的代表。

2. 余额宝

余额宝于 2013 年 6 月推出，是蚂蚁金服旗下的余额增值服务和活期资金管理服务。余额宝对接的是天弘基金旗下的增利宝货币基金，特点是操作简便、低门槛、零手续费、可随取随用，除理财功能外，余额宝还可直接用于购物、转账、缴费还款等消费支付，是移动互联网时代的现金管理工具。

3. 招财宝

招财宝于 2014 年 8 月上线，是蚂蚁金服旗下开放的金融信息服务平台。招财宝平台连接了个人投资者和金融信息提供方，以严格遵守法律法规和监管政策为前提，由专业金融机构对融资信息进行风险管理，并对投资者提供有力的保障措施。招财宝平台以提供定期理财金融信息为主，截至 2015 年 12 月，招财宝平台共帮助了超过 1 000 万个人投资者成交。

4. 蚂蚁聚宝

蚂蚁聚宝是蚂蚁金服旗下的智慧理财平台，致力于让"理财更简单"，与支付宝、余额宝、招财宝等同为蚂蚁金服旗下的业务板块。2015 年 8 月，蚂蚁聚宝 APP 上线。用户可以使用一个账号，在蚂蚁聚宝平台上实现余额宝、招财宝、存金宝、基金等各类理财产品的交易。蚂蚁聚宝的门槛低、操作简单，同时用户还可以获得财经资讯、市场行情、社区交流、智能理财顾问等服务。

5. 网商银行

浙江网商银行是由蚂蚁金服作为主发起人设立的、经银监会批准的中国首批民营银行之一。网商银行的实践起源于2010年成立的阿里小贷（后更名为蚂蚁微贷）。2015年6月，网商银行正式开业。网商银行主要服务小微企业、创业者，尤其是农村用户。网商银行以数据和技术为驱动力，为小微企业、创业者尤其是农村用户提供高效、便捷的信贷服务，帮助解决小微企业融资难问题，并促进金融服务在农村地区的普及。

6. 蚂蚁花呗

蚂蚁花呗是蚂蚁金服旗下的一款无忧支付产品。基于网购活跃度、支付习惯等综合情况，开通的用户可以获得一定的消费额度，在淘宝、天猫等场景实现"这月买、下月还"的消费体验。蚂蚁花呗为用户提供较好的支付体验，支付成功率接近100%。2015年双11当天，蚂蚁花呗的支付交易笔数达到6 048万笔，支付成功率高达99.99%，平均每笔支付用时仅0.035秒。

7. 芝麻信用

芝麻信用是蚂蚁金服旗下独立的第三方征信机构，通过云计算、机器学习等技术客观呈现个人和企业的信用状况，已经形成芝麻信用评分、芝麻信用元素表、行业关注名单、反欺诈等全产品线。从信用卡、消费金融、融资租赁、抵押贷款，到酒店、租房、租车、婚恋、分类信息、学生服务、公共事业服务等，芝麻信用已经在上百个场景为用户、商户提供信用服务，众多用户享受到了信用的便利。

8. 保险服务

保险是蚂蚁金服旗下主要业务板块之一，通过提供场景、平台、数据风控、运营、技术五大价值，蚂蚁金服携手保险机构推动行业健康发展，让保险不再是复杂、深奥的金融条款，而是小额、方便、易获得的贴心服务。截至2015年底，蚂蚁金服保险服务已经与76家保险机构进行了合作，有超过2 000款保险产品已经通过蚂蚁金服保险服务相关平台和场景触达

3.3 亿用户。其中，退货运费险、账户安全险用户数破亿，成为亿级用户险种；电商交易保障类保险和信用保证保险成为千万级用户险种。

9. 口碑

支付宝口碑是阿里巴巴集团与蚂蚁金融服务集团深度整合双方优势资源，联手打造的一家互联网本地生活服务平台。2015 年 6 月 23 日，口碑正式成立，专注本地生活服务生态的建设，主打"支付即会员"、"内容即流量"，从流量、内容和会员三大层面入手，帮助线下商家更科学、更精准地经营自己的生意和顾客。口碑平台主营餐饮和快消零售到店业务，现已逐步通过开放平台拓展至丽人、休闲娱乐等全行业。截至 2016 年 3 月，已覆盖全国 300 多个大中城市，吸引了包括肯德基、麦当劳、外婆家、全聚德在内的近百万家优质本地生活服务商户入驻，日均交易笔数超过 550 万笔。

10. 蚂蚁金融云

蚂蚁金融云是蚂蚁金服旗下面向金融机构的云计算服务。蚂蚁金融云依托阿里巴巴和蚂蚁金服在云计算领域积累的先进技术和经验，集成了阿里云的众多基础能力，并针对金融行业的需求进行定制研发。蚂蚁金融云作为蚂蚁金服"互联网推进器计划"的组成部分，是一个开放的云平台，它助力金融创新、助力金融机构的 IT 架构实现升级，去构建更加稳健安全、低成本、敏捷创新的金融级应用，使金融机构可以更好地服务自己的客户。

11. 蚂蚁达客

蚂蚁达客（www.antsdaq.com）是蚂蚁金服集团旗下的互联网股权投融资平台，致力于以互联网的思维和技术，为小微企业和创新创业者提供股权融资服务，为投资人提供股权投资服务。企业可通过蚂蚁达客筹措资金，并获得生产、渠道、经营、品牌等环节的全方位支持，投资人可以通过蚂蚁达客寻找投资机会，投资自己理解、认可的企业，分享企业成长。目前，蚂蚁达客还在测试阶段，提供互联网非公开股权融资服务。

12. 蚂蚁金服国际业务

基于全球领先的移动互联网技术、云计算、大数据能力等，蚂蚁金服也开始为全球范围内的用户提供安全、便捷、高效的普惠金融服务。2015年2月和9月，蚂蚁金服战略投资了印度领先的支付平台Paytm。Paytm是第一家获得印度央行Payment Bank License的互联网支付公司。2015年11月，蚂蚁金服联合韩国电信等公司发起设立的韩国首家互联网银行——K Bank，获得了韩国政府的批准筹建。蚂蚁金服希望利用中国的互联网金融的经验，携手国际合作伙伴，在全球范围内帮助更多的小微企业和大众消费者，把普惠金融推广至全世界，为全球用户带来微小而美好的改变。

13. 蚂蚁金服农村业务

蚂蚁金服致力于为农业产业、农村地区、农民群体（以下简称"三农"）的用户提供普惠的金融服务。蚂蚁金服已经为三农用户提供了支付、理财、贷款、保险等多方面的产品和金融服务。2015年，蚂蚁金服在支付、保险、信贷三大块业务所服务的三农用户数分别达到1.4亿、1.2亿、2 000万。2016年1月，蚂蚁金服农村金融事业部成立，专注于三农用户的生产、经营、生活，致力于整合蚂蚁金服的各类普惠金融服务，包括支付、财富、保险、融资、信用等，并联合阿里巴巴电商集团涉农部门（村淘）、菜鸟物流等业务条线，为三农用户提供服务与支持。

蚂蚁金服基于产业消费生态基础上的大数据个人金融征信

蚂蚁金服在完善了上述产业和金融生态后，逐步开始了基于大数据和云计算的产业和个人信用管理，从而实现用产业、生活消费支撑金融征信，同时立足产业和个人信用管理，推动产业和消费活动的双循环迭代体系。这种基于大数据的信用管理，在B2B领域主要反映在立足产业生态的信用建立和信贷（诸如跨境领域阿里巴巴—达通的TA以及相应金融产品、农村淘宝领域基于信用基础上的旺农金融产品），而在个人消费领域则主要表现在芝麻信用体系的建立上。

芝麻信用体系的建立，不同于传统金融机构主要依托信贷数据，而是立足于其建立的产业和消费生态数据。具体讲，借助于云计算和大数据技术，蚂蚁金服的征信模式的运营机制互为循环，形成了一个闭合的体系

(见图9—6，刘颖，李强强，2016）。

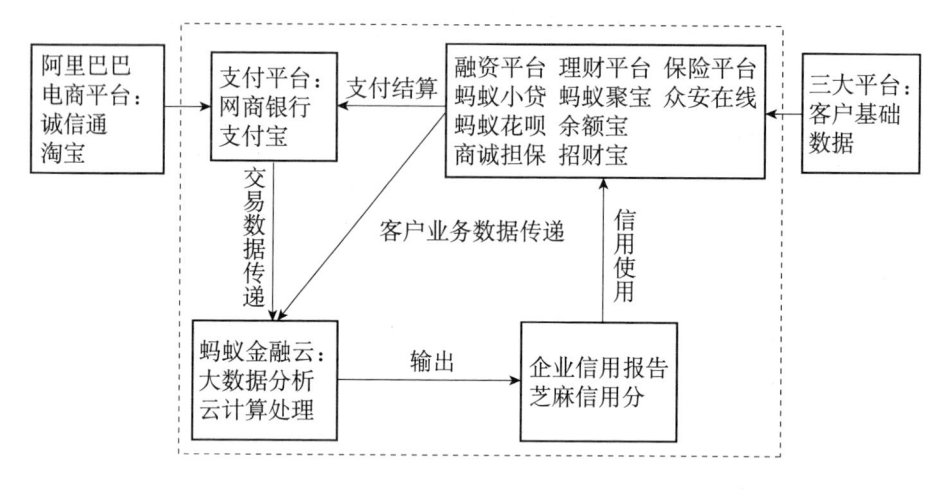

图9—6 蚂蚁金服征信模式运行机制

首先，从征信的信用数据来源看，不同于传统金融机构主要依赖于信贷数据，蚂蚁金服依托其建立的产业和消费生态形成信用数据源。具体讲，其信用数据渠道有四个方面（叶文辉，2015）：一是阿里巴巴集团下属电商的平台交易数据。截至2015年6月底，淘宝的年活跃买家数达到3.67亿，交易额达到了6 731.98亿元，而在2015年的双十一活动期间，天猫商城的交易额更是在一天之内达到912.17亿元，这些交易额背后都是客观存在的客户交易行为，这无疑都成了蚂蚁金服征信系统的数据信息来源。二是蚂蚁金服集团采集的其他基于互联网运营产生的金融数据。主要包括支付宝、余额宝以及网商银行采集的个人信用信息数据。前两种渠道也是芝麻信用采集信息的主渠道。三是与阿里集团具有合作关系的外部机构提供的信息数据。如公安网等公共机构向芝麻信用提供政府公开信息，公安、工商、法院等信息。此外，部分国内其他金融机构与芝麻信用达成数据互换协议，向芝麻信用提供信用数据。四是用户自我提供的信用数据。目前芝麻信用正在开辟各类渠道，允许用户主动提供各类信用信息，诸如学历学籍、职业、公积金、车辆信息以及海外信用报告等。

其次，蚂蚁金融云专注于云计算领域大数据的研发，运用最先进的大数据技术来处理信用信息数据,比如 Deep Learning、Page Rank 和 Neural Network 等,通过深入的数据挖掘,可以把各行为主体纷繁复杂的信息数据映射为其自身详细的信用评价,形成芝麻信用分和企业信用报告。评分特点如下:一是参考国际主流个人信用评分模式设置评分区间。芝麻信用在信用评分区间上参考国际做法(如美国著名的 FICO 评分,评分区间在300~850 分),将芝麻信用分区间设置为 350~950 分。二是信用评分按从低到高划分为五个等级,代表不同的信用状况。350~550 分为最低等级,表示信用状况"极差";550~600 分,表示信用状况"中等";600~650 分,表示信用状况"良好";650~700 分,表示信用状况"优秀";700~950 分为最高等级,表示信用状况"极好"。三是信用评分结果由五个维度共同决定。利用大数据技术,芝麻信用综合考虑个人用户的信用历史、行为偏好、履约能力、身份特质、人脉关系等五个维度信息,并对五个维度的信息加工后得出最后评分结果。这些信用评估结果可以直接用于融资理财和保险平台的业务开展。比如,通过芝麻信用的评分结果,用户在蚂蚁花呗中会有不同的信用额度,也可以在出行和住宿方面进行信用消费;基于大数据做风险甄别的蚂蚁微贷,会根据企业的信用状况快速做出反应,能使商家申请贷款后几秒钟内就可得到资金;还可以根据其信用情况来确定保险费率或理财产品的收益率等。反过来,通过信用评估结果在这些方面的大量借鉴和使用,会形成新的交易和行为数据,这些数据又会被视作原始数据收集起来,丰富大数据库,以便能更好地分析和处理数据,进而做出更全面、真实、可靠、有效的信用评估。

资产迭代下的金融创新——蚂蚁微贷的资产证券化

蚂蚁金服不仅基于产业和消费形成企业或个人的信用体系,而且通过所形成的优质资产进一步推动新型金融形态。这典型地表现为 2013—2015 年基于蚂蚁微贷(原称阿里小贷)所实施的资产证券化。2013 年 7 月,上海东方证券资产管理有限公司以阿里巴巴小额贷款公司面向小微企业发放贷款形成的债权为基础资产,发行了东证资管—阿里巴巴 1 号专项资产管理计划。该计划是国内首只以小额贷款为基础资产的资产证券化产品,并首创了国内基础资产"循环购买"模式,为证券公司资产证券化产品序列增添了新的资产类型。该计划和东方证券资产管理有限公司合作的东证资管—阿里巴巴1~10号专项资产管理计划获得证监会批准。至2014年10月,东方证券资产管理有限公司旗下东证资管—阿里巴巴10号专项资产管理计划成立,募集资金5亿元。至此,东证资管—阿里巴巴1~10号专项计划已全部完成募集,每一只均达到募集资金规模上限5亿元,合计募集资金规模达到上限50亿元。

之后,2014年蚂蚁金服旗下蚂蚁微贷和民生通惠资产管理有限公司合作的"民生通惠—阿里金融1号项目资产支持计划"获得中国保监会批复。该计划募集总规模30亿元,其基础资产为蚂蚁金服旗下三家小额贷款公司的小额贷款资产,是业内首个以小额贷款资产为基础资产的系列发行的保险资产管理公司项目资产支持计划项目。该计划分为优先级资产支持证券和次级资产支持证券,两者比例约为92%:8%。其中,民生人寿万能险"金元宝"的产品投资于该计划的优先级资产支持证券;蚂蚁金融旗下阿里小贷持有全部次级份额。在此次资产支持计划的发行中,同样采取循环购买基础资产的方式。前端所对接的唯一投资通道——民生保险万能险"金元宝",于12月12日在淘宝民生保险官方旗舰店、聚划算等平台进行发售,首年预期年化收益达到6.2%。

2015年中金公司与蚂蚁微贷合作的资产证券化项目——"中金—蚂蚁微贷2015年小额贷款资产支持专项计划"在深圳证券交易所正式挂牌。该资产证券化项目在2015年1月29日正式成立,第一期总认购金额10亿元,迄今已实施了七期。根据不同的风险和收益特征,第一期的专项计划分为优先级、次优级和次级支持证券,认购份额比例为78%、12%和10%。其中,优先级的预期收益率为6.38%,次优级的预期收益率为8.5%。中金公司以计划管理人的身份认购2 000万元的次优级证券。次级支持证券由蚂蚁微贷全部持有。上海新世纪资信评估投资服务有限公司对优先级和次优级证券的评估,分别为AAA和A+级。依据蚂蚁微贷信贷资产的特点,中金

第9章 基于产金融合迭代的互联网供应链金融

公司与蚂蚁微贷共同将此次的发行期限设定为 24 个月的"12＋12"结构，前 12 个月为循环期，即基础资产回收款将循环购买蚂蚁微贷的合格资产，第 12 个月后为分配期。

以上这些资产证券化计划从基础资产看均为原始权益人的小额贷款资产包，即原始权益人在专项计划设立日转让给专项计划的、原始权益人对借款人的本金及利息的请求权和其他附属权利。"蚂蚁微贷"专项计划还使用了基础资产"循环购买"模式，即在首批受让的基础资产产生回收款后，资产服务机构向计划管理人提交再投资拟受让的基础资产清单及再投资金额的建议，将该款项投资于符合投资约定的小额贷款资产，以此类推，直到专项计划按照约定停止再投资。

此外，在信用增级方面，"蚂蚁微贷"专项计划采用了内部信用增级与外部信用增级相结合的方式。内部增级方面，该计划采用了多重分档结构，资产支持证券分为优先级、次优级和次级资产支持证券三档。优先级份额和次优级份额均面向合格的机构投资者发行，而次级份额则由蚂蚁微贷持有，即原始权益人从产品结构上为计划提供了信用增级。外部增级方面，则由阿里巴巴旗下的担保公司——商诚融资担保有限公司与资管方签署《担保及补充支付承诺函》，为计划提供担保及特定条件下的补充支付承诺。

由上述蚂蚁微贷的资产证券化安排可以看出，一方面蚂蚁微贷证券化为产业链中的中小企业探索了更多的资金来源。事实上自 2011 年以来，蚂蚁微贷开始摸索小贷资产证券化的途径，截至 2014 年底，蚂蚁微贷已经累计投放贷款超过 2 500 亿元，形成了"310"贷款模式，即用户 3 分钟申请、1 秒放款、0 人工干预。蚂蚁微贷多数产品支持以日计息，随借随还，以符合小微企业资金需求短平快的特点。另一方面借助于产业供应链又推动了金融生态的多重创新（杜晓丽，2014）。这表现为随着证券公司资产证券化业务的发展，资产证券化业务呈现结构越来越精巧、产品类型愈来愈丰富的趋势。从"蚂蚁微贷"专项计划基础资产的法律属性来看，小额贷款类信贷资产首次进入证券公司资产证券化产品序列，为券商资产证券化业务开拓了新的产品类型；从交易结构及资产转让模式来看，"阿里小贷"专项计划首创了国内基础资产循环购买模式,解决了专项计划期限长与小额贷基础资产期限短之间的长短期限错配问题;从产品结构设计来看,该计划采用了多重分档结构,优先级证券获得高评级,可在深交所综合协议交易平台进行转让,次优级证券获得预期高收益,投资者认购后不得转让其所持份额,次级证券全部由阿里小贷持有,在优先及次优级证券本金收益未获得偿付前不获任何偿付,从结构上提供了信用支持。

产业生态迭代下的互联网供应链金融——京东金融

京东金融是隶属于京东集团的子集团,旗下还有若干分公司,包括保理公司、小贷公司等。2016年3月1日,京东集团发布了2015年第四季度及2015年全年业绩报告,各项核心业务指标继续保持领先电商行业的高速增长。其中,2015全年交易总额(GMV)达到4 627亿元人民币,同比增长78%;核心GMV(不含拍拍平台)4 465亿元,同比增长84%。这其中京东金融被认为是京东下一阶段发展的重点以及未来最大的利润贡献点。2016年1月,京东金融获得由红杉资本、嘉实投资和中国太平领投的66.5亿元人民币融资,投后估值466.5亿人民币。京东金融依托于电商销售平台,通过电商积累的业务和大数据,延伸拓展互联网供应链金融,从而控制资金流,实现资金的闭环,然后开展信贷业务。2013年7月,京东金融独立运营,依托京东生态平台,逐渐发展出供应链金融、消费金融、众筹、财富管理、支付、保险和证券7个板块,陆续推出京保贝、白条、钱包、小金库、京小贷、产品众筹和股权众筹(现改称私募股权融资)、小白理财等产品。

京小贷、京保贝以及动产融资

立足于京东的电商平台以及积累的大数据,2012年京东推出了包括应收账款池融资、订单池融资、单笔融资、销售融资等多种产品,2013年又推出了无抵押、无担保、三分钟到账的京保贝(宋华,2015)。除此之外,

2015年9月，京东金融联手中国邮政速递物流，首创基于大数据的电商企业动产融资模式。2016年1月，京东动产融资单月放贷实现破亿。

2015年9月，京东金融联合中国邮政速递物流推出互联网金融领域首个针对B2C电商企业（直接面向消费者的电商企业）的动产融资创新型产品"云仓京融"。随后短短5个月时间，京东动产融资的融资类型、合作伙伴、放贷规模迅速发展，既帮助大量电商企业获得动产质押贷款，还逐步通过B2B（企业与企业间通过网络开展交易活动的商业模式）平台向线下经销商覆盖。

近年来随着新常态下的大宗价格走低，传统金融机构沿用多年的仓单质押、互联互保等融资业务模式受到了前所未有的挑战，行业信用恶化导致企业普遍陷入融资困境，我国的动产融资业务随即也经历了较长的阵痛期。虽然目前经济增速下行，但中小微企业仍有着真实的旺盛融资需求。在其70%以上的资产都是存货等动产的现实情况下，利用数据和模型可以有效地控制市场和操作风险，进而寻找到新的商业模式的突破。京东动产融资的底层设计恰恰冲破了传统模式的桎梏。

首先，京东动产融资能通过数据和模型化的方式自动评估商品价值。其次，风险管理上，京东动产融资与有"互联网＋"特点的仓配企业结合，采用"全程可追溯"的思路。面对业内常见的"电商刷单"问题，京东动产融资将自动配对检验销售数据和仓库数据，只有当两者数据统一，才被视为真实销售，从而有效规避信用风险和诈骗风险。最后，京东动产融资的突出特点在于"不把货压死"。其系统可以智能地调整被质押的SKU，"卖得快的货就少质押点，卖得少的货就多质押点"，一旦质押品即将卖完，系统可以随时提示客户补货。质押商品的动态替换，释放高速流转的货物，满足企业正常经营需求。

京白条及其资产证券化

消费金融领域，京东金融的明星产品为白条。2015年11月，京东金融对外宣布双十一业绩，称当天京东白条用户同比增长800%，占商城交易额比例同比增长500％。截至2015年末，京东金融基于消费金融业务已完成了1.5亿用户的信用评分，同时"白条"的消费应用场景也进一步拓展，除了线上消费的京东商城、产品众筹、海淘外，线下还覆盖了旅游、安居、教育、O2O等众多场景。

2016年2月京东白条2016第一期ABS融资20亿元获三倍认购，计划管理人为华鑫证券有限责任公司。这意味着京东金融的京东白条ABS发行已实现常态化。同时，京东金融大数据征信体系向更多领域输出的能力日趋成熟，将征信数据变现为信用资产，为市场提供优质的资金配置资源。

"京东白条应收账款债权资产支持专项计划"是国内资本市场首个基于互联网消费金融的ABS产品，其第一期已经于2015年10月28日在深交所挂牌，规模8亿元；2015年12月，在深交所发行了"京东白条二期应收账款债权资产支持专项计划"，规模12亿元。

"京东白条2016第一期ABS"分为优先1级（75％，AAA评级）、优先2级（9％，AA评级）、优先3级（6％，A+评级）、次级（10％）资产支持证券。其中，优先1级15亿元、优先2级1.8亿元、优先3级1.2亿元资产支持证券由机构投资者认购，次级2亿元由原始权益人自持；优先1级资产支持证券票面利率为年化3.92％，低于当前市场上已经发行的同类产品利率。

京东白条ABS背后的资产是用于京东商城消费的"白条"，以京东电商庞大的数据作为基础，同时覆盖了京东生态体系内的所有有效数据，征信数据来源呈现多元化、多层化特点。与互联网金融公司不同，京东金融定位金融科技公司，核心是风控，风控的核心是征信，并作为整个生态布局的最底层基础。良好的风控和信用体系搭建能力，共同奠定了京东金融在发行京东白条ABS方面的优势。

京东财富管理

京东金融上线的理财功能包括：京东"小金库"、京东小白理财、基金理财、票据理财、定期理财、固收理财、京东白拿等。

京东"小金库"产品与阿里推出的余额宝类似，用户把资金转入"小金库"之后，就可以购买货币基金产品，同时"小金库"里的资金也随时可以在京东商城购物。"小金库"首先将上线两款货币基金产品，分别为嘉实基金的"活钱包"与鹏华基金的"增值宝"。

小白理财是京东金融推出的一款面向小白用户的理财工具，精选最稳定高收益的产品。小白理财的产品是在京东金融平台上售卖的低风险产品，包括保险理财、货币基金、小银票和非标理财等。

京东基金理财打造一站式在线投资平台，为个人和企业用户提供安全、高收益、定制化的金融服务，为客户在众多的投资理财产品中再添选择，让投资理财变得简单快乐。

京东众筹

2014年7月京东众筹上线。进入2016年，根据零壹财经发布的研究数据，京东众筹在产品众筹领域，以约11.4亿元的筹款额压过淘宝众筹位列第一；股权众筹领域，以7亿元的融资额占据行业龙头地位；推出盲筹、信用众筹、无限筹等创新的众筹模式，比如信用众筹表现为京东众筹上的部分项目可用京东白条完成支付；致力于打造众创生态圈，覆盖京东各类资源、投资、全产业链服务、培训等体系。

京东众筹关键不在筹集资金，更在于营销与产品孵化。在这些众筹项目里头大部分是智能硬件产品，但筹资目标大多在1万到2万元，对于智能硬件企业动辄过百万的启动资金来说可谓微不足道。比如，由深圳市德凯瑞科技有限公司开发研制的ERI智能运动手环，离众筹结束期还有21天便已完成了众筹目标的336%，筹集资金近6.8万元人民币，而该手环的开发研制费用已超过300万，但是借助众筹已做好下个月上万只手环的量产计划。显然，众筹的目的不是筹资，而是营销推广和战略铺垫。通过京东众筹这个平台，能够通过用户互动让更多人知道、了解京东的产品，做低成本的市场教育，同时也能引起媒体、投资人以及同行的关注，促进市场对于运动手环的认知。其次，通过参与京东众筹，能够让产品经过市场的检验，增加未来与京东商场乃至股东腾讯合作的可能。

京东支付

2015年4月28日，京东金融宣布，网银钱包更名为京东钱包，网银＋更名为京东支付。同时，京东金融还提出围绕京东支付体系，打通京东生态圈。自2012年收购网银在线，支付在京东生态体系内发展迅速。截至2015年中，京东支付已承接了京东商城绝大部分交易量，目前正积极布局海外购。目前京东支付的合作商户已突破10万家，覆盖旅游、地产、餐饮、通信、游戏、电商、金融等各大行业。

京东证券

2015年5月，京东金融首次进军证券领域，涉足股票业务，搭建股票投资类互联网技术服务及投资教育平台。京东金融股票平台"财谜"正式上线，该平台是股票投资类互联网技术服务及投资教育平台，继支付、基金、赊购、众筹等金融业务后，京东金融开始进军证券领域。

该平台将为以私募基金研究员、证券分析师为主的专业证券从业人员提供技术服务及交流，且对于愿意学习股票投资的普通用户，平台也会为其提供"模拟操作"及"投资教育"。财谜的上线，标志着京东金融开始进入互联网证券领域，令整个京东金融产业链趋于完善。

京东保险

早在2013年，京东就开始布局保险业务。目前京东已与太平洋、平安等多家保险公司签署了战略合作协议，在售保险品类涵盖财险、寿险、车险全产品线。京东已与四川省政府签署战略合作框架协议，将在四川设立京东互联网财产保险公司。这意味着其保险总部落户四川，四川将成为京东互联网金融布局的重要阵地。

2015年6月，京东另一个板块保险于其12周年店庆618期间正式亮相，推出了5款首创互联网保险创新产品——众筹跳票取消险、投资信用保障险、海淘保障险、家居无忧保障险及30天退换货险。

得益于互联网技术应用,互联网保险正逐渐消除人们对传统保险的顾虑,如高昂的保费、销售的骚扰电话、复杂的免责条款、烦琐的理赔流程等,因而获得市场青睐。前瞻产业研究院提供的《2015—2020年中国互联网保险行业商业模式与投资战略规划分析报告》显示,2014年我国互联网保险业务收入超过870亿元,约为全年保费收入的4%,同比2013年317.9亿元的互联网保险收入,大涨174%。强劲的发展势头在2015年得到了延续,2015年上半年,互联网保险市场实现保费收入816亿元,是上年同期的2.6倍,逼近2014年互联网保险全年总保费规模。与国外发达国家相比,我国互联网保险占行业总保费的比例仍旧过低,这意味着目前互联网在保险行业的渗透率过低,保险公司若能抓住机遇,未来将有极大发展空间。

京东的产业迭代体系与风险控制

京东发展十年来,平台上积累了大量的商品交易数据,且这个交易数据非常细,针对这些交易数据基础,再引进一些外部第三方数据,就可以测算出这些商品的另一种价值,从而为金融产品创新奠定基础。与此同时,产业、创客、消费流程和数据又为金融活动的风险管理和控制提供了支撑,实现了以量化风控技术为主,结合自动化的"统计模型+策略应用"来对客户信贷全生命周期进行风险管理,最终使得产业生态与金融生态互为作用、互为融合,形成循环迭代效应(见图9—7)。

在"京保贝"和"京小贷"中,基于海量贸易数据的标准化评估是风控的核心,目前已形成的十多个风控模型涉及几百个变量,不仅可基于历史数据完成准入和授信,还能识别欺诈性交易,并对贸易情况作出预测,从贷款的全流程改进传统风控手段。"动产融资"的风控在数据方面更为深入,除了基于京东的数据积累外,更多地用到了贸易领域的多类数据,并覆盖供应链的生产、仓储、销售等多个环节,实现基于数据的评估和交叉验证。诸如京东平台数据和中邮速递仓储相结合的"云仓京融"项目的风控机理主要是:

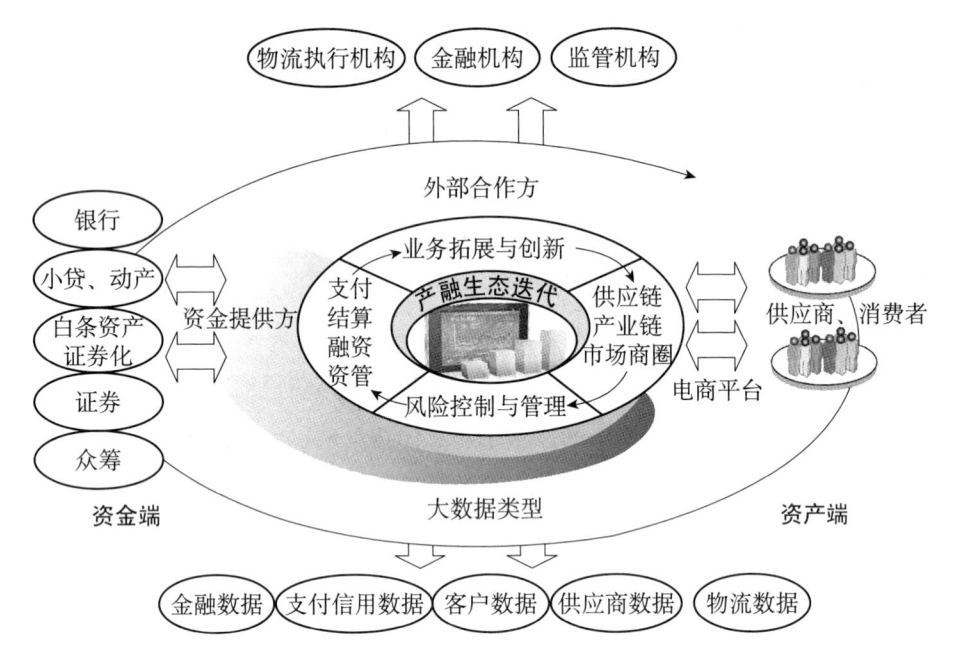

图 9—7 京东产业与金融生态循环迭代图

第一步，解决"如何用系统数据解决商品的质押评估问题"。银行无法对众多 SKU 进行估值，有一些小贷公司也做与这个类似的质押，但最多估几十个 SKU，而京东却有海量的 SKU 数据，可以获得产品的价格曲线、产品生命周期等数据，可以做出商品的折扣预测，以及几个月后的商品价格走势，可以实现质押率计算自动化。

第二步，"重监管"模式。质押监管都是派人去现场监管，而且这些人员必须有监管资质，这其实是监管效率低、监管效果差，且风险很大的监管模式。把"重监管"变为"轻监管"的模式，其实只要合作方的仓储系统能够按照京东研发的监控系统发出指令，就可以实现轻松控货，而不用再派人去现场看着货品。

第三步，"货物的真伪和质量问题"如何解决。传统的方法是靠人去抽查，完全依赖人的经验，所以在货物真伪和质量把控方面应更加智能化。每一个货物都是在一个供应链链条上流动的，流动的环节越多，数据造假的可能性就会越大。有仓内数据和销售最上游数据，就可以大大提高对货品真伪、质量的把控。另外，再加上从第三方获取的一些数据，通过这些较为复杂的交叉验证关系，再进行造假基本不可能。

第四步，也是最关键的一步，那就是在传统的质押中，货物一旦成为质押物，就意味着货物不能动了，只有再拿钱来换才能动。而这对于零售和分销以及电商企业来讲，完全不可接受，因为这些商家本来流动资金就不多，一旦货物被押死无法出售，也就意味着无法回笼资金。京东经过反复的探索研究，探索出全新的动态置换模型，通过动态置换模型系统，自动抓取供应商重新补进来的SKU，生成一张新的质押清单，做到质押清单的无缝替换，让质押的货物流动起来。

第 10 章
互联网供应链金融风险管理与展望

对于风险以及商业世界中风险的研究众多，但对其进行定义的主流观点可以划分为两类：第一类定义来源于古典决策理论（Borge，2002），March 和 Shapira（1987）将其定义为"因不确定性而导致的预期结果的偏离、分布及其概率"。经过修正，Jüttner 等（2003）将供应链领域的风险定义为"供应链可能的结果分布的偏离，以及由其产生的价值的不确定性"。这一类定义中不仅包含着危险，也预示着机会的存在。而另一类定义则直接将风险与负面情况相联系。例如，Lefley（1997）指出，风险来源于不确定性，并且也产生了一个未来事件发生的概率，通常和消极的结果有关，例如无法满足消费者的需求或产生了对消费者安全产生威胁的事件（Zsidisin，2003）。Harland、Brencheley 和 Walker（2003）将风险定义为损害、损失、伤害以及其他不利结果出现的可能性。与第一类定义相比，这一类定义与人类的认知更加一致，因此多数学者在研究中将风险刻画为一个特定事件与其消极影响企业严重性的乘积的概率（Christopher & Peck，2004）。

随着供应链金融逐步从基于链条走向网络，从交易结构走向结构与大数据并存，供应链及其金融活动的风险越来越复杂，也越来越大。因此，在开展互联网供应链金融活动的创新过程中,如何有效地识别和管理供应链风险以及供应链金融风险成为了互联网供应链金融稳定、持续、有效开展的关键。

供应链与供应链金融风险

互联网供应链金融风险管理首先需要关注金融创新活动的前提——供应链,供应链运营中的风险以及行为直接决定了互联网供应链金融的控制成效,因此,如何认识供应链风险、供应链风险类型以及供应链金融活动中可能存在的风险成为了顺利推动和发展互联网供应链金融的关键。

供应链风险及其相关概念

供应链风险一直是学术界和实业界关注的话题,围绕这一概念形成了各种各样、千差万别的概念,尽管这些概念都被笼统地归纳在供应链风险研究的范畴之下,但这些概念与供应链风险本身既存在区别又相互联系。

1. 供应链风险与供应链中断

近年来,供应链中断(supply chain disruptions)在供应链风险研究中出现频率最高,但我们认为,供应链风险与供应链中断是两个不同的概念。Tang(2006)将供应链风险划分为两个维度:中断风险(disruption risk)和营运风险(operational risk)。其中中断风险是由诸如破产、自然灾害和恐怖袭击等事件所引发的风险,相对营运风险而言,尽管出现频率低,但是后果非常严重,而且难以管理。因此,供应链中断实际上是使得供应链风险具体化的一些事件,它是一种显现出来的情况(Hofmann et al., 2014)。Bode等(2011)将其定义为两个方面的组合:在供应链中或供应链环境中由意想不到的情况引发的事件;事件的结果将严重威胁到企业的正常商业运作。关于供应链中断所关注的那些会造成企业之间物流、信息流和资金流断裂和中止的事件,它既可能由供应链内部事件所引发(如供应商、客户等),又可能由链外的事件引发(如自然灾害),而且在规模、特性和影响方面存在着差异（Sodhi，Son & Tang，2012）。

2. 供应链风险与供应链脆弱性

在关于供应链风险的研究中，供应链脆弱性（supply chain vulnerability）和供应链风险经常被作为两个互换使用的概念。较早的关于供应链脆弱性的定义来源于Jüttner等（2003），他们认为供应链脆弱性是使供应链产生不良后果倾向的性质，是风险来源和风险驱动因素作用大于风险缓解战略作用的结果。Wagner和Bode（2006）也将供应链脆弱性定义为供应链容易受到干扰而发生中断从而导致损失的一种特点。Gualandris和Kalchschmidt（2014）将供应链脆弱性定义为供应链网络受到不同干扰从而导致各种"流"受到阻碍和供应链运营出现崩溃的情况，并且认为，通过供应链风险评估模型可以对这种脆弱性进行评价和应对准备。考虑到供应链脆弱性亦是指各种负面结果出现的可能性，并且需要通过供应链风险管理手段来进行应对和缓解，供应链脆弱性和供应链风险（性）在概念上可以认为是一致的。

3. 供应链风险与供应链不确定性

在某些供应链风险研究中，供应链不确定性（supply chain uncertainty）与供应链风险被混淆使用。然而，根据供应链风险的定义，我们可以看出，供应链风险是由不确定性造成的消极结果。正如Yates和Stone（1992）所言，"高水平的不确定性会导致高水平的供应风险"，Waters（2007）也认为，风险的存在是由于对未来存在着某种确定类型的不确定性，从某种意义上说，不确定性比风险的范围更大。早在Knight（1921）对确定性、风险和不确定性的研究中，他采用了"可衡量的不确定性"和"不可衡量的不确定性"两种说法，前者正是风险的缘起之一，因为风险意味着其具有一定的概率。Vilko、Ritala和Edelmann（2014）在研究中构建了一个从"确定性"到"不确定性"的连续集，其中"概率性的确定性"等同于风险。因此，供应链风险和供应链不确定性的区别也就显而易见。

4. 供应链风险与供应链弹性

供应链弹性（supply chain resilience）或弹性供应链（resilient supply chain）是供应链风险研究中经常出现的话题之一。大多数学者都认为，既然供应链中断是不可完全避免的情况，那么供应链管理就应该集中于弹性能力的提升，例如在尝试规避中断发生的同时承受这种中断的能力（Jüttner & Maklan，2011）。供应链弹性是指供应链为了应对不可预知的事件、中断以及完成恢复并保持连续性水平，对供应链结构和职能进行控制的一种适应性能力（Scholten et. al.，2014）。供应链弹性所反映的是供应链各个阶段对冲击的吸收（Sheffi & Rice，2005），因此它强调更多的是情况发生之后系统状态的恢复，而非在情况发生之前的预防作用（Dinh et al.，2012）。学者认为供应链弹性需要包括柔性、敏捷性、可逆性、适应性和冗余等要素（Azadeha et al.，2014）。供应链弹性或弹性供应链与供应链风险研究的相关联之处在于，供应链弹性是与供应链风险或供应链中断相对应的概念，供应链弹性能力的拥有或弹性供应链的建立实际上正是供应链风险管理的重要部分，企业对弹性能力的利用往往是出于供应链风险管理的目的（Golgeci & Ponomarov，2013）。

供应链风险的类型

关于供应链风险的形态，很多研究有不同的划分，诸如有的将供应链风险分为内部供应链风险和外部供应链风险（Jüttner，2005），有的将风险按照发生的层级分为环境因素、行业因素、组织因素、特定问题因素以及与决策者相关的因素（Rao & Goldsby，2009），然而无论什么样的划分标准，都是探索供应链风险的来源以及产生的结果。

1. 供应链风险来源

供应链中焦点企业的上下游是风险产生的直接来源，因而在关于供应链风险的研究中，受到较多关注的是供应风险（supply risk），这是根据来源方向对供应链风险进行的划分，一般与"需求风险"（demand risk）相对应。例如，Bode等（2014）研究了企业对出现财务危机的供应商的管理，提出了"供应商违约风险"（financial default risk）的概念，认为这是指由供应商出现财务违约情况所带来的供应链中断的可能性。类似地，Gualandris和Kalchschmidt（2014）也关注了"供应商失败风险"（supplier failure risk），它与供应商变成无法获得的状态有关，例如供应商发生财务危机、竞争对手对供应商进行了垂直整合等都会使这一风险出现。管理者认为这种风险是供应链脆弱性最重要的表现形式之一。

另一种更加具体的供应风险是 Fischl 等（2014）在研究中提出的价格风险（price risk），它并不是与企业产品销售价格相关的风险，而是指因工业消费要素（如原材料、半成品/产成品、辅助材料和操作材料等）采购价格的极端增长或巨大波动而造成的相关风险，能够带来生产经营的动荡。Zhao 等（2013）在来源方向的基础上更加细化，将所研究的供应链风险划分为供应运送风险（supply delivery risk）和需求不确定性风险（demand variability risk）。前者是指供应商无法准时送达所导致的企业在生产、存货或销售等方面出现问题的可能性；后者则是指不确定和动态的客户需求导致的企业的高存货成本、低客户服务水平和不可靠交付的风险。供应和需求双方的不匹配也是造成风险的来源，Tomlin（2014）认为，在全球化的生产中，供应和需求的不平衡是很多产业中都会存在的风险，因此他将这种风险称为"供应—需求风险"（supply-demand risk）。

此外，其他研究者探讨了更广泛的风险来源，在供应风险和需求风险的基础上还区分了其他的供应链风险类别。例如，Cruz（2013）基于现有研究，在研究中将全球供应链网络中的风险分为供应方风险（supply-side risk）、需求方风险（demand-side risk）、汇率风险（exchange rate risk）和整体的社会性风险（overall social risk）。其中，供应方风险主要来源于供应商延迟、质量问题以及供应商的机会主义行为等；需求方风险来源于需求的不确定性、支付延迟以及协调和信息共享的缺乏等；汇率风险是指当企业将货币兑换成本国货币时由于汇率变化而发生的损失，一方面表现为实际成本上升带来的市场中价格竞争力的丧失，另一方面则表现为企业收益的减少；社会性风险产生于企业自身或者是其他组织行为所产生的脆弱性，它包括国家风险、运营性风险、产品和社会期望四个方面。同样地，Ivanov 等（2014）将供应链中的风险分成了四大类：数量/需求（quantity/demand）风险、可得性/供应（availability/supply）风险、全球化/结构（global/structure）风险和波动性/过程（volatility/process）风险，这四类供应链风险是不确定性和供应链中的连锁反应的原因。Leat 和 Revoredo-Giha（2013）在对苏格兰猪肉产业进行研究时，区分了个体层面的风险、供应链风险和环境风险，其中供应链风险可以被分为过程风险（process risk）、控制风险（control risk）、需求风险（demand risk）和供应风险（supply risk）。过程风险是指与企业中创造价值及管理活动的过程发生中断有关的风险，控制风险是与用来控制这些过程的系统或标准发生崩溃或被误用有关的风险，而需求风险和供应风险是指企业与客户或供应商之间发生的产品、信息和资金流所出现的断裂。

还有学者基于特定的研究主题，区分了不同来源的供应链风险。例如，Hofmann 等（2014）研究了与供应链可持续性相关的风险，认为上游供应链所包含的可持续性议题是供应链风险的来源，即社会性议题（与工作条件和薪酬有关）、生态性议题（与投入有关，如能源的消耗和资源的利用等）和企业伦理性议题（如腐败等），这三种议题会形成不同的供应链可持续性风险（supply chain sustainability risk）。Hartmann 和 Herb（2014）提出了服务供应链中存在的机会主义风险（opportunism risk），这是由服务提供商的机会主义行为而引起的服务接受方的损失，例如服务提供商故意不履行契约规范或义务等，使得服务接受方利益受损。

2. 供应链风险产生的结果

有些研究关注的是因为风险而遭受损失的对象。例如，Hora 和 Klassen（2013）关注的是运营性风险（operational risk），他们认为运营性风险是一种企业运营方面的可能性损失，这种损失来自运营性投入、内部过程和系统（包括员工和设备）、下游供应链伙伴或客户以及外部事件。

Lemke 和 Petersen（2013）研究了供应链中的声誉风险（reputational risk）。他们认为，在供应链中，单个企业声誉的特定方面是可以被共享或转移的。这就意味着，供应链成员之间的声誉存在着溢出效应。因此，供应链中某些位置的节点企业的声誉是一种累积的结果，因此可能会因其他企业的行为而遭受消极的影响，这不同于企业独立运营时的声誉风险。Roehrich 等（2014）在研究中将企业"声誉风险暴露"（reputation risk exposure）定义为来源于企业外部（如产业环境和国家制度环境等）或内部（如管理决策和企业规模等）的事件所导致的消极影响利益相关者对企业行为和表现的认知的可能性总和。

Zhou 和 Johnson（2014）探讨了由于供应商质量信息披露不完全所导致的产品质量风险（quality risk），即产品质量出现不合格或不可靠等问题。质量风险大小取决于质量信息披露的程度，这些信息包括采购实践、管理能力、企业成熟度、财务稳定度、质量检查数据和质量审核等。

互联网供应链金融风险特性

与供应链风险相关，供应链金融风险是指在一定的经济环境中，上下游企业和所有其他参与方预期的物流、资金流、信息流的运行情况和实际状况不一样，最终使从事供应链金融的企业或其他组织蒙受损失的不确定性（张涛，张亚南，2012）。物流风险是指由于多方面的原因导致供应链中的原材料、半成品、成品等物流资源不能如预期那样进行配置和流动，使链上企业最终蒙受经济损失；资金流风险就是贷款资金和收益不能如期、保质地回笼而使从事金融服务的组织遭受损失；信息流风险就是信息在整个供应链传递过程中出现失真的情况，导致逆向选择和道德风险，最终损害供应链整体利益。

从风险的特性上看，供应链金融中的风险与供应链风险有两点相似，一是风险具有传导效应。供应链金融风险会在供应链金融业务参与主体之间传导，供应链上的企业相互依存、相互作用，共同在供应链金融创新活动中获得相应的利益和发展，一个企业的经营状况有时会对链上其他企业产生影响。因此，一个企业的风险向供应链上的上下游环节以及周边传导，最终给供应链金融服务者以及相应的合作方造成损失。二是风险具有动态性。即供应链和供应链金融风险会随着供应链的网络规模和程度、融资模式的创新、运营状况的交替、外部环境的变化等因素不断地变动。

但是互联网供应链金融风险还具有一个独特的特性，即高度的复杂性。供应链金融的风险是产业供应链风险和金融风险的叠加，除了供应链环境、网络和组织等各层面的影响因素外,金融中可能存在的因素也会使供应链金融运作产生危机,这些金融活动影响因素就是新巴塞尔协议中所界定的风险类型。2004年6月26日,巴塞尔银行监管委员会(2C2E)正式公布了《资本计量和资本标准的国际协议:修订框架》,即"巴塞尔协议Ⅱ"。该协议于2006年底开始实施,全面取代NPQQ的老资本协议。与1988年协议相比,新巴塞尔协议作了很多改进,其中最突出的一点就是首次独立提出了操作风险的概念,并对操作风险提出了明确的资本要求,操作风险与信用风险、市场风险一起,共同构成银行风险资本的计量和监管框架。

巴塞尔协议Ⅱ给操作风险下的定义是:操作风险是指由于不充分的或失败的内部程序、人员和系统,或者由于外部事件所引起损失的风险。作为进一步阐述,巴塞尔银行监管委员会从8个业务类别(公司金融、销售和推销、零售银行业务、商业银行业务、结算和支付、代理和保管、资产管理、零售经纪)把操作风险损失划分为7种类型:A.内部欺诈,即内部人员骗取、盗用财产或违反监管规章、法律和银行制度的行为;B.外部欺诈,即外部人员故意骗取、盗用财产或逃避法律责任的行为;C.雇员活动和工作场所安全,即违反就业、健康或安全方面的法律或协议所引起的赔偿要求;D.客户、产品和业务活动,即因疏忽未对特定客户履行分内义务,或者产品性质、设计缺陷导致的损失;E.实物资产的损坏,即由于自然灾害或其他事件导致实物的损坏或丢失;F.业务中断和系统错误,即业务中断或系统失败造成的损失;G.行政、交付和过程管理,即交易失败、过程管理出错及与合作伙伴合作失败。信用风险是指授信方拒绝或无力按时、全额支付所欠债务时,给信用提供方带来的潜在损失。信用风险一般分为商业信用风险和银行信用风险。信用风险的范畴还可以进一步扩展到信用的接受者,例如购买者或借款方也可能承受供货方或银行带来的风险,这种风险主要表现在供货方或银行可能因资金原因而无法提供商品、服务和使授信方的交易持续进行的融资活动。市场风险是指因市场价格包括利率、汇率、股票价格和商品价格等的不利变动而使金融机构表内和表外业务发生损失的风险。这类风险与金融市场本身的成熟度相关,市场越成熟,市场风险就越小。市场风险一旦大规模发生,不仅给投资者带来极大的损失和伤害,而且给整个金融市场和金融带来灾难性破坏。

供应链金融风险解读——青岛港骗贷事件

由以上互联网供应链金融风险的特性可以看出,供应链金融的风险具有多重性,既具有外生性(亦即风险主要来自外部的影响因素)又具有内生性(亦即风险主要源于交易结构固有的问题以及行为主体的道德风险),这一点非常典型地反映在2014年中国境内发生的青岛港骗贷事件。

2014年6月,青岛德正资源控股有限公司(下称"德正")在青岛港的仓储融资出现违约,多家中外银行陷入其中,至少有17家中资银行卷入铜、氧化铝等有色金属融资业务,包括中国进出口银行,工农中建交五大行,华夏、民生、兴业、招商、中信五家中型银行,还包括恒丰、齐鲁、日照、威海、潍坊等山东本地金融机构,再加上河北一家异地城商行。上述17家金融机构涉及青岛港有色金属贸易融资业务的融资额在148亿元上下,其中进出口银行一家就在40亿元上下。渣打银行在青岛港事件上共计有2.5亿美元的风险敞口,南非标准银行在相关事件中的风险敞口约合1.7亿美元。这是继2013年上海地区钢贸企业大规模信贷违约后的又一起重大贸易融资违约事件,接连的信贷违约造成了大宗商品贸易融资的寒冬,也充分展现了潜在的各种金融性风险。

近些年来,基于交易的大宗物资进行仓储融资是产业和金融结合的一种普遍而成熟的金融活动,仓储物一般是市场价值相对较高的原材料或者产品,例如矿石、钢材、铝锭等大宗商品,仓储融资的基础是交易过程中仓储物的价值,借款人不需要提供其他担保品,所以也被称为结构化商品融资。这种供应链金融业务应当讲是一种正常的产业结合模式,因为它是为了正常的供应链运营和交易而展开的融资等金融活动,例如为了进口铁矿石用于销售、炼钢而开展的融资,就是正常意义上的供应链金融活动。然而,由于巨大的利益驱使,近些年出现了为了融资而伪造交易和物流活动,即套利套汇金融(carrying trade,宋华,2015,第3章),这种金融具有非常大的风险，因为为了获得金融利益而进口大宗物资，相应地就容易出现囤积，而一旦价格下跌就会出现风险。之所以会出现这种状况，是因为相关主体试图通过三种模式牟利：首先是信用证模式，其融资路径是进出口企业通过境内银行开出的延期付款90～180天信用证，将境外现货进口到中国保税口岸，再将物资卖给贸易商。但企业收到现货并转手卖出往往只需不到60天，这个时间差，对于企业而言，相当于进行了一次低成本短期融资。除了信用证模式，还有仓单质押模式和融资平台模式。前者是将境外现货进口到中国保税口岸，注册保税库仓单再向银行申请仓单质押美元贷款，最终投资于高收益项目和资产，赚取利差；后者则需依赖另一实体主业，即贸易商利用从银行获得的授信占压资金，并将融得的资金投向回报更高的房地产和地方政府融资平台，从而吹大了铁矿石融资、铜融资的泡沫。上述三种模式彼此不互斥，信用证和仓单质押贷款往往连环使用，这使得大宗物资融资成为一个巨大的影子银行黑洞。

青岛港事件中，德正正是运用这些模式牟取金融利益。具体讲，其操作的方法包括仓单物资被重复质押。德正案东窗事发是因为其全资子公司德诚矿业将一批矿石货品存于一家仓库，却从不同仓储公司那里出具了仓单，并利用这些仓单去不同银行质押获得融资（见图10—1）。仓单与实际仓库有缺口，涉及10万吨氧化铝和两三千吨铜。多份仓单对应同一份货物，导致仓储物被多次质押。由于银行提供仓储融资是基于仓储物价值的一定比例进行，仓储物多次质押导致银行的这一信贷风险控制措施失效，从而放大了信贷风险。

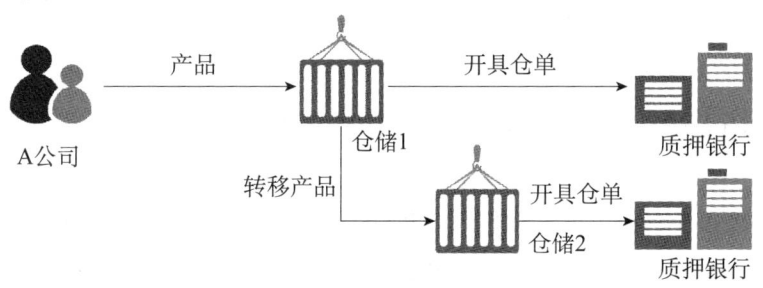

图10—1 仓单重复质押示意图

青岛港事件中存在的另一个问题是虚开仓单，仓储物未经核实（见图10—2）。一般而言，仓储融资中银行会要求选用其认可的仓储公司。基于对仓储公司的信任，银行往往只需要一个电话确认，并不需要到仓库查验仓储物。这一环节很容易被利用，仓储公司与借款人合谋从银行获得贷款。即使仓储公司没有与借款人合谋，由于管理上的疏漏也可能导致重复开立仓单。例如，被质押的仓储出质后仍然存放在原仓库，没有实施特定化监管，就极易发生就同一批货物重复开具仓单。德正案中仓储公司这一环节也出现了问题。由此可见，银行仅凭对仓储公司的信任不能控制风险。

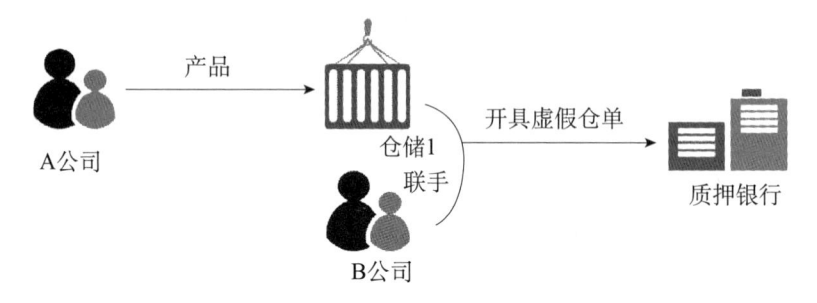

图10—2　虚假仓单重复仓单示意图

青岛港德正事件中还有一个风险点在于银行信息不共享，征信系统失效。德正将物品质押给银行，这类信息只有该银行知晓，很难为其他银行所了解。虽然央行有征信系统，但只是针对信用贷款，任何企业在一家银行发生的任何贷款，其他银行都可以查到，而质押的信息却是封闭的。此外，企业信用和相关记录目前是分散在工商、税务各个不同部门，部门之间的信息不畅通，银行很难取得完整的信用记录进行有效监督，正是这些因素造成了青岛港事件的发生。

互联网供应链金融风险管理原则和评估

通过以上研究可以看出，互联网供应链金融风险管理需要从供应链和金融两个方面强化风险意识和管理，这势必涉及对互联网供应链金融风险管理原则的深刻理解，以及基于这些原则的风险评估。管理原则是组织活动的一般规律的体现，是人们在管理活动中为达到组织的基本目标而在处理人、财、物、信息等管理基本要素及其相互关系时所遵循和依据的准绳。基于供应链金融的特性，其风险管理的规律和评估依然围绕着"六化"展开，即以往提出的"业务闭合化"、"交易信息化"、"收入自偿化"、"管理垂直化"、"风险结构化"（宋华，2015）以及与互联网供应链金融活动相对应的"声誉资产化"。

业务闭合化及其评估

业务闭合化指的是供应链运营中价值的设计、价值的实现、价值的传递能形成完整、循环的闭合系统，一旦某一环没有实现有效整合，就有可能产生潜在的风险。值得指出的是，业务闭合不仅指的是作业活动如技术、采购、生产、分销、销售等作业活动的有效衔接，而且也涵盖了价值的完整结合、循环流动，亦即各环节的经济价值能按照预先设定的程度得以实现，并有效地传递到下一个环节，产生新的价值。这一要求也就意味着在设计和运作互联网供应链金融中，需要考虑所有可能影响业务闭合的因素。

具体讲，影响业务供应链闭合性的因素有来自宏观层面的问题，这包括宏观系统风险，也就是说由于宏观经济、政治法律环境的不确定性导致的供应链运营中断，难以实现可循环的供应链运营。特别是在立足全球供应链基础上开展的金融活动，特别容易产生这一问题。这是因为"没有完美无缺的市场。在一个全球化组织和各国法规并存的世界中，总是会出现贸易摩擦，平坦的世界中会出现各种障碍"（冯国经，Wind，冯国纶，2009）。因此，如何有效地防范可能存在的各种影响供应链闭合性的因素就变得异常重要。例如，利丰在供应链设计中高度强调灵活性和弹性。2001年9·11恐怖袭击事件之后，许多零售商认为美国的消费经济会受到重创，甚至崩溃。当一个惊恐万分的零售商给香港打电话要取消非常时髦的伞兵裤（脚口至腿部装拉链）生产线时，利丰集团建议将订单更改为通用的、四季均可穿的长裤。最后，顾客持续购买，零售商又续了伞兵裤的订单。利丰集团也能够迅速地将生产从高风险的国家转移到低风险的国家，在一周时间内重新配置价值几百万美元的商品，利丰的这种快速灵活的供应链设计体系是保证供应链闭合性的关键。

影响业务闭合性的另一类因素是行业或区域性系统风险。互联网供应链金融一定是依托于一定的行业供应链而开展的金融创新活动，因此，供应链服务的行业和区域特征必然对供应链能否稳定持续运行产生作用。具体讲，互联网供应链金融只能在持续或者稳定发展的行业中实施，对于限制性的行业或者夕阳型行业，实施供应链金融会具有较大的风险，这是因为行业走低或者低迷会直接使供应链运营遭受损失，进而影响到金融安全。同理，一些区域性的因素，如地区的经济发展前景、市场透明度、政府服务水平以及区域环境的稳定性等都会对业务闭合化产生挑战。

供应链本身的业务结构也是保障闭合的主要方面，一个稳定、有效的供应链体系需要做到主体完备到位、流程清晰合理、要素完整有效。主体完备到位指的是供应链设计、组织和运营过程中，所有的参与主体必须明确，并发挥相应的作用。互联网供应链金融活动是基于生态网络结构的金融性活动，网络中涉及诸多的参与主体，如供应链上的成员（上下游、合作者、第三方等）、交易平台服务提供者、综合风险管理者以及流动性提供者，如果某一主体缺失，或者没有起到预期的作用，业务的闭合性就会产生问题。流程清晰合理指的是供应链以及金融活动中的各业务流程清晰，并且能够有效结合。这既包括了供应链商流、物流、信息流、资金流清晰合理，也包括了线上和线下流程清晰，并且能够高度融合，相互支撑、相互作用。要素完整有效指的是采购、销售、技术、生产、分销、信息化、人力资源管理、财务、会计等管理要素能够发挥相应的支撑和监督互联网供应链金融活动的作用。

交易信息化及其评估

交易信息化原本指的是能及时、有效、完整反映或获取企业内部跨职能以及企业之间跨组织产生的商流、物流、信息流、人流等各类信息，并且通过一定的技术手段清洗、整合、挖掘数据，以便更好地掌握供应链运营的状态，使金融风险得以控制（宋华，2015）。在互联网供应链金融阶段，交易信息化的含义进一步得到扩展，为了实现金融风险可控的目标，不仅能够获取和分析供应链运营中直接产生的各类信息和数据，而且能实现信息全生命周期的管理，实现有效的信息治理（information governance）。信息治理是一个全新的概念，它与 IT 治理有一定关联，但又有很大的区别。IT 治理是公司治理的一部分，它是"一种领导、组织 IT 结构和流程，以保证组织的 IT 系统能维持和扩展企业的战略和目标"。由此可见，IT 治理只是企业战略和 IT 整合的工具，而不是为实现供应链价值信息产生、运用、处理和交换的方式。此外，IT 治理过于强调通过对系统的控制来实现 IT 与战略的结合，忽略了信息化运用产生的创新性行为，或者价值重新创造的过程。2004 年 Donaldson 和 Walker 创造性地提出了信息治理的概念。信息治理涉及建立环境和机会、规则和决策权，以评价、创建、搜集、分析、传递、存储、运用和控制信息，解答"我们需要什么信息、如何运用这些信息、谁负责"等问题。显然，信息治理行为包括交易管理、规则确立、信息安全、数据流管理以及信息的全生命周期管理等。

有效的信息治理，需要解决好四个问题：

第一，如何建立起有效的信息源和信息结构。也就是说，在价值链建设的过程中，要考虑为了实现整个价值链的效率，并且为利益各方产生协同价值，需要什么样的信息，这些信息与大家共同追寻的目标是什么关系，这类信息从何而来，运用什么手段可以获得。这些问题的解答，需要处理好信息源、接收地以及信息管理三者之间的均衡关系，这样一组一组的三角关系构成了信息治理最基本的单元。例如，当金融机构向中小微企业提供融资服务时，需要掌握客户企业真实的物流信息。这一目标的实现就涉及了信息源、接收地和信息管理的三角关系。信息源可能是多种多样的，如借助于物联网形成的货物流动信息，海关形成的通关信息，商检发出的产品数量、质检信息等。而作为接收方需要的是关于货物价值的完整性、保全性的信息。这就需要从事信息管理或规制的组织将零散的、不同渠道产生的信息进行整合、挖掘并生成、传递给接收方。这种三角关系一旦失衡，就容易产生各种各样的信息盲区和障碍，使得供应链运行发生中断。

第二，如何保障信息的可靠、安全和运用。信息可靠指的是信息可信，可以据此采取相应行动。如果供应链服务集成商根据客户企业的财务报表决定是否提供某项服务时，一定要能确认这份报表是真实可靠的，信息一旦失真必然导致灾难性结果。信息安全则是信息在生成、传递和使用过程中能被应该接收的主体获取，而不发生信息的泄露或外溢，或者违反法律和隐私规定。信息运用是指获取的信息能用来应对挑战、了解状况、解决问题、做出决策。而信息的上述三个特征的实现，很明显地就需要在IT建设、信息形态、业务等级和流程规范管理上下工夫。

第三，如何实现信息的持续与全生命周期管理，亦即信息能否持续地产生、推进和应用，并且能有更多的利益相关方参与到信息生成、分享的过程中。要实现这一目标，需要信息规制方处理好两个关系：一是所有网络合作成员通过分享、学习和沟通所建构的信息域，即合作各方共同努力提升信息的质量、信息的处理和信息的应用；二是网络合作成员参与方与外部管理方之间的信息互惠和管理改进。任何业务信息都难免受到经济、政策和制度的影响，因此，要真正实现信息的可持续，就需要与制度管理方形成信息互动。

第四，如何实现信息获取、处理的代价或成本可控。信息的获取是有成本的，诺贝尔经济学奖获得者斯蒂格勒（1960）指出，信息的获取程度由边际收益和边际成本的均衡决定。在互联网供应链金融阶段，如何通过更为有效的供应链参与主体的网络建构降低信息获取成本已成为今天信息治理的核心问题，或者说今天的网络建构是由信息化驱动的。阿里巴巴一达通与国外机构合作以实现有效的海外客户征信就是这种行为的佐证。因此，价值链参与主体不仅通过网络管理信息，而且也根据信息的要求，推动网络的再创新。

基于以上原理，要实现交易信息化，在风险评估时需要考虑的要素有：第一，确保供应链业务的真实性。即所有在供应链中发生的业务是真实、可靠的，并且产生的价值是持续、稳定的。要做到前一点，就需要通过对交易凭证、单据和供应链运营状态的查验，来确保交易的真实，例如供应链上的参与者采购、生产或者销售订单是否可查，企业的开工率能否保证在一定的状态下等。而要做好后一点，就需要核实所有与运营活动相关的价值水平是否与预期保持一致，有没有出现异常波动，例如出货量或出货价值突然下降等现象。除了上述评估方法外，还可以运用大数据辅助判断供应链业务是否真实可靠，即在第7章谈到的汇、税、水、电等间接性数据挖掘分析。例如，供应链参与企业一般纳税人取得资格的时间、纳税等级与缴税情况、结汇状态、常年用电用水的程度等，通过对这些数据进行分析，能够间接地了解生产经营的真实程度。

第二，确保供应链物流能力和质量。即在从事供应链物流服务过程中，物流作业的质量、数量、时间、地点、价格、方向等明确、清晰。例如，物流运营的能力、库存周转率、物流网络等能否完全符合供应链交易或者相应主体的要求，此外单货相符也是需要关注的重要信息。

第三，确保供应链中资金财务风险清晰可控。交易信息化管理一个很重要的方面是能清晰地了解供应链中资金流和财务的状态，否则该信息的缺失就会直接导致供应链金融风险。要做到这一点就需要通过各种渠道把握几个方面的信息：一是现金流和利率状态。现金流是企业在一定会计期间按照现金收付实现制，通过一定经济活动（包括经营活动、投资活动、筹资活动和非经常性项目）而产生的现金流入、现金流出及其总量情况的总称。一个企业的现金流（包括经营活动产生的现金流、投资活动产生的现金流以及筹资活动产生的现金流）能反映一个企业在供应链中的经营活动和经营质量，因此，掌握、了解和评估供应链参与企业的现金流异常重要。例如，如果企业在经营中反复出现应收和应付同步、同额产生，则可能存在着为了现金流而虚构贸易行为。与现金流相关的另一个重要的信息是特定企业所能承受的利率。Gomm（2010）提出供应链金融非常重要的三个绩效指标是融资周期、融资量和融资利率，三个因素之间相互作用，共同决定了供应链金融风险。如果企业在供应链金融活动中提出可以承受较高的利率要求，这可能存在严重的现金流问题。二是企业自身的财务管理和内控体系。企业财务内控制度是为企业的经营目标服务的，其目的在于保证业务活动按照适当的授权进行；保证所有交易事项以正确的金额，在恰当的会计期间及时记录于适当的账户，使财务会计报告的编制符合有关财务会计制度和会计准则的要求；保证对资产和记录的接触、处理均经过适当的授权；保证账面资产和实存资产定期核对相符；保证财务会计监督的及时性和准确性。要实现上述目标就需要：明确管理职责、纵向与横向的监督关系；职责分工、权利分割、相互制约；交易授权，建立恰当的审批手续；设计并使用适当的凭证和记录；资产接触与记录使用的授权；资产和记录的保管制度；独立稽核，例行的复核与自动的查对；制定和执行恰当的会计方法和程序；工作轮换；独立检查，包括外部和内部审计等。三是借贷状况。融资借贷活动也是交易信息化需要关注的重要方面，这包括信用、借贷的目的、使用的状况等因素。

收入自偿化及其评估

收入自偿化是指互联网供应链金融中所有可能的费用、风险等能够以确定的供应链收益或者未来收益覆盖，否则一旦丧失了自偿原则，就很容易出现较大的金融风险。而决定自偿原则的因素就包括了供应链运营中相应的货物、要素的变现能力。需要指出的是，在供应链金融运营网络化的条件下，对收入自偿产生影响的可能因素，不仅仅是静态地考察货物、要素的变现，还要动态地分析影响变现和收益的时空要素。所谓时间要素指的是互联网供应链金融活动中融资借贷的长短时间匹配问题。如同 Gomm (2010) 分析的那样，融资周期也是产生风险的因素，周期时间越长，可能的风险就会越大。具体而言，在供应链融资过程中，长借长还（即借贷时间长，还款时间长），甚至长借短还（即借贷时间长，分阶段偿还）都有可能对收入自偿产生挑战。如果借贷时间较长，就有可能因为外部环境或者其他各种因素，产生行业或业务的波动，对产品或业务的变现能力和程度产生消极影响。尤其是在中国信用体系尚不完善、中小企业不稳定不规范的环境下，短借短还是收入自偿化应当遵循的准则。空间因素指的是产生供应链收益的来源地。由于不同的国家、地域因为政治、经济等因素的作用，会有不同程度的风险，这种风险必然会影响到交易主体的信用和行为，以及交易产品价值的变动和交易的安全，这些都是收入自偿化原则需要关注的要素。

具体讲，在收入自偿化的评估过程中，需要从静态和动态的视角分析如下因素：第一，供应链产品业务的价格风险，即要根据不同的产品业务的特点和趋势，考察价格波动的稳定程度；第二，产品业务的价值风险。价格风险是由于市场供需变化产生的风险，而价值风险是产品业务内在的风险形态，包括变现能力（即产品货物的可流动水平，或者说可市场化程度）、标准化水平（即产品或业务的标准化程度，产品业务的标准化程度越高，就越容易实现流通和交易，否则容易产生资产专用性）、易损易腐程度（即产品货物物理属性的稳定性），以及产品业务配套服务程度（如产品业务的可存储性、保管条件等）。第三，产品业务的销售风险。供应链销售端的风险会直接影响到收入自偿性，这些需要考虑的因素有：销售渠道的稳定性（渠道资源的类型、数量和稳定性）、销售客户的稳定性（销售客户的类型、大小、潜力和稳定）、销售范围（产品销售的覆盖）、市场容量（产品业务市场可接纳的规模和趋势），以及销售账期的合理性（应收应付的状况以及与行业平均水平的对比等）。

管理垂直化及其评估

管理垂直化意味着为了遵循责任明确、流程可控等目标，而对供应链活动实施有效的专业化管理，并且相互制衡，互不重复或重叠。为了实现这一原则，需要在管理体系上做到"四个分离"，即：业务审批与业务操作相互制约、彼此分离；交易运作和物流监管分离；开发（金融业务的开拓）、操作（金融业务的实施）、巡查（金融贸易活动的监管）分离；经营单位与企业总部审议分离（宋华，2015）。

从供应链金融在中国的发展现实看，除了上述四个管理垂直化准则，还有两个问题值得关注。

一是组织结构和职能的完备和清晰。互联网供应链金融的有效运行有赖于企业内部甚至企业之间合理的结构以及职能对接。确切地讲，从事互联网供应链金融的组织，需要在职能设计上综合考虑产品设计（即根据供应链状况设计相应的金融服务产品）、供应链运营（即供应链经营活动的协调、组织和实施）、营销（即供应链服务和金融的推广，以及客户关系管理）、风控（即风险评估、监控、管理）和信息化（即供应链服务以及供应链金融信息化、大数据平台的建立、信息整合分析、统计）等各个部门的责任，以及相互之间的制衡和协作关系。一旦某个职责弱化，就会产生巨大的风险。

二是战略和管理的稳定与协调。如今很多供应链金融中出现的风险问题，往往来自战略和管理的不一致、不协调，或者说由于战略扩张、目标畸形化导致管理制度和流程的断裂。一般在开展供应链金融的初期阶段，为了形成自身的品牌效应，形成良好的合作机制，特别是为了获得金融机构的信任和支持，供应链金融服务提供者往往会聚焦其熟知的业务领域，对合作企业的资格审核会比较严格，风险控制也相对完善，金融业务与产业活动的结合也会较为紧密。然而一旦获得初步成功，在行业或市场中建立起了声誉和地位，大量资金进入或者投资者参与，为了扩大规模，占领市场，就会出现战略膨胀的状况，要么盲目扩大经营领域，进入到之前不熟悉的行业领域，自认为其管理体系和业务逻辑能适应所有的产品市场；要么盲目扩大客户资源，放松资格审查与准入条件，一些不太符合供应链融资要求的客户都进入到供应链体系中。甚至有的组织在取得初步成功后，改变了供应链金融服务的初衷，逐步放弃了立足产业、服务供应链企业的原则，向资本运作靠拢，试图变成一个纯粹的金融公司。所有这些状况，都会导致管理体系和管理流程的缺失，最终出现巨大的供应链金融风险。

基于以上认识，可以看出，要做到管理垂直化需要管理和评估几个方面的要素：一是对产业或行业的认识是否到位，战略是否清晰。即在开展相应的供应链金融服务时，能否真正了解和研究产业群、产业以及特定企业的状况，深刻理解产业供应链运营的基本逻辑，供应链各个参与主体在网络中发挥的作用以及存在的挑战。二是服务于特定的供应链金融战略，其相应的管理资源、体系是否匹配。例如，使用了哪些方式、哪些途径管理相关利益方，各方相互协调沟通的渠道、利益分配机制和惩罚机制是什么。三是公司的管理机构是否完整，责任义务是否明确，各个部门或机构之间的流程是否清晰。四是在组织管理互联网供应链金融活动中，"四个分离"是否实现。

风险结构化及其评估

风险结构化指的是在开展供应链金融业务的过程中，能合理地设计业务结构，并且采用各种有效手段或组合化解可能存在的风险和不确定性（宋华，2015）。在理解风险结构化的过程中，同样有两点需要考虑：

一是针对于不同的风险来源，因应和降低风险的手段和途径是具有差异性的。如同前面所言，互联网供应链金融是供应链风险和金融风险的双重叠加，具有高度的复杂性，因此，在结构化分散风险的过程中，必然需要多种不同形态的手段和要素。总体上讲，供应链金融中可能存在的风险类型包括：合规风险（compliance risks），根据巴塞尔银行监管委员会发布的《合规与银行内部合规部门》，合规风险指的是金融机构因未能遵循法律法规、监管要求、规则、自律性组织制定的有关准则，以及适用于自身业务活动的行为准则，而可能遭受法律制裁或监管处罚、重大财务损失或声誉损失的风险；模式风险（model risks），即因为商业模式、业务模式或经营方式的缺陷或失误导致的损失；流程风险（process risks），即供应链金融组织程序失当产生的问题；操作风险（implementation risks），即实施过程中因为各种行为失误导致的风险。显然，针对于不同状态的风险类型，就需要采用多种手段加以弥补，并且还需要考虑这些手段的组合效应。

二是尽管存在着各种化解、分散风险的手段，但是应当看到不同手段和要素的重要程度和风险分散能力不尽一致，也就是说风险手段存在着优先级。例如，在特定的供应链金融业务中，保险可以作为分散风险的手段之一，但是往往不能成为化解风险的最后或唯一方式。甚至作为担保方的主体也存在着优先顺序,这是因为不同主体的信用状况具有较大的差异性,自身的经营历史、文化、对法规和契约精神的理解都会影响到对风险的应对方式。

因此,风险结构化的评估需要考虑的要素有:第一,合规风险评价,包括法律风险(供应链业务或产品的产权问题、合约法律问题)、规则和政策风险(相关政策和规则条款)和执行状态(法律、法规和政策在执行方面的保障措施和记录等);第二,模式风险评价,包括商业模式评估(商业模式的合理性)、抵质押方式(业务选择的抵质押方式是否合理)、监管方式(监管方的控制方式和控制强度是否合理)、财务评估报告(业务的财务评估报告是否合理);第三,流程风险评价,包括流程标准化程度(业务流程标准化状态和程度)和流程信息化程度(业务流程信息化、可视化程度);第四,操作风险评价,包括金融操作风险(各种金融活动中所要求的能力、经验等)和供应链业务操作风险;第五,风险措施结构化和组合化评价,包括各种相应的风险手段是否有效、具有针对性,各个风险控制手段的重要程度以及优先级是否明确,各个参与主体的信用差异是否加以区分等。

声誉资产化及其评估

声誉资产也称为声誉资本(reputation capital),声誉长期以来一直被认为是一种稀有的、有价值的、可持续以及难以模仿的无形资产,因而是实现战略性竞争优势的有用工具。Fombrun 和 Shanley(1990)认为,声誉是公众对企业在本行业所处的相对位置的认知,其中,公众主要利用能够显示企业战略性姿态的市场和会计信号,以及企业遵循社会规范的制度信号。Saxton(1998)认为声誉是随着时间的流逝,通过企业利益相关者的眼睛看见或通过他们的想法和语言表达的对组织的印象。Spence(1974)提出声誉是企业把他们的主要特征传递给其成员,以使其社会地位最大化的结果。Weigelt 和 Camerer(1988)认为声誉是一个企业与其过去行为有关的一系列特征的集合。综合以上对声誉的界定可以看出,企业声誉是随着时间的流逝，利益相关者根据自己的直接经验、有关企业的行为及其主要竞争对手的相关信息对企业作出的全面评价（Gotsi & Wilson，2001）。在高度变化的市场中，产品和价格不再是竞争中唯一的决定因素，而一个企业的能力、正直以及在利益相关者眼中的形象或取得的信任等成为了重要的竞争要素（Klewes & Wreschniok，2009）。在供应链金融创新中，声誉代表了企业在从事或参与供应链及其金融活动时的能力、责任和担当。这一状态是促进金融活动稳定、持续发展，防范风险的重要保障。声誉的丧失意味着企业或组织具有较高的道德风险，可能会因为恶意的行为破坏供应链金融所必须要求的生态环境和秩序，从而产生巨大危害。从目前中国供应链金融活动实践看，有四种恶意的融资行为非常典型，即"三套行为"、"重复或虚假仓单"、"自保自融"以及"一女多嫁"。"三套行为"指的是为了获得金融收益而实施的套利、套汇和套税行为。套利、套汇是利用利率或汇率的波动，通过虚构贸易、物流博取利差和汇差的行为，除此之外还可以获取其他非法收益（诸如通过将业务量做大套取银行授信，做小贷买理财；或者骗取出口退税等，参见宋华，2015，第 3 章）。套税则是利用货票分离博取相应的税收利益，具体讲就是将销往一些终端客户（往往这些终端客户不需要销售发票）而节省下来的税票卖给一些公司或填补销售的税票，一方面售票的企业获得了套税产生的收益，而终端客户可以获得部分套税收益形成的返点；另一方面买票企业可以填补虚假交易的缺口。此外，还有一种套税骗税的做法是在货物等级上做文章，即将 B 类货报为 A 类货，套取退税收益。"重复或虚假仓单"是指借款企业与仓储企业或相关人员恶意串通，以虚假开立或者重复开立的方式，就他人货物或者同一货物开立多张仓单，以供借款企业重复质押给不同金融机构获取大量仓单质押贷款，并从中牟取暴利。"自保自融"是在从事供应链融资过程中亲属、朋友或者紧密关联人为借款企业进行担保，或者由同一人或关联人实际控制的物流仓储进行货物质押监管，套取资金的行为。"一女多嫁"是近年来供应链金融风险中非常突出的一种现象，即借款企业凭借自身的资产或业务从多方骗取资金，增大融资风险的行为。具体讲就是借款企业虽然有交易或物流业务，或者一定的资产，但是由于目前不同金融机构或者供应链金融服务方之间难以做到信息共享，加之整个社会的统一信息、信用公示平台尚未建立，借款方运用自身的业务或资产从多方融资，特别是通过不规范的民间借贷或P2P平台，放大自身的信用，套取资金。显然，以上四种典型的恶意融资行为都是借款人主观意识作为，属于机会主义和道德风险的范畴，因此，为了防范可能出现的这类行为，就需要在风险识别、监测和控制的过程中评估和量化供应链金融参与者的声誉。

为了实现上述目标，在声誉资产化评估中要更加全面、系统、客观地反映对借款企业的综合声誉和信用，包括对借款企业基本素质、偿债能力、营运能力、盈利能力、创新能力、成长潜力、信用记录以及行业状况等影响因素的综合考察评价。第一是企业基本素质。企业基本素质是影响企业信用状况的内部条件，较高的企业素质可以保证企业具有较好的法律合规意识，以及良好的契约精神，保障企业正常、合理、持续地发展，获得合法的经济效益。对中小企业来讲，企业的基本素质主要体现在企业规模、领导者素质、职工队伍素质和管理水平等方面。第二是偿债能力。企业偿债能力是企业信用状况的最主要表现，也是企业信用评价的首要指标。企业偿债能力既反映企业经营风险的高低，又反映企业利用负债从事经营活动能力的强弱。反映企业偿债能力的指标主要有资产负债率、流动比率、速动比率、现金比率、逾期债务比率、利息保障倍数等。第三是营运能力。营运能力是指通过企业生产经营资金周转速度等有关指标所反映出来的资金利用的效率，它表明企业管理人员经营管理、运用资金的能力。企业生产经营资金周转的速度越快，表明企业资金利用效果越好、效率越高、企业管理人员的经营能力越强。营运能力的大小对盈利的持续增长与偿债能力的不断提高，产生决定性影响。反映企业营运能力的指标主要有存货周转率、应收账款周转率、流动资产周转率、固定资产周转率和总资产周转率。第四是盈利能力。企业的盈利能力是企业信用的基础，企业只有盈利，才有可能按期偿还债务。盈利能力是指企业在经营过程中获取利益的能力，是企业管理水平和经营业绩的集中体现。盈利能力是企业赖以生存的基础，衡量企业盈利能力的指标很多，主要有销售净利率、销售毛利率、资产报酬率和净资产收益率等。第五是创新能力。企业的技术创新能力对于形成竞争优势具有举足轻重的作用，对于科技型的中小企业尤为重要。评价企业创新能力的指标主要有新产品销售收入比重、技术人员比重、新技术装备率、研发投入力度等。第六是成长潜力。成长潜力是推动企业不断前进，改善资信状况的作用力，只有成长潜力大的企业才能保证盈利的持续性，其信用状况才会好。反映企业成长潜力的指标包括三方面：一是企业所在行业的发展前景，以及企业能否真正从事符合产业发展趋势的供应链运营；二是企业能否获得关键利益相关方的支持，特别是国家政策支持；三是企业自身的成长能力。评价企业自身的成长潜力的指标主要有净利润增长率、销售收入增长率、资本积累率、企业发展规划等。第七是信用记录。信用记录是企业以往借贷和履约状况，它不仅反映企业的偿债能力，同时也客观地反映企业的偿债意愿。我国的信用基础非常薄弱，对中小企业进行信用评价，必须注重企业的借贷渠道、借贷状况以及偿债意愿分析。值得指出的是，在对企业声誉进行评估的过程中，企业主个体的生活行为和要素也是需要关注的重要方面，这是因为中小企业主的个体行为往往对整个企业的运营产生直接影响，也决定了供应链金融中的潜在风险。这些与个体特征相关的评价因素包括个体的教育程度、社会地位、职业、借贷状态（信用偿还历史、信用账户数、使用信用的年限、正在使用的信用类型、新开立的信用账户）、家庭状况、资产状态、法律诉讼、税务状况等。

互联网供应链金融风险管理趋势

在智慧供应链或者网络链环境下，供应链金融的风险管理要真正实现全过程、全方位、全天候的管理，就需要在制度环境、管理要素、技术手段以及企业内部和企业之间产业互联网系统的全面整合，从而更好服务于供应链运营和服务场景，推动产业运行和金融的有效融合。要实现这一目标就涉及前后端管理体系的融合，以及应用场景的技术和管理（见图10—3）。

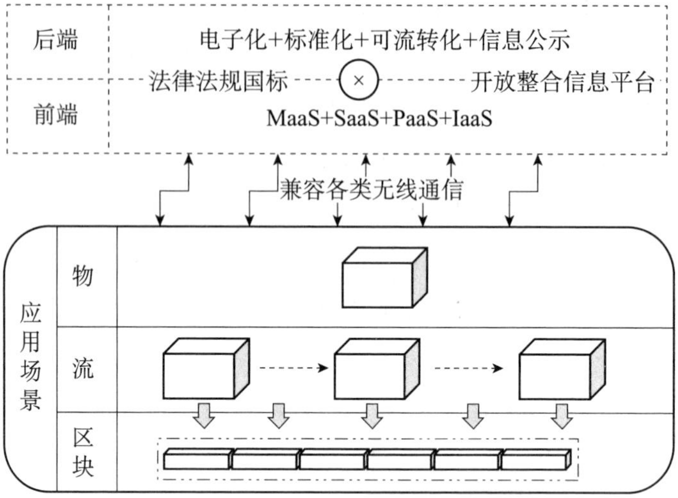

图 10—3 互联网供应链金融风险管理趋势

整合化的供应链风险管理系统

要实现真正意义上的互联网供应链金融风险管理体系，需要在前端和后端两个层面实现系统整合。前端指的是与供应链价值直接相关的流程管理，后端是保证和支持供应链顺利运营的要素。第一，从供应链运营保障体系看，首先需要解决的问题是仓单的电子化交易，即将供应链运营中模块化、标准化的业务单元以及产品，实现制单、提单无纸化，实现所有信息的自动记录和安全的电子签章，这是供应链物流运营的基础保证，没有这一要素，供应链中的物流业务就可能因为各种主观和客观原因产生风险。第二，除了这一要素外，与仓单电子化密切相关的是交易、物流的标准化，这里的标准化并不仅仅指的是电子仓单格式规范的标准，而是当业务单元或产品置于一个网络链中，需要各方主体之间就同一业务单元和产品的规定是一致的。中小微企业融资难在于中小微企业的供应链活动具有复杂性、分散性和不规则性的特点，因此，往往流程活动很难标准化，而非标就容易产生管理上的困难，以及风险成本的高昂。因此，如何实现业务操作和管理的流程标准化，并且任何的管理规范（即标准）又能真正作用于流程，成为有效开展供应链金融的关键。第三，标准电子化的仓单、单据等能在整个供应链网络中流转。供应链运营往往涉及不同的主体、不同的地域、不同的产业集群，如果电子化的交易单证或仓单不能顺畅地在不同主体、地域、产业集群中流转，那么整个供应链网络就会发生业务和信息的断裂。第四，与可流转化相对应，建立统一标准化的信息公示平台，也是互联网供应链金融风险控制的关键。这种统一标准化的信息公示是将供应链运营中的交易状况、抵质押产品情况、作业活动全面展示于所有供应链参与方。这种统一标准化的信息公示平台既可能是行业性质的，也可能是整个社会范围内的。然而，无论是什么性质的平台，它都要做到信息的及时、透明和对称。及时指的是供应链中交易中的要素（诸如契约、单据、票据等）、物流服务中的产品、资金流的状态等能够第一时间在公示平台上展现，任何信息的滞后都有可能产生供应链金融风险。透明则是指参与供应链运营的主体或者提供供应链金融服务的组织，能够免费或低代价地获取公示信息。而对称则意味着公示信息能为所有网络链中的成员完全获得，这里的成员不仅指的是金融借贷的双方或者直接交易对手，也包括所有参与供应链活动的企业或者服务、管理机构。

  与上述保障因素相关，在制度层面也需要相应的系统整合和调整，这主要表现在两个方面：一是相关法律、法规和国家标准的完善（余高明，陈立峰，2015）。供应链金融活动中存在着大量新型的创新手段和风险控制途径，然而这些手段的有效性取决于法律、法规或者国家标准的制度保证，否则即便实现了上述供应链管理要素，也会由于制度的缺失丧失效率。例如，质押登记虽然有法律的规定，但是由于没有规定标准化内容和格式，这就使得登记操作不具备可行性，金融机构无法确权。不仅如此，关于质权生效要件的确定、登记优先关系的明确、债权实现途径等方面都缺乏制度上的支撑。此外，票据质押、未来收益或财产等问题都是需要在制度层面探索的话题。二是政府层面的整合数据和信息平台。供应链金融风险的管理需要有社会层面的整合数据和信息平台，目前尽管政府管理机构都在建构信息和数据平台，但相互之间不能有效整合，更不用说与行业和企业平台的整合，数据和信息孤岛大量存在，因此，适度开放各个政府部门的数据平台，实现数据和信息整合也是未来互联网供应链金融风险管理体系建立的重要保障。

互联网供应链金融风险管理除了在制度层面和运营保障要素层面结合外，也需要供应链网络中的参与者实现一切业务数据化。一切业务数据化，即建立数字化的供应链。供应链金融的健康发展离不开大数据，而大数据的核心不仅仅在于利用各类技术获取现存的网上或其他渠道的信息或数据，更在于如何将随时随地发展的业务活动数据化，并且通过对数据的归集、识别、清洗、分析和挖掘，发现其中的机会，并将发现的机会更好地转化为新的业务。要实现这一目标就需要建立起覆盖整个网络的基于云计算的产业互联网体系，即 MaaS、SaaS、PaaS 和 IaaS。MaaS 是物联网即服务的简称，这个概念伴随着物联网产生，即能为客户提供有效感知、传输和智能分析服务。SaaS 是运营商运行在云计算基础设施上的应用，用户可以在各种设备上通过搜索客户端界面访问。客户不需要管理或控制任何云计算基础设施，包括网络、服务器、操作系统、存储等。PaaS 是把客户采用提供的开发语言和工具（例如 Java、Python、.Net 等）开发的或收购的应用程序部署到供应商的云计算基础设施上。客户不需要管理或控制底层的云基础设施，但能控制部署应用程序以及应用程序的托管环境配置。IaaS 是对所有设施的利用，包括处理、存储、网络和其他基本的计算资源。以上四个层面成为了推动供应链金融发展、防范风险的重要基础，这是因为在供应链网络体系中，不是所有的参与者都具备良好的信息化开发、维护和运营能力，特别是一些中小企业信息化程度较低，B2B 产业互联挑战很大，而云计算是基于互联网的相关服务的增加、使用和交付模式，其特点是低成本、高灵活、按需交付，非常符合中小企业信息化建设的状态。

如果上述前端和后端的所有要素具备，系统得以建立，互联网供应链金融的风险就能真正实现有效监控、识别和管理，做到实时地基于"网络流"的风险管理。应当讲，以往的"物流金融"实际上是"物"的金融，而不是"物流"的金融，因为基于动产的金融活动，严格意义上讲只是控制和管理了静态的"物"（包括货物的真实存在、权益清晰、可市场化、保值性等），而没有真正把握"物"在供应链不同环节、不同主体、不同位置的变化，价值的增减以及流转的方向。而脱离了"流"的管理，就容易产生相应的风险。同样，目前开展的供应链金融，虽然已经不再是"物"的金融，开始转向"流"的金融（即基于债项结构本身的风险控制），但是客观讲它还只是"链条流"而非"网络流"。换言之，目前对供应链商流、物流和资金流的把握只是局部的，并没有真正涵盖整个网络体系。例如，很多企业都在极力提高供应链信息化的程度，试图把握供应链运营和金融活动中的所有信息和数据，但是如果不同地区、不同管理部门以及不同行业之间不能有效地进行信息交流和整合，这种供应链信息仍然是有盲区的，信息盲区就隐含了金融风险，因此，只有真正实现前端、后端，以及产业和制度层面系统的全面整合，互联网供应链金融的风险才能从根本上得以遏制，并且逐步从目前中心化的风险管理走向去中心化的风险管理，亦即实现基于供应链区块链的风险管理体系。

区块链：互联网供应链金融风险管理的未来

区块链（Blockchain）是比特币的一个重要概念，它是一串使用密码学方法相关联产生的数据块，每一个数据块中包含了过去 10 分钟内所有比特币网络交易的信息，用于验证其信息的有效性（防伪）和生成下一个区块。区块链的最新技术应用脱胎于 2008 年出现的比特币技术，它提供了一种去中心化的、无须信任积累的信用建立范式。区块链技术本质上是去中心化且寓于分布式结构的数据存储、传输和证明的方法，用数据区块（block）取代了目前互联网对中心服务器的依赖，使得所有数据变更或者交易项目都记录在一个云系统之上，理论上实现了数据传输中对数据的自我证明。区块链中的核心要素有交易（transactions）、区块（blocks）以及链（chain）。交易是被存储在区块链上的实际数据；区块是记录确认某些交易是在何时、以何种顺序成为区块链数据库的一部分；链就是盖上时间戳

(timestamps)，不可伪造。

区块链技术在金融活动创新中的优势在于分布式去中心化、无须信任系统以及不可篡改和加密安全性（沈杰，2016）。分布式去中心化指的是由于区块链中每个节点都必须遵循同一记账交易规则，而这个规则是基于密码算法而不是信用，同时每笔交易需要网络内其他用户的批准，所以去中心化的交易系统不需要一套第三方中介结构或信任机构背书。无须信任系统是针对以往资金借贷或其他金融活动中往往需要中央机构的信用背书，但是随着参与者越来越多，活动越来越复杂，这种中央化信用背书的效率在下降。而在区块链网络中，通过算法的自我约束，任何恶意欺骗系统的行为都会遭到其他节点的排斥和抑制，因此，区块链系统不依赖中央权威机构支撑和信用背书。不可篡改和加密安全性指的是区块链采取单向哈希算法，同时每个新产生的区块严格按照时间线性顺序推进，时间的不可逆性导致任何试图入侵篡改区块链内数据信息的行为都很容易被追溯，导致被其他节点排斥，从而可以限制相关不法行为。

具体讲，区块链的工作原理是（见图10—4）：第一是交易界定，即传递者创建交易，并将之发送到网络。交易的信息包括接收者的公共地址、交易的价值、能够证明交易真实性的加密数字签名。第二是交易认证。网络的节点（计算机/用户）接收该消息并通过解密数字签名认证消息的有效性。通过身份验证的交易被放置在一个未决的交易"池"。第三是创建区块。这些未决的交易被网络中的某个节点一起放在一个不断更新的台账，称为区块。节点在网络中传播区块进行验证。第四是验证区块。网络中的节点验证者接收到区块后，通过反复不断的迭代过程（挖矿）验证真实性，并获得网络中大多数的认同。不同的区块链技术使用不同的验证技术，但不管用什么技术，都要确保每一笔交易是有效的，不可能发生欺诈性行为。第五是块链接。如果所有的交易被证实了，那么新块就会被链接到区块链中，新的记账会传播到网络中，这个过程可以在3～10秒内完成。

区块链技术在互联网供应链金融中的应用可以在金融活动和产业活动两个层面实现。金融层面的区块链应用主要是支付清算和数字票据。在支

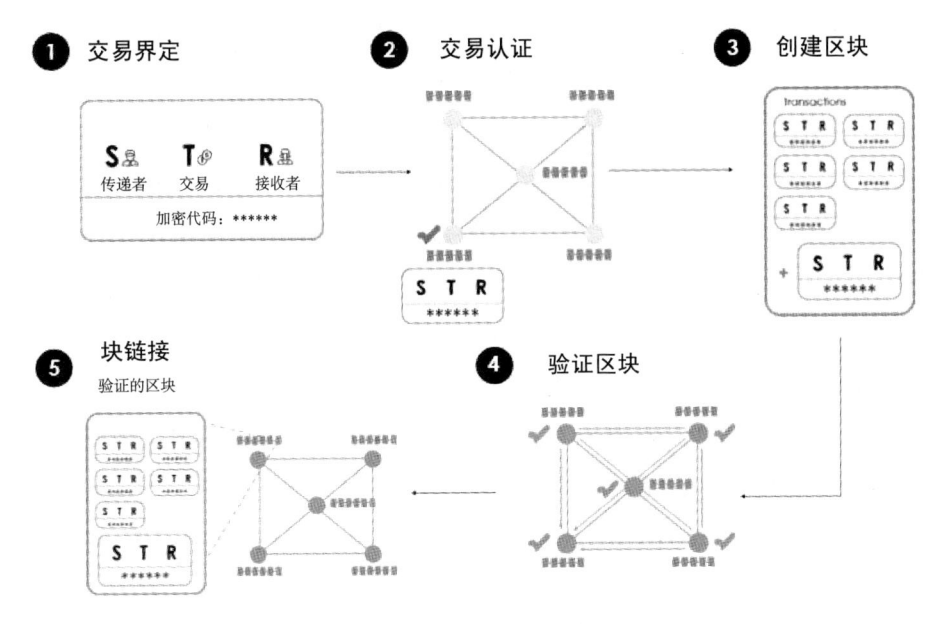

图 10—4　区块链工作原理

付清算方面，现阶段供应链运营中的交易清算支付都要借助于银行，这种传统的通过中介进行交易的方式要经过开户行、对手行、央行、境外银行（代理行或本行境外分支机构）等。在此过程中每一个机构都有自己的账务系统，彼此之间需要建立代理关系，需要有授信额度；每笔交易需要在本银行记录，还要与交易对手进行清算和对账等，导致交易速度慢、成本高。与传统支付体系相比，区块链支付为交易双方直接进行，不涉及中间机构，即使部分网络瘫痪也不影响整个系统运行。如果基于区块链技术构建一套通用的分布式银行间金融交易协议，为用户提供跨境、任意币种实时支付清算服务，则跨境支付将会变得便捷和成本低廉。区块链技术在互联网供应链金融中的另一个可能的应用是数字票据。数字票据是结合区块链技术和票据属性、法规、市场，开发出的一种全新的票据形式，与现有的电子票据体系的技术架构完全不同。数字票据的核心优势主要表现在：一是实现票据价值传递的去中介化。在传统票据交易中，往往票据中介利用信息差进行撮合，借助区块链实现点对点交易后，票据中介将失去中介职能，重新进行身份定位。二是有效防范票据市场风险。区块链由于具有不可篡改的时间戳和全网公开的特性，一旦交易，将不会存在赖账现象，从而避免了纸票"一票多卖"、电票打款背书不同步的问题。三是系统的搭建和数据存储不需要中心服务器，省去了中心应用和接入系统的开发成本，降低了传统模式下系统的维护和优化成本，减少了系统中心化带来的风险。四是规范市场秩序，降低监管成本。区块链数据前后相连构成的不可篡改的时间戳，使得监管的调阅成本大大降低，完全透明的数据管理体系提供了可信任的追溯途径，并且可以在链条中针对监管规则通过编程建立共用约束代码，实现监管政策全覆盖和硬控制。

在产业活动层面，区块链技术可以运用于权益证明和物流运作证明。权益证明是保证供应链运营中的产品或货物权属清晰，往来可溯。区块链每个参与维护节点都能获得一份完整的数据记录，利用区块链可靠和集体维护的特点，可对权益的所有者确权。此外，运用区块链技术可以对供应链运营中的物流活动进行有效的记录和证明，诸如每一物流单元的订单商品拆分，作业的时间、地点、数量等加盖时间戳，并且永久记录，全面反映每一物流单元在不同节点的变化、各部分产品的去向等，这样整个供应链运营过程清晰明确。显然，对于存储永久性记录的需求，区块链是理想的解决方案。

区块链技术无论是在金融活动中的应用还是在产业活动中的应用，其最终的目的是建立起完善的去中心化的信用体系。目前，供应链金融业务的开展，最基础的考量是借款主体本身所具备的金融信用。为了实现这一目标，就需要通过各种途径获得相应的信息，刻画借款人的信用状态。传统的银行借贷采用的征信，即各家银行将每个借款主体的还款情况上传至央行的征信中心，需要查询时，在客户授权的前提下，再从央行征信中心下载参考。这种信用调查存在信息不完整、数据不准确、使用效率低、使用成本高等问题。而供应链金融则是通过把握供应链运营中的商流、物流和资金流信息，加之通过间接渠道获得的大数据，反映借款人的信用状态。然而这种方式也会因为各种原因存在信息获取不完整、代价成本较高、信息获取周期较长的问题。而区块链的优势在于依靠程序算法自动记录海量信息，并存储在区块链网络的每一台计算机上，信息透明、窜改难度高、使用成本低。各机构以加密的形式存储并共享客户在本机构的信用状况，客户借贷时不必再到央行申请查询征信，或者去交易服务平台提供者或综合风险管理者处获取信用信息，即去中心化，供应链金融服务提供者通过调取区块链的相应信息数据即可完成全部征信工作。

参考文献

第 1 章

Chakkol, M., Johnson, M., Raja, J., & Raffoni, A. (2014). From goods to solutions: how does the content of an offering affect network configuration?. International Journal of Physical Distribution & Logistics Management, 44 (1/2): 132-154.

Choi, T. Y., & Wu, Z. (2009a). Taking the leap from dyads to triads: Buyer-supplier relationships in supply networks. Journal of Purchasing and Supply Management, 15 (4): 263-266.

Choi, T. Y., & Wu, Z. (2009b). Triads in supply networks: theorizing buyer-supplier-supplier relationships. Journal of Supply Chain Management, 45 (1): 8-25.

Demica (2014). Research Report: A study on the growth of Supply Chain Finance, as evidenced by SCF dedicated job titles at top European banks, London: Demica.

Ford, D., & Mouzas, S. (2013). The theory and practice of business networking. Industrial Marketing Management, 42 (3): 433-442.

Gebauer, H., Paiola, M., & Saccani, N. (2013). Characterizing service networks for moving from products to solutions. Industrial Marketing Management, 42 (1): 31-46.

Hofmann E. (2005). Supply chain finance: some conceptual insights. Beitrge zu Beschaffung und Logistik, S: 203-214.

Hofmann, E., & Kotzab, H. (2010). A Supply Chain-Oriented Approach of Working Capital Management. Journal of Business Logistics, 31 (2): 305-330.

Jaakkola, E., & Hakanen, T. (2013). Value co-creation in solution networks. Industrial Marketing Management, 42 (1): 47-58.

Li, M., & Choi, T. Y. (2009). Triads in services outsourcing: Bridge, bridge decay and bridge transfer. Journal of Supply Chain Management, 45 (3): 27-39.

McKinsey Global Institute (2011) Big data: The next frontier for innovation, competition, and productivity.

Nakamoto, S. (2008). Bitcoin: A peer-to-peer electronic cash system.

Pfohl, H. C., & Gomm, M. (2009). Supply chain finance: optimizing financial flows in supply chains. Logistics research, 1 (3-4): 149-161.

Sampson, S. E., & Spring, M. (2012). Customer roles in service supply chains and opportunities for innovation. Journal of Supply Chain Management, 48 (4): 30-50.

Selviaridis, K., Spring, M., & Araujo, L. (2013). Provider involvement in business service definition: A typology. Industrial Marketing Management, 42 (8): 1398-1410.

van der Valk, W., & van Iwaarden, J. (2011). Monitoring in service triads consisting of buyers, subcontractors and end customers. Journal of Purchasing and Supply Management, 17 (3): 198-206.

巴曙松. (2003). 巴塞尔资本协议研究. 北京: 中国金融出版社.

蒋相岚. (2012). 物联网技术在供应链金融中的创新应用. 商场现代化, 19: 21-21.

李昀柏. (2015). 基于物联网的在线供应链金融的创新与发展. 天津科技, 42 (4): 58-59.

前瞻产业研究院. (2015). 2015—2020 中国供应链金融市场前瞻与投资战略规划分析报告.

丘永萍. (2011). 物联网助力供应链金融发展. 金融科技时代, 3: 36.

宋华. (2015). 供应链金融. 北京: 中国人民大学出版社.

吴晓雄. (2009). 金融风险管理基础与前沿研究. 西南交通大学学报: 社会科学版, 10 (2): 129-135.

肖燕飞, 钟文彬. (2012). 关于物联网优化供应链金融服务的思考. 商业时代, (32): 74-75.

谢平, 邹传伟, 刘海二. (2014). 互联网金融手册. 北京: 中国人民大学出版社.

中国人民银行等十部门发布《关于促进互联网金融健康发展的指导意见》, 2015-07-18.

第 2 章

Arthur, W. B. (1989). Competing technologies, increasing returns, and lock-in by historical events. The economic journal, 99 (394): 116-131.

Audretsch, D. B., & Feldman, M. P. (2004). Knowledge spillovers and the geography of innovation. Handbook of regional and urban economics, 4: 2713-2739.

Bitner, M. J. (1995). Building service relationships: it's all about promises. Journal of the Academy of marketing science, 23 (4): 246-251.

Burt, R. S. (1992). Structural holes. Cambridge: Cambridge University Press.

Chakkol, M., Johnson, M., Raja, J., & Raffoni, A. (2014). From goods to solutions: how does the content of an offering affect network configuration?. International Journal of Physical Distribution & Logistics Management, 44 (1/2): 132-154.

Coase, R. H. (1937). The nature of the firm. Economica, 4 (16): 386-405.

CSCMP (2013). Supply Chain Management Terms and Glossary.

Domowitz, I. (1995). Electronic derivatives exchanges: implicit mergers, network externalities, and standardization. The Quarterly Review of Economics and Finance, 35 (2): 163-175.

Economides, N. (1996). The economics of networks. International journal of industrial organization, 14 (6): 673-699.

Ellram, L. M., Tate, W. L., & Billington, C. (2004). Understanding and managing the services supply chain. Journal of Supply Chain Management, 40 (3): 17-32.

Galaskiewicz, J. (1985). Interorganizational relations. Annual review of sociology, 11: 281-304.

Granovetter, M. (1985). Economic action and social structure: The problem of embeddedness. American journal of sociology, 91 (3): 481-510.

Granovetter, M. S. (1973). The strength of weak ties. American journal of sociology, 78 (6): 1360-1380.

Handfield, R. B., & Nichols, E. L. (1999). Introduction to supply chain management (Vol. 1). Upper Saddle River, NJ: Prentice Hall.

Katz, M. L., & Shapiro, C. (1985). Network externalities, competition, and compatibility. The American economic review, 75 (3): 424-440.

Kevin O'Marah (2015). Future of Supply Chain, SCM World.

Kogut, B. (2000). The network as knowledge: Generative rules and the emergence of structure. Strategic management journal, 21 (3): 405-425.

Krackhardt, D. (1992). The strength of strong ties: the importance of philos in organizations. In Nohria, N. and R. G. Eccles. Networks and Organizations. Boston: Harvard University Press, 216-239.

Lambert, D. M., & Cooper, M. C. (2000). Issues in supply chain management. Industrial marketing management, 29 (1): 65-83.

Lane, C., & Bachmann, R. (1996). The social constitution of trust: supplier relations in Britain and Germany. Organization studies, 17 (3): 365-395.

Lazzarini, S., Chaddad, F., & Cook, M. (2001). Integrating supply chain and network analyses: the study of netchains. Journal on chain and network science, 1 (1): 7-22.

Little, V. J. (2004). Understanding Customer Value: An Action-Research Based Study of Contemporary Marketing Practice, unpublished PhD thesis, University of Auckland, Auckland, New Zealand.

McAfee, A., Brynjolfsson, E., Davenport, T. H., Patil, D. J., & Barton, D. (2012). Big data: The management revolution. Harvard Bus. Rev., 90 (10): 61-67.

Moore, J. F. (1993). Predators and prey: a new ecology of competition. Harvard business review, 71 (3): 75-83.

Moss, J. D., & Stine, B. (1993). Cash conversion cycle and firm size: a study of retail firms. Managerial Finance, 19 (8): 25-34.

Naylor, J. B., Naim, M. M., & Berry, D. (1999). Leagility: integrating the lean and agile manufacturing paradigms in the total supply chain. International Journal of production economics, 62 (1): 107-118.

Nelson, R. E. (1989). The strength of strong ties: social networks and intergroup conflict in organizations. Academy of Management Journal, 32: 377-401.

Pfeffer, J., & Nowak, P. (1976). Joint ventures and interorganizational interdependence. Administrative science quarterly, 21: 398-418.

Porter, M. E. (1985). Competitive advantage: creating and sustaining superior performance. New York: Free Press.

Rowley, T., Behrens, D., & Krackhardt, D. (2000). Redundant governance structures: An analysis of structural and relational embeddedness in the steel and semiconductor industries. Strategic management journal, 21 (3): 369-386.

Schilling, G. (1996). Working capital's role in maintaining corporate liquidity. TMA journal, 16 (5): 4-7.

Schoenherr, T., & Speier-Pero, C. (2015). Data science, predictive analytics, and big data in supply chain management: Current state and future potential. Journal of Business Logistics, 36 (1): 120-132.

Simchi-Levi, D., Kaminsky, P., & Simchi-Levi, E. (2000). Designing and Managing the Supply Chain, Irwin: Homewood.

Stewart, G. (1995). Supply chain performance benchmarking study reveals keys to supply chain excellence. Logistics Information Management, 8 (2): 38-44.

Tan, W., Chen, S., Li, J., Li, L., Wang, T., & Hu, X. (2014). A trust evaluation model for E-learning systems. Systems Research and Behavioral Science, 31 (3): 353-365.

Teece, D. J. (1986). Profiting from technological innovation: Implications for integration, collaboration, licensing and public policy. Research policy, 15 (6): 285-305.

Theodore Farris, M., & Hutchison, P. D. (2002). Cash-to-cash: the new supply chain management metric. International Journal of Physical Distribution & Logistics Management, 32 (4): 288-298.

Thompson, J. D. (1967). Organizations in action: Social science bases of administrative theory. Transaction publishers.

Van de Ven, A. H., Delbecq, A. L., & Koenig Jr, R. (1976). Determinants of coordination modes within organizations. American sociological review, 41: 322-338.

Waller, M. A., & Fawcett, S. E. (2013). Data science, predictive analytics, and big data: a revolution that will transform supply chain design and management. Journal of Business Logistics, 34 (2): 77-84.

宋华. (2012). 服务供应链. 北京: 中国人民大学出版社.

第3章

Aberdeen Group (2008). The 2008 State of the Market in the Supply Chain Finance.

Allen, F., & Yago, G. (2010). Financing the future: Market-based innovations for growth. Pearson Prentice Hall.

Atkinson, W. (2008). Supply chain finance: The next big opportunity. Supply chain management review, 12 (3): 57-60.

Blackman, I. D., Holland, C. P., & Westcott, T. (2013). Motorola's global financial supply chain strategy. Supply Chain Management: An International Journal, 18 (2): 132-147.

Bowersox, D. J., Closs, D. J., & Stank, T. P. (1999). 21st century logistics: making supply chain integration a reality. Council of Logistics Management, Oak, IL.

Burt R. S. (1992). Structural holes: The social structure of competition. Cambridge: Harvard university press.

Hofmann, E. (2003). The flow of financial resources in the supply chain: creating shareholder value through collaborative cash flow management. In Eighth ELA Doctorate Workshop 2003. TV. Inst: für Betrie bs wirt schalt slehre.

Hofmann, E. (2005). Supply chain finance: some conceptual insights. Beiträge Zu Beschaffung Und Logistik, 5: 203-214.

参考文献

Lambert, D. M., & Cooper, M. C. (2000). Issues in supply chain management. Industrial marketing management, 29 (1): 65-83.

Lamoureux, J. F., & Evans, T. A. (2011). Supply chain finance: A new means to support the competitiveness and resilience of global value chains. Available at SSRN 2179944.

Pfaff, D., Skiera, B., & Weiss, J. (2004). Financial supply chain management. Galileo Press.

Randall, W. S., & Theodore Farris, M. (2009). Supply chain financing: using cash-to-cash variables to strengthen the supply chain. International Journal of Physical Distribution & Logistics Management, 39 (8): 669-689.

Timme, S. G., & Williams-Timme, C. (2000). The Financial-SCM Connection. Supply Chain Management Review, Vol. 4, No. 2 (May/June): 33-40.

Wuttke, D. A., Blome, C., Foerstl, K., & Henke, M. (2013). Managing the innovation adoption of supply chain finance—Empirical evidence from six European case studies. Journal of Business Logistics, 34 (2): 148-166.

Zhao, X., Yeung, K., Huang, Q., & Song, X. (2015). Improving the predictability of business failure of supply chain finance clients by using external big dataset. Industrial Management & Data Systems, 115 (9): 1683-1703.

陈祥锋, 石代伦, 朱道立. (2005). 仓储与物流中的金融服务创新系列讲座之一: 融通仓的由来、概念和发展. 物流技术与应用, 10 (11): 134-137.

陈祥锋, 石代伦, 朱道立. (2005). 融通仓系统结构研究. 物流技术与应用, 4 (12): 103-106.

冯耕中. (2007). 物流金融业务创新分析. 预测, 26 (1): 49-54.

罗齐, 朱道立, 陈伯铭. (2002). 第三方物流服务创新: 融通仓及其运作模式初探. 中国流通经济, 16 (2): 11-14.

深圳发展银行, 中欧国际工商学院"供应链金融"课题组. (2009). 供应链金融: 新经济下的新金融. 上海: 上海远东出版社.

宋华. (2015). 供应链金融. 北京: 中国人民大学出版社.

闫俊宏, 许祥秦. (2007). 基于供应链金融的中小企业融资模式分析. 上海金融, 3 (2): 14-16.

闫俊宏. (2007). 供应链金融融资模式及其信用风险管理研究. 西安: 西北工业大学硕士学位论文, 44-46.

杨绍辉. (2005). 从商业银行的业务模式看供应链融资服务. 物流技术, 5 (10): 179-182.

赵志艳. (2013). 第三方物流企业参与下的物流金融模式研究及风险探析. 物流工程与管理, 35 (7): 65-66.

第4章

Adenso-Diaz, B., González-Torre, P. and García V. (2002). A capacity management model in service industries. International Journal of Service Industry Management, 13 (13): 71-79.

Barrett, J., & Rizza, M. N. (2009). Technology: Adding Value to Supplier Relationships. Supply Chain Management Review, 8.

Burgess, K., & Singh, P. J. (2006). A proposed integrated framework for analysing supply chains. Supply Chain Management: An International Journal, 11 (4): 337-344.

Chase R. B. and Dasu S. (2001). Want to Perfect Your Company's Service? Use Behavioral Science, Harvard Business Review, June: 78-85.

De Waart, D., & Kemper, S. (2004). Five steps to service supply chain excellence. Supply Chain Management Review, 8 (1): 28-35.

Devaraj, S., Krajewski, L., & Wei, J. C. (2007). Impact of eBusiness technologies on operational performance: the role of production information integration in the supply chain. Journal of Operations Management, 25 (6): 1199-1216.

Duffee, G. R., & Zhou, C. (2001). Credit derivatives in banking: Useful tools for managing risk?. Journal of Monetary Economics, 48 (1): 25-54.

Ellram, L. M., Tate, W. L., & Billington, C. (2004). Understanding and managing the services supply chain. Journal of Supply Chain Management, 40 (3): 17-32.

Hofmann, E., & Kotzab, H. (2010). A supply chain-oriented approach of working capital management. Journal of Business Logistics, 31 (2): 305-330.

Langabeer, J. R. (2000). Aligning Demand Management with Business Strategy. Supply Chain Management Review, 4 (2): 10-22.

Lee, H. L. and Whang, S. (1998). Information Sharing in a Supply Chain, Graduate School of Business Stanford University, Department of Industrial Engineering and Engineering Management, Research Paper No. 1549.

Min, J. H., & Lee, Y. C. (2008). A practical approach to credit scoring. Expert Systems with Applications, 35 (4): 1762-1770.

Ovalle, O. R., & Marquez, A. C. (2003). The effectiveness of using e-collaboration tools in the supply chain: an assessment study with system dynamics. Journal of Purchasing and Supply Management, 9 (4): 151-163.

Patnayakuni, R., Rai, A., & Seth, N. (2006). Relational antecedents of information flow integration for supply chain coordination. Journal of Management Information Systems, 23 (1): 13-49.

Payne, A., & Frow, P. (2004). The role of multichannel integration in customer relationship management. Industrial marketing management, 33 (6): 527-538.

Savitskie, K. (2007). Internal and external logistics information technologies: the performance impact in an international setting. International Journal of Physical Distribution & Logistics Management, 37 (6): 454-468.

Shoatack G. L. (1984). Designing service that deliver. Harvard Business Review, Jan-Feb: 133-139.

SONG Hua, Kangkang Yu, Anirban Ganguly and Rabia Turson (2016), Supply chain network, information sharing and SME credit quality. Industrial Management & Data System, Vol. 4.

Stewart, T., & Ruckdeschel, C. (1998). Intellectual capital: The new wealth of organizations. Crown Business.

Vargo, Lusch, Akaka (2014). Rethinking the roles of marketing and operations: a service ecosystems view. Handbook of service marketing research. Edward Elgar Publishing.

Vargo, S. L., & Lusch, R. F. (2008). From goods to service (s): Divergences and convergences of logics. Industrial Marketing Management, 37 (3): 254-259.

Zeng, A. Z., & Pathak, B. K. (2003). Achieving information integration in supply chain management through B2B e-hubs: concepts and analyses. Industrial Management & Data Systems, 103 (9): 657-665.

Zhou, H., & Benton, W. C. (2007). Supply chain practice and information sharing. Journal of Operations management, 25 (6): 1348-1365.

宋华，于亢亢．(2012)．现代物流管理．北京：中国人民大学出版社．

宋华．(2015)．中国供应链——前沿与趋势．北京：中国人民大学出版社．

第5章

Arnold, K. A. and Bianchi, C. (2001). Relationship marketing, gender and culture: implications for consumer behavior. In Meyers-Levy, J. and Gilly, M. (Eds) Advances in Consumer Research, Vol. 28, ACR, Provo, UT, 100-105.

Bendapudi, N. and Berry, L. L. (1997). Consumers' motivations for maintaining relationships with service providers. Journal of Retailing, Vol. 73: 15-37.

Bjorn Axelssori, Sweden (2000). Interaction patterns in services exchange some thoughts on the impact of different kinds of services on buyer-supplier interfaces and interactions, working paper, the paper was published at the 16th IMP-conference in Bath, U. K.

Boyson, S., Corsi, T., Dresner, M. and Rabinovich, E. (1999). Managing effective third party logistics relationships: what does it take?. Journal of Business Logistics, Vol. 20, No. 1: 73-100.

Browning, H. L., & Singelmann, J. (1975). The emergence of a service society: demographic and sociological aspects of the sectoral transformation of the labor force in the USA. Springfield, VA: Wational Technical Information Service.

Caplan, T. and Thomoas, H. (1995). Safety and comfort, content and process: facilitating open group work with men who barter. Social Work with Groups, Vol. 18, Nos 2-3: 33-51.

Cova, B., & Salle, R. (2008). Marketing solutions in accordance with the SD logic: Co-creating value with customer network actors. Industrial marketing management, 37 (3): 270-277.

Edvardsson, B., Holmlund, M., & Strandvik, T. (2008). Initiation of business relationships in service-dominant settings. Industrial Marketing Management, 37 (3): 339-350.

Fawcett, S. E. and Fawcett, S. A. (1995). The firm as a value added system: integrating logistics, operations, and purchasing. The International Journal of Physical Distribution and Logistics Management, Vol. 25, No. 5: 24-42.

Fernie, J. (1999). Outsourcing distribution in UK retailing. Journal of Business Logistics, Vol. 20, No. 2: 83-95.

Greenfield, H. I. (1966). Manpower and the Growth of Producer Services. Economic Development, 163.

Grubel, H. G., & Walker, M. A. (1989). Modern service sector growth: Causes and effects. In Services in world economic growth, ed. H. Giersch, 34.

Gruen, T. W., Summers, J. O. and Acito, F. (2000). Relationship marketing activities, commitment, and membership behaviors in professional associations. Journal of Marketing, Vol. 64, July: 34-49.

Hanson, G. H. (1994). Localization economies, vertical organization and trade (No. w4744). National Bureau of Economic Research.

Juntunen, J., Juntunen, M., & Juga, J. (2015). Latent classes of service quality, logistics costs and loyalty. International Journal of Logistics Research and Applications, 18 (5): 442-458.

Kreis, H., & Mafael, A. (2014). The influence of customer loyalty program design on the relationship between customer motives and value perception. Journal of Retailing and Consumer Services, 21 (4): 590-600.

LaLonde B. J., Zinszer P. H. (1975). Customer service as a component of the distribution system, working paper.

Lyons, A. and Spicer, J. (1999). A new measure of conversational experience: the speaking extent and comfort scale (SPEACS). Assessment, Vol. 6, No. 2: 189-202.

Machlup, F. (1962). The production and distribution of knowledge in the United States (Vol. 278). Princeton university press.

Maltz, A. B. and Ellram, L. M. (1997). Total cost of relationship: an analytical framework for the logistics outsourcing decision. Journal of Business Logistics, Vol. 18, No. 1: 45-65.

Marshall, J. N., Damesick, P., & Wood, P. (1987). Understanding the location and role of producer services in the United Kingdom. Environment and Planning A, 19 (5): 575-595.

Noble, S. M. and Phillips, J. (2004). Relationship hindrance: why would consumers not want a relationship with a retailer?. Journal of Retailing, Vol. 80: 289-303.

Penske Logistics (1999). Survey Finds Bottom Line Drives Outsourcing, Logistics Management & Distribution Report, May, 24 (Survey carried out by Penske Logistics, Reading, PA).

Rabinovich, E., Windle, R., Dresner, M., & Corsi, T. (1999). Outsourcing of integrated logistics functions: an examination of industry practices. International Journal of Physical Distribution & Logistics Management, 29 (6): 353-374.

Raciti, M. M., Ward, T., & Dagger, T. S. (2013). The effect of relationship desire on consumer-to-business relationships. European Journal of Marketing, 47 (3/4): 615-634.

Rosenbloom, B. (2012). Marketing channels. Cengage Learning.

Sheth, J. N. and Parvatiyar, A. (1995). Relationship marketing in consumer markets: antecedents and consequences. Journal of the Academy of Marketing Science, Vol. 23, No. 4: 255-71.

Simmons, R. G. (2001). Comfort with the self. In Owens, T. J., Stryker, S. and Goodman, N. (Eds). Extending Self-Esteem Theory and Research: Sociological and Psychological Currents. Cambridge: Cambridge University Press, 198-222.

Spake, D. F., Beatty, S. E., Brockman, B. K. and Crutchfield, T. N. (2003). Consumer comfort in service relationships: measurement and Importance. Journal of Service Research, Vol. 5, No. 4: 316-332.

Stull, W., & Madden, J. (1990). Post Industrial Philadelphia. Philadelphia, PA.

Szymankiewicz, J. (1994). Contracting out or selling out? Survey into the current issuesconcerning the outsourcing of distribution. Logistics Management, Vol. 7, No. 1: 28-35.

van Laarhoven, P., Berglund, M. and Peters, M. (2000). Third-party logistics in Europe—five years later. International Journal of Physical Distribution & Logistics Management, Vol. 30, No. 5: 425-442.

骆温平. (2012). 高端物流服务. 北京: 中国人民大学出版社.

宋华,等. (2013). 供应链与物流管理研究前沿报告 2012. 北京:中国人民大学出版社.

宋华. (2003). 整合供应链服务提供商——第四方物流. 经济理论与经济管理, 8:40-44.

田歆, 汪寿阳. (2009). 第四方物流与物流模式演化研究. 管理评论, 21 (9):55-61.

杨征, 王利. (2010). 基于四层架构的 Web 事务处理系统开发方法研究. 福建电脑, 7:46.

郑艳玲. (2013). 供应链增值. 北京:中国人民大学出版社.

第6章

Al-Mashari, M., & Zairi, M. (2000). Revisiting BPR: a holistic review of practice and development. Business process management journal, 6 (1):10-42.

Boardman, C. M. and Ricci, K. J. (1985). Defining selling terms: economics of delaying payment-how does your industry compare?. Credit & Financial Management, Vol. 87, No. 3:31-33.

Emery, G. W. (1984). Measuring short-term liquidity. Journal of Cash Management, Vol. 4, No. 4:25-32.

Farris II, M. T., Hutchison, P. D., & Hasty, R. W. (2011). Using cash-to-cash to benchmark service industry performance. Journal of Applied Business Research (JABR), 21 (2).

Farris II, M. T. (1996). Utilizing inventory flow models with suppliers. Journal of Business Logistic, Vol. 17, No. 1:35-62.

Flynn, B. B., Huo, B., & Zhao, X. (2010). The impact of supply chain integration on performance: A contingency and configuration approach. Journal of operations management, 28 (1):58-71.

Gallinger, G. (1997). The current and quick ratios: do they stand up to scrutiny? Drop the current ratio-pick up the CCC. Business Credit, Vol. 99, No. 5:22-23.

Gitman, L. (1974). Corporate liquidity requirements: a simplified approach. The Financial Review, 9 (1):79-88.

Gitman, L. and Sachdeva, K. S. (1982). A framework for estimating and analyzing the required working capital investment. Review of Business and Economic Research, Vol. 17, No. 3:36-44.

Hager, H. C. (1976). Cash management and the cash cycle. Management Accounting, Vol. 57, No. 9:19-21.

Hong, S. J. (2015). Is Cash-to-Cash Cycle Appropriate to Measure Supply Chain Performance?. In Toward Sustainable Operations of Supply Chain and Logistics Systems. Springer International Publishing, 21-36.

Kamath, R. (1989). How useful are common liquidity measures?. Journal of Cash Management, Vol. 9, No. 1:24-28.

Kroes, J. R., & Manikas, A. S. (2014). Cash flow management and manufacturing firm financial performance: A longitudinal perspective. International Journal of Production Economics, 148: 37-50.

Lancaster, C., Stevens, J. L. and Jennings, J. A. (1998). Corporate liquidity and the significance of earnings versus cash flow. Journal of Applied Business Research, Vol. 14, No. 4: 27-38.

Moss, J. D. and Stine, B. (1993). Cash conversion cycle and firm size: a study of retail firms. Managerial Finance, Vol. 19, No. 8: 25-35.

Parker, D. W., & Russell, K. A. (2004). Outsourcing and inter/intra supply chain dynamics: strategic management issues. Journal of Supply Chain Management, 40 (4): 56.

Richards, V. D. and Laughlin, E. J. (1980). A cash conversion cycle approach to liquidity analysis. Financial Management, Vol. 9, No. 1: 32-38.

Schilling, G. (1996). Working capital's role in maintaining corporate liquidity. TMA Journal, Vol. 16, No. 5: 4-8.

Sheridan J. H. (1998). The supply chain paradox. Ind Week, 247 (3): 20-29

Slater, D. (2000). By the numbers. CIO Magazine, Vol. 13, No. 10: 38.

Soenen, L. A. (1993). Cash conversion cycle and corporate profitability. Journal of Cash Management, Vol. 13, No. 4: 53-58.

Stewart, G. (1995). Supply chain performance benchmarking study reveals keys to supply chain excellence. Logistics Information Management, 8 (2): 38-44.

Walz (1999), On-line lecture, http://www.trinty.edu/dwalz/3301f99/sld160.htm.

宋华. (2004). 物流作业成本测度及其应用. 管理评论, 16 (4): 14-22.

第7章

Agneeswaran V. S. (2012). Big-Data-Theoretical, Engineering and Analytics Perspective. Lecture Notes in Computer Science, 76-78.

Ballou D., Wang R., Pazer H., et al. (1998). Modeling information manufacturing systems to determine information product quality. Management Science, 44 (4): 462-484.

Ballou D. P, Pazer H. L. (1985). Modeling data and process quality in multi-input, multi-output information systems. Management science, 31 (2): 150-162.

Barton, D., and Court, D. (2012). Making Advanced Analytics Work for You. Harvard Business Review, 90: 79-83.

Batini C., Cappiello C., Francalanci C., et al. (2009). Methodologies for data quality assessment and improvement. ACM Computing Surveys (CSUR), 41 (3): 16.

Blake R., Mangiameli P. (2011). The effects and interactions of data quality and problem complexity on classification. Journal of Data and Information Quality (JDIQ), 2 (2): 8.

Chae, B. K. (2015). Insights from hashtag # supply chain and Twitter analytics: Considering Twitter and Twitter data for supply chain practice and research. International Journal of Production Economics, 165: 247-259.

Chae, B., & Olson, D. L. (2013). Business analytics for supply chain: A dynamic-capabilities framework. International Journal of Information Technology & Decision Making, 12 (1): 9-26.

Chae, H. C., Koh, C. E., & Prybutok, V. R. (2014). Information Technology Capability and Firm Performance: Contradictory Findings and Their Possible Causes. Mis Quarterly, 38 (1): 305-326.

Chau, M., & Xu, J. (2012). Business intelligence in blogs: Understanding consumer interactions and communities. MIS quarterly, 36 (4): 1189-1216.

Cukier K. (2010). The Economist, Data, data everywhere: A special report on managing information, February 25, Retrieved fromhttp://www.economist.com/node/15557443.

Dess, G. G., & Beard, D. W. (1984). Dimensions of organizational task environments. Administrative science quarterly, 29 (1): 52-73.

Dey D., Kumar S. (2010). Reassessing data quality for information products. Management Science, 56 (12): 2316-2322.

Dyson R. G., Foster M. J. (1982). The relationship of participation and effectiveness in strategic planning. Strategic Management Journal, 3 (1): 77-88.

Fan, W., & Gordon, M. D. (2014). The power of social media analytics. Communications of the ACM, 57 (6): 74-81.

Haug A., Stentoft Arlbjørn J. (2011). Barriers to master data quality. Journal of Enterprise Information Management, 24 (3): 288-303.

Haug A., Stentoft Arlbjørn J., Pedersen A. (2009) A classification model of ERP system data quality. Industrial Management & Data Systems, 109 (8): 1053-1068.

Hazen B. T., Boone C. A., Ezell J. D., et al. (2014). Data quality for data science, predictive analytics, and big data in supply chain management: An introduction to the problem and suggestions for research and applications. International Journal of Production Economics, 154: 72-80.

Isson, J. P., & Harriott, J. (2012). Win with advanced business analytics: creating business value from your data. John Wiley & Sons.

Kahn B. K., Strong D. M., Wang R. Y. (2002). Information quality benchmarks: product and service performance. Communications of the ACM, 45 (4): 184-192.

Laney, D. (2001). 3-D data management: Controlling data volume, velocity and variety. Application Delivery Strategies by META Group Inc., February 6, Retrieved from http://blogs.gartner.com/doug-laney/files/2012/01/ad949-3D-Data-Management-Controlling-Data-Volume-Velocity-and-Variety.pdf.

LaValle, S., Lesser, E., Shockley, R., Hopkins, M. S., & Kruschwitz, N. (2011). Big data, analytics and the path from insights to value. MIT sloan management review, 52 (2): 21.

Lee Y. W., Strong D. M., Kahn B. K., et al. (2002). AIMQ: a methodology for information quality assessment. Information & management, 40 (2): 133-146.

Lee, Y. W., Pipino, L., Strong, D. M., & Wang, R. Y. (2004). Process-embedded data integrity. Journal of Database Management (JDM), 15 (1): 87-103.

Liska, A., (2015). Fusing internal and external intelligence. In Building an Intelligence-Led Security Program, A. Liska, Editors. Syngress: Boston, 123-137.

Matusik, S. F., & Hill, C. W. (1998). The utilization of contingent work, knowledge creation, and competitive advantage. Academy of management review, 23 (4): 680-697.

McAfee, A., Brynjolfsson, E., Davenport, T. H., Patil, D. J., & Barton, D. (2012). Big data: The management revolution. Harvard Bus Rev, 90 (10): 61-67.

Natoli P., (2013). The Impact of Social Media on the Supply Chain: Is There One? http://blog.jda.com/the-impact-of-social-media-on-the-supply-chain-is-there-one/.

O'Reilly C. A. (1982). Variations in decision makers' use of information sources: The impact of quality and accessibility of information. Academy of Management Journal, 25 (4): 756-771.

Parssian, A. (2006). Managerial decision support with knowledge of accuracy and completeness of the relational aggregate functions. Decision Support Systems, 42 (3): 1494-1502.

Pipino L. L., Lee Y. W., Wang R. Y. (2002) Data quality assessment. Communications of the ACM, 45 (4): 211-218.

Porter, M. E. (1998). Clusters and Competition: New Agenda for Companies. On Competition, 197-287.

Provost, F., & Fawcett, T. (2013). Data Science for Business: What you need to know about data mining and data-analytic thinking. O'Reilly Media, Inc.

Redman T. C., Blanton A. (1997). Data quality for the information age. Artech House, Inc.

Rocha, H. O. (2004). Entrepreneurship and development: The role of clusters. Small business economics, 23 (5): 363-400.

Sanders, N. R. (2014). Big Data Driven Supply Chain Management: A Framework for Implementing Analytics and Turning Information Into Intelligence. Pearson Education.

Scannapieco M. , Catarci T. (2002). Data quality under a computer science perspective. Archivie & Computer, 2: 1-15.

Schoenherr, T. , & Speier-Pero, C. (2015). Data science, predictive analytics, and big data in supply chain management: Current state and future potential. Journal of Business Logistics, 36 (1): 120-132.

TechAmerica Foundation's Federal Big Data Commission (2012). Demystifying Big Data.

Trkman, P. (2010). The critical success factors of business process management. International journal of information management, 30 (2): 125-134.

Waller, M. A. , & Fawcett, S. E. (2013). Data science, predictive analytics, and big data: a revolution that will transform supply chain design and management. Journal of Business Logistics, 34 (2): 77-84.

Wand Y. , Wang R. Y. (1996). Anchoring data quality dimensions in ontological foundations. Communications of the ACM, 39 (11): 86-95.

Wang R. Y. , Strong D. M. (1996). Beyond accuracy: What data quality means to data consumers. Journal of management information systems, 12 (4): 5-33.

Warth, J. , Kaiser, G. , & Kügler, M. (2011). The impact of data quality and analytical capabilities on planning performance: insights from the automotive industry. In Wirtschaftsinformatik, 87.

Yung-Yun, H. and B. H. Robert, (2015). Measuring the benefits of ERP on supply management maturity model: a "big data" method. International Journal of Operations & Production Management, 35 (1): 2-25.

Zagzebski, L. (1999). What Is Knowledge? . In J. Greco & E. Sosa (eds.). The Blackwell guide to epistemology. Oxford: Blackwell, 92-116.

Zeithaml V. A. , Parasuraman A. , Berry L. L. (1990) Delivering quality service: Balancing customer perceptions and expectations. Simon and Schuster.

blogchong 的博客. Storm 实时处理方案架构, 2013-09-17. http: //blog. sina. com. cn/s/blog_8c243ea30101jb4r. html.

CSDN 博客. 实时计算, 流数据处理系统简介与简单分析, 2014-06-12. http: //www. csdn. net/article/2014-06-12/2820196-Storm.

耿丽丽. (2014). 大数据时代下企业构建 ERP 系统的重要性. 中国管理信息化, (22): 37-38.

宋华, 王岚. (2012). 企业间关系行为对创新柔性的影响研究. 科研管理, 33 (3): 1-10.

易观智库 (2014). 中国大数据整体市场专题研究报告.

于巧稚．（2014）．大数据支持传统企业转型与创新．中国建设信息，（16）：20-21.

第8章

Adner, R., Oxley, J. E., & Silverman, B. S. (Eds.). (2013). Collaboration and competition in business ecosystems. Emerald.

Allee, V. (1999). The art and practice of being a revolutionary. Journal of knowledge management, 3 (2): 121-132.

Allee, V. (2000). The value evolution: addressing larger implications of an intellectual capital and intangibles perspective. Journal of intellectual capital, 1 (1): 17-32.

Allee, V. (2008). Value network analysis and value conversion of tangible and intangible assets. Journal of intellectual capital, 9 (1): 5-24.

Allee, V. (2009). Value-creating networks: organizational issues and challenges. The learning organization, 16 (6), 427-442.

Barney J. (1991). Firm resources and sustained competitive advantage. Journal of management, vol. 17, iss. 1: 99-120.

Bingham, Gail, et al. (1995). Issues in ecosystem valuation: improving information for decision making. Ecological economics, 14 (2): 73-90.

Chandrashekar, A., & Schary, P. B. (1999). Toward the virtual supply chain: the convergence of IT and organization. The International Journal of Logistics Management, 10 (2): 27-40.

Grönroos, C. (2004). Service management: Understanding productivity and profitability applying a service business logic. Presentation held at the Doctoral Seminar in Service Management and Marketing. Helsinki, Finland.

Herrala, M., Pakkala, P., & Haapasalo, H. (2011). Value-creating networks-a conceptual model and analysis. Research reports in Department of Industrial Engineering and Management, 4.

Iansiti, M., & Levien, R. (2004). Strategy as ecology. Harvard business review, 82 (3): 68-81.

Joe, Anna (2006). From Value Chain to Value Network: Insights for Mobile Operators. European Management Journal, Vol. 24, Nos. 2-3: 128-141.

Lee, H. L., & Whang, S. (2000). Information sharing in a supply chain. International Journal of Manufacturing Technology and Management, 1 (1): 79-93.

Manthou, V., Vlachopoulou, M., & Folinas, D. (2004). Virtual e-Chain (VeC) model for supply chain collaboration. International Journal of Production Economics, 87 (3): 241-250.

March J. G., Simon H. A. (1958). Organizations. Wiley: New York.

Nelson, R. R., & Winter, S. G. (2009). An evolutionary theory of economic change. Harvard University Press.

Papazoglou, M. P., Ribbers, P., & Tsalgatidou, A. (2000). Integrated value chains and their implications from a business and technology standpoint. Decision Support Systems, 29 (4): 323-342.

Passiante, G., & Secundo, G. (2002). From geographical innovation clusters towards virtual innovation clusters: The Innovation Virtual System. In ERSA conference, 27-31.

Peppard, J., & Rylander, A. (2006). From value chain to value network: Insights for mobile operators. European Management Journal, 24 (2): 128-141.

Sawhney, M., Balasubramanian, S., & Krishnan, V. V. (2004). Creating growth with services. Sloan Management Review, 45 (2): 34-43.

Tapscott, D., Ticoll, D., & Lowy, A. (2000). The rise of business webs. Ubiquity, March: 2.

Teece, D. J. (2007). Explicating Dynamic Capabilities: The Nature and Microfoundations of (sustainable) Enterprise Performance. Strategic Management Journal, 28: 1319-1350.

Tichy, N., & Fombrun, C. (1979). Network analysis in organizational settings. Human Relations, 32 (11): 923-965.

Vargo, Lusch, Akaka (2014). Rethinking the roles of marketing and operations: a service ecosystems view. Handbook of service marketing research. Edward Elgar Publishing.

Vargo, S. L., & Lusch, R. F. (2008). From goods to service(s): Divergences and convergences of logics. Industrial Marketing Management, 37 (3): 254-259.

Vargo, S. L., & Lusch, R. F. (2011). It's all B2B... and beyond: Toward a systems perspective of the market. Industrial Marketing Management, 40 (2): 181-187.

Zhao, X., Xie, J., & Zhang, W. J. (2002). The impact of information sharing and ordering co-ordination on supply chain performance. Supply Chain Management: an international journal, 7 (1): 24-40.

袁现明. 利润及现金是可以精确设计出来的. 万联网, 2016-3-31.

中国互联网络信息中心（CNNIC）. (2016). 中国互联网发展状况统计报告.

第9章

Amit, R., Glosten, L., & Muller, E. (1993). Challenges to theory development in entrepreneurship research. Journal of Management Studies, 30 (5): 815-834.

Beske, P., Land, A., & Seuring, S. (2014). Sustainable supply chain management practices and dynamic capabilities in the food industry: A critical analysis of the literature. International Journal of Production Economics, 152: 131-143.

Casson, M. (1982). The entrepreneur: An economic theory. Rowman & Littlefield.

Clifford Defee, C., & Fugate, B. S. (2010). Changing perspective of capabilities in the dynamic supply chain era. The International Journal of Logistics Management, 21 (2): 180-206.

Collins, O. F., & Moore, D. G. (1964). The enterprising man (Vol. 1). Michigan State Univ Pr.

Covin, Jeffrey G., and Slevin, Dennis P. (1989). Strategic management of small firms in hostile and benign environments. Strategic Management Journal, 10 (1): 75-89.

Eisenhardt, K. M., & Martin, J. A. (2000). Dynamic capabilities: what are they?. Strategic management journal, 21 (10-11): 1105-1121.

Granovetter, M. (2005). The impact of social structure on economic outcomes. The Journal of economic perspectives, 19 (1): 33-50.

Grant, R. M., & Baden-Fuller, C. (2004). A knowledge accessing theory of strategic alliances. Journal of management studies, 41 (1): 61-84.

Haldane, A. (2009). Rethinking the financial network, speech to the Financial Student Association. Amsterdam, April.

Handfield, R. B., & Nichols, E. L. (1999). Introduction to supply chain management (Vol. 1). Upper Saddle River, NJ: Prentice Hall.

Kirzer I. M. (1979). Perception, opportunity, and profit: Studies in the theory of entrepreneurship. Chicago: University of Chicago Press.

Lee, W. B. (2012). Creating Entrepreneurial Supply Chains: A Guide for Innovation and Growth. J. Ross Publishing.

Lumpkin, G. T., & Dess, G. G. (1996). Clarifying the entrepreneurial orientation construct and linking it to performance. Academy of management Review, 21 (1): 135-172.

Marletta, V. R. A. B. P., & Biere, A. (2009). Entrepreneurial supply chains and strategic collaboration: the case of Bagòss cheese in Bagolino, Italy. International Food and Agribusiness Management Review, 12 (3): 49-68.

McClelland, D. C. (1962). Business drive and national achievement. Harvard Business Review, 40 (4): 99-112.

Miller, Danny (1983). The correlates of entrepreneurship in three types of firms. Management Science, 29 (7): 770-791.

Schumpeter, J., & Backhaus, U. (2003). The theory of economic development. In Joseph

Alois Schumpeter. Springer US, 61-116.

Seuring, S. A. (2006). Supply chain controlling: summarizing recent developments in German literature. Supply Chain Management: An International Journal, 11 (1): 10-14.

SBI 中国. (2014). 网络金融生态圈——SBI 集团发展历程. 上海: 复旦大学出版社.

杜晓丽. (2014). 以阿里小贷专项计划为例浅谈券商资产证券化业务. 中国新技术新产品. 17: 144-145.

刘颖, 李强强. (2016). 从蚂蚁金服看大数据背景下互联网金融征信的兴起. 河北金融, 2: 5.

宋华. (2015). 供应链金融. 北京: 中国人民大学出版社.

魏江, 戴维奇, 林巧. (2009). 公司创业研究领域两个关键概念——创业导向和公司创业的比较. 外国经济与管理, 1: 24-31.

张东生, 刘健钧. (2000). 创业投资基金运作机制的制度经济学分析. 经济研究, 4 (5): 35-41.

中国仓储协会. (2014). 担保存货第三方管理规范.

周红军. (2008). 福费廷议价要点. 中国海关, 8: 40-40.

第 10 章

Azadeh A., Atrchin N., Salehi V. and Shojaei H. (2014). Modelling and improvement of supply chain with imprecise transportation delays and resilience factors. International Journal of Logistics Research and Applications: A Leading Journal of Supply Chain Management, 17 (4): 269-282.

Bode C., Hübner D., Wagner S. M. (2014). Managing Financially Distressed Suppliers: An Exploratory Study. Journal of Supply Chain Management, 50 (4): 24-43.

Bode C., Wagner S. M., Petersen K. J., et al. (2011) Understanding responses to supply chain disruptions: insights from information processing and resource dependence perspectives. Academy of Management Journal, 54 (4): 833-856.

Borge D. (2002) The book of risk. John Wiley & Sons.

Christopher M, Peck H. (2004). Building the resilient supply chain. International Journal of Logistics Management, 15 (2): 1-13.

Cruz J. M. (2013). Mitigating global supply chain risks through corporate social responsibility. International Journal of Production Research, 51 (13): 3995-4010.

Dinh L. T. T., Pasman H., Gao X., et al. (2012). Resilience engineering of industrial processes: Principles and contributing factors. Journal of Loss Prevention in the Process Industries, 25 (2): 233-241.

Fischl M., Scherrer-Rathje M., Friedli T. (2014). Digging deeper into supply risk: a systematic literature review on price risks. Supply Chain Management: An International Journal, 19 (5/6): 480-503.

Fombrun, C., & Shanley, M. (1990). What's in a name? Reputation building and corporate strategy. Academy of management Journal, 33 (2): 233-258.

Golgeci I., Y. Ponomarov S. (2013). Does firm innovativeness enable effective responses to supply chain disruptions? An empirical study. Supply Chain Management: An International Journal, 18 (6): 604-617.

Gotsi, M., & Wilson, A. M. (2001). Corporate reputation: seeking a definition. Corporate Communications: An International Journal, 6 (1): 24-30.

Gualandris J., Kalchschmidt M. (2014). A model to evaluate upstream vulnerability. International Journal of Logistics Research and Applications: A Leading Journal of Supply Chain Management, 17 (3): 249-268.

Harland C., Brencheley H., Walker H. (2003). Risk in Supply Network. Journal of Purchasing and Supply Management, 9 (9): 51-62.

Hartmann E., Herb S. (2014). Opportunism risk in service triads—a social capital perspective. International Journal of Physical Distribution & Logistics Management, 44 (3): 242-256.

Hofmann H., Busse C., Bode C., et al. (2014). Sustainability-Related Supply Chain Risks: Conceptualization and Management. Business Strategy and the Environment, 23 (3): 160-172.

Hora M., Klassen R. D. (2013). Learning from others' misfortune: Factors influencing knowledge acquisition to reduce operational risk. Journal of Operations Management, 31 (1): 52-61.

Ivanov D., Sokolov B., Dolgui A. (2014) The Ripple effect in supply chains: trade-off "efficiency-flexibility-resilience" in disruption management. International Journal of Production Research, 52 (7): 2154-2172.

Jüttner U., Maklan S. (2011) Supply chain resilience in the global financial crisis: an empirical study. Supply Chain Management: An International Journal, 16 (4): 246-259.

Jüttner U., Peck H., Christopher M. (2003). Supply chain risk management: outlining an agenda for future research. International Journal of Logistics: Research and Applications, 6 (4): 197-210.

Jüttner, U. (2005). Supply chain risk management: Understanding the business requirements from a practitioner perspective. The International Journal of Logistics Management, 16 (1): 120-141.

Klewes, J., & Wreschniok, R. (2009). Reputation capital Building and maintaining trust in the

21st century. In Reputation Capital. Springer Berlin Heidelberg, 1-8.

Knight F. H. (1921). Risk, Uncertainty and Profit. Houghton Mifflin, Boston, MA and New York, NY.

Leat P., Revoredo-Giha C. (2013). Risk and resilience in agri-food supply chains: the case of the ASDA PorkLink supply chain in Scotland. Supply Chain Management: An International Journal, 18 (2): 219-231.

Lefley F. (1997). Approaches to risk and uncertainty in the appraisal of new technology capital projects. International Journal of Production Economics, 53 (1): 21-33.

Lemke F., Petersen H. L. (2013). Teaching reputational risk management in the supply chain. Supply Chain Management: An International Journal, 18 (4): 413-429.

March J. G., Shapira Z. (1987). Managerial perspectives on risk and risk taking. Management science, 33 (11): 1404-1418.

Rao S., Goldsby T. J. (2009). Supply chain risks: a review and typology. The International Journal of Logistics Management, 20 (1): 97-123.

Roehrich J. K., Grosvold J., Hoejmose S. U. (2014). Reputational risks and sustainable supply chain management. International Journal of Operations & Production Management, 34 (5): 695-719.

Scholten K., Scott P. S., Fynes B. (2014). Mitigation processes-antecedents for building supply chain resilience. Supply Chain Management: An International Journal, 19 (2): 211-228.

Sheffi Y., Rice Jr. J. B. (2005). A supply chain view of the resilient entreprise. MIT Sloan management review, 47 (1): 41-48.

Sodhi M. M. S., Son B. G., Tang C. S. (2012). Researchers'perspectives on supply chain risk management. Production and Operations Management, 21 (1): 1-13.

Spence, M. (1974). Competitive and optimal responses to signals: An analysis of efficiency and distribution. Journal of Economic Theory, 7 (3): 296-332.

Tang C. S. (2006). Robust strategies for mitigating supply chain disruptions. International Journal of Logistics: Research and Applications, 9 (1): 33-45.

Tang C. S. (2006). Perspectives in supply chain risk management. International Journal of Production Economics, 103 (2): 451-488.

Tomlin B. (2014). Managing supply-demand risk in global production: Creating cost-effective flexible networks. Business Horizons, 57 (4): 509-519.

Vilko J., Ritala P., Edelmann J. (2014). On uncertainty in supply chain risk management. The International Journal of Logistics Management, 25 (1): 3-19.

Wagner S. M., Bode C. (2006). An empirical investigation into supply chain vulnerability. Journal of purchasing and supply management, 12 (6): 301-312.

Waters D. (2007). Supply chain risk management: vulnerability and resilience in logistics. Kogan Page Publishers.

Weigelt, K., & Camerer, C. (1988). Reputation and corporate strategy: A review of recent theory and applications. Strategic management journal, 9 (5): 443-454.

Yates J. F., Stone E. R. (1992). The risk construct. New York: John Wiley & Sons.

Zhao L., Huo B., Sun L., et al. (2013). The impact of supply chain risk on supply chain integration and company performance: a global investigation. Supply Chain Management: An International Journal, 18 (2): 115-131.

Zhou Z. Z., Johnson M. E. (2014). Quality Risk Ratings in Global Supply Chains. Production and Operations Management, 23 (12): 2152-2162.

Zsidisin G. A. (2003). A grounded definition of supply risk. Journal of Purchasing and Supply Management, 9 (5-6): 217-224.

冯国经, Wind Y., 冯国纶. (2009). 在平的世界中竞争. 北京: 中国人民大学出版社.

沈杰. 最近比较火的"区块链技术"到底是什么. 互联网金融新闻中心, 2016-05-17.

宋华. (2015). 供应链金融. 北京: 中国人民大学出版社.

余高明, 陈立峰. (2015). 供应链金融中的法律问题研究.

张涛, 张亚南. (2012). 基于巴塞尔协议Ⅲ我国商业银行供应链金融风险管理. 时代金融, 12X: 148-149.

经济运行的逻辑

高善文 著

资本市场最具影响力的宏观经济学家研究思路大起底！
原央行副行长吴晓灵作序推荐。
读懂经济运行的逻辑，迈出成功投资重要的一步。
新华网、百道网等好书榜推荐。

互联网金融手册

谢平 周传伟 刘海二 著

"互联网金融"概念提出者对互联网金融的深刻解读！
证监会主席刘士余、中投总经理屠光绍等倾力推荐。
《第一财经》、百道网等好书榜推荐，中国大学出版社优秀畅销书。

金融创新力

【美】富兰克林·艾伦　格伦·雅戈　著
牛红军　译

沃顿商学院教授金融创新力作！
用金融创新手段解决现实问题。
新浪、《中欧商业评论》等好书榜推荐。

超级天使投资

【美】戴维·罗斯　著
桂曙光　译

硅谷创投元老作品。
创业融资和股权投资必读！
全面揭示挖掘未来明星企业九大方法，以及从种子轮到ABC轮的必做功课。
徐小平、蔡文胜、霍夫曼等投资大咖联合推荐！
新浪网、《南方都市报》等好书榜推荐。

图书在版编目（CIP）数据

互联网供应链金融/宋华著.—北京：中国人民大学出版社，2017.2
ISBN 978-7-300-23722-0

Ⅰ.①互… Ⅱ.①宋… Ⅲ.①互联网络-应用-供应链管理-金融业务-研究 Ⅳ.①F252-39

中国版本图书馆 CIP 数据核字（2016）第 289915 号

互联网供应链金融
宋华　著
Hulianwang Gongyinglian Jinrong

出版发行	中国人民大学出版社		
社　　址	北京中关村大街 31 号	邮政编码	100080
电　　话	010-62511242（总编室）	010-62511770（质管部）	
	010-82501766（邮购部）	010-62514148（门市部）	
	010-62515195（发行公司）	010-62515275（盗版举报）	
网　　址	http://www.crup.com.cn		
	http://www.ttrnet.com（人大教研网）		
经　　销	新华书店		
印　　刷	北京联兴盛业印刷股份有限公司		
规　　格	170 mm×240 mm　16 开本	版　次	2017 年 2 月第 1 版
印　　张	21.25　插页 2	印　次	2021 年 9 月第 6 次印刷
字　　数	296 000	定　价	69.00 元

版权所有　侵权必究　印装差错　负责调换